判例刑法教程
总则篇

本书得到北京市优秀博士论文导师项目资助

判例刑法教程

总则篇

CASEBOOK OF CRIMINAL LAW GENERAL PART

陈兴良 主编　江溯 副主编

作者简介

第一章	陈兴良	北京大学法学院教授
第二章	劳东燕	清华大学法学院副教授
第三章	李兰英	厦门大学法学院教授
第四章	陈家林	武汉大学法学院教授
第五章	董邦俊	中南财经政法大学刑事司法学院教授
第六章	王昭武	苏州大学王健法学院副教授
第七章	江　溯	北京大学法学院副教授
第八章	钱叶六	苏州大学王健法学院教授
第九章	沈　琪	杭州师范大学法学院副教授
第十章	王　充	吉林大学法学院教授
第十一章	姜　涛	南京师范大学法学院教授
第十二章	冯俊伟	山东大学法学院讲师

序

陈兴良

　　大陆法系的法学教育是以法典为中心的,具有法教义学的性质。作为大陆法系的我国,也是如此。因此,我国刑法教科书体系与刑法的法条体系之间具有密切的对应性,法学院的课堂教学也是以讲授刑法为主。通过刑法课程的学习,学生(这里主要是指本科生和法律硕士研究生)对于刑法的内容具有了框架性与结构性的知识,这为今后从事法律职业奠定了基础。但是,刑法条文只是呈现为文字的法律,它与事实上的法律还是具有重大差异的。如果法学院的学生只了解纸面上的刑法,而不了解现实生活中的刑法,那还不能说真正地掌握了刑法。因此,法科学生不仅应该掌握法律条文,而且应该了解法律实施状态。对于法律实施状态的了解,阅读案例是一个极好的途径。案例是法律实施的结果,案例所包含的案情具有较强的可读性,案件的裁判结论与裁判理由则具有生动的逻辑性。通过案例,学生可以获取各种关于法律的知识,这是在法理讲授以外,案例教学所能发挥的作用。

　　随着我国案例指导制度的建立,案例指导成为司法规则的来源之一,将在司法活动中发挥重要作用,在某种意义上,指导性案例将会成为我国的判例。在这种背景之下,案例(判例)教学也会成为重要的教学方法,将在法学教育中发挥重要作用。《判例刑法教程》(总则篇、分则篇)的编写,正是在我国的案例指导制度建立以后,为高校刑法教学提供最新的案例教材所做的一种尝试。案例指导制度在我国的建立,不仅对司法活动带来重大影响,而且也会对法学教育带来重大影响。以往在我国法学教育中,虽然也以案例作为一种辅助性手段,但就刑法案例而言,基本上是以案说法的形式,案例与法律处于一种分离的状态。本书根据刑法的体系,对《刑法》总则和分则的基本问题,以案例的形式呈现给读者。《判例刑法教程》(总则篇)共 12 个专题,涉及我国刑法中的重大问题;《判例刑法教程》(分则篇)共 20 个专题,涉及我国刑法中的重要罪名。书中的每个案例主要由以下五个部分构成:

1. 基本案情

　　基本案情是案例的事实部分,也是案例的基础。案情对于此后展开的分析具有重要意义,是需要认真阅读的内容。每个案例的案情基本上都是在判决书中所认定的案件事实,为了方便分析,案情较为简洁,删去了与定罪没有关系的细枝末节。

2. 诉讼过程及裁判理由

诉讼过程及裁判理由是案例的法律程序与司法判决,是每个案例十分重要的内容。诉讼过程描述了每个案件所经过的审理程序,对于了解一个案件的司法过程具有参考价值。诉讼过程本身反映了一个案件的处理进程,虽然大多数案件只是走完了一审与二审的普通程序,但有些案件还是经历了再审等特殊程序,表明这些案件的复杂性。裁判理由也是一个案例中最为重要的内容,它是对判决结论的法理论证,也是法官在法律适用过程中的逻辑推理过程。通过裁判理由,我们可以发现法官是如何理解法律与适用法律的思维活动。裁判理由是法条在具体案件中的适用,但它又不是简单的逻辑演绎过程,而是包含了某些价值内容。我们可以从裁判理由中推演出一些司法规则,这些司法规则对于此后处理同类案件具有参照意义。这也正是指导性案例的价值之所在。

3. 关联法条

关联法条是司法裁判的法律根据。这部分内容相对简单,只是对法条和司法解释的罗列而已。当然,法律是不断修改的,刑法也是如此。对于变动之中的法律,作为一个司法人员应当及时跟踪与掌握,只有这样,才能保证法律适用的正确性。实际上,作为司法裁判的法律根据不仅包含刑法条文,还包括司法解释。司法解释也是裁判准据,凡是以司法解释作为定案根据的,都应当在判决书中加以引用。相对于法律来说,司法解释的变动更为频繁,对此司法人员更应当予以关注。对于法条以及司法解释的敏感性,是每一个法律人应当具备的职业素养。虽然并不是每一条法律都需要朗诵于口,但应当了然于心。

4. 争议问题

争议问题是入选案例的学术价值之所在。一般案件可以分为两种:一种是没有争议的普通案件;另一种是存在争议的疑难复杂案件。应该说,普通案件所占比例在95%左右,只有5%左右的案件是疑难复杂的案件。对于普通案件来说,因为事实认定与法律适用都较为简单,不存在争议。因此,处理起来相对容易一些。但那些疑难复杂的案件,有些是在事实认定上存在疑难之处,有些是在法律适用上较为复杂,处理起来就困难一些。而引起关注的往往是疑难复杂的案件,其中涉及一些法律问题需要专门研究。一般来说,具有指导性的案例都是疑难复杂的案件。因为只有疑难复杂的案件才需要专门加以讨论,并可能创设一些司法规则,对于此后处理类似案件具有指导作用。在争议问题部分,只是提出相关的争议点。

5. 简要评论

简要评论是作者对争议问题的法理评述。因为篇幅的原因,对于各个案例涉及的争议问题不可能展开论述,而是予以点评式的讨论,以便留有余地,在课堂教学中让老师有更大的发挥空间,让学生有更多的思考空间。当然,这些点评的观点只能代表作者本人,仅供参考,而并非定论。

除了上述五个主要部分以外,每个案例还标明了出处,需要说明的是,收入本书的判例大部分来自陈兴良、张军、胡云腾主编的《人民法院刑事指导案例裁判要旨通纂》(北京大学出版社2013年版)一书。这些案例虽然不是指导性案例,但因为它曾经刊登在最高人民法院业务庭、室编辑的《最高人民法院公报》《刑事审判参考》《人民法院案例选》等刊物上,撰写者主要是承办法官。因此,这些案例具有一定的参考性,至少较为真切地反映了刑法在我国司法实践中的适用状态。

本书由我担任主编,江溯副教授担任副主编。我和江溯共同拟定写作大纲,并审读了全部内容。与此同时,江溯副教授还协助我开展了各种协调工作。应当指出的是,参与本书写作的都是目前活跃在我国各高等院校刑法教学第一线的中青年教师,同时也是我国刑法学界的中坚力量。没有写作者的共同努力,本书就不可能以目前这样一种面貌展现在读者面前。因此,本书是全体写作者智慧和心血的结晶。在本书统稿过程中,徐凌波、邹兵建、马寅翔、丁胜明、袁国何和吴雨豪同学为本书承担了校对工作,特此表示感谢。

谨识于北京海淀锦秋知春寓所

2015年9月10日

简 目

第一章　　罪刑法定原则 / 001

第二章　　因果关系与客观归责 / 016

第三章　　故意和过失 / 041

第四章　　正当防卫与紧急避险 / 065

第五章　　刑事责任年龄与责任能力 / 089

第六章　　预备、未遂与中止 / 120

第七章　　不作为犯 / 143

第八章　　共同犯罪 / 165

第九章　　单位犯罪 / 187

第十章　　竞合论 / 208

第十一章　　死刑 / 233

第十二章　　刑罚适用 / 256

详 目

第一章 罪刑法定原则 / 001

案例 1-1 肖永灵投寄虚假炭疽杆菌案 / 001
一、基本案情 / 001
二、诉讼过程及裁判理由 / 001
三、关联法条 / 001
四、争议问题 / 002
五、简要评论 / 002

案例 1-2 于润龙非法经营案 / 002
一、基本案情 / 002
二、诉讼过程及裁判理由 / 003
三、关联法条 / 004
四、争议问题 / 005
五、简要评论 / 005

案例 1-3 方惠茹传播淫秽物品牟利案 / 006
一、基本案情 / 006
二、诉讼过程及裁判理由 / 006
三、关联法条 / 007
四、争议问题 / 007
五、简要评论 / 007

案例 1-4 李宁组织卖淫案 / 008
一、基本案情 / 008
二、诉讼过程及裁判理由 / 008

三、关联法条 / 009
　　　四、争议问题 / 009
　　　五、简要评论 / 010
　案例1-5　朱建勇故意毁坏财物案 / 013
　　　一、基本案情 / 013
　　　二、诉讼过程及裁判理由 / 013
　　　三、关联法条 / 014
　　　四、争议问题 / 015
　　　五、简要评论 / 015

第二章　因果关系与客观归责 / 016

　案例2-1　陈全安交通肇事案 / 016
　　　一、基本案情 / 016
　　　二、诉讼过程及裁判理由 / 016
　　　三、关联法条 / 017
　　　四、争议问题 / 017
　　　五、简要评论 / 017
　案例2-2　贺淑华非法行医案 / 018
　　　一、基本案情 / 018
　　　二、诉讼过程及裁判理由 / 018
　　　三、关联法条 / 019
　　　四、争议问题 / 019
　　　五、简要评论 / 019
　案例2-3　刘旭过失致人死亡案 / 020
　　　一、基本案情 / 020
　　　二、诉讼过程及裁判理由 / 021
　　　三、关联法条 / 021
　　　四、争议问题 / 021
　　　五、简要评论 / 021
　案例2-4　赵金明等故意伤害案 / 022
　　　一、基本案情 / 022
　　　二、诉讼过程及裁判理由 / 023
　　　三、关联法条 / 023

　　　　四、争议问题 / 023

　　　　五、简要评论 / 023

　案例 2-5　曹占宝强奸案 / 024

　　　　一、基本案情 / 024

　　　　二、诉讼过程及裁判理由 / 025

　　　　三、关联法条 / 025

　　　　四、争议问题 / 025

　　　　五、简要评论 / 025

　案例 2-6　陈美娟投放危险物质案 / 026

　　　　一、基本案情 / 026

　　　　二、诉讼过程及裁判理由 / 027

　　　　三、关联法条 / 027

　　　　四、争议问题 / 027

　　　　五、简要评论 / 027

　案例 2-7　金海亮抢劫案 / 029

　　　　一、基本案情 / 029

　　　　二、诉讼过程及裁判理由 / 029

　　　　三、关联法条 / 029

　　　　四、争议问题 / 030

　　　　五、简要评论 / 030

　案例 2-8　穆志祥过失致人死亡案 / 032

　　　　一、基本案情 / 032

　　　　二、诉讼过程及裁判理由 / 032

　　　　三、关联法条 / 033

　　　　四、争议问题 / 033

　　　　五、简要评论 / 033

　案例 2-9　翁余生滥用职权案 / 034

　　　　一、基本案情 / 034

　　　　二、诉讼过程及裁判理由 / 035

　　　　三、关联法条 / 035

　　　　四、争议问题 / 035

　　　　五、简要评论 / 036

案例 2-10　李明违法发放林木采伐许可证案 / 037
　　　　一、基本案情 / 037
　　　　二、诉讼过程及裁判理由 / 038
　　　　三、关联法条 / 038
　　　　四、争议问题 / 039
　　　　五、简要评论 / 039

第三章　故意和过失 / 041

　　案例 3-1　王新生等放火案 / 041
　　　　一、基本案情 / 041
　　　　二、诉讼过程及裁判理由 / 041
　　　　三、关联法条 / 041
　　　　四、争议问题 / 042
　　　　五、简要评论 / 042

　　案例 3-2　于光平爆炸案 / 043
　　　　一、基本案情 / 043
　　　　二、诉讼过程及裁判理由 / 044
　　　　三、关联法条 / 044
　　　　四、争议问题 / 044
　　　　五、简要评论 / 044

　　案例 3-3　韩正连故意杀人案 / 046
　　　　一、基本案情 / 046
　　　　二、诉讼过程及裁判理由 / 046
　　　　三、关联法条 / 046
　　　　四、争议问题 / 047
　　　　五、简要评论 / 047

　　案例 3-4　李超故意伤害案 / 048
　　　　一、基本案情 / 048
　　　　二、诉讼过程及裁判理由 / 048
　　　　三、关联法条 / 048
　　　　四、争议问题 / 049
　　　　五、简要评论 / 049

案例 3-5　颜克于等故意杀人案 / 050
　　一、基本案情 / 050
　　二、诉讼过程及裁判理由 / 051
　　三、关联法条 / 051
　　四、争议问题 / 051
　　五、简要评论 / 051

案例 3-6　王长友过失致人死亡案 / 053
　　一、基本案情 / 053
　　二、诉讼过程及裁判理由 / 053
　　三、关联法条 / 053
　　四、争议问题 / 054
　　五、简要评论 / 054

案例 3-7　杨春过失致人死亡案 / 055
　　一、基本案情 / 055
　　二、诉讼过程及裁判理由 / 055
　　三、关联法条 / 056
　　四、争议问题 / 056
　　五、简要评论 / 056

案例 3-8　杨某某故意伤害案 / 058
　　一、基本案情 / 058
　　二、诉讼过程及裁判理由 / 058
　　三、关联法条 / 058
　　四、争议问题 / 059
　　五、简要评论 / 059

案例 3-9　沈某某盗窃案 / 060
　　一、基本案情 / 060
　　二、诉讼过程及裁判理由 / 060
　　三、关联法条 / 061
　　四、争议问题 / 061
　　五、简要评论 / 061

案例 3-10　王妙兴贪污、受贿、职务侵占案 / 062
　　一、基本案情 / 062

二、诉讼过程及裁判理由 / 062
三、关联法条 / 063
四、争议问题 / 063
五、简要评论 / 063

第四章 正当防卫与紧急避险 / 065

案例 4-1 周文友故意杀人案 / 065
一、基本案情 / 065
二、诉讼过程及裁判理由 / 065
三、关联法条 / 066
四、争议问题 / 066
五、简要评论 / 066

案例 4-2 黄中权故意伤害案 / 067
一、基本案情 / 067
二、诉讼过程及裁判理由 / 068
三、关联法条 / 068
四、争议问题 / 069
五、简要评论 / 069

案例 4-3 王长友过失致人死亡案 / 070
一、基本案情 / 070
二、诉讼过程及裁判理由 / 070
三、关联法条 / 070
四、争议问题 / 071
五、简要评论 / 071

案例 4-4 范尚秀故意伤害案 / 072
一、基本案情 / 072
二、诉讼过程及裁判理由 / 072
三、关联法条 / 073
四、争议问题 / 073
五、简要评论 / 073

案例 4-5 赵泉华故意伤害案 / 074
一、基本案情 / 074
二、诉讼过程及裁判理由 / 074

三、关联法条 / 075

四、争议问题 / 075

五、简要评论 / 075

案例 4-6　胡咏平故意伤害案 / 076

一、基本案情 / 076

二、诉讼过程及裁判理由 / 076

三、关联法条 / 077

四、争议问题 / 077

五、简要评论 / 077

案例 4-7　叶永朝故意杀人案 / 079

一、基本案情 / 079

二、诉讼过程及裁判理由 / 079

三、关联法条 / 080

四、争议问题 / 080

五、简要评论 / 080

案例 4-8　吴金艳故意杀人案 / 081

一、基本案情 / 081

二、诉讼过程及裁判理由 / 082

三、关联法条 / 082

四、争议问题 / 083

五、简要评论 / 083

案例 4-9　张建国故意伤害案 / 084

一、基本案情 / 084

二、诉讼过程及裁判理由 / 084

三、关联法条 / 085

四、争议问题 / 085

五、简要评论 / 085

案例 4-10　谭荣财等强奸、抢劫、盗窃案 / 086

一、基本案情 / 086

二、诉讼过程及裁判理由 / 087

三、关联法条 / 087

四、争议问题 / 087

五、简要评论 / 087

第五章　刑事责任年龄与责任能力 / 089

案例 5-1　姜某某抢劫案 / 089
　　一、基本案情 / 089
　　二、诉讼过程及裁判理由 / 089
　　三、关联法条 / 090
　　四、争议问题 / 090
　　五、简要评论 / 091

案例 5-2　李某强奸案 / 091
　　一、基本案情 / 091
　　二、诉讼过程及裁判理由 / 091
　　三、关联法条 / 092
　　四、争议问题 / 093
　　五、简要评论 / 093

案例 5-3　胡某某、白某某等故意杀人案 / 094
　　一、基本案情 / 094
　　二、诉讼过程及裁判理由 / 095
　　三、关联法条 / 096
　　四、争议问题 / 096
　　五、简要评论 / 097

案例 5-4　沈同贵受贿案 / 098
　　一、基本案情 / 098
　　二、诉讼过程及裁判理由 / 098
　　三、关联法条 / 099
　　四、争议问题 / 099
　　五、简要评论 / 099

案例 5-5　孙伟铭以危险方法危害公共安全案 / 101
　　一、基本案情 / 101
　　二、诉讼过程及裁判理由 / 102
　　三、关联法条 / 103
　　四、争议问题 / 103
　　五、简要评论 / 103

案例 5-6　彭崧故意杀人案 / 105
　　一、基本案情 / 105
　　二、诉讼过程及裁判理由 / 106
　　三、关联法条 / 106
　　四、争议问题 / 106
　　五、简要评论 / 107

案例 5-7　阿某某故意杀人案 / 109
　　一、基本案情 / 109
　　二、诉讼过程及裁判理由 / 109
　　三、关联法条 / 110
　　四、争议问题 / 110
　　五、简要评论 / 110

案例 5-8　侯卫春故意杀人案 / 111
　　一、基本案情 / 111
　　二、诉讼过程及裁判理由 / 111
　　三、关联法条 / 112
　　四、争议问题 / 112
　　五、简要评论 / 113

案例 5-9　罗新建杀母焚尸案 / 114
　　一、基本案情 / 114
　　二、诉讼过程及裁判理由 / 114
　　三、关联法条 / 116
　　四、争议问题 / 116
　　五、简要评论 / 116

案例 5-10　张怡懿、杨某故意杀人案 / 117
　　一、基本案情 / 117
　　二、诉讼过程及裁判理由 / 118
　　三、关联法条 / 118
　　四、争议问题 / 119
　　五、简要评论 / 119

第六章　预备、未遂与中止 / 120

案例 6-1　黄斌等抢劫（预备）案 / 120
　　一、基本案情 / 120

二、诉讼过程及裁判理由 / 120

三、关联法条 / 120

四、争议问题 / 121

五、简要评论 / 121

案例 6-2　胡国东爆炸案 / 122

一、基本案情 / 122

二、诉讼过程及裁判理由 / 122

三、关联法条 / 122

四、争议问题 / 123

五、简要评论 / 123

案例 6-3　吴学友故意伤害案 / 124

一、基本案情 / 124

二、诉讼过程及裁判理由 / 124

三、关联法条 / 125

四、争议问题 / 125

五、简要评论 / 125

案例 6-4　申宇盗窃案 / 127

一、基本案情 / 127

二、诉讼过程及裁判理由 / 127

三、关联法条 / 127

四、争议问题 / 128

五、简要评论 / 128

案例 6-5　沈传海等抢劫案 / 129

一、基本案情 / 129

二、诉讼过程及裁判理由 / 129

三、关联法条 / 129

四、争议问题 / 130

五、简要评论 / 130

案例 6-6　杨飞飞、徐某抢劫案 / 131

一、基本案情 / 131

二、诉讼过程及裁判理由 / 131

三、关联法条 / 131

四、争议问题 / 132

五、简要评论 / 132

案例 6-7 唐胜海等强奸案 / 133

一、基本案情 / 133

二、诉讼过程及裁判理由 / 133

三、关联法条 / 133

四、争议问题 / 134

五、简要评论 / 134

案例 6-8 李官容抢劫、故意杀人案 / 135

一、基本案情 / 135

二、诉讼过程及裁判理由 / 135

三、关联法条 / 136

四、争议问题 / 136

五、简要评论 / 136

案例 6-9 王元帅等抢劫、故意杀人案 / 137

一、基本案情 / 137

二、诉讼过程及裁判理由 / 138

三、关联法条 / 138

四、争议问题 / 138

五、简要评论 / 138

案例 6-10 黄土保等故意伤害案 / 139

一、基本案情 / 139

二、诉讼过程及裁判理由 / 139

三、关联法条 / 140

四、争议问题 / 140

五、简要评论 / 140

第七章 不作为犯 / 143

案例 7-1 金云华拒不执行判决、裁定案 / 143

一、基本案情 / 143

二、诉讼过程及裁判理由 / 144

三、关联法条 / 144

四、争议问题 / 144

五、简要评论 / 145

案例 7-2　乔秀云非法侵入住宅案 / 146
　　一、基本案情 / 146
　　二、诉讼过程及裁判理由 / 146
　　三、关联法条 / 147
　　四、争议问题 / 147
　　五、简要评论 / 147

案例 7-3　宋福祥故意杀人案 / 148
　　一、基本案情 / 148
　　二、诉讼过程及裁判理由 / 148
　　三、关联法条 / 149
　　四、争议问题 / 149
　　五、简要评论 / 149

案例 7-4　刘祖枝故意杀人案 / 150
　　一、基本案情 / 150
　　二、诉讼过程及裁判理由 / 151
　　三、关联法条 / 151
　　四、争议问题 / 151
　　五、简要评论 / 151

案例 7-5　颜克于等故意杀人案 / 153
　　一、基本案情 / 153
　　二、诉讼过程及裁判理由 / 153
　　三、关联法条 / 154
　　四、争议问题 / 154
　　五、简要评论 / 154

案例 7-6　丁琳故意杀人案 / 155
　　一、基本案情 / 155
　　二、诉讼过程及裁判理由 / 155
　　三、关联法条 / 155
　　四、争议问题 / 156
　　五、简要评论 / 156

案例 7-7 韩正连故意杀人案 / 157
  一、基本案情 / 157
  二、诉讼过程及裁判理由 / 157
  三、关联法条 / 157
  四、争议问题 / 158
  五、简要评论 / 158

案例 7-8 杨某某故意伤害案 / 158
  一、基本案情 / 158
  二、诉讼过程及裁判理由 / 159
  三、关联法条 / 159
  四、争议问题 / 159
  五、简要评论 / 159

案例 7-9 王仁兴故意破坏交通设施案 / 160
  一、基本案情 / 160
  二、诉讼过程及裁判理由 / 160
  三、关联法条 / 161
  四、争议问题 / 161
  五、简要评论 / 161

案例 7-10 李晓勇等盗窃案 / 162
  一、基本案情 / 162
  二、诉讼过程及裁判理由 / 162
  三、关联法条 / 163
  四、争议问题 / 163
  五、简要评论 / 163

第八章 共同犯罪 / 165

案例 8-1 岳仕群利用其不满 14 周岁的女儿投毒杀人案 / 165
  一、基本案情 / 165
  二、诉讼过程及裁判理由 / 165
  三、关联法条 / 166
  四、争议问题 / 166
  五、简要评论 / 166

案例 8-2　夏锡仁故意杀人案 / 167
　　一、基本案情 / 167
　　二、诉讼过程及裁判理由 / 168
　　三、关联法条 / 168
　　四、争议问题 / 168
　　五、简要评论 / 168

案例 8-3　谭荣财等强奸、抢劫、盗窃案 / 169
　　一、基本案情 / 169
　　二、诉讼过程及裁判理由 / 170
　　三、关联法条 / 171
　　四、争议问题 / 171
　　五、简要评论 / 171

案例 8-4　陈卫国等故意杀人案 / 172
　　一、基本案情 / 172
　　二、诉讼过程及裁判理由 / 172
　　三、关联法条 / 173
　　四、争议问题 / 173
　　五、简要评论 / 173

案例 8-5　郭玉林等抢劫案 / 175
　　一、基本案情 / 175
　　二、诉讼过程及裁判理由 / 175
　　三、关联法条 / 176
　　四、争议问题 / 176
　　五、简要评论 / 176

案例 8-6　冉国成等故意杀人、包庇案 / 177
　　一、基本案情 / 177
　　二、诉讼过程及裁判理由 / 178
　　三、关联法条 / 179
　　四、争议问题 / 179
　　五、简要评论 / 179

案例 8-7　包胜芹等故意伤害、抢劫案 / 180
　　一、基本案情 / 180

二、诉讼过程及裁判理由 / 181

三、关联法条 / 181

四、争议问题 / 181

五、简要评论 / 181

案例 8-8　高金有盗窃案 / 183

一、基本案情 / 183

二、诉讼过程及裁判理由 / 183

三、关联法条 / 184

四、争议问题 / 184

五、简要评论 / 184

第九章　单位犯罪 / 187

案例 9-1　上海新客派信息技术有限公司、王志强虚开增值税专用发票案 / 187

一、基本案情 / 187

二、诉讼过程及裁判理由 / 187

三、关联法条 / 187

四、争议问题 / 188

五、简要评论 / 188

案例 9-2　南京陆港实业发展有限公司等走私案 / 189

一、基本案情 / 189

二、诉讼过程及裁判理由 / 190

三、关联法条 / 190

四、争议问题 / 190

五、简要评论 / 190

案例 9-3　张贞练虚开增值税专用发票案 / 191

一、基本案情 / 191

二、诉讼过程及裁判理由 / 192

三、关联法条 / 192

四、争议问题 / 192

五、简要评论 / 192

案例 9-4　土红梅、王宏斌、陈一平走私普通货物案 / 193

一、基本案情 / 193

二、诉讼过程及裁判理由 / 193

三、关联法条 / 194

四、争议问题 / 194

五、简要评论 / 194

案例 9-5　陈宗纬等非法经营案 / 195

一、基本案情 / 195

二、诉讼过程及裁判理由 / 195

三、关联法条 / 196

四、争议问题 / 196

五、简要评论 / 196

案例 9-6　刘恺基合同诈骗案 / 196

一、基本案情 / 196

二、诉讼过程及裁判理由 / 197

三、关联法条 / 197

四、争议问题 / 197

五、简要评论 / 197

案例 9-7　马汝方等贷款诈骗案 / 198

一、基本案情 / 198

二、诉讼过程及裁判理由 / 199

三、关联法条 / 199

四、争议问题 / 199

五、简要评论 / 199

案例 9-8　河南省三星实业公司集资诈骗案 / 200

一、基本案情 / 200

二、诉讼过程及裁判理由 / 201

三、关联法条 / 202

四、争议问题 / 202

五、简要评论 / 203

案例 9-9　北京匡达制药厂偷税案 / 203

一、基本案情 / 203

二、诉讼过程及裁判理由 / 204

三、关联法条 / 204

四、争议问题 / 204

五、简要评论 / 204

案例9-10 吴彩森等虚开增值税专用发票案 / 205

一、基本案情 / 205

二、诉讼过程及裁判理由 / 206

三、关联法条 / 206

四、争议问题 / 206

五、简要评论 / 206

第十章 竞合论 / 208

案例10-1 李志远招摇撞骗、诈骗案 / 208

一、基本案情 / 208

二、诉讼过程及裁判理由 / 208

三、关联法条 / 208

四、争议问题 / 209

五、简要评论 / 209

案例10-2 孟祥国等侵犯著作权案 / 210

一、基本案情 / 210

二、诉讼过程及裁判理由 / 210

三、关联法条 / 211

四、争议问题 / 211

五、简要评论 / 211

案例10-3 彭佳升贩卖、运输毒品案 / 213

一、基本案情 / 213

二、诉讼过程及裁判理由 / 213

三、关联法条 / 214

四、争议问题 / 214

五、简要评论 / 214

案例10-4 冯留民破坏电力设备、盗窃案 / 216

一、基本案情 / 216

二、诉讼过程及裁判理由 / 216

三、关联法条 / 217

四、争议问题 / 217

五、简要评论 / 217

案例 10-5　姜继红等抢劫、盗窃案 / 218
　　一、基本案情 / 218
　　二、诉讼过程及裁判理由 / 218
　　三、关联法条 / 219
　　四、争议问题 / 219
　　五、简要评论 / 219

案例 10-6　杨聪慧等倒卖机动车号牌案 / 220
　　一、基本案情 / 220
　　二、诉讼过程及裁判理由 / 221
　　三、关联法条 / 221
　　四、争议问题 / 221
　　五、简要评论 / 221

案例 10-7　张敏贩卖毒品案 / 222
　　一、基本案情 / 222
　　二、诉讼过程及裁判理由 / 223
　　三、关联法条 / 223
　　四、争议问题 / 224
　　五、简要评论 / 224

案例 10-8　龚世义等故意杀人、包庇案 / 225
　　一、基本案情 / 225
　　二、诉讼过程及裁判理由 / 226
　　三、关联法条 / 226
　　四、争议问题 / 226
　　五、简要评论 / 226

案例 10-9　冯安华等挪用公款案 / 228
　　一、基本案情 / 228
　　二、诉讼过程及裁判理由 / 228
　　三、关联法条 / 228
　　四、争议问题 / 229
　　五、简要评论 / 229

案例 10-10　黄德林滥用职权、受贿案 / 230
　　一、基本案情 / 230

二、诉讼过程及裁判理由 / 230

三、关联法条 / 230

四、争议问题 / 231

五、简要评论 / 231

第十一章　死刑 / 233

案例 11-1　龙世成、吴正跃故意杀人、抢劫案 / 233

一、基本案情 / 233

二、诉讼过程及裁判理由 / 233

三、关联法条 / 234

四、争议问题 / 234

五、简要评论 / 234

案例 11-2　王志才故意杀人案 / 235

一、基本案情 / 235

二、诉讼过程及裁判理由 / 235

三、关联法条 / 236

四、争议问题 / 236

五、简要评论 / 236

案例 11-3　林明龙强奸案 / 237

一、基本案情 / 237

二、诉讼过程及裁判理由 / 238

三、关联法条 / 238

四、争议问题 / 238

五、简要评论 / 238

案例 11-4　古计明等投放危险物质案 / 240

一、基本案情 / 240

二、诉讼过程及裁判理由 / 240

三、关联法条 / 241

四、争议问题 / 241

五、简要评论 / 241

案例 11-5　杜益忠故意伤害致人死亡案 / 242

一、基本案情 / 242

二、诉讼过程及裁判理由 / 242

三、关联法条 / 243

四、争议问题 / 243

五、简要评论 / 243

案例 11-6　刘加奎故意杀人案 / 244

一、基本案情 / 244

二、诉讼过程及裁判理由 / 245

三、关联法条 / 245

四、争议问题 / 245

五、简要评论 / 245

案例 11-7　练永伟等贩卖毒品案 / 246

一、基本案情 / 246

二、诉讼过程及裁判理由 / 247

三、关联法条 / 247

四、争议问题 / 247

五、简要评论 / 248

案例 11-8　李飞故意杀人案 / 248

一、基本案情 / 248

二、诉讼过程及裁判理由 / 249

三、关联法条 / 249

四、争议问题 / 249

五、简要评论 / 250

案例 11-9　刘群、李国才抢劫、诈骗案 / 251

一、基本案情 / 251

二、诉讼过程及裁判理由 / 251

三、关联法条 / 252

四、争议问题 / 252

五、简要评论 / 252

案例 11-10　张红亮等抢劫、盗窃案 / 253

一、基本案情 / 253

二、诉讼过程及裁判理由 / 254

三、关联法条 / 254

四、争议问题 / 254

五、简要评论 / 254

第十二章　刑罚适用 / 256

案例 12-1　杜祖斌等抢劫案 / 256
一、基本案情 / 256
二、诉讼过程及裁判理由 / 256
三、关联法条 / 257
四、争议问题 / 257
五、简要评论 / 257

案例 12-2　秋立新盗窃案 / 258
一、基本案情 / 258
二、诉讼过程及裁判理由 / 259
三、关联法条 / 259
四、争议问题 / 260
五、简要评论 / 260

案例 12-3　吴江、李晓光挪用公款案 / 261
一、基本案情 / 261
二、诉讼过程及裁判理由 / 261
三、关联法条 / 262
四、争议问题 / 262
五、简要评论 / 262

案例 12-4　张志信故意杀人案 / 263
一、基本案情 / 263
二、诉讼过程及裁判理由 / 264
三、关联法条 / 264
四、争议问题 / 264
五、简要评论 / 264

案例 12-5　韩雅利贩卖毒品、韩镇平窝藏毒品案 / 265
一、基本案情 / 265
二、诉讼过程及裁判理由 / 266
三、关联法条 / 266
四、争议问题 / 267
五、简要评论 / 267

案例 12-6 严庭杰非法经营案 / 268
　　一、基本案情 / 268
　　二、诉讼过程及裁判理由 / 268
　　三、关联法条 / 269
　　四、争议问题 / 269
　　五、简要评论 / 269

案例 12-7 代海业盗窃案 / 270
　　一、基本案情 / 270
　　二、诉讼过程及裁判理由 / 270
　　三、关联法条 / 271
　　四、争议问题 / 271
　　五、简要评论 / 272

案例 12-8 丁立军强奸、抢劫、盗窃案 / 272
　　一、基本案情 / 272
　　二、诉讼过程及裁判理由 / 273
　　三、关联法条 / 273
　　四、争议问题 / 274
　　五、简要评论 / 274

案例 12-9 沈某挪用资金案 / 275
　　一、基本案情 / 275
　　二、诉讼过程及裁判理由 / 275
　　三、关联法条 / 275
　　四、争议问题 / 276
　　五、简要评论 / 276

案例 12-10 买买提盗窃案 / 277
　　一、基本案情 / 277
　　二、诉讼过程及裁判理由 / 277
　　三、关联法条 / 277
　　四、争议问题 / 278
　　五、简要评论 / 278

第一章 罪刑法定原则

案例1-1 肖永灵投寄虚假炭疽杆菌案[①]

一、基本案情

2001年10月间,被告人肖永灵通过新闻得知炭疽杆菌是一种白色粉末的病菌,国外已经发生因接触夹有炭疽杆菌的邮件而致人死亡的事件,因此认为社会公众收到类似的邮件会产生恐慌心理。同年10月18日,肖永灵将家中粉末状的食品干燥剂装入两只信封内,分别邮寄给上海市人民政府某领导和上海东方电视台新闻中心陈某。同年10月19日、20日,上海市人民政府信访办公室工作人员陆某等人及东方电视台陈某在拆阅上述夹带有白色粉末的信件后,造成精神上的高度紧张,同时引起周围人们的恐慌。经相关部门采取大量措施后,才逐渐消除了人们的恐慌心理。

二、诉讼过程及裁判理由

一审法院经审理认为,被告人肖永灵通过向政府及新闻单位投寄装有虚假炭疽杆菌信件的方式制造恐怖气氛,造成公众心理恐慌,危害了公共安全,其行为触犯了《中华人民共和国刑法》(以下简称《刑法》)第114条的规定,构成以危险方法危害公共安全罪,判处有期徒刑4年。一审宣判后,被告人肖永灵未提起上诉,检察机关亦未提出抗诉,判决发生法律效力。

三、关联法条

《中华人民共和国刑法》

第一百一十四条 放火、决水、爆炸以及投放毒害性、放射性、传染病病原体等物质或者以其他危险方法危害公共安全,尚未造成严重后果的,处三年以上十年以下有期徒刑。

[①] 参见游伟、谢锡美:《"罪刑法定"原则如何坚守——全国首例投寄虚假炭疽杆菌恐吓邮件案定性研究》,载游伟主编:《华东刑事司法评论》(第3卷),法律出版社2003年版,第256页。

四、争议问题

本案的主要问题是，投寄虚假的炭疽杆菌行为是否属于以危险方法危害公共安全罪中的危险行为。这个问题关系到对《刑法》明文规定的理解。

五、简要评论

在本案中，能否将投寄虚假炭疽杆菌的行为解释为《刑法》第114条中的危险方法，是一个关涉如何正确理解《刑法》明文规定的问题，也是一个如何在司法过程中正确贯彻罪刑法定原则的问题。虽然投寄虚假炭疽杆菌的行为具有引起社会恐惧心理等严重的社会危害性，但这种投寄虚假炭疽杆菌行为，在客观上根本不具有危害公共安全的性质，不可能真实地危害不特定、多数人的人身和财产安全，因此它与投寄炭疽杆菌行为的性质根本不同。在《刑法》对于此种行为没有作出明文规定的情况下，对其按照以危险方法危害公共安全罪定罪处罚，完全违背了罪刑法定原则。后来的立法补充规定也说明了这一点。在上述判决作出后的11天，即2001年12月29日，全国人民代表大会常务委员会通过的《中华人民共和国刑法修正案（三）》[以下简称《刑法修正案（三）》]就增设了编造、故意传播虚假恐怖信息罪，立法理由指出：这种投放假炭疽菌病毒的行为虽然不能造成炭疽病的传播，但会造成一定范围内的恐慌，严重扰乱社会秩序，特别是在恐怖分子投放真的炭疽杆菌的情况下，这种投放假炭疽杆菌或者编造假信息的行为，会使人们难辨真假，危害更大，应当予以刑事处罚。由于这种行为不可能实际造成传染病的传播，不属于危害公共安全方面的犯罪，难以适用危害公共安全罪的规定，而当时《刑法》又缺乏相应的规定，因此，《刑法修正案（三）》增加了对这种犯罪的规定。① 正是在这种当时《刑法》没有规定的情况下，肖永灵被定罪了，其与罪刑法定原则的冲突十分明显。由此可见，罪刑法定主义的司法化绝非一日之功。它涉及刑事司法理念的转变、刑事司法制度的改革和刑事司法技术的提升。

案例1-2 于润龙非法经营案②

一、基本案情

2000年9月15日至2002年9月15日，被告人于润龙承包吉林省桦甸市老金厂金矿东

---

① 参见全国人大常委会法制工作委员会刑法室编：《中华人民共和国刑法条文说明、立法理由及相关规定》，北京大学出版社2009年版，第604页。

② 参见陈兴良、张军、胡云腾主编：《人民法院刑事指导案例裁判要旨通纂》（上卷），北京大学出版社2013年版，第270页。

沟二坑坑口,共生产黄金约23 000克。2002年9月21日,于润龙自驾车辆将其承包金矿自产和收购的共46 384克黄金运往吉林省长春市,行驶至吉林市南出口(红旗)收费站时,被公安人员抓获,涉案黄金全部被吉林市公安局扣押,后被出售给中国人民银行吉林市中心分行,总售价为人民币(以下币种同)3 843 054.58元,出售款被上缴国库。

二、诉讼过程及裁判理由

该案审理期间,公安部办公厅就现阶段如何认定非法经营黄金行为向中国人民银行办公厅发函征求意见。2003年9月19日,中国人民银行办公厅对公安部办公厅发出的《〈关于对"非法经营黄金行为"现阶段如何认定的函〉的复函》(银办函〔2003〕483号),提出三点意见:"一、中国人民银行发布的《关于调整携带黄金有关规定的通知》(银发〔2002〕320号)不适用于个人。二、国发〔2003〕5号文件后,企业、单位从事黄金收购、黄金制品生产、加工、批发、黄金供应、黄金制品零售业务无须再经中国人民银行的批准。三、《中华人民共和国金银管理条例》与国发〔2003〕5号文件相冲突的规定自动失效。但在国务院宣布《中华人民共和国金银管理条例》废止前,该条例的其他内容仍然有效。"

参照上述复函,一审法院认为,国发〔2003〕5号文件虽然取消了黄金收购许可制度,但其他行政法规、部门规章仍对国内黄金市场秩序进行规制;《金银管理条例》在废止前,该条例的其他条款仍然有效,而根据其他条款,个人在未取得许可证的情况下不得收购、贩卖黄金。被告人于润龙在未取得黄金经营许可证的情况下大量收购、贩卖黄金的行为,构成非法经营罪,但判处免予刑事处罚。

被告人于润龙不服提起上诉。

二审法院经审理认为,一审判决认定的事实清楚,证据确实、充分,但定性不准,适用法律错误。具体理由如下:

(1)国发〔2003〕5号文件发布后,个人经营黄金的行为,不构成非法经营罪。《刑法》第225条中的"国家规定",具体到本案,是指《中华人民共和国金银管理条例》(以下简称《金银管理条例》)。《刑法》第225条第(一)项中的"许可",具体到本案,是指中国人民银行批准经营黄金的专项许可。国发〔2003〕5号文件发布后,中国人民银行对黄金的经营许可制度被取消,《金银管理条例》关于黄金由中国人民银行统购统配的规定不再适用,单位或者个人经营黄金无须经由中国人民银行审查批准。因此,国发〔2003〕5号文件发布后,单位或者个人经营黄金的行为不适用《刑法》第225条的规定,不构成非法经营罪。

(2)依照《刑法》第12条所确认的从旧兼从轻原则,通常情况下应当按照行为发生当时已有的法律对行为进行定性,但如果审判时法律发生了变化,按照变化后新的法律,不认为是犯罪或者处刑较轻的,应当适用新的法律。上诉人于润龙经营黄金的行为发生在2002年

8月至9月间,即国发〔2003〕5号文件发布前,按照当时的法律,构成非法经营罪。然而,在一审法院审理期间,国务院发布了国发〔2003〕5号文件,取消了中国人民银行关于黄金许可的规定。按照现行规定,于润龙的经营对象不属于"未经许可经营法律、行政法规规定的专营、专卖物品",不构成非法经营罪。依照《中华人民共和国刑事诉讼法》(1996年)第189条第(二)项、《刑法》第12条及最高人民法院《关于执行〈中华人民共和国刑事诉讼法〉若干问题的解释》(1998年)第176条第(三)项之规定,撤销一审法院刑事判决,改判上诉人于润龙无罪。

此后,于润龙多次上访,要求返还被扣押的涉案黄金。相关部门要求复查此案,决定由二审法院启动再审程序。2012年8月13日,二审法院作出再审决定,以判决确有错误为由对本案进行再审,同日作出刑事裁定,以事实不清、证据不足为由,发回一审法院重审。

再审一审法院经再审认为:

(1) 被告人于润龙在未获取黄金经营许可的情况下,大量收购、销售黄金的行为,严重扰乱了黄金市场秩序,情节严重,构成非法经营罪。虽然国发〔2003〕5号文件取消了黄金收购许可制度,但并不意味着黄金市场可以无序经营,其他相关行政法规、《金银管理条例》等部门规章依然对国内黄金市场发挥监管规制功能。

(2)《刑法》第12条是有关刑法溯及力的规定,该条规定并未对在现行行政法规发生变化的情况下如何适用刑罚明确适用原则,且国发〔2003〕5号文件也未明确其是否具有溯及力。因此,应当依照《刑法》第225条第(一)项之规定追究于润龙非法经营罪的刑事责任。

(3) 鉴于本案审判时关于黄金经营管理的行政法规发生变化,于润龙的犯罪情节轻微,且其收购的黄金在途中被依法扣押,没有给黄金市场带来不利后果,可以从轻处罚。据此再审一审法院判决被告人于润龙犯非法经营罪,免予刑事处罚;没收被告人于润龙非法经营涉案黄金46 384克,上缴国库。

再审一审判决后,检察机关以量刑畸轻为由提出抗诉,于润龙以其无罪为由再次提出上诉。

再审二审法院审理查明的事实与再审一审法院查明的事实基本一致。经审理,再审二审法院基于与原审二审裁定基本相同的理由,改判再审上诉人于润龙无罪。

三、关联法条

《中华人民共和国刑法》

第二百二十五条 违反国家规定,有下列非法经营行为之一,扰乱市场秩序,情节严重的,处五年以下有期徒刑或者拘役,并处或者单处违法所得一倍以上五倍以下罚金;情节特别严重的,处五年以上有期徒刑,并处违法所得一倍以上五倍以下罚金或者没收财产:

（一）未经许可经营法律、行政法规规定的专营、专卖物品或者其他限制买卖的物品的；

（二）买卖进出口许可证、进出口原产地证明以及其他法律、行政法规规定的经营许可证或者批准文件的；

（三）未经国家有关主管部门批准非法经营证券、期货、保险业务的，或者非法从事资金支付结算业务的；

（四）其他严重扰乱市场秩序的非法经营行为。

四、争议问题

本案的主要问题有两个：一是在法定犯中，前置性的行政法规变更，是否影响对行为的定性。二是刑法溯及力的从旧兼从轻原则是否适用于法定犯中的行政法规。这两个问题都与罪刑法定原则具有重大关联。

五、简要评论

我国《刑法》第225条规定的非法经营罪属于刑法中的法定犯。法定犯的特征之一是以违反前置性法律为前提，在此基础上才存在违反刑法的问题。因此，法定犯具有所谓双重的违法性。于润龙非法经营案所涉及的是《刑法》第225条第（一）项，即未经许可经营法律、行政法规规定的专营、专卖物品或者其他限制买卖的物品的行为。这里的"未经许可"是该非法经营行为所具有的对于行政法规的违反，这是构成本罪的法律特征。但是，在本案审理期间，法律发生了变化，即国务院发文取消了对于经营黄金的许可。对此，一审法院认为，虽然取消了许可，但《金银管理条例》没有废止，对于黄金的收购、销售等经营行为仍然受到法律规制。因此，于润龙的行为构成非法经营罪。在这种观点中，还有一个论证理由，即《金银管理条例》规定的黄金经营者只是单位而不包括个人，因此国务院文件取消的黄金经营许可的对象也是指单位，并不包括个人。因此，个人经营黄金仍然属于违反行政法规的行为，应当构成非法经营罪。二审法院的裁判理由否认了这一观点，二审法院是正确的。因为，非法经营罪中的第一项行为是以违反行政许可为前提的，在国务院已经取消了黄金经营许可的情况下，经营黄金行为的行政违法性已不复存在，当然不能构成非法经营罪。至于说，《金银管理条例》只规定了对单位经营黄金的许可，而没有规定对个人经营黄金的许可。因此，国务院文件取消的许可是对单位经营黄金的许可，并不包括个人。这一说法在逻辑上是能够成立的。如果在《金银管理条例》中同时规定了对单位和个人经营黄金的许可，而国务院文件只取消了对单位的许可，而没有取消对个人的许可，那么个人经营黄金仍然是违反行政许可的行为。但是，《金银管理条例》只规定了对单位经营黄金的许可，并没有规定对个人经营黄金的许可。尽管在当时的法律语境中，并不意味着个人可以未经许可经营黄金。但在目前的法律语境中,对于公民个人来说,法律没有禁止即为自由。因此,个人经营黄金应当是法律所不禁止的。于润龙经营黄金的行为,不具有行政违法性,不能被认定为非法经营罪。

二审裁判理由还讨论了行政法律、法规的溯及力问题,即行政法规是否亦采取从旧兼从轻原则?二审法院认为,行政法律、法规的溯及力与刑法的溯及力一样,均适用从旧兼从轻原则。这一观点本身当然是正确的。刑法中的法定犯如果以违反行政法律、法规为前提,当行政法律、行政法规变化时,其效力问题应当适用从旧兼从轻原则。对于本案来说,取消行政许可的国务院文件同样也应当采取从旧兼从轻原则。虽然在于润龙实施其行为时,存在对于黄金经营的许可,但在审判时,该许可已经被取消了,因此,于润龙的行为就不存在违反行政许可的问题。

案例1-3 方惠茹传播淫秽物品牟利案①

一、基本案情

被告人方惠茹(女)于2006年下半年在网上注册了两个QQ号——287557234(网名"水水")和448562245(网名"晴一儿"),并将这两个QQ号挂于QQ聊天室大厅的"E网情深"室内,发信息告知"好友"可进行色情聊天,以招揽网友进行裸聊,从中牟利。之后,方惠茹又在这两个QQ号的"个人资料""介绍说明"栏内加入了"加我请注明网银支付宝,试看人民币(以下币种均为人民币)5元(我裸体2分钟,同时证明我是真人)满意后50元服务30分钟,特殊的加钱。绝对真人,有良好的信誉,欢迎付费男士"的个人说明。在裸聊时,方惠茹先将以其丈夫王华佗名义开户的银行账号或自己在支付宝网站申请的支付宝账号告知对方,待核实对方已将钱汇入后,即根据对方的要求以及汇入资金的数额通过视频提供不同的裸聊内容。自2006年11月1日到2007年5月14日,方惠茹裸聊范围达20余个省份,裸聊的对象有300余人,其用于裸聊收费的银行账号以及支付宝账号共汇入资金1054次,计24973.03元。

二、诉讼过程及裁判理由

一审法院认为,被告人方惠茹以牟利为目的,利用互联网传播淫秽电子信息,其行为构成传播淫秽物品牟利罪。方惠茹利用淫秽电子信息收取裸聊费用,违法所得在1万元以上,但未达到情节严重所要求的标准,不属于情节严重。方惠茹归案后认罪态度较好并退出违

---

① 参见陈兴良、张军、胡云腾主编:《人民法院刑事指导案例裁判要旨通纂》(下卷),北京大学出版社2013年版,第1033页。

法所得,可以酌情从轻处罚。根据方惠茹的犯罪情节及悔罪表现,适用缓刑确实不致再危害社会,可对其宣告缓刑。依照《刑法》第363条、第64条和最高人民法院、最高人民检察院《关于办理利用互联网、移动通讯终端、声讯台制作、复制、出版、贩卖、传播淫秽电子信息刑事案件具体应用法律若干问题的解释》第1条第1款第(六)项之规定,判决被告人方惠茹犯传播淫秽物品牟利罪,判处有期徒刑6个月,缓刑1年,并处罚金人民币5 000元;追缴违法所得,没收作案工具。

一审宣判后,被告人方惠茹没有上诉,检察机关亦未提出抗诉,判决发生法律效力。

三、关联法条

《中华人民共和国刑法》

第三百六十三条第一款　以牟利为目的,制作、复制、出版、贩卖、传播淫秽物品的,处三年以下有期徒刑、拘役或者管制,并处罚金;情节严重的,处三年以上十年以下有期徒刑,并处罚金;情节特别严重的,处十年以上有期徒刑或者无期徒刑,并处罚金或者没收财产。

四、争议问题

本案争议问题是,在互联网进行裸聊是否属于传播淫秽物品。

五、简要评论

裸聊行为是在互联网上出现的一种色情交易行为,对此能否按照犯罪处罚,关键在于能否将裸聊行为评价为传播淫秽物品行为。如果裸聊行为可以被评价为传播淫秽物品的行为,对此当然应当作为犯罪处罚。但是,如果裸聊行为不能被评价为传播淫秽物品的行为,就属于《刑法》没有明文规定的情形,按照罪刑法定原则,不能作为犯罪处罚。裸聊行为是否属于传播淫秽物品的行为,主要涉及两个问题:一是如何认定传播淫秽物品中的"淫秽物品";二是如何认定传播淫秽物品中的"传播"。

关于"淫秽物品",《刑法》第367条第1款规定:"本法所称淫秽物品,是指具体描绘性行为或者露骨宣扬色情的诲淫性的书刊、影片、录像带、录音带、图片以及其他淫秽物品。"根据这一定义,淫秽物品由一定的载体和淫秽内容构成。在裸聊的情况下,裸体本身具有色情性,这是不能否认的。裸聊内容也都涉及色情,这也是可以肯定的。但是,淫秽物品的载体并不存在。因此,裸聊的即时信息可否被认定为淫秽物品,是一个值得推敲的问题。

至于"传播",在裸聊行为中更是难以认定。"传播"是指在不特定的多数人中进行散布。裸聊可以分为两种:一是点对点的裸聊,具有私密性,这不能认定为传播行为;二是点对面的裸聊,即裸聊女是一人,但面对聊天室中的多名男子进行裸聊。在这种情况下,从空间来看,是在多名男子面前呈现裸聊女的裸体。但因为是在封闭的空间进行展示,其人员不属于不特定,因此也难以认定为"传播"。对于这种情形,如果裸聊中具有淫秽色情内容,可以认定为淫秽表演。对于组织者,可以组织淫秽表演罪论处。由此可见,裸聊行为是刑法没有明文规定的行为,不能按照犯罪处罚。

案例1-4 李宁组织卖淫案[①]

一、基本案情

2003年1月至8月,被告人李宁为营利,先后与刘超、冷成宝等人预谋后,采取张贴广告、登报的方式招聘男青年做"公关人员",并制定了《公关人员管理制度》(以下简称《管理制度》)。《管理制度》规定:"公关人员"台费每次80元,包间费每人50元(由客人付),包房过夜费每人100元;最低出场费每人200元,客人将"公关人员"带离工作场地超过30分钟,"公关人员"可索要出场费并交纳80元;客人投诉某一"公关人员"超过3次,除对该人员罚款外,还立即除名;"公关人员"上岗前需交纳管理费200元和身份证原件,上岗后需交纳押金300元;符合管理规定,离店时押金全部退还;离店需提前15天书面申请,否则不退押金;"公关人员"上岗前须经检查、培训,服务前自备用具;必须服从领导,外出30分钟必须向经理请假,经经理或管理人员同意后方可外出,违者罚款80元;出场后,次日下午2时前必须报到,每天下午2时、晚7时30分、夜3时点名,点名不到罚款80元;等等。李宁指使刘超、冷成宝对"公关先生"进行管理,并在其经营的"金麒麟""廊桥"及"正麒"酒吧内将多名"公关先生"多次介绍给男性顾客,由男性顾客将"公关人员"带到南京市"新富城"大酒店等处从事同性卖淫活动。

二、诉讼过程及裁判理由

检察机关以被告人李宁犯组织卖淫罪,向法院提起公诉。

被告人李宁辩称,其行为不构成犯罪。其辩护人提出,《刑法》及相关司法解释对同性之间的性交易是否构成卖淫未作明文规定,而根据有关辞典的解释,卖淫是"指妇女出卖肉体"的行为。因此,组织男性从事卖淫活动的,不属于组织"卖淫",不危害社会公共秩序和良好风尚;依照罪刑法定原则,李宁的行为不构成犯罪。

一审法院认为,被告人李宁以营利为目的,招募、控制多人从事卖淫活动,其行为已构成

[①] 参见陈兴良、张军、胡云腾主编:《人民法院刑事指导案例裁判要旨通纂》(下卷),北京大学出版社2013年版,第1021页。

组织卖淫罪,依法应予严惩。被告人李宁关于其行为不构成犯罪的辩解,其辩护人关于卖淫不包括男性之间的性交易的辩护意见不能成立。根据我国《刑法》的规定,组织卖淫罪是指以招募、雇佣、引诱、容留等手段,控制、管理多人从事卖淫的行为;组织他人卖淫中的"他人",主要是指女性,也包括男性。被告人李宁以营利为目的,组织"公关人员"从事金钱与性的交易活动,虽然该交易在同性之间进行,但该行为亦为卖淫行为,亦妨害了社会治安管理秩序,破坏了良好的社会风尚,故李宁的行为符合组织卖淫罪的构成条件。据此,依照《中华人民共和国刑法》第358条、第64条之规定,于2004年2月17日判决被告人李宁犯组织卖淫罪,判处有期徒刑8年,罚金人民币6万元;被告人李宁违法所得1 500元予以追缴。

一审判决后,被告人李宁不服,以组织同性卖淫不构成犯罪、量刑过重为由,提出上诉。

二审法院经审理认为,原审判决认定上诉人李宁的犯罪事实清楚,证据确实、充分,适用法律正确,审判程序合法,应予维持。上诉人李宁所提上诉理由不能成立。据此,依照《中华人民共和国刑事诉讼法》(1996年)第189条第(一)项之规定,于2004年4月30日裁定驳回上诉,维持原判。

三、关联法条

《中华人民共和国刑法》

第三百五十八条①　组织他人卖淫或者强迫他人卖淫的,处五年以上有期徒刑,并处罚金;有下列情形之一的,处十年以上有期徒刑或者无期徒刑,并处罚金或者没收财产:

(一)组织他人卖淫,情节严重的;

(二)强迫不满十四周岁的幼女卖淫的;

(三)强迫多人卖淫或者多次强迫他人卖淫的;

(四)强奸后迫使卖淫的;

(五)造成被强迫卖淫的人重伤、死亡或者其他严重后果的。

有前款所列情形之一,情节特别严重的,处无期徒刑或者死刑,并处没收财产。

为组织卖淫的人招募、运送人员或者有其他协助组织他人卖淫行为的,处五年以下有期徒刑,并处罚金;情节严重的,处五年以上十年以下有期徒刑,并处罚金。

四、争议问题

本案的主要问题是,对组织卖淫罪中的"卖淫"如何理解。按照通常理解,这里的"卖

---

① 2015年8月29日通过的《中华人民共和国刑法修正案(九)》将《刑法》第358条修改为:"组织、强迫他人卖淫的,处五年以上十年以下有期徒刑,并处罚金;情节严重的,处十年以上有期徒刑或者无期徒刑,并处罚金或者没收财产。组织、强迫未成年人卖淫的,依照前款的规定从重处罚。犯前两款罪,并有杀害、伤害、强奸、绑架等犯罪行为的,依照数罪并罚的规定处罚。为组织卖淫的人招募、运送人员或者有其他协助组织他人卖淫行为的,处五年以下有期徒刑,并处罚金;情节严重的,处五年以上十年以下有期徒刑,并处罚金。"

淫"包括妇女向男性卖淫,以及男性向妇女卖淫。卖淫是否包括同性之间的性交易?对这个问题的理解涉及主观解释论与客观解释论之争,而这一争议又与罪刑法定原则相关联。

五、简要评论

本案争议的核心问题在于:组织男性从事同性之间性交易活动的,是否构成组织卖淫罪?而这个问题,又直接与"卖淫"一词的界定相关。法院对李宁组织男性从事同性之间性交易活动的行为认定为组织卖淫罪的裁判理由如下:

组织卖淫罪,是指组织他人卖淫的行为。所谓"组织",根据1992年12月11日最高人民法院、最高人民检察院《关于执行〈全国人民代表大会常务委员会关于严禁卖淫嫖娼的决定〉的若干问题的解答》(以下简称《解答》)第2条的规定,是指以招募、雇佣、强迫、引诱、容留等手段,控制多人从事卖淫的行为。所谓"他人",从有关卖淫嫖娼犯罪的立法沿革不难看出,应当是既包括女性,也包括男性。但是,何谓"卖淫"?对此,刑法本身及相关立法、司法解释均未作出明确界定。

在本案中,被告人李宁的行为从其方式、对象看,显然符合组织卖淫罪的特征。具体而言:(1)李宁通过张贴广告、登报的方式招聘多名男青年做"公关人员",并为他们制定了严格的《管理制度》进行约束。从《管理制度》的内容看,这些所谓"公关人员"的活动均由李宁及其同伙刘超、冷成宝等人安排、布置、调度,亦即均在李宁等人的控制之下。由此可见,李宁的行为明显属于"组织"行为。(2)李宁组织的虽是男性"公关人员",但如前所述,组织卖淫罪的对象也可以是男性。因此,从对象上看,李宁的行为也符合组织卖淫罪的特征。但是,李宁组织下的男性"公关人员"所从事的活动是否属于、能否认定为"卖淫"呢?这是本案争执的焦点。在此问题上,辩方给出了否定的回答。其主要理由是,根据有关辞典的解释,"卖淫"是指妇女出卖肉体的行为,而涉案男性"公关人员"所从事的活动不符合这一特点;李宁的行为不构成组织卖淫罪。但控方及审判机关则作出了肯定的回答,认为同性之间的金钱与性的交易活动,也属于"卖淫"的一种;对被告人李宁应当以组织卖淫罪论处。

我们赞同本案两审法院的意见。我们认为,"卖淫",就其常态而言,虽是指女性以营利为目的,与不特定男性从事性交易的行为;但随着立法的变迁,对男性以营利为目的,与不特定女性从事性交易的行为,也应认定为"卖淫";而随着时代的发展、社会生活状况的变化,"卖淫"的外延还可以、也应当进一步扩大,亦即还应当包括以营利为目的,与不特定同性从事性交易的行为(为论述方便,以下简称此种卖淫行为为"同性卖淫")。对"卖淫"作如上界定,并不违背刑法解释原理和罪刑法定原则,相反,是刑法立法精神的当然要求,主要理由是:

(一)如上所述,至今,刑法本身及相关立法、司法解释均未曾对刑法中"卖淫"一词的内涵作出过明确界定，均未曾明确限定"卖淫"仅限于异性之间的性交易行为。鉴此，认为"卖淫"也包括同性卖淫，并不与现行立法和有效刑法解释相抵触；或者说，至少在形式上并不违背罪刑法定原则。

（二）由于种种原因，辞典，尤其是非专业性辞典对某一刑法用语的解释，往往与我们对该刑法用语所作的规范解释不尽一致，有的甚至与刑法本身规定相冲突。例如，根据有关辞典的解释，"卖淫"是"指妇女出卖肉体"，而如上所述，在《关于严禁卖淫嫖娼的决定》作出后，刑法中的"卖淫"已明显不只限于妇女出卖肉体，也包括男性出卖肉体。再如，根据有关辞典的解释，"抢劫"是指"以暴力把别人的东西夺过来，据为己有"，这一解释，不仅明显与《刑法》第263条关于抢劫是"以暴力、胁迫或者其他方法"强行劫取公私财物的规定不尽一致，同时也模糊了抢劫与抢夺之间的界限，等等。此种状况表明，辞典对刑法用语的解释不能成为我们办理具体案件的"法律依据"；不能以辞典的解释取代我们对刑法用语的规范解释；对刑法用语作出不同于辞典解释的专业解释并不必然违背罪刑法定原则，相反，在有些场合下，是坚持罪刑法定原则的当然要求。

（三）我们认为，刑法所规定的"卖淫"的本质特征在于，其是以营利为目的，向不特定的人出卖肉体的行为。至于行为人的性别是男是女，以及其对象是异性还是同性，均不是判断、决定行为人的行为是否构成"卖淫"所要考察的因素。之所以这样理解，是因为无论是女性卖淫还是男性卖淫，无论是异性卖淫还是同性卖淫，均违反了基本伦理道德规范，毒害了社会风气，败坏了社会良好风尚。从此角度看，将同性卖淫归入"卖淫"范畴，以组织卖淫罪追究组织同性卖淫的行为人的刑事责任，并不违背而且完全符合刑法有关卖淫嫖娼犯罪规定的立法精神。

（四）根据刑法解释原理，对刑法用语，应当适应社会发展，结合现实语境，作出符合同时代一般社会观念和刑法精神的解释。这并不违背罪刑法定原则，相反是贯彻罪刑法定的当然要求。因为：其一，一个词的通常的意义是在逐渐发展的，在事实的不断再现中形成的；法律制定以后，其所使用的文字还会不断产生新的含义；任何一种解释如果试图用最终的、权威性的解释取代基本文本的开放性，都会过早地吞噬文本的生命；在解释刑法时，必须正视刑法文本的开放性，适应社会生活事实的发展变化，科学界定法律用语的准确含义，不能将"熟悉与必须"相混淆，否则便会人为窒息刑法的生命，使刑法惩治犯罪、保护法益的功能无法有效实现。其二，坚持罪刑法定原则不仅要求做到"法无明文规定不为罪，法无明文规定不处罚"，也要求做到"法有明文规定应为罪，法有明文规定应处罚"；同时，将罪刑法定原则中的"法无明文规定"曲解为"法无明确规定"是教条的、错误的，在有的场合下，甚至可以说在很多场合下，即使刑法本身及有权刑法解释对某些行为（实质是某些刑法用语）未作出明确、具体的规定，但若能在准确把握刑法精神、科学运用刑法解释原理的前提下，将该行为解释进刑法的明文规定之中,则对该行为进行定罪处罚就并不违反罪刑法定原则,相反,恰恰是贯彻罪刑法定原则的当然要求。据此,结合目前社会生活事实的发展变化——已出现同性卖淫行为;现时代一般社会观念对男性之间以营利为目的的性交易行为的认识——人们已习惯用同性"卖淫"来指称这种现象;以及刑法精神——禁止任何有伤风化的淫媒行为,以组织卖淫罪追究本案被告人李宁的刑事责任,是符合罪刑法定原则的。

李宁案能否定罪的关键是如何解释"卖淫"一词,裁判理由赞同两级法院对"卖淫"一词的解释,并对刑法解释与罪刑法定原则的关系以及裁判理由的作者在刑法解释论上的立场,进行了正确的分析。刑法解释与罪刑法定原则的关系,确实是一个十分重要且又微妙的问题。那么,刑法解释是否与罪刑法定原则相抵触呢?笔者认为,随着从绝对罪刑法定向相对罪刑法定的转变,正如同罪刑法定并不绝对排斥法官的自由裁量一样,罪刑法定也并非绝对地与刑法解释不相容。关键在于,刑法应当受到罪刑法定的严格限制,例如不能进行类推解释等,否则就会违反罪刑法定原则。因此,刑法解释与民法解释或者其他法律解释在性质上还是有区别的,出于法律性质的考虑,刑法解释更应当受到法律文本的约束,这就是刑法应当严格解释的基本法理。当然,刑法应当严格解释,主要是指对不利于被告人的解释应当加以限制,对有利于被告人的解释则是不加限制的。关键问题在于,如何理解对不利于被告人的解释应当加以限制?例如,在李宁案中,将同性之间的性交易解释为卖淫,当然是不利于被告人的。但是,对刑法的严格解释并不意味着不能作出不利于被告人的解释。只要是法律规定本身能够容纳的,完全可以作出不利于被告人的解释。

刑法解释中包含一个方法论的问题,即站在何种立场上解释法律。对此,存在主观解释论与客观解释论之争议。主观解释论认为,法律解释的对象是主观的,即通过法律文本所体现出来的立法者的旨意,所谓法律解释就是探寻立法者的旨意。客观解释论认为,法律解释的对象是客观的,即通过法律文本所表现出来的法律蕴含本身,这种法律蕴含是指立法者想要表达的,但并不以立法者的意志为转移。法律一经颁布,法律蕴含就已经服务立法者。那么,我国在刑法解释上应当采用何种方法论呢?

在笔者看来,主观解释论与客观解释论的分歧也许并没有我们想象的那么大。因此,较为现实的态度还是在两者之间寻找某种平衡。首先需要对立法原意本身作出正确的界定,即立法原意是指立法者制定法律时的意图还是法律文本中所蕴含或者隐含的意图。就此而言,我们应当在后者的意义上理解立法原意而非前者意义。因此,笔者倾向于将立法原意改称立法意蕴,以免使人将立法原意误解为立法者主观上的意图。这样一种界定,使立法意蕴在一定程度上予以客观化,但又未脱离法律文本,因而也不与主观解释论的宗旨相背离。此外,客观解释论也并不认为解释是没有限度的,明显的法律漏洞也是不能通过类推解释填补的。在李宁案的裁判理由中,还是强调刑法解释应当受到罪刑法定原则的限制,同时也阐明刑法解释应当适应社会发展,因而带有某种客观解释论的倾向性。对此,笔者是持肯定态度的。

案例 1-5　朱建勇故意毁坏财物案①

一、基本案情

2002年4月29日至5月10日,被告人朱建勇利用事先获悉的账号和密码,侵入被害人陆正辉、赵佩花夫妇在证券营业部开设的股票交易账户,然后篡改了密码,并使用陆正辉、赵佩花夫妇的资金和股票,采取高进低出的方法进行股票交易。5月16日,朱建勇再次作案时被当场发现。按照股票成交平均价计算,用首次作案时该账户内的股票与资金余额,减去案发时留有的股票与资金余额,朱建勇共给陆正辉、赵佩花夫妇的账户造成资金损失19.7万余元。朱建勇被发现后,立即如实供认了全部事实,并赔偿了陆正辉、赵佩花夫妇的经济损失。

二、诉讼过程及裁判理由

一审法院认为:

1. 关于对被告人朱建勇的行为能否用刑法评价的问题

《刑法》第2条规定:"中华人民共和国刑法的任务,是用刑罚同一切犯罪行为作斗争,以保卫国家安全,保卫人民民主专政的政权和社会主义制度,保护国有财产和劳动群众集体所有的财产,保护公民私人所有的财产,保护公民的人身权利、民主权利和其他权利,维护社会秩序、经济秩序,保障社会主义建设事业的顺利进行。"第13条规定:"一切危害国家主权、领土完整和安全,分裂国家、颠覆人民民主专政的政权和推翻社会主义制度,破坏社会秩序和经济秩序,侵犯国有财产或者劳动群众集体所有的财产,侵犯公民私人所有的财产,侵犯公民的人身权利、民主权利和其他权利,以及其他危害社会的行为,依照法律应当受刑罚处罚的,都是犯罪,但是情节显著轻微危害不大的,不认为是犯罪。"第275条规定:"故意毁坏公私财物,数额较大或者有其他严重情节的,处三年以下有期徒刑、拘役或者罚金;数额巨大或者有其他特别严重情节的,处三年以上七年以下有期徒刑。"被告人朱建勇为泄私愤,秘密侵入他人的账户操纵他人股票的进出,短短十余日,已故意造成他人账户内的资金损失19.7万余元。这种行为,侵犯公民的私人财产所有权,扰乱社会经济秩序,社会危害性是明显的,依照《刑法》第275条的规定,已构成故意毁坏财物罪,应当受刑罚处罚。

---

① 参见最高人民法院办公厅主编:《最高人民法院公报》(2004年卷),人民法院出版社2005年版,第303页。

2. 关于股票所代表的财产权利能否作为故意毁坏财物罪的犯罪对象问题

故意毁坏财物罪,是指故意毁灭或者损坏公私财物,数额较大或者有其他情节严重的行为。法律规定故意毁坏财物罪,旨在通过保护公私财物,进而保护该财物权利主体的权益。刑法意义上的财物,既包括有体物,也包括无体物,只要它具有一定的经济价值,能成为权利主体依法享有的权益,就可以成为故意毁坏财物罪的犯罪对象。电力、煤气等无形财产,已经被《刑法》分则和相关的司法解释明确规定为盗窃罪的犯罪对象。股票所代表的财产权利,也可以成为故意毁坏财物罪的犯罪对象。

3. 关于犯罪数额的计算问题

故意毁坏财物是否构成犯罪,数额多少是一个要件。股票不同于一般财物,既有即时行情、当日最高价、当日最低价,也有平均价、成交价、收盘价,等等,而且其价格呈不断波动状态。对以股票为犯罪对象的故意毁坏他人财物行为,如何计算损失数额,目前法律和司法解释都未明确规定。最高人民法院《关于审理盗窃案件具体应用法律若干问题的解释》第5条规定,盗窃股票的,数额"按被盗当日证券交易所公布的该种股票成交的平均价格计算"。故意毁坏财物罪与盗窃罪同为侵犯财产类的犯罪,因此应参照上述司法解释计算本案的犯罪数额。

4. 关于量刑问题

《刑法》第67条第1款规定:"犯罪以后自动投案,如实供述自己的罪行的,是自首。对于自首的犯罪分子,可以从轻或者减轻处罚。其中,犯罪较轻的,可以免除处罚。"被告人朱建勇的行为虽已构成故意毁坏财物罪,但在被证券交易所工作人员发现后,朱建勇立即坦白并赔偿了被害人的全部经济损失,之后又随证券交易所工作人员归案,有自首情节,依法应予以减轻处罚。根据朱建勇的犯罪情节和悔罪表现,依照《刑法》第72条第1款的规定,对其适用缓刑也确实不致再危害社会。

综上所述,起诉书指控被告人朱建勇犯故意毁坏财物罪,事实清楚,证据确凿,指控成立。辩护人提出的部分辩护意见,符合事实和法律,应予采纳。

据此,一审法院于2002年10月24日判决被告人朱建勇犯故意毁坏财物罪,判处有期徒刑1年零6个月,宣告缓刑两年。

一审判决已发生法律效力。

三、关联法条

《中华人民共和国刑法》

第二百七十五条 故意毁坏公私财物,数额较大或者有其他严重情节的,处三年以下有期徒刑、拘役或者罚金;数额巨大或者有其他特别严重情节的,处三年以上七年以下有期徒刑。

四、争议问题

本案的主要问题是,对于故意毁坏财物罪的"毁坏"如何理解?这里涉及刑法中的形式解释论与实质解释论之争,而这一争议又与罪刑法定原则存在重要关联性。

五、简要评论

关于朱建勇故意毁坏财物案,虽然法官在裁判理由中讨论了四个问题,但根本问题还是被告人朱建勇所实施的侵入他人股票账户对他人股票进行高买低卖的操作,致使他人遭受财产损失的行为,能否被认定为刑法中的毁坏财物的行为。法官的裁判理由以被告人朱建勇的行为已经造成他人财产损失,其行为具有社会危害性为根据,认定该行为属于刑法中的毁坏财物的行为。这一认定明显采用了实质解释论的方法,即从行为的社会危害性出发,界定行为的毁坏性质。笔者认为,毁坏财物的行为当然会造成他人的财产损失,但不能由此而从财产损失的后果出发,将所有造成他人财产损失的行为都认定为毁坏财物的行为。某行为是否为毁坏财物行为,应当根据该行为本身是否符合毁坏的特征进行认定。在认定"毁坏"的时候,首先要确定"毁坏"的语义范围,只有没有超出毁坏的可能语义的行为,才能被认定为毁坏。在此基础上,再进一步考察这种行为是否具有对他人财产法益的侵害性,最终是否构成故意毁坏财物罪。这就是形式解释论的方法。由此可见,形式解释论与实质解释论的根本区分在于:是先进行形式判断还是先进行实质判断。形式解释论主张先进行形式判断,在符合形式判断的基础上,再进行实质判断。由此,形式判断与实质判断分别起到对于犯罪的认定功能。而实质解释论则直接进行实质判断,在作了实质判断以后,不可能再进行形式判断,这样,形式判断就被实质判断所取代。因此,实质解释论潜藏着突破罪刑法定原则的危险性。在朱建勇案中,被告人朱建勇的行为虽然给他人的财产造成了损失,但这种侵入他人股票账户对他人股票进行高买低卖的操作行为,不具备毁坏的特征,因此不能被认定为故意毁坏财物罪。

第二章　因果关系与客观归责

案例2-1　陈全安交通肇事案[①]

一、基本案情

2005年6月27日23时许,被告人陈全安驾驶悬挂鄂A/177××号牌(假号牌)的大货车从佛山市南海区丹灶镇往西樵镇方向行驶,至樵丹路北西科技园路口时靠边停车等人。期间张伯海驾驶粤Y/B93××号小型客车(车上搭载关志明)同向行驶,追尾碰撞陈全安驾驶的大货车尾部,导致粤Y/B93××号车损坏、关志明受伤和张伯海当场死亡。事故发生后,陈全安驾车逃逸。2005年7月29日,陈全安及其肇事货车被公安机关缉获。经交警部门认定,被告人陈全安发生交通事故后逃逸,负事故的主要责任;张伯海酒后驾驶机动车,负事故的次要责任。

二、诉讼过程及裁判理由

一审法院认为,陈全安驾车发生交通事故,造成1人死亡,肇事后逃逸,其行为构成交通肇事罪,判处陈全安有期徒刑1年零6个月。

一审判决后,被告人不服提出上诉。二审法院认为,交通事故发生在前,陈全安的逃逸行为发生在后,其逃逸行为并非引发本次交通事故的原因。至于陈全安有无其他与本次事故发生有因果关系的违反交通运输管理法规的行为,如陈全安是否在禁止停车路段停车、其停车是否阻碍其他车辆的正常通行?陈全安的其他违反交通运输管理法规的行为应否对事故负全部或者主要责任?一审法院没有查明,在事实不明的情况下,应按照"疑罪从无"的原则处理。如果陈全安有在禁止停车的路段停放车辆从而妨碍其他车辆正常通行的违规行为,结合本案事实,也只应负同等责任以下的事故责任。因此,本案现有证据尚不足以认定陈全安的行为构成交通肇事罪。原判认定的事实不清,证据不足,适用法律错误,裁定发回

[①] 参见陈兴良、张军、胡云腾主编:《人民法院刑事指导案例裁判要旨通纂》(上卷),北京大学出版社2013年版,第38页。

重审。

三、关联法条

《中华人民共和国刑法》

第一百三十三条 违反交通运输管理法规,因而发生重大事故,致人重伤、死亡或者使公私财产遭受重大损失的,处三年以下有期徒刑或者拘役;交通运输肇事后逃逸或者有其他特别恶劣情节的,处三年以上七年以下有期徒刑;因逃逸致人死亡的,处七年以上有期徒刑。

最高人民法院《关于审理交通肇事刑事案件具体应用法律若干问题的解释》

第二条第一款 交通肇事具有下列情形之一的,处三年以下有期徒刑或者拘役:

(一)死亡一人或者重伤三人以上,负事故全部或者主要责任的;

(二)死亡三人以上,负事故同等责任的;

(三)造成公共财产或者他人财产直接损失,负事故全部或者主要责任,无能力赔偿数额在三十万元以上的。

《中华人民共和国道路交通安全法》

第七十条第一款 在道路上发生交通事故,车辆驾驶人应当立即停车,保护现场;造成人身伤亡的,车辆驾驶人应当立即抢救受伤人员,并迅速报告执勤的交通警察或者公安机关交通管理部门。因抢救受伤人员变动现场的,应当标明位置。乘车人、过往车辆驾驶人、过往行人应当予以协助。

《中华人民共和国道路交通安全法实施条例》

第九十二条第一款 发生交通事故后当事人逃逸的,逃逸的当事人承担全部责任。但是,有证据证明对方当事人也有过错的,可以减轻责任。

四、争议问题

在交通肇事犯罪中,是否只要存在任何违反交通运输管理法规的行为,便足以将结果归责于实施相应行为的被告人?

五、简要评论

刑法中若要肯定结果归责,需要行为的不法部分与结果之间存在内在的关联。因而,讨论结果归责的首要前提是,行为创设了为法所禁止的风险;如果这一前提无法确定,便会丧失讨论结果归责的基础。本案中,引发追尾事故并导致一死一伤的结果,乃是由被告人的停车行为所引起。所以,要将相应结果归责于被告人,需要证明被告人实施了不法行为,并且这种不法行为创设了刑法上有意义的危及法益的风险。本案的关键在于,没有证据证明被告人的停车行为是非法的,即无法证明其违反交通运输管理法规并创设了不容许的风险。基于此,根据诉讼法上"存疑有利被告"的原则,只能认为被告人的停车行为合法。既然被告人的停车行为根本没有创设法不容许的风险,据以归责的前提也就不存在,自然不可能将伤亡结果归责于被告人的停车行为。

与此同时,伤亡结果也不能归责于被告人在事故发生之后的逃逸行为。被告人在事故发生之后逃逸,的确违反了相关的交通法规,并且也创设了为法所禁止的风险。但是,导致一死一伤的事故出现在前,而违章行为发生在后,该违章行为不可能对事故的发生具有因果意义上的作用力。即使承认逃逸行为创设了风险,这种风险无疑也只是针对事故中受伤的被害人而言。假如本案中关志明由于被告人逃逸得不到及时救助而死亡,其死亡结果或许有归责于被告人逃逸行为的余地,因为正是后者的不救助导致其死亡结果的发生。但本案涉及的问题并非如此,故无论如何不应将逃逸前事故中发生的结果归责于被告人。二审法院否定将伤亡结果归责于被告人的结论是正确的。

案例 2-2 贺淑华非法行医案[①]

一、基本案情

被告人贺淑华未取得医生执业资格,在重庆市垫江县桂溪镇行医多年。2003 年 5 月 25 日上午 9 时,贺淑华为被害人刘福琼非法接生,在分娩过程中,刘福琼因并发羊水栓塞,于当日 13 时许死亡。重庆市医科大学附属第一医院鉴定认为,刘福琼与胎儿的死亡,系贺淑华滥用"缩宫素",致刘福琼宫缩过强而产生羊水栓塞导致。但公安机关在尸体检验时既未从死者刘福琼体内提取任何检材,也未对其在现场提取的药液中是否含"缩宫素"成分作过鉴定。

二、诉讼过程及裁判理由

一审法院依据重庆市医科大学附属医院的鉴定,认定被告人贺淑华无行医执照,非法为他人接生,致人死亡,其行为已构成非法行医罪,判处有期徒刑 10 年,并处罚金人民币 1 万元。

一审判决后,贺淑华不服提起上诉。上诉理由有三点:一是原判决认定其滥用"缩宫素"的证据不足;二是重庆市医科大学附属第一医院所作的鉴定结论有误;三是刘福琼的死亡与

[①] 参见陈兴良、张军、胡云腾主编:《人民法院刑事指导案例裁判要旨通纂》(下卷),北京大学出版社 2013 年版,第 947 页。

其的非法行医行为之间无因果关系。

二审法院经审理认为,一审认定贺淑华对刘福琼使用过"缩宫素"无充分的证据支持,应予纠正。鉴定机构的鉴定结论所依据的基础事实有误,其结论缺乏客观性。贺淑华提出的前两点上诉理由成立。贺淑华在非法为他人接生时,应该预见产妇在分娩过程中可能会发生各种分娩综合征,其明知如果产妇在分娩过程中发生分娩综合征时,其没有相应的医疗设备和医疗技术实施及时、恰当的抢救措施,产妇的死亡危险必然会大大增加。贺淑华对产妇在分娩中可能发生的危险心存侥幸,以致刘福琼在分娩过程中出现并发羊水栓塞时无力采取及时、恰当的抢救措施,造成刘福琼死亡,其非法行医行为与刘福琼的死亡后果存在因果关系。故贺淑华提出的第三点上诉理由不能成立。一审判决认定贺淑华非法行医并造成产妇刘福琼及胎儿死亡的事实清楚,证据充分;但认定贺淑华滥用"缩宫素"致刘福琼发生羊水栓塞的证据不足。原判适用法律正确,定罪准确,量刑恰当,裁定驳回上诉,维持原判。

三、关联法条

《中华人民共和国刑法》

第三百三十六条第一款　未取得医生执业资格的人非法行医,情节严重的,处三年以下有期徒刑、拘役或者管制,并处或者单处罚金;严重损害就诊人身体健康的,处三年以上十年以下有期徒刑,并处罚金;造成就诊人死亡的,处十年以上有期徒刑,并处罚金。

四、争议问题

产妇在分娩过程中因并发症死亡,是否处于非法行医行为所创设的风险的范围之内？被告人是否需对由此产生的死亡后果负责？

五、简要评论

本案涉及结果加重犯的认定。成立结果加重犯,除要求行为人主观上至少对加重结果具有过失之外,客观层面还要求基本行为与加重结果之间存在刑法上的因果关系。本案中,被告人对被害人死亡的结果存在过失没有疑问,因为其对被害人在分娩过程中可能发生各种紧急情况,由此而使被害人及胎儿的生命面临死亡危险的事实具有预见,却基于侥幸能够避免的心理,在缺乏抢救设备与抢救措施的情况下仍然为被害人接生。问题在于,被害人在分娩过程中因并发症而死亡的危险,是否属于非法行医行为所禁止的风险的范围？如果相应的危险处于非法行医所禁止的风险范围之外,则被害人死亡的结果不能认为是由非法行医行为所导致,因为结果加重犯的成立,要求基本犯行为必须具有引起加重结果发生的内在危险性,并且该危险已经实现。

刑法禁止未取得医生执业资格的人非法行医,显然不只是因为没有相应资格的主体缺乏必要的医疗知识与技能,因而可能因医疗知识与技能的不足而处置不当(包括滥用药物等),从而危及患者的身体健康或生命。同时,也是因为医疗过程中随时可能发生各种意外与紧急状况,包括引发各类并发症,如果没有适当的医疗设施与医疗技术,势必对意外或紧急状况缺乏处置能力,由此导致被害人健康受损甚或死亡。这意味着,即使从技术的角度而言,行为人在非法行医过程中并无处置上的不当,也不能就此得出否定因果关系的结论。行为人并无行医资格,本来就不应当将自己置于行医的状态之下,医疗过程中遇到的意外或紧急状态可能引发的危险,同样处于非法行医行为涵盖的风险范围之内。就本案而言,即使证据上无法证明被告人存在滥用缩宫素的事实,也不影响将死亡结果归责于被告人。被害人在分娩过程中因并发症而死亡的危险,正属于非法行医行为所管辖的范围,而被害人因此死亡正说明这种危险已经实现。基于此,二审法院在否定被告人存在滥用缩宫素事实的同时,仍肯定其非法行医行为与被害人死亡结果之间存在因果关系的结论是正确的。

值得指出的是,本案中被告人的非法行医行为与被害人的死亡之间无疑存在"非P则非Q"的关系。在运用条件公式时,要注意其中的"非P"应设定为"不予行医",而不能设定为"合理行医"。这是因为,对没有医生执业资格的人而言,规范上对其提出的要求是不去行医,而不是要求其像正常的医生那样合理行医。

案例2-3 刘旭过失致人死亡案①

一、基本案情

2004年4月29日11时许,被告人刘旭驾驶车号为京CZ71××的白色捷达牌轿车行驶至北京市宣武区宣武门路口由东向南左转弯时,适遇被害人张立发(殁年69岁)骑车由东向西横过马路,二人因让车问题发生争吵。被告人刘旭驾车前行至宣武门西南角中国图片社门前后靠边停车,与随后骑自行车同方向而来的张立发继续口角。被告人刘旭在争吵过程中,动手推了张立发的肩部并踢了张立发的腿部。张立发报警后双方被民警带至派出所。在派出所解决纠纷时,被害人张立发感到胸闷不适,于当日13时到首都医科大学宣武医院就诊,15时许经抢救无效死亡。经法医鉴定,张立发因患冠状动脉粥样硬化性心脏病,致急性心力衰竭死亡。

---

① 参见陈兴良、张军、胡云腾主编:《人民法院刑事指导案例裁判要旨通纂》(上卷),北京大学出版社2013年版,第411页。

二、诉讼过程及裁判理由

本案由被害人家属提起自诉。一审法院认为,被告人刘旭与被害人张立发因交通问题发生口角及肢体接触,现有证据证实刘旭推了被害人肩部并踢了其腿部。在打击的力度及部位方面,刘旭的行为尚未达到可能造成被害人死亡的强度。刘旭在事发当时无法预料到被害人患有心脏病并会因心脏病发作导致死亡结果的发生。对于被害人的死亡,刘旭在主观上既无故意也没有过失,被害人的死亡更多是由于意外因素所致,刘旭的殴打行为只是一个诱因,故被告人刘旭不应承担过失致人死亡的刑事责任。

三、关联法条

《中华人民共和国刑法》

第二百三十三条 过失致人死亡的,处三年以上七年以下有期徒刑;情节较轻的,处三年以下有期徒刑。本法另有规定的,依照规定。

四、争议问题

本案争议问题是,在涉及被害人特殊体质的案件中,结果归责的问题如何区别于主观犯意的认定?

五、简要评论

本案的判决结论没有问题,但法院的裁判理由在否定被告人主观犯意的同时,也否定了被告人的行为与结果之间存在因果关系,认为结果不应归责于被告人的行为,这一点存有疑问。死亡结果是否可归责于被告人的争吵与推搡行为,涉及的是客观构成要件层面行为与结果之间的归责关联问题,而被告人是否明知或事先能否预料到被害人患有心脏病,则牵涉主观要件层面有无故意或过失的问题,二者不应混为一谈。

本案被告人的争吵与推搡诱发被害人的心脏病,导致后者因心脏病发作致急性心力衰竭而死亡,其行为与结果之间显然存在"非 P 则非 Q"的条件关系。并且,由于被害人的心脏病在事发之前就有,属于被害人既有身体状况的组成部分,它与被害人的其他特性(包括年龄、性别等)构成不可分离的一个整体,因而,难以说被害人的心脏病发作属于介入因素,并由此而从介入因素中断因果的角度否定本案的结果归责。换言之,本案中应可肯定结果之于被告人行为的可归责性。具体的被害人必须被当做现实存在的整体,其特殊体质本来就属于被害人的固有特性,不能做剥离处理。刑法中因果关系讨论的核心,本来就不是抽象的行为与抽象的结果之间的关系,而在于来自被告人的具体行为与具体的被害人死亡之间是否存在归责意义上的关联。所以,在考虑结果是否可归责被告人时,理应着眼于具体的被害人,而不能以假想的一般人作为判断基础。

基于此,法院裁判理由中以刘旭的行为尚未达到可能造成被害人死亡的强度,作为被告人不应承担刑事责任的根据不能成立,其否定因果关系存在的论据也缺乏基础。刘旭的行为并不存在一般意义上的导致他人死亡的危险,就此而言只能否定其行为不成立故意杀人罪中的实行行为,但不能据此就否定存在过失行为的可能。试想,如果被告人事先便明知或应当知道被害人患有心脏病,但仍然与被害人进行争吵并进行推搡,恐怕很难否定其过失致人死亡罪的刑事责任。在客观事实没有任何改变的情况下,仅仅因为被告人主观上有明知或应当知道,便得出相反的结论,这意味着,如本案这样的涉及被害人特殊体质的案件,关键不在于客观要件层面的因果关系或结果归责的问题,而在于行为人主观上有无犯意的问题。可见,在处理涉及因果关系疑问的案件时,有必要严格区分结果归责问题与主观犯意的问题。凡是涉及被害人特殊体质的案件,都不应将之作为出现介入因素的情形来处理。这样的做法有助于对争议问题进行准确的定位,以便有针对性地展开说理并提供相应根据;同时,它也大大降低了处理此类案件的难度。

案例 2-4 赵金明等故意伤害案[①]

一、基本案情

被告人赵金明与被害人马国超之间曾有矛盾。赵金明听说马国超要把自己砍掉,决定先下手为强。2003 年 8 月 14 日晚 7 时许,赵金明在汉川城区得知马国超在紫云街出现后,邀约被告人李旭及其余 5 人(均另案处理)前往帮忙,并在租住处拿 1 尺多长的砍刀 7 把,一行人乘"面的"到紫云街。在车上赵金明发给每人砍刀 1 把,车行至紫云街看到马国超后,被告人赵金明等人下车持刀向马国超逼近,距离马国超四五米时被马发现。马国超见势不妙立即朝街西头向涵闸河堤奔跑,被告人赵金明持刀带头追赶,被告人李旭及同伙跟随追赶。当赵金明一行人追赶 40 余米后,马国超从河堤上跳到堤下的水泥台阶上,摔倒在地后又爬起来扑到河里,并往河心方向游去。赵金明等人看马国超游了几下,因怕警察来,就一起跑到附近棉花田里躲藏,后逃离现场。马国超尸体数日后在涵闸河内被发现。经法医鉴定,马国超系溺水死亡。

[①] 参见陈兴良、张军、胡云腾主编:《人民法院刑事指导案例裁判要旨通纂》(上卷),北京大学出版社 2013 年版,第 426 页。

二、诉讼过程及裁判理由

一审法院认为,被告人赵金明、李旭主观上有伤害他人身体的故意,客观上实施了持刀追赶他人的行为,被害人被逼跳水的行为是被告人等拿刀追赶所致,被害人跳水后死亡与被告人的行为有法律上的因果关系,即使被告人对被害人的死亡结果是出于过失,但鉴于事先被告人已有伤害故意和行为,根据主客观相一致原则,应认定构成故意伤害(致人死亡)罪。判决赵金明与李旭构成故意伤害罪,判处赵金明有期徒刑15年,剥夺政治权利3年;判处李旭有期徒刑10年。

一审判决后,被告人不服提出上诉。二审法院认为,赵金明、李旭为报复马国超持刀对其追赶,致马国超在追逼下跳河溺水死亡,其行为均已构成故意伤害(致人死亡)罪。原审判决认定事实清楚,证据充分,定性准确,量刑适当,审判程序合法,裁定驳回上诉,维持原判。

三、关联法条

《中华人民共和国刑法》

第二百三十四条　故意伤害他人身体的,处三年以下有期徒刑、拘役或者管制。

犯前款罪,致人重伤的,处三年以上十年以下有期徒刑;致人死亡或者以特别残忍手段致人重伤造成严重残疾的,处十年以上有期徒刑、无期徒刑或者死刑。本法另有规定的,依照规定。

四、争议问题

本案争议问题是,被告人在持刀追赶被害人的过程中,被害人自己跳河致溺水身亡的,死亡结果是否仍应归责于被告人的行为?

五、简要评论

本案中,被告人伙同多人持刀追砍被害人,其行为对被害人的身体健康与生命构成直接威胁,故属于直接创设针对法益的风险。在直接创设风险的情形下,只有当行为人对导致结果出现的因果流程可以操控或支配时,才能将相应结果归责于行为人。一旦来自被害人或第三方的介入因素阻断了行为人对因果流程的支配,便会产生排除结果归责的效果。

在介入因素来自被害人行为的场合,行为人对因果流程的支配是否由此被阻断,主要是从被害人的行为是否属于对被告人行为的合理反应的角度来判断。如果被害人的反应是对行为人行为的合理反应,也即在社会一般人预期的范围之内,或者虽然在一般人看来被害人的反应显得鲁莽但并非十分异常时,应当认为被害人的行为不足以排除对行为人的结果归责。这是因为,如果被害人的行为属于对被告人行为的合理反应,便表明被害人的行为缺乏自愿性,并非基于自身意志而自由选择的结果;而缺乏这样的自愿性基础意味着,被害人并没有由于介入自己的行为而对由行为人开启的因果流程获得支配。换言之,对导致结果出现的因果流程的支配,并没有由行为人之手转移至被害人之手,行为人仍处于直接操控的地位。既然被害人没有因此获得对因果流程的支配,自然也就缺乏让其自我答责的基础,相应的结果理应归责于行为人的行为。可见,在介入被害人行为时,讨论其行为是否属于合理的反应范围之内,或者其行为是否具有自愿性,核心问题是要解决行为人是否对导致结果出现的因果流程丧失支配的问题。只有从这个角度切入,才能合理地解释,为什么在行为直接创设风险的情形中,被害人的反应合理或异常与否,是结果归责的判断中必须认真关注的问题。

本案中如果不是被告人持刀追砍,被害人必定不会跳河,更不会由此溺死。因而,被告人的行为与被害人的死亡之间存在事实因果的关联。同时,被害人之所以跳河,是因为被告人伙同他人持刀追砍所致。在当时情况下,被害人跳河完全是一个正常人会有的合理反应,不能视为是自由意志支配之下的结果。既然被害人的行为缺乏自愿性,并没有阻断被告人对整个因果流程的支配,则结果理应归责于被告人的行为。所以,法院认定两被告人需要对被害人的死亡结果负责的结论是正确的。

当然,被告人的行为究竟构成故意伤害(致人死亡)罪,还是构成过失致人死亡罪,尚存有疑问。由于被告人尚未及实现对被害人的暴力攻击,其持刀追赶的行为本身难以视为是故意伤害罪中的构成要件行为,故该行为只能论以故意伤害(未遂);同时,被告人眼见被害人被逼跳河而置之不理,其对被害人跳河而亡存有过失。基于此,对本案的被告人,以故意伤害(未遂)罪与过失致人死亡罪数罪并罚可能更合理一些。

案例2-5 曹占宝强奸案①

一、基本案情

2001年3月10日,被告人曹占宝在天津市蓟县旅游局招待所永昌信息部内遇到前来找工作的河北某县农村女青年赵某,遂以自己的饲料厂正需雇用职工推销饲料为名,答应雇用赵某。3月12日,曹占宝以带赵某回自己的饲料厂为由,将赵某骗至宝坻区。当晚,曹占宝将赵某带至宝坻区城关二镇南苑庄的一旅店内,租住了一间房,使用暴力两次强行奸淫了赵

---

① 参见陈兴良、张军、胡云腾主编:《人民法院刑事指导案例裁判要旨通纂》(上卷),北京大学出版社2013年版,第479页。

某。赵某在遭强奸后,一直精神抑郁,经医院诊断为神经反应症。赵某于2001年5月21日服毒自杀身亡。

二、诉讼过程及裁判理由

一审法院认为,被告人曹占宝使用暴力强行奸淫赵某,最终造成赵某服毒自杀,其行为已构成强奸罪。根据《中华人民共和国刑法》第236条第3款第(五)项的规定,判决被告人曹占宝犯强奸罪,判处有期徒刑15年,剥夺政治权利3年。

三、关联法条

《中华人民共和国刑法》

第二百三十六条第三款　强奸妇女、奸淫幼女,有下列情形之一的,处十年以上有期徒刑、无期徒刑或者死刑:

(一)强奸妇女、奸淫幼女情节恶劣的;

(二)强奸妇女、奸淫幼女多人的;

(三)在公共场所当众强奸妇女的;

(四)二人以上轮奸的;

(五)致使被害人重伤、死亡或者造成其他严重后果的。

四、争议问题

本案争议问题是,强奸后被害人自杀身亡的,是否属于强奸罪加重构成中的"致使被害人死亡"?

五、简要评论

本案被害人的自杀,与被告人的强奸行为存在条件关系没有疑问。问题在于,强奸行为与被害人死亡结果之间介入了被害人的自杀行为,是否仍应将死亡结果归责于被告人的强奸行为,从而成立强奸"致使被害人死亡"? 这就涉及如何看待被害人自杀的问题。

本案与案例2-4讨论的介入被害人反应的情形存在一些差别,被害人的自杀行为是在犯罪结束之后才发生的,而不是发生在犯罪进行过程之中。不过,二者在归责判断的基本原理上没有本质区别。关键在于,导致死亡结果的因果流程究竟是掌控于行为人之手还是被害人之手。如果行为人对整个因果流程仍存在支配,则死亡结果将归责给他;反之,如果被害人对因果流程获得支配,则后者需对死亡结果自负其责。一般说来,在自杀行为发生于犯罪进行过程的场合,由于自杀是被害人对犯罪侵害的直接反应,死亡结果更可能被归责于行为人；而如果自杀是在犯罪侵害结束后的一段时间才发生，则死亡结果往往被认为需由被害人自我负责。个中的缘由在于，在自杀行为是针对犯罪侵害的直接反应时，由于被害人的意志受到强大的外在力量压制，故自杀行为难以被认为是其自由意志的体现，相应的，行为人往往仍被认定对整个因果流程存在支配。相反，被害人在犯罪侵害结束之后自杀，因外在压力已经解除，被害人完全可以从其他途径寻求救助，其选择自杀更易被认为是自愿的结果，从而产生排除对行为人的结果归责的效果。这意味着，在涉及被害人事后自杀的场合，由于不能认为行为人所创设的风险已经实现，故一般不成立结果加重犯。比如，抢劫后被害人自杀的，通常不能认定为"抢劫致人死亡"。当然，如果被害人在犯罪结束之后的自杀，不是基于心理、精神因素或其他外在压力，而是基于受犯罪侵害后的肉体痛苦不堪忍受，则应认定其自杀行为缺乏自愿性，死亡结果需要归责于行为人的行为。

就本案而言，被害人虽遭受暴力强奸，但其所受暴力并不存在危及生命的危险。被害人是在犯罪结束两个多月以后，因精神抑郁而自杀，其自杀行为阻断了被告人对导致死亡结果的因果流程的支配，该死亡结果不能认为是被告人强奸行为的内在危险的实现，不成立强奸"致使被害人死亡"。当然，由于《刑法》第236条第3款第（五）项还将"造成其他严重后果"规定为本罪的法定刑升格条件，故可认定被告人的行为属于强奸造成其他严重后果，对其适用加重的法定刑。实务中，所谓因强奸造成其他严重后果，通常是指强奸妇女或幼女引起被害人自杀或精神失常，或强奸后致使被害人怀孕分娩或堕胎等其他严重危害妇女或幼女身心健康的情形。

案例 2-6　陈美娟投放危险物质案[①]

一、基本案情

被告人陈美娟与被害人陆兰英两家东西相邻。2002年7月下旬，两人因修路及其他琐事发生口角并相互谩骂，陈美娟遂怀恨在心，决意报复。2002年7月25日晚9时许，陈美娟从自家水池边找来一支一次性注射器，再从家中柴房内的甲胺磷农药瓶中抽取半针筒甲胺磷农药后，潜行至陆兰英家门前丝瓜棚处，将农药打入瓜藤上所结的多条丝瓜中。次日晚，陆兰英及其外孙女黄金花食用了被注射有甲胺磷农药的丝瓜后，出现上吐下泻的中毒症状。其中，黄金花经抢救后脱险；陆兰英在被送往医院抢救后，因甲胺磷农药中毒引发糖尿病高渗性昏迷低钾血症，医院对此诊断不当，而仅以糖尿病和高血压症进行救治，陆兰英因抢救

[①] 参见陈兴良、张军、胡云腾主编：《人民法院刑事指导案例裁判要旨通纂》（上卷），北京大学出版社2013年版，第10页。

无效于次日早晨死亡。

二、诉讼过程及裁判理由

一审法院认为,被害人系因有机磷中毒诱发糖尿病高渗性昏迷低钾血症,在两种因素共同作用下死亡,没有被告人的投毒行为在前,就不会有被害人死亡结果的发生,故有关被害人的死因并非被告人投放甲胺磷必然导致的辩护理由不能成立。判决被告人陈美娟犯投放危险物质罪,判处死刑,缓期两年执行,剥夺政治权利终身。

一审判决后,被告人及附带民事诉讼原告人没有上诉,检察机关没有抗诉。一审法院依法将本案报送江苏省高级人民法院核准。江苏省高级人民法院认为,原审判决对被告人陈美娟的定罪量刑正确,审判程序合法,依法予以核准。

三、关联法条

《中华人民共和国刑法》

第一百一十五条第一款 放火、决水、爆炸以及投放毒害性、放射性、传染病病原体等物质或者以其他危险方法致人重伤、死亡或者使公私财产遭受重大损失的,处十年以上有期徒刑、无期徒刑或者死刑。

四、争议问题

介入一般的医疗过失行为,能否排除对被告人的投毒行为的结果归责?

五、简要评论

本案被告人通过投毒的方式直接创设风险,有意识地启动导致危害结果出现的因果流程。因而,问题的关键在于,医院的诊治不当,是否阻断了被告人对整个因果流程的支配?那么,如何判断第三方的介入行为是否阻断行为人对因果流程的支配呢?对此,刑法理论上发展出一些具体的判断规则,包括回溯禁止、因果流程偏异与异常性及不可预见性等。所谓回溯禁止,是指如果介入的是第三方的故意行为,则结果不能再归责于前行为。所谓因果流程重大偏异,指行为与结果之间缺乏常态性关联,实际导致结果出现的因果流程与行为人之前启动的流程存在重大的偏离。所谓异常性及不可预见性,是指介入因素的出现具有异常性或根本不可预见。在涉及前述情形时,一般会认定第三方对因果流程获得支配,故结果不应再归责于行为人。

在具体判断第三方的介入行为是否阻断行为人对因果流程的支配时,主要考虑如下因素：

（1）先前行为导致结果发生的盖然性程度。先前行为本身导致结果发生的盖然性程度越高，表明其对结果所起的作用越大，介入因素越难阻断这种支配；反之，则表明先前行为对结果所起的作用较小，越可能阻断支配。

（2）介入因素是否独立。如果介入因素的出现是由先前行为所引发，表明介入因素缺乏独立性，则阻断支配的可能性会降低；反之，如果介入因素的出现与先前行为无关，在来源上完全独立，则阻断支配的可能性会大大增加。

（3）介入因素的异常性大小。介入因素的发生越难以预见，越会被认为具有异常性，相应的，越可能阻断先前行为对因果流程的支配；反之，如果介入因素属于一般人合理的、可预见的范围，则通常难以阻断这种支配。

（4）介入因素本身对结果的作用大小。介入因素对结果发生的作用力越小，越难以阻断先前行为对因果流程的支配；反之，则越可能阻断这种支配。

（5）在介入因素出现后，先前行为所产生的作用效果是否仍在持续。假如先前行为所产生的效果直至最终结果出现时仍在继续发挥作用，则一般难以认为行为人对整个因果流程丧失支配；反之，假如在介入因素出现后，先前行为所产生的作用效果归于终结，则对其的结果归责更易被否定。

就本案而言，首先，被告人的投毒行为本身具有致命性，导致他人死亡的盖然性很高。其次，介入行为乃是由投毒行为所引发，在来源上不具有独立性。如果不是因为被告人的投毒行为，被害人不可能被送至医院进行诊治，作为介入因素的诊断不当自然也就根本不可能发生。再次，医疗过程中发生一般的诊治不当，并非异常因素，完全是一般人可预见的范围。复次，作为介入因素的诊断不当行为，对死亡结果的作用力并非压倒性的。最后，即使在介入因素出现之后，也不能否定投毒行为所产生的效果仍在继续发挥作用。基于此，不能认为医院诊断不当的行为阻断了投毒行为对结果的支配力，所以，死亡结果仍应归责于被告人的行为，法院的判决结论是正确的。

需要注意的是，与其他的介入因素相比，医疗过失往往更难产生排除结果归责的效果。医疗过失行为不仅在来源上不独立，而且属于非异常的、可预见的因素。因而，在介入因素系一般医疗过失的情况下，原则上不应否定对行为人的结果归责。在介入因素为重大医疗过失的场合，则需要在具体权衡前述五方面因素的前提下作出相应的判断。

案例2-7 金海亮抢劫案[①]

一、基本案情

在广州大道中嘉诚公寓附近的公交站,常有一伙男青年在此抢夺或抢劫他人财物,广州市越秀公安分局便衣大队派出警力进行伏击。2007年7月5日21时50分许,当一辆280路公交车停靠该站时,被告人金海亮上车并趁被害人林沛能不备抢去其手机(价值人民币687元),被告人李俊则假装投币上车,阻挡车门关闭,使被告人金海亮得手后顺利从前门下车逃跑。当金海亮携赃物意欲跑向在公交车前方驾驶摩托车予以接应的被告人钟志安时,在此跟踪伏击的陈世豪等4名便衣警察立即亮明身份并上前抓捕。金海亮见状转身跑向马路对面,陈世豪紧追其后。在马路中间绿化带处,陈世豪追上并抓住金海亮,随即两人扭打在一起。在扭打中,金海亮猛地摔打、挣脱逃跑,陈世豪则随身紧追意欲抓捕,在追入广州大道由南往北方向快车道时,陈世豪被路过的一辆小车撞伤(经抢救无效死亡)。金海亮继续逃跑,后被警察和群众抓获。李俊和钟志安也被伏击的警察当场抓获。

二、诉讼过程及裁判理由

一审法院认为,被告人金海亮、钟志安、李俊以非法占有为目的,乘人不备,公开夺取他人财物,数额较大。金海亮为抗拒抓捕而当场使用暴力,其行为已构成抢劫罪;钟志安、李俊的行为构成抢夺罪。判决金海亮犯抢劫罪,判处有期徒刑8年,并处罚金3 000元;钟志安犯抢夺罪,判处有期徒刑两年,并处罚金2 000元;李俊犯抢夺罪,判处有期徒刑1年,并处罚金1 000元。

一审判决后,被告人金海亮不服提起上诉。二审法院认为原审判决事实认定清楚,证据确实、充分,定罪准确,量刑适当,审判程序合法,裁定驳回上诉,维持原判。

三、关联法条

《中华人民共和国刑法》

第二百六十三条 以暴力、胁迫或者其他方法抢劫公私财物的,处三年以上十年以下有期徒刑,并处罚金;有下列情形之一的,处十年以上有期徒刑、无期徒刑或者死刑,并处罚金或者没收财产:

[①] 参见陈兴良、张军、胡云腾主编:《人民法院刑事指导案例裁判要旨通纂》(下卷),北京大学出版社2013年版,第563页。

（一）入户抢劫的；

（二）在公共交通工具上抢劫的；

（三）抢劫银行或者其他金融机构的；

（四）多次抢劫或者抢劫数额巨大的；

（五）抢劫致人重伤、死亡的；

（六）冒充军警人员抢劫的；

（七）持枪抢劫的；

（八）抢劫军用物资或者抢险、救灾、救济物资的。

第二百六十九条　犯盗窃、诈骗、抢夺罪，为窝藏赃物、抗拒抓捕或者毁灭罪证而当场使用暴力或者以暴力相威胁的，依照本法第二百六十三条的规定定罪处罚。

第二百六十七条第一款①　抢夺公私财物，数额较大的，处三年以下有期徒刑、拘役或者管制，并处或者单处罚金；数额巨大或者有其他严重情节的，处三年以上十年以下有期徒刑，并处罚金；数额特别巨大或者有其他特别严重情节的，处十年以上有期徒刑或者无期徒刑，并处罚金或者没收财产。

四、争议问题

抢劫过程中逃跑导致抓捕人员因车祸死亡的，能否认定为"抢劫致人死亡"？

五、简要评论

本案被告人金海亮是否构成"抢劫致人死亡"，涉及对《刑法》第 269 条与第 263 条的解释。更准确地说，被害人死亡的结果是否应当归责于被告人的抢劫行为，取决于抢劫罪的构成要件效力范围的界定。

《刑法》第 269 条规定，犯盗窃、诈骗、抢夺罪，为窝藏赃物、抗拒抓捕或者毁灭罪证而当场使用暴力或者以暴力相威胁的，按抢劫罪定罪处罚。由该条可知，至少在转化型抢劫中，暴力所针对的对象不限于财物的所有人或管理人，也包括对其实施抓捕的人员。倘若将本条的侵害对象限于财物的所有人或管理人，势必有违立法规定，存在过于缩小本条适用范围的问题。同时，《刑法》第 263 条中"抢劫致人重伤、死亡"中的"人"，也不应该限定于财物的所有人或管理人。比如，行为人在公共场所实施抢劫，在对财物所有人实施暴力的过程中，由于打击错误而造成旁观的第三人死亡，该行为人应构成第 263 条规定的"抢劫致人死亡"，

---

① 2015 年 8 月 29 日通过的《中华人民共和国刑法修正案（九）》将《刑法》第 267 条第 1 款修改为："抢夺公私财物，数额较大的，或者多次抢夺的，处三年以下有期徒刑、拘役或者管制，并处或者单处罚金；数额巨大或者有其他严重情节的，处三年以上十年以下有期徒刑，并处罚金；数额特别巨大或者有其他特别严重情节的，处十年以上有期徒刑或者无期徒刑，并处罚金或者没收财产。"

尽管被害对象并非财物的所有人或管理人。从实务来看,受侵害的对象的确往往是财物的所有人或管理人及其家属,但从本条的加重处罚根据出发,应可得出前述结论。《刑法》第263条之所以将"抢劫致人重伤、死亡"作为加重处罚条件,是因为抢劫罪的构成要件行为(即基本行为)本身就内在地蕴含危害他人健康或生命的危险。行为人实施暴力、胁迫或其他方法,在危及财物所有人或管理人的同时,也可能对其他人的健康或生命构成威胁,因而,"抢劫致人重伤、死亡"中的"人"并不限于财物的所有人或管理人。

同时,根据结果加重犯的构造原理,"抢劫致人重伤、死亡"中的重伤、死亡结果应限于基本犯行为中的内在危险现实化的情形。也就是说,重伤或死亡结果要么源于抢劫罪的手段行为,即暴力、胁迫或者其他方法,要么源于抢劫罪的目的行为,即取得财物的行为。只要重伤或死亡结果是由行为人的手段行为或目的行为所致,相应结果便应归责于行为人的抢劫行为。反之,如果重伤或死亡结果并非源自抢劫罪中的手段行为与目的行为,则相应结果已处于抢劫罪加重构成要件的效力范围之外,该结果因而不能归责于抢劫行为。

就本案而言,被告人金海亮在抢夺过程中,为抗拒抓捕而当场使用暴力,在逃跑过程中,致实施抓捕的被害人因车祸而死亡。很显然,本案被害人的死亡并非被告人当场使用暴力行为所造成,也不是基于其取得财物的行为所导致,而是在追捕被告人的过程中被第三方的车辆撞死。该死亡结果已经超出《刑法》第263条第(五)项所规定的加重构成要件的效力范围。基于此,被害人死亡的结果不应归责于被告人的抢劫行为。值得指出的是,本案中,死亡的被害人并非财物的所有人或管理人,这一点对于应否将死亡结果归责于被告人的抢劫行为的判断并无影响。假如被害人不是死于追捕过程中的车祸,而是因被告人在抗拒抓捕的过程中,对其当场实施暴力所致,则其成立"抢劫致人死亡"当没有疑问。基于此,两审法院未认定被告人金海亮构成"抢劫致人死亡",仅适用抢劫罪的基本条款的结论是正确的。

当然,本案被害人的死亡结果是否就不能归责于被告人金海亮,尚有探讨的余地。人们当然不能期待行为人在犯罪之后停留在原地,等候他人前来抓捕,这也是为什么设立自首制度的缘由所在。然而,从规范的角度来说,可以期待也应当期待行为人以不太危险的方式逃跑。如果允许行为人对逃跑引起的任何后果都不负责,无异于鼓励与怂恿行为人不去顾及他人法益,而采取极端鲁莽、轻率、肆意的方式逃跑。这样的后果在刑事政策上是不明智的。所以,应当认为,如果行为人采取会给他人带来法益侵害危险的方式逃跑,表明其存在过失行为,同时其主观上也对导致他人伤害或死亡的结果有预见。倘若抓捕人因行为人所引发的相关危险而受伤或死亡,则该结果应可归责于行为人。基于此,就本案而言,被告人金海亮除构成抢劫罪的基本犯之外,有构成过失致人死亡罪的余地,应考虑对其数罪并罚。

案例 2-8　穆志祥过失致人死亡案[①]

一、基本案情

1999年9月6日10时许,被告人穆志祥驾驶其苏GM27××号金蛙农用三轮车,载客驶往县城某镇。车行至苏306线某村境内路段时,穆志祥见前方有交通局工作人员正在检查过往车辆。因自己的农用车欠缴有关费用,穆志祥担心被查到而受罚,遂驾车左拐,驶离306线,并在该村3组李学华家住宅附近停车让乘客下车。因车顶触碰村民李学明从李学华家所接电线接头的裸露处,车身带电。先下车的几名乘客因分别跳下车,未发生意外,也未发现车身导电。后下车的乘客张木森由于在下车时手抓挂在车尾的自行车车梁而触电身亡。现场勘验表明,穆志祥在其苏GM27××号金蛙农用三轮车车顶上焊接有角铁行李架,致使该车实际外形尺寸为高235厘米。按有关交通管理法规规定,该种车型最大高度应为200厘米。另外,李学明套户接李学华家电表,套户零线、火线距地面垂直高度分别为235厘米和228厘米,且该线接头处裸露。按相关电力法规规定,安全用电套户线对地距离最小高度应为250厘米以上,故李学明所接的火线对地距离不符合安全标准。

二、诉讼过程及裁判理由

一审法院认为,被告人穆志祥的行为虽造成他人死亡的结果,但既不是出于故意也不是出于过失,而是由于不能预见的原因引起,属于意外事件,不构成犯罪。检察机关指控穆志祥犯过失致人死亡罪的定性不当,指控的罪名不能成立,故对穆志祥宣告无罪。

一审判决后,检察机关向二审法院提出抗诉,认为原判对穆志祥犯罪性质认定错误,穆志祥主观上有过失,客观上造成张木森死亡的结果,过失行为与张木森死亡有必然的因果关系,符合过失致人死亡罪的构成要件,应当定罪处罚。二审法院在审理过程中,上级检察机关认为抗诉不当,申请撤回抗诉。二审法院经审查,裁定准许上级检察机关撤回抗诉。

最高人民法院相关业务庭在将该案编入《刑事审判参考》时,在裁判理由中提出,穆志祥违规对车辆进行改装的行为本身并不能直接引发被害人死亡的结果,不是导致后者死亡的直接原因。被害人死亡的直接原因是触电,引起触电的直接原因是李学明所接照明线路高度不符合安全用电的套户线路对地距离,以及所接电线接头处无绝缘措施,致使裸露处放电。正是前述因素与被告人的三轮车角铁行李架超高因素的共同偶合,才导致被害人触电

[①] 参见陈兴良、张军、胡云腾主编:《人民法院刑事指导案例裁判要旨通纂》(上卷),北京大学出版社2013年版,第414页。

身亡的事故发生。因此,穆志祥的违规行为与被害人死亡的结果没有必然和直接的内在联系,其行为与被害人的死亡无刑法上的因果关系。

三、关联法条

《中华人民共和国刑法》

第二百三十三条 过失致人死亡的,处三年以上七年以下有期徒刑;情节较轻的,处三年以下有期徒刑。本法另有规定的,依照规定。

四、争议问题

违规改装车辆高度后,车辆接触他人所接不符合安全高度的电线裸露处而带电,致使乘客触电身亡的,死亡结果是否可归责于违规改装车辆的行为?

五、简要评论

本案涉及的结果归责问题较为复杂,不妨分三个步骤来考察。首先,被告人穆志祥违规改装车辆高度,这样的改装将增加车辆行驶的不安全系数,会危及交通安全,故其行为创设了为法所禁止的风险。其次,被告人的违规行为与被害人触电身亡的结果之间存在事实因果关联。如果被告人未违规改装车辆高度,其车辆便不可能碰到裸露的电线致车身带电而引起被害人触电身亡,二者之间存在明显的条件关系。这种条件关系的存在,同时表明被告人的违规行为与死亡结果之间存在义务性关联,也即,如果被告人没有实施相关违规行为,被害人死亡结果本来确定可以避免。至此为止,相关的判断都一目了然并无争议的余地。最后,被告人所创设的不容许风险是否已经实现,或者说导致被害人死亡的风险是否正好是被告人违反相关交通法规所创设的风险。这就涉及对交通管理法规为什么要对车辆的最大高度进行限定的根据的探讨,或者说涉及对相关规定的规范保护目的问题。

交通管理法规对机动车辆的最大高度作了限定,但其所设的高度标准并不统一,而是根据车辆的具体类型来规定,不同类型的车辆,其最大高度的标准也有所不同。相关法规之所以作这样的规定,显然是基于这样的考虑:在交通领域,车辆高度超过限定的标准,会大大增加车辆侧翻或失衡而引发交通事故的危险。由于车高限度是根据车辆的类型设定的,对于其他类型的车辆而言,车辆高度完全可能超过本案涉及车辆的最大高度(即200厘米)。这意味着,相关规定的规范保护目的之中,并不包含防止车辆触碰悬挂物而产生危险的内容。从这 前提出发,会发现本案中导致被害人死亡的风险与被告人违规行为所创设的风险在类型上并不同一,因而,不能认为被害人死亡的结果是被告人违规行为所创设风险的实现。一是被害人死亡的事故并非发生在交通领域,因为被告人当时已经驶离306国道而进入村子,触电事故并非发生在道路交通安全法规定的"道路"上,故其违规行为创设的危险实际上已归于终结。二是本案中被害人的死亡并非由改装车辆高度所引起的侧翻或失衡等事故所导致,造成被害人死亡结果的危险超出被告人所违反的交通规定的保护范围,故不能视为是被告人违规行为所创设风险的进一步发展的结果。综上,本案被害人的死亡结果不应归责于被告人违规改装车辆高度的行为。

值得注意的是,法院否定对被告人结果归责的结论虽然正确,但其提供的理由显然没有切中要害。刑法中的因果关系或结果归责,从来就不只限于在行为与结果之间存在必然的、直接的内在联系的场合。尤其是过失犯中,引发结果归责的情形不仅包括直接创设针对法益的风险,也包括为他人实施危害提供机会或便利。即便结果是由偶合因素所导致,只要它是在行为人所创设的不容许风险的范围之内,偶合因素并不影响对行为人的结果归责。

案例 2-9 翁余生滥用职权案[①]

一、基本案情

被告人翁余生于 2002 年 9 月开始,担任龙岩市公安局雁石派出所指导员,分管民用爆炸物品管理工作。2003 年 4 月至 2004 年 4 月间,龙岩市新罗区雁石东南村"三角塘"煤矿业主袁庆鸿(另案处理)、雁石北山"当心仑"石灰石矿业主张日滨(另案处理)以生产所需火工材料不足为由,多次向雁石派出所提交增补火工的申请报告。被告人翁余生在没有进行调查核实的情况下,违反规定,超越其审批民用爆炸物品的权限,多次擅自将雁石火工仓库内其他许可使用民爆物品企业结余的火工材料,违规审批给袁庆鸿、张日滨使用。其中,批给袁庆鸿 4 次共计 100 套火工材料(每套配 50 发电雷管),批给张日滨 3 次共计 90 套火工材料。之后,被告人翁余生又没有对袁庆鸿、张日滨是否合法使用火工材料进行跟踪监督管理,以致袁庆鸿转卖 6 次计 36 套火工材料给雁石大吉村林坑三矿"雁吉井"业主林凯燕,张日滨转借 2 次计 6 套火工材料给"雁吉井"业主王昌荣。林凯燕、王昌荣将非法获得的火工材料用于其无证煤窑"雁吉井"的生产。2004 年 4 月初,"雁吉井"因没有火工材料而停止生产,至 4 月 8 日,"雁吉井"获得袁庆鸿转卖的 8 套火工材料,又有了必备的生产资料,得以继续非法进行生产。2004 年 4 月 14 日,"雁吉井"在非法生产过程中发生火灾,导致在井下生产的许弟元等 11 名民工中毒死亡。

[①] 参见陈兴良、张军、胡云腾主编:《人民法院刑事指导案例裁判要旨通纂》(下卷),北京大学出版社 2013 年版,第 1194 页。

二、诉讼过程及裁判理由

一审法院认为,造成"4·14"特大事故的原因不是"雁吉井"在生产使用火工材料引发的,而是"雁吉井"业主及管理人员严重不负责任,造成空压机过热引起火灾,导致被困井下矿工无法及时撤离。同时,"雁吉井"得以维持非法生产采矿的火工材料的来源是多渠道的,仅有一部分来源于被告人滥用职权所批出,况且被告人并非直接批给"雁吉井",而是批给有权使用火工材料的矿井即有证矿,尔后被倒卖、转借至当事矿井。因此,被告人滥用职权的行为与"雁吉井"事故,特别是造成11名民工的死亡没有必然的因果关系,其行为不符合滥用职权罪的构成要件,判决被告人翁余生无罪。

一审判决后,检察机关提出抗诉。在二审法院审理过程中,上级检察机关认为抗诉不当,向二审法院撤回抗诉。

三、关联法条

《中华人民共和国刑法》

第三百九十七条 国家机关工作人员滥用职权或者玩忽职守,致使公共财产、国家和人民利益遭受重大损失的,处三年以下有期徒刑或者拘役;情节特别严重的,处三年以上七年以下有期徒刑。本法另有规定的,依照规定。

国家机关工作人员徇私舞弊,犯前款罪的,处五年以下有期徒刑或者拘役;情节特别严重的,处五年以上十年以下有期徒刑。本法另有规定的,依照规定。

最高人民法院、最高人民检察院《关于办理渎职刑事案件适用法律若干问题的解释(一)》

第一条 国家机关工作人员滥用职权或者玩忽职守,具有下列情形之一的,应当认定为刑法第三百九十七条规定的"致使公共财产、国家和人民利益遭受重大损失":

(一)造成死亡1人以上,或者重伤3人以上,或者轻伤9人以上,或者重伤2人、轻伤3人以上,或者重伤1人、轻伤6人以上的;

……

具有下列情形之一的,应当认定为刑法第三百九十七条规定的"情节特别严重":

(一)造成伤亡达到前款第(一)项规定人数3倍以上的;

……

四、争议问题

滥用职权罪中的结果归责,应当如何展开判断?

五、简要评论

本案被告人翁余生超越审批权限,多次擅自将火工材料违规批给袁庆鸿、张日滨使用,之后又对袁庆鸿、张日滨二人是否合法使用火工材料缺乏监督管理,致使袁庆鸿、张日滨二人将火工材料非法转卖、转借给无证煤窑"雁吉井"的业主,使无证煤窑得以继续非法生产,最终导致11名民工死亡的事故。就本案而言,结果归责判断中的疑问主要在于,在介入多重因素的情况下,11名民工的死亡结果是否仍能归责于被告人的滥用职权行为?

与一般的故意犯罪不同,滥用职权犯罪中出现的"重大损失",往往不是由行为人的滥权行为直接造成,而是与其他因素累积作用产生的结果。确切地说,行为人的滥权行为只是为他人实施危害制造机会或提供便利,其行为对导致具体结果发生的因果流程一般来说是缺乏支配的。也就是说,滥用职权的行为在性质上属于间接创设针对法益的风险,其结果归责的判断,也具有相应的特殊性。在涉及直接创设风险的场合,结果是否可归责于行为人的行为,取决于行为人对导致结果发生的因果流程有无支配。在行为间接创设风险的情况下,其归责原理则有所不同。

(1)需要考察刑法是否处罚间接创设危险的行为。一般而言,只有在过失犯与少数特定的故意犯罪中,刑法才处罚间接创设危险的行为,即为他人实施危害提供机会或便利的行为。在多数情形下,仅仅为他人实施危害提供机会或便利,并不足以构成刑事处罚的必要根据。

(2)在行为间接创设危险的场合,能否肯定结果归责,取决于行为人所提供的机会或便利是否为法所不容许,以及其对危害结果的发生是否贡献了现实的作用力。

由于不以支配的获得作为归责条件,介入他人的自愿行为或其他异常的、不可预见的因素,或者因果流程出现重大偏异,对归责的判断往往并无影响。这是因为,前述情形充其量只能否定支配,但未必能切断行为之于结果的作用效果。简言之,在刑法也处罚间接创设风险的场合,若要产生排除结果归责的效果,仅仅介入异常或不可预见因素并不足够,还必须使行为之于结果的作用效果归于终结。

本案同样属于间接创设风险的情形,因而,结果归责的关键不在于被告人是否对导致死亡结果出现的具体因果流程存在支配,而在于其后介入的第三方的行为,即袁庆鸿与张日滨将违规审批所得的火工材料转卖、转借给无证煤窑"雁吉井"的业主以及"雁吉井"的业主使用相关的火工材料继续进行非法生产,是否切断了被告人滥用职权行为之于结果的作用效果。从本案事实来看:

(1)被告人违规审批火工材料的行为创设了法所不容许的风险。相关行政法规之所以对民用爆炸物品进行严格管制,并规定相应的审批程序,至少部分是基于防止此类危险物品随意流入他人之手而引发危险的考虑。本案中,袁庆鸿与张日滨将违规审批所得的火工材料转卖、转借给第三方的危险,以及无权使用的第三方使用火工材料而带来的危险,均处于相关行政规定所禁止的风险的范围之内。

(2) 如果不是由于从袁庆鸿等处获得火工材料,无证煤窑"雁吉井"本来会因缺乏必要的生产资料而停止生产,相应的,11 名民工中毒死亡的事故也就不会发生。因而,被告人滥用职权的行为与 11 名民工死亡的结果之间存在事实意义上的因果关联。

(3) 具体导致 11 名民工死亡的危险,恰恰缘于无权使用火工材料的"雁吉井"业主使用火工材料而进行的非法生产活动,该危险处于被告人滥用职权的行为所创设的风险的范围,故可认定风险已经实现。基于此,11 名民工死亡的结果应当归责于被告人滥用职权的行为。

一审法院在判决中以"雁吉井"业主及管理人员严重不负责任是事故的原因,且"雁吉井"得以维持非法生产的火工材料系倒卖、转借所得为由,否定被告人滥用职权的行为与 11 名民工死亡之间存在刑法上的因果关系,无论是结论还是裁判理由都有待商榷。一审法院不仅过于狭隘地理解刑法中的因果关系,将结果归责的关联仅限定于存在必然因果关系的场合,而且完全没有意识到间接创设风险场合的归责原理的特殊性所在,没有抓住本案归责判断的关键所在。当然,本案被告人是否构成滥用职权罪,还取决于其主观故意的认定,但这不应该影响本案中结果归责的判断。

案例 2-10　李明违法发放林木采伐许可证案[①]

一、基本案情

2006 年 2 月 26 日,安徽省肥东县桥头集镇人民政府以需要在龙泉山林场修建防火道和清理林区内坟场周边病死树及过密林木为由,向安徽省肥东县林业局申请发放林木采伐许可证。在提交的木竹采伐申请表和林木采伐作业设计表中,均注明申请采伐面积 1 800 亩,采伐方式为间伐,采伐数量 6 400 株,采伐蓄积 192 方。上述申请材料交给时任林业局分管林政工作的副书记被告人李明。次日,李明在申请方未提交申请采伐林木的所有权证书或使用权证书,且申请理由和采伐方式不符,在同一份申请报告上审批不妥的情况下,指示"同意间伐 192 方,请林业站派员监督实施"。随后,李明打电话给时任林政科科长的王兴政,安排其发放林木采伐许可证,王兴政在甲 000589 号林木采伐许可证上注明"采伐类型为抚育,采伐方式为间伐,请镇林业站监督实施"等内容。

[①] 参见陈兴良、张军、胡云腾主编:《人民法院刑事指导案例裁判要旨通纂》(下卷),北京大学出版社 2013 年版,第 1204 页。

桥头集镇政府在拿到采伐许可证后,交由桥头镇林业站站长任贵明负责实施,在将采伐任务布置给昂正江和合肥宽越公司实施后,改变了采伐方式,由间伐变为皆伐,安排昂正江修建防火道3公里,采伐树木5 000株(折合材积150方),合肥宽越公司修建防火道0.8公里,采伐树木1 400株(折合材积42方)。由于任贵明在组织采伐过程中未履行监管职责,合肥宽越公司修建防火道0.8公里后,又超越采伐期限、超强度、越范围实施采伐,累计滥伐林木216.53吨,折合材积186.22方,扣除修建防火道采伐的材积42方后,实际滥伐材积144.22方,且有部分树木被掩埋无法测算。昂正江实际修建防火道3 128米,超出授权范围128米,滥伐林木122棵。

二、诉讼过程及裁判理由

一审法院认为,被告人李明在分管林政工作期间,违反《中华人民共和国森林法》的规定,在申请方未提交林权证的情况下滥发林木采伐许可证,致使森林遭到严重破坏,情节严重,其行为构成违法发放林木采伐许可证罪,判处有期徒刑1年,缓刑1年。

一审判决后,被告人李明不服提出上诉。李明及其辩护人提出,李明主观上无犯罪故意,客观上也没有超过年采伐限额或违反规定滥发林木采伐许可证,其行为不具有违法性。森林遭受严重破坏的后果,是因为桥头集镇政府在组织实施采伐过程中擅自改变采伐方式,超时间、越强度、越数量滥伐造成的,与李明的发证行为无因果关系,故李明的行为不构成违法发放林木采伐许可证罪。

二审法院认为,李明在申请方未提交林权证,申请理由和采伐方式不符,且在同一份申请报告上审批不妥的情况下,核发林木采伐许可证,确有不合法律规范之处,其行为具有一定的违法性。但李明核发林木采伐许可证确属在法定职责范围内履行职权,没有违反有关发放对象范围或发放限额的规定。林木被滥伐致森林遭受严重破坏的后果是桥头集镇政府改变作业方式,桥头集镇林业站站长任贵明在组织采伐林木过程中未履行监管职责,他人超越采伐期限、超强度、越范围滥伐等多个因素造成的。李明违反规定发放林木采伐许可证的行为与林木被滥伐致森林遭受严重破坏的后果之间没有刑法上的因果关系,故李明的行为不构成犯罪。原判以违法发放林木采伐许可证罪论处,显属错误。李明的辩护人提出其行为不具有违法性的意见也不能成立,不予采信。判决撤销一审判决,宣告李明无罪。

三、关联法条

《中华人民共和国刑法》

第四百零七条 林业主管部门的工作人员违反森林法的规定,超过批准的年采伐限额发放林木采伐许可证或者违反规定滥发林木采伐许可证,情节严重,致使森林遭受严重破坏的,处三年以下有期徒刑或者拘役。

最高人民法院《关于审理破坏森林资源刑事案件具体应用法律若干问题的解释》

第十二条 林业主管部门的工作人员违反森林法的规定,超过批准的年采伐限额发放林木采伐许可证或者违反规定滥发林木采伐许可证,具有下列情形之一的,属于刑法第四百零七条规定的"情节严重,致使森林遭受严重破坏",以违法发放林木采伐许可证罪定罪处罚:

(一)发放林木采伐许可证允许采伐数量累计超过批准的年采伐限额,导致林木被采伐数量在十立方米以上的;

(二)滥发林木采伐许可证,导致林木被滥伐二十立方米以上的;

(三)滥发林木采伐许可证,导致珍贵树木被滥伐的;

(四)批准采伐国家禁止采伐的林木,情节恶劣的;

(五)其他情节严重的情形。

四、争议问题

在行为间接创设风险的场合,介入第三方故意行为时,如何判断结果归责?

五、简要评论

本案中森林严重遭到破坏,并非由被告人李明的行为直接造成,而是由桥头集镇政府改变采伐方式,安排昂正江与合肥宽越公司采伐所致。被告人发放林木采伐许可证的行为,只是为他人实施危害制造了机会,故本案同样属于间接创设风险的情形。与案例2-8和案例2-9相比,本案的特殊之处在于,作为介入因素的行为是来自第三方的故意行为,而前两案中,介入行为都是过失行为。在涉及间接创设风险的场合,如果介入第三方的故意行为,一般不能通过适用回溯禁止规则,而直接得出否定结果归责的结论;因为只有在行为直接针对法益创设风险的情况下,回溯禁止的规则才会因阻断前行为之于因果流程的支配而产生排除结果归责的效果。此类场合中结果归责的判断,关键在于来自第三方的故意行为是否开启了新的、独立的风险,而这种风险处于先前行为所创设的风险的范围之外。

就本案而言,森林遭到严重破坏的结果与被告人发放林木采伐许可证的行为之间存在条件关系应无疑问。要判断相应结果是否应当归责于被告人,还要具体考量两方面的因素。

(1)被告人的行为是否创设了可能导致森林遭受严重破坏的不容许风险。本案被告人在申请方未提交林权证,申请理由和采伐方式不符,且在同一份申请报告上审批不妥的情况下,仍核发林木采伐许可证,其行为确有违规之处。不过,这样的违规显然只涉及程序上的瑕疵,而并不具有实质上危及森林法益的危险,因为如果申请方按许可证上的要求作业,本不至于产生森林遭到严重破坏的后果。基于此,被告人的违规行为无疑不能成立违法发放林木采伐许可证罪中的构成要件行为。

（2）实际导致森林遭受严重破坏的风险,是否在性质与类型上与被告人行为所创设的不容许风险相一致。本案中,即使承认被告人违规核发林木采伐许可证的行为对森林法益创设了不容许风险,被告人也会因其行为所创设的风险与实际导致森林遭受严重破坏的风险并不一致,而被否定结果归责。被告人在核发林木采伐许可证时,明确要求采伐方式为间伐,这意味着,只有因间伐而带来的破坏森林资源的危险,才属于其行为所创设之风险的范围。但在本案中,实际导致森林遭到严重破坏的风险源于作为第三方的桥头集镇政府,在布置实施采伐任务时擅自改变了采伐方式,以及在采伐过程中,作为该镇林业站站长的任贵明未履行监管之职责。既然实际导致结果的风险在来源上独立于被告人行为所创设之风险,则最终的结果自然不应归责于被告人的行为。

综上,本案被告人被否定结果归责,不是单纯因为作为介入因素的第三方行为是故意行为,而是由于被告人的行为并没有创设不容许之风险,且实际导致结果的风险与被告人所创设之风险并不同一。基于此,二审法院的结论是正确的,但其裁判理由没有切中要旨,多个因素导致结果的发生,本身并不足以成为否定结果归责的根据。

第三章 故意和过失

案例 3-1 王新生等放火案①

一、基本案情

1998年6月4日凌晨3时左右，被告人王新生为骗取保险金与被告人赵红钦合谋，由赵红钦将王新生承包的篙县汽车站的豫C-192××号客车烧毁（客车所有权属于篙县汽车站，投保人也为该汽车站），造成直接经济损失14 400元。当时车站内停有其他车辆十余辆，燃烧地点距家属楼16米，距加油站25米，距气象站7米。事后，王新生付给赵红钦酬金1 500元。中保财产公司篙县支公司当时未能查明起火原因，遂向投保人篙县汽车站支付赔偿款34 400元。案发后，篙县汽车站已将该款返还保险公司。

二、诉讼过程及裁判理由

一审法院经审理认为，被告人王新生、赵红钦共同预谋并由赵红钦在公共场所实施放火，足以使公共安全处于危险状态，且造成一定经济损失，其行为已构成放火罪。被告人赵红钦的辩护人辩称本案应定故意毁坏财物罪，以及两被告人均辩解自己属于从犯，理由均不足，不予支持。一审判决被告人王新生犯放火罪，判处有期徒刑3年，缓刑5年；被告人赵红钦犯放火罪，判处有期徒刑3年，缓刑4年，非法所得1 500元予以没收，上缴国库。

一审宣判后，在法定期间内，被告人王新生、赵红钦均未提出上诉，检察机关也未提出抗诉。

三、关联法条

《中华人民共和国刑法》

第一百一十四条　放火、决水、爆炸以及投放毒害性、放射性、传染病病原体等物质或者

---

① 参见陈兴良、张军、胡云腾主编：《人民法院刑事指导案例裁判要旨通纂》（上卷），北京大学出版社2013年版，第3页。

以其他危险方法危害公共安全,尚未造成严重后果的,处三年以上十年以下有期徒刑。

第一百九十八条 有下列情形之一,进行保险诈骗活动,数额较大的,处五年以下有期徒刑或者拘役,并处一万元以上十万元以下罚金……

(四)投保人、被保险人故意造成财产损失的保险事故,骗取保险金的;

……

有前款第四项、第五项所列行为,同时构成其他犯罪的,依照数罪并罚的规定处罚。

……

第二百七十五条 故意毁坏公私财物,数额较大或者有其他严重情节的,处三年以下有期徒刑、拘役或者罚金;数额巨大或者有其他特别严重情节的,处三年以上七年以下有期徒刑。

四、争议问题

王新生、赵红钦以骗取保险金为目的对停放在汽车站的汽车实施放火行为,该行为是否危及不特定多数人的生命和财产安全,以及行为人对该危险状态主观上持何种罪过,即为间接故意还是过于自信的过失?

五、简要评论

故意毁坏财物罪的手段方法多种多样,当然也可以使用放火的方式;反之,放火罪也有可能造成公私财物的损坏。区分这两个罪名,应当以侵害的法益为标准,当受侵害的法益仅仅为该财物时,构成故意毁坏财物罪;当受侵害的法益超出该财物本身,扩展至公共安全时,应认定为放火罪。本案中,两被告人意图烧毁篙县汽车站的汽车以骗取保险金,从主观目的和动机上看,具有毁坏财物的直接故意。但是,由于当时车站内停有其他车辆十余辆,燃烧地点距家属楼16米,距加油站25米,距气象站7米,火势如果未经控制,蔓延至家属楼或加油站,其危害后果不可想象,因此该放火行为客观上已经产生了对公共安全的危险,侵害了刑法规定放火罪保护的法益。

犯罪的主观罪过包括故意与过失两类。犯罪故意是指,明知自己的行为会发生危害社会的后果,并且希望或者放任这种结果发生的心理态度;犯罪过失是指,应当预见自己的行为可能发生危害社会的结果,因为疏忽大意没有预见,或者已经预见但轻信能够避免,以致发生这种结果的心理态度。本案中两被告人选择在汽车站实施放火行为,对放火地点周围的环境应当是有认识的,因此在认识因素上两人应当能够认识到该放火行为有可能会危害到不特定多数人的生命和财产安全,不构成疏忽大意的过失。在意志因素上,两人放火以骗取保险金为主要目的,从案情中并不能看出其意志态度是希望通过放火危害公共安全,因此不构成直接故意。两人在意志上对该危害后果是持放任的态度,还是持轻信能够避免的态度?

有关间接故意和过于自信的过失区分标准主要有盖然性理论、漠然说和防果意思说等理论。盖然性理论认为,如果行为人认识结果发生的可能性高而行为,则为间接故意,如果认为结果发生的可能性低而行为,则为过于自信的过失;漠然说认为,如果行为人预见到了可能构成犯罪的事实却存在着不在乎、无所谓的态度,则行为人对该结果的发生具有间接故意;防果意思说认为,行为人认识到了结果发生的可能性而依然实施行为,则该行为就是出于间接故意,除非行为人以实际行动显示其避免结果发生的意愿。

上述几种学说并不矛盾,将其综合起来判断才能找寻到相对确定的区分标准。本案中,由于放火的地点与周边的其他车辆、居民楼、加油站距离很近,上述物品或建筑物一旦被引燃,其损失和后果都不可想象,因此,两被告人应当预见到其放火行为会引发公共安全危险的高度可能性,但二人没有任何防止该结果发生的行为和努力,无法证明其对结果的发生持拒绝和避免的态度。行为人在明知自己的行为会对公共安全产生巨大危险的情况下,既不停止行为的实施,也不采取积极措施防止危险结果的发生,而是故意实施很可能会危害公共安全的行为,依据上述几种理论,可以认定行为人主观上持间接故意的态度,在此应成立放火罪。

此外,本案还存在一个问题。两被告人以保险诈骗为目的,故意制造了财产损失的保险事故,骗取了保险金,也触犯了保险诈骗罪,在同时触犯保险诈骗罪与放火罪的情况下应如何处罚?根据《刑法》第198条第2款的规定,如果投保人、受益人故意造成财产损失的保险事故,骗取保险金,同时构成其他犯罪的,依照数罪并罚的规定处罚。因此,本案中两被告人分别触犯了放火罪和保险诈骗罪,应数罪并罚。

案例 3-2　于光平爆炸案[①]

一、基本案情

1997年2月7日,被告人于光平与本村张洪庆、史桂荣夫妇因琐事发生口角,继而发生厮打。2月10日上午8时许,史桂荣同张家及娘家亲戚约二三十人破门闯入被告人于光平家院中,叫骂达半小时左右,并投掷石块。被告人于光平气急之下,从屋内拿出一枚私藏的手榴弹,拧开后盖掖在腰间,手持点燃的鞭炮从屋内冲出,想以此吓退对方,但未奏效,还遭

---

① 参见陈兴良、张军、胡云腾主编:《人民法院刑事指导案例裁判要旨通纂》(上卷),北京大学出版社2013年版,第4页。

到张洪春等人的围攻。于光平见状,在大门处掏出手榴弹拉响,造成张洪春等3人死亡、2人重伤、5人轻伤、1人轻微伤的严重后果。于光平右眼被炸瞎,右手拇指被炸断一节。

二、诉讼过程及裁判理由

一审法院审理认为,被告人于光平在人群中拉爆手榴弹,致使3人死亡、2人重伤、5人轻伤、1人轻微伤,其行为严重危害了公共安全,已构成爆炸罪,判处死刑,剥夺政治权利终身。

于光平对一审判决不服,提出上诉辩称:手榴弹是他人拉响的,自己是正当防卫。

二审法院邀请专家进行鉴定,结论为:手榴弹是在双方争抢过程中于双方手中爆炸的,爆炸高度在170厘米左右,双方争抢中意外引爆的可能性最大。二审法院审理认为,上诉人于光平事先拧下手榴弹后盖,在争抢中致手榴弹爆炸,造成后果特别严重,但在案件起因上被害方有明显过错,依法可对上诉人于光平从轻处罚。原审判决定罪准确,审判程序合法,但量刑不当,判决维持一审判决中对于光平的定罪部分,判处于光平死刑,缓期两年执行,剥夺政治权利终身。

三、关联法条

《中华人民共和国刑法》

第一百一十五条　放火、决水、爆炸以及投放毒害性、放射性、传染病病原体等物质或者以其他危险方法致人重伤、死亡或者使公私财产遭受重大损失的,处十年以上有期徒刑、无期徒刑或者死刑。

过失犯前款罪的,处三年以上七年以下有期徒刑;情节较轻的,处三年以下有期徒刑或者拘役。

四、争议问题

本案最大的争议点在于,于光平对引爆手榴弹主观上持何种罪过,是应认定为间接故意,还是过于自信的过失?由于故意和过失的不同,会使适用的量刑区间产生很大的差距。

五、简要评论

基于认识因素和意志因素的不同,我国刑法将主观罪过划分为两种类型、四种形态,即直接故意、间接故意、过于自信的过失和疏忽大意的过失。本案中,根据专家的鉴定结论,手榴弹被引爆很有可能是由于双方的争抢所致,因此于光平显然并没有积极追求引发爆炸的结果;而他肯定认识到了将手榴弹后盖拧开并手持点燃的鞭炮、与张洪春等人争抢手榴弹等行为可能带来的危害后果,却希望造成这样一种危险状态来吓退围攻他的人,并且也做好了"鱼死网破、豁出去"的准备。鉴于直接故意在意志因素上表现为希望危害结果的发生,疏忽大意的过失在认识因素上表现为应当预见危害结果的发生但未预见,因此,其主观罪过并不属于直接故意和疏忽大意的过失。本案争议的焦点就在于,于光平的意志态度是放任或容忍这种结果的发生,还是希望避免该结果的发生,即其主观罪过应当是间接故意还是过于自信的过失?

有关间接故意和过于自信的过失之间的区分可谓是世界难题。由于两者在意志态度上模糊的界分标准,以及行为人主观意志的难以觉察,百余年来无数学者为此问题"竞折腰"。目前,比较具有说服力的几个学说包括容认说、盖然性理论、漠然说和防果意思说,等等。根据容认说,如果行为人认识到构成犯罪事实发生的可能性,而内心也并不反对这个事实的发生,则行为人的行为出于间接故意;盖然性理论认为,如果行为人认识结果发生的可能性高而行为,则为间接故意,如果认为结果发生的可能性低而行为,则为过于自信的过失;漠然说则认为,如果行为人预见到可能构成犯罪的事实却持不在乎、无所谓的态度,则行为人对该结果的发生具有间接故意;防果意思说认为,行为人认识到了结果发生的可能性而依然实施行为,则该行为就是出于间接故意,除非行为人以实际行动显示其避免结果发生的意愿。由于间接故意由"不希望""无所谓""不拒绝""容认""纵容"等多层级要素构成,对不同意志因素的判断就需要不同的学说,因此,将上述四种理论进行综合判断更具有实践意义,只要行为人的行为符合其一,即可认定其主观上持间接故意。

本案中,于光平将手榴弹后盖拧开,并手持点燃的鞭炮,这种行为使手榴弹处于随时都有可能被引爆的危险中,虽然其目的是为了吓退张洪春等人,但该行为同时带来的危险却也被其接受了。因此,于光平在主观上至少是一种不在乎、无所谓的漠然态度。之后,于光平"吓退对方"的策略并未奏效,反而遭到张洪春等人的围攻,并发生争抢。毫无疑问,缺乏后盖保护的手榴弹在争抢中极易被引爆,此时危害结果发生的概率较之前有增无减,在危害结果发生几率很高的情况下,于光平不仅没有采取保护措施或停止争抢,还继续与张洪春争夺手榴弹,也能证明其主观上的间接故意心态。所以,虽然很难证明于光平对危害结果是持"容认""纵容"的态度,但也很难排除其"鱼死网破、豁出去"的决心,因此可以证明其对该结果的发生属于"无所顾忌""不拒绝"的漠然态度。因此,可以认定于光平的主观罪过属于间接故意而非过于自信的过失。

案例 3-3　韩正连故意杀人案[①]

一、基本案情

2005年10月26日晚21时许,被告人韩正连酒后驾驶货车行驶至连云港市连云区桃林社区岛山巷时,将在路边行走的妇女徐寿花撞倒。韩正连发现撞伤人后,为逃避法律追究,将徐寿花转移到岛山巷10号楼2单元道口藏匿,致使徐寿花无法得到救助而死亡。当夜,韩正连又借用另一辆货车,将徐寿花的尸体运至连云区板桥镇,将尸体捆绑在水泥板上沉入烧香河中。

二、诉讼过程及裁判理由

一审法院审理认为,被告人韩正连驾车撞伤人,又将被害人隐藏导致其死亡,其行为已构成故意杀人罪,判处被告人韩正连有期徒刑15年,剥夺政治权利5年。

一审宣判后,被告人韩正连不服,以被害人徐寿花是被当场撞死的,其没有杀人的主观故意为由提出上诉。

二审法院审理认为,韩正连酒后驾驶机动车辆,撞伤一人后为逃避法律制裁,将被害人拖离事故现场隐藏,致使被害人大量失血性休克死亡,具有放任被害人死亡的主观故意。原审判决认定的事实清楚,证据确实、充分,定性准确,量刑适当,审判程序合法,依法裁定:驳回上诉,维持原判。

三、关联法条

《中华人民共和国刑法》

第一百三十三条　违反交通运输管理法规,因而发生重大事故,致人重伤、死亡或者使公私财产遭受重大损失的,处三年以下有期徒刑或者拘役;交通运输肇事后逃逸或者有其他特别恶劣情节的,处三年以上七年以下有期徒刑;因逃逸致人死亡的,处七年以上有期徒刑。

最高人民法院《关于审理交通肇事刑事案件具体应用法律若干问题的解释》

第六条　行为人在交通肇事后为逃避法律追究,将被害人带离事故现场后隐藏或者遗弃,致使被害人无法得到救助而死亡或者严重残疾的,应当分别依照刑法第二百三十二条、第二百三十四条第二款的规定,以故意杀人罪或者故意伤害罪定罪处罚。

[①] 参见陈兴良、张军、胡云腾主编:《人民法院刑事指导案例裁判要旨通纂》(上卷),北京大学出版社2013年版,第42页。

四、争议问题

本案中,被告人韩正连将被害人徐寿花转移藏匿并致其大量失血性休克死亡,其实施该行为的主观罪过如何界定?应认定为直接故意还是间接故意?

五、简要评论

本案中,韩正连因醉酒驾车将徐寿花撞伤,对于徐寿花伤害的结果,韩正连主观罪过应当是过失。但是,此后韩正连为了逃避法律追究,将徐寿花藏匿至隐蔽处,对于徐寿花因伤而可能致死的结果,韩正连主观上已不再可能是过失,而转变为了故意。此时需要考虑的问题是,其主观上是积极追求徐寿花死亡的结果(直接故意)还是放任该结果的发生(间接故意)。我国刑法将犯罪故意分为直接故意和间接故意两类。直接故意是指明知自己的行为会发生危害社会的后果,并且希望这种结果发生的心理态度;间接故意则是指对这种结果持放任的心态。笔者认为,在认识因素上,间接故意也可以达到"肯定"的程度,即在明知结果必然发生的情况下,行为人也有可能成立间接故意。此时,虽然行为人也认识到危害结果必然发生,但其主观上也有可能对危害结果的发生持放任的态度。因此,直接故意和间接故意区分的标准应当是意志因素,行为人对危害结果是积极追求还是消极放任决定了其主观恶性的大小。

在意志因素上,直接故意和间接故意的区别主要表现在以下几点:第一,意志因素的内容不同。直接故意的意志内容是积极追求危害结果的发生,通常行为人会表现为积极行为,设法创造条件、克服外在阻力,等等;间接故意的意志内容则表现为既不积极追求,也不采取一定措施防止危害结果的发生,为追求一个结果的实现而放任其他可能引起的危害后果。第二,在意志程度上,直接故意表现为坚定不移、目标明确;而间接故意则表现为模糊摇摆、意志薄弱。第三,在意志因素的背景上,间接故意表现为与情绪要素结合将放任表现为一种"模糊的意欲区间",情感因素的不同导致意志因素的强弱;而直接故意受情绪影响较小,不存在一个"模糊的意欲区间"。

本案中,被告人韩正连将被害人徐寿花撞伤后,为了逃避责任,将其转移隐匿,最终导致徐寿花因大量失血而休克死亡。韩正连实施的藏匿被害人的行为首先是一种消极的不救助,而非积极地追求如何将徐寿花置于死地;但使用转移藏匿的方式也使被害人失去了被其他人救助的机会,增加了其死亡的危险。因此,韩正连在追求自己免受法律追究的同时,对徐寿花的死亡结果既非积极追求,也不是尽力避免,而是表现为一种漠视和放任的心理态度,这种意志态度决定了其行为时的主观罪过应当是间接故意而非直接故意。虽然在被害人死亡后,韩正连将其尸体绑在水泥板上沉入河中,但这也更多地体现了被告人极力逃避法律追究的目的,而且该事后的行为也无法证明被告人在行为时主观上是积极追求被害人死亡的意志态度。因此,本案中行为人的主观罪过应当是间接故意。

案例 3-4　李超故意伤害案[①]

一、基本案情

被告人李超在女友龙某提出分手后多次纠缠和电话威胁,并在意识到关系无法挽回后,产生了与龙某同归于尽的念头。2005 年 1 月 11 日下午 3 时许,李超携带购买的水果刀如约和龙某见面。交谈数小时后,李超见龙某仍决意分手,遂用水果刀朝龙某的头部、面部连刺数刀,龙某被刺后坐到地上流血不止,李超见状停止行凶。在认为龙某还在欺骗他时,李超再次用水果刀朝其头部、面部等处乱刺,后因刀柄断裂住手。李超报警后,起意咬龙某的阴部,后又转念抠掉龙某一只眼球。李超接民警电话并告知具体位置后,用手指将龙某的右眼球抠出。龙某经医治抢救脱险,其损伤经法医鉴定为重伤并构成五级残疾。

二、诉讼过程及裁判理由

一审法院经审理认为,被告人李超因不能正确处理恋爱纠纷,行凶致人重伤,其行为构成故意伤害罪。虽有自首情节,但不予从轻处罚。故而判决李超犯故意伤害罪,判处死刑,剥夺政治权利终身。

李超不服一审判决,提出上诉称:其行为构成故意杀人罪,有自首和未遂的法定从轻情节,要求从轻处罚。

二审法院经审理认为,上诉人李超因龙某不同意与其保持恋爱关系,持刀行凶并用手指抠掉龙某的右眼球,致龙某重伤构成严重残疾,其行为构成故意伤害罪。李超不存在自首和犯罪未遂情节,但基于犯罪起因、坦白、赔偿等因素考量,对李超适用死刑,可不必立即执行。故而判决李超犯故意伤害罪,判处死刑,缓期两年执行,剥夺政治权利终身。

三、关联法条

《中华人民共和国刑法》

第十四条　明知自己的行为会发生危害社会的结果,并且希望或者放任这种结果发生,因而构成犯罪的,是故意犯罪。

[①] 参见陈兴良、张军、胡云腾主编:《人民法院刑事指导案例裁判要旨通纂》(上卷),北京大学出版社 2013 年版,第 316 页。

故意犯罪,应当负刑事责任。

第二百三十二条　故意杀人的,处死刑、无期徒刑或者十年以上有期徒刑;情节较轻的,处三年以上十年以下有期徒刑。

第二百三十四条　故意伤害他人身体的,处三年以下有期徒刑、拘役或者管制。

犯前款罪,致人重伤的,处三年以上十年以下有期徒刑;致人死亡或者以特别残忍手段致人重伤造成严重残疾的,处十年以上有期徒刑、无期徒刑或者死刑。本法另有规定的,依照规定。

四、争议问题

本案的主要争议问题是,如何确定李超主观故意的内容?即李超究竟是具有杀人的故意还是具有伤害的故意,这个问题关系到案件的定性,是本案中的关键问题。

五、简要评论

在实践中,一些故意杀人案件和故意伤害案件往往难以区分。尤其是在故意伤害与故意杀人未遂之间,以及在故意伤害致死与故意杀人既遂之间,二者的客观危害结果相同,犯罪方式和手段相近,且都出于故意,因而难以区分。本案中,李超故意持刀行凶致龙某残疾,究竟是构成故意杀人罪还是故意伤害罪?如何定罪,其犯罪主观方面起关键作用。

本案中,李超主观故意的内容是什么?对此,一审法院没有论证,直接认定构成故意伤害罪。二审法院指出,虽然李超多次供述其主观上是要杀害龙某,但李超在持刀行凶过程中其主观犯意不坚定、不确定,应依据客观上发生的犯罪后果认定为故意伤害罪。可见,二审的裁判要旨在于,主观故意不明确、不坚定,带有假想前提条件的,应当依据犯罪行为的具体表现形式与犯罪后果,确定主观罪过形式。二审法院坚持认定犯罪主观方面的客观标准,值得肯定。但是,对于主观方面内容的认定,二审论证仍然不够充分。

如何确定行为人主观故意的内容?首先,必须坚持客观的检验标准。行为人的主观心理态度通过行为人的外在行为表现出来,通过其行为起作用,并在其行为过程中留下痕迹。其次,必须采取主客观相一致原则。行为人在实施某种危害行为时,其主观思维活动也同时进行,必须将二者结合起来。在具体案件中,应当对侵害行为的起因、行为人与被害人的相互关系、侵害的手段、工具、打击的具体部位、实施侵害的强度等各方面因素进行全部分析综合判断,防止"部位论"和"手段论"等片面观点。仅从李超供述其主观上是要杀死龙某,并为此准备水果刀,行凶时用刀对龙某头部一顿乱刺,因刀柄断裂才停止,就以故意杀人罪论处欠缺说服力。

综观本案,李超和被害人龙某系恋爱关系,案件起因为恋爱纠纷,李超不同意和龙某分手并希望和好,案发前二人会面交谈近4个小时;李超用刀刺龙某头部、面部致其流血坐到地上时,一度停止了行凶;李超在觉得受欺骗后发起又一轮刺杀后报警,最终抠掉龙某的眼球,这些客观事实表明,李超主观上具有伤害故意而不是杀人故意。如果李超主观上是杀人故意,他在客观能力、环境和条件有利的情况下,完全可以致龙某于死地,即使在刀柄断裂的情况下,也完全可以设法排除困难和阻力,继续选择其他方法使其得逞。但事实是,李超一度停止行凶,并且没有选择其他方法追求龙某死亡的结果发生。李超行凶是追求"龙某生不如死,丑陋无比"的残忍效果。他是因为谈恋爱不成,加之觉得受到欺骗,从而"由爱生恨"进行报复。这从伤害的手段和部位可以分析出来:用刀刺被害者的头部和面部,最后又抠出被害人的眼球。同时,从李超持刀行凶的过程来看,其主观故意经历了从不明确到明确的转变。前一阶段其主观故意是不明确的,表现在李超行凶时的犹豫、反复:李超先和龙某交谈许久,一度停止行凶,又一轮的刺杀;后一阶段犯罪故意发生了变化,表现出明确的伤害故意,即对龙某实施身体上的伤害,李超先起意咬龙某的阴部,后转念抠掉龙某的眼球,并最终抠出其右眼球……这些都说明,李超并非想剥夺龙某的生命,而是想达到"我得不到,也不让你好活"的目的。因此,被告人李超的行为构成故意伤害罪,即使出现了死亡,也是故意伤害致死。

需要注意的是,在司法实践中,对于经过努力证据的搜集和印证仍然不充分难以确定故意的内容的案件,应根据"疑罪从宽"的原则精神,以较轻的犯罪论处为宜。

案例3-5 颜克于等故意杀人案[①]

一、基本案情

2007年5月25日11时许,被告人颜克于、廖红军、韩应龙与何洪林(另案处理),发现周家龙有盗窃自行车的嫌疑,遂尾随追赶至码头,廖红军与何洪林对周家龙用拳头打,颜克于、韩应龙分别手持石块、扳手击打周家龙的头部等,致使周家龙头皮裂创流血。周家龙挣脱后,颜克于、廖红军、韩应龙分头继续追赶。周家龙逃到0747货船,廖红军随颜克于紧追并将周家龙围堵在船尾,周家龙被迫跳入河中。颜克于、廖红军、韩应龙在船上看着周家龙向前游了数米后又往回游,但因体力不支而逐渐沉入水中,3人均未对周家龙实施任何救助行为,直到看不见周家龙的身影,才下船离开。接警的公安人员将周家龙打捞上来时,其已溺水死亡。被告人韩应龙与被害人周家龙的父母庭外达成和解,被害人周家龙的父母请求法

---

① 参见陈兴良、张军、胡云腾主编:《人民法院刑事指导案例裁判要旨通纂》(上卷),北京大学出版社2013年版,第337页。

院对被告人韩应龙从轻处罚。

二、诉讼过程及裁判理由

一审法院经审理认为,被告人颜克于、廖红军、韩应龙因周家龙"偷窃"自行车而殴打、追赶周家龙,从而迫使周家龙逃上货船并跳入河中,3名被告人目睹周家龙在水中挣扎,明知此时周家龙有生命危险,却不采取救助措施,最终发生了周家龙溺水死亡的结果,其行为均已构成故意杀人罪。鉴于3名被告人对周家龙死亡结果的发生持放任态度,而非积极追求该结果的发生,且周家龙系自己跳入河中,又会游泳,结合本案犯罪起因,3名被告人犯罪的主观恶性较小,属情节较轻。被告人颜克于、廖红军、韩应龙归案后能如实交代自己的犯罪事实,庭审中自愿认罪,分别予以酌情从轻处罚。被告人韩应龙又能赔偿周家龙家属的经济损失,取得周家龙家属的谅解,对被告人韩应龙可适用缓刑。故而判决被告人颜克于犯故意杀人罪,判处有期徒刑3年零9个月;被告人廖红军犯故意杀人罪,判处有期徒刑3年零3个月;被告人韩应龙犯故意杀人罪,判处有期徒刑3年,缓刑4年。

一审宣判后,3被告人在法定期限内没有上诉,检察机关亦未抗诉,判决发生法律效力。

三、关联法条

《中华人民共和国刑法》

第十四条　明知自己的行为会发生危害社会的结果,并且希望或者放任这种结果发生,因而构成犯罪的,是故意犯罪。

……

第二百三十二条　故意杀人的,处死刑、无期徒刑或者十年以上有期徒刑;情节较轻的,处三年以上十年以下有期徒刑。

四、争议问题

本案的主要争议问题是,颜克于、廖红军、韩应龙对周家龙死亡结果的主观心态是什么?即3人的主观方面是故意还是过失?若是故意,则是直接故意还是间接故意?

五、简要评论

在日常生活中,"见死不救"案件时有发生,因"见死不救"而导致相关人员受到刑事处罚的案件也时有发生,本案便是其中之一。

可以肯定的是,"见死不救"者对死亡结果的发生,其主观是故意的,即明知其不履行救助义务可能发生他人死亡的结果,且有能力履行救助义务而不履行,致使危害结果发生。但是,这里的故意究竟是直接故意还是间接故意?本案中,一审法院指出,3名被告人对周家龙死亡结果的发生持放任态度,而非积极追求该结果的发生。应该说,法院对颜克于、廖红军、韩应龙的故意类型认定是正确的,但论证说理有待加强。

犯罪故意是指明知自己的行为会发生危害社会的结果,并且希望或者放任这种结果发生的心理态度。根据意志因素的不同,犯罪故意可分为直接故意和间接故意。直接故意是希望危害结果的发生,间接故意是放任危害结果的发生。希望即积极追求危害结果的发生,在这种心理支配下,行为人就会想方设法,克服困难,创造条件,排除障碍,积极甚至顽强地实现犯罪目的,从而造成犯罪结果的发生。放任危害结果的发生,是指行为人虽然没有积极追求危害结果的发生,但并不反对、不设法阻止这种可能发生的危害结果,而是消极接受和容忍,或者听之任之,不加控制。意志因素的不同,是区别两种故意的关键所在。就本案而言,颜克于、廖红军、韩应龙目睹周家龙跳河后,因体力不支在河水中挣扎,并渐渐沉入水中,3人既没有利用周家龙溺水这一客观条件置他于死地,如采取阻止其往岸上或者船上爬的行为,也没有采取任何救助行为,如跳河救人、扔橡皮圈等物给周家龙自救或者报警寻求帮助,而是直到周家龙沉入水中看不见其身影后,才离开现场。在认识因素上,颜克于、廖红军、韩应龙目睹周家龙跳河后,因体力不支在河水中挣扎,并渐渐沉入水中,明知此时周家龙有生命危险,可能会发生溺水死亡的后果;在意志因素上,3名被告人虽没有积极追求周家龙死亡结果的发生,但对周家龙死亡结果的发生并不反对,也不设法阻止,是一种消极接受的状态。本案的焦点问题之一是,3被告人对于周家龙的死亡有无救助义务?答案是肯定的。因为,周家龙跳进河里,是受被告人的殴打、追赶逼迫所致,3被告人的殴打、追赶行为就是导致生命死亡的危险状态的先行行为,所以,3被告人有义务提供救助,即使有正当防卫的主观意图,也不应该对即将造成的生命危险视而不见,放任不管。在有能力和有义务进行救助却不给予救助的情况下,表明了他们对死亡结果的放任和不管不顾,甚至纵容的心态。这些意志因素,在我国的刑法理论中,均可认为其主观心态构成间接故意。

通常所说的见死不救,指的就是对可能死亡之人不实施救助,而不是指利用危险状态的客观条件致他人于死地。如果周家龙跳水后,要往岸上爬,颜克于等人却实施了阻拦周家龙上岸的行为,迫使周家龙溺水死亡,此时就不是见死不救,而是直接利用溺水这一客观条件致周家龙死亡,属于直接故意杀人的范畴。

案例3-6　王长友过失致人死亡案[①]

一、基本案情

1999年4月16日晚,被告人王长友发现他人欲非法侵入其住宅,出屋追赶未及,亦未认出是何人,即回屋带上一把自制的木柄尖刀,与其妻一道,锁上门后(此时其10岁的儿子仍在屋里睡觉),向村干部和当地派出所报警。当王长友与其妻报警后急忙返回自家院内时,发现自家窗前处有俩人影,此二人系本村村民何长明、齐满顺来王家串门,见房门上锁正欲离去。王长友未能认出何长明、齐满顺二人,而误以为是刚才欲非法侵入其住宅之人,又见二人向其走来,疑为要袭击他,随即用手中的尖刀刺向走在前面的齐满顺的胸部,致齐满顺因气血胸,失血性休克当场死亡。何长明见状上前抱住王长友,并说:"我是何长明!"王长友闻声停住,方知出错。

二、诉讼过程及裁判理由

一审法院经审理认为,被告人王长友的行为属于在对事实认识错误的情况下实施的假想防卫,其行为有一定社会危害性,应对其假想防卫所造成的危害结果依法承担过失犯罪的刑事责任。检察机关指控被告人王长友犯罪的事实清楚,证据确实、充分,但指控的罪名不当,应予纠正。故而判决被告人王长友犯过失致人死亡罪,判处有期徒刑7年。

一审宣判后,被告人王长友未上诉。检察机关以"被告人的行为是故意伤害犯罪,原判定罪量刑不当"为由提出抗诉。

二审法院经审理认为,一审法院认定被告人王长友由于对不法侵害的认识错误而导致的假想防卫,造成他人死亡后果发生的事实清楚,证据确实、充分,定罪和适用法律正确,审判程序合法。不予采纳检察机关提出的抗诉理由。故而裁定:驳回抗诉,维持原判。

三、关联法条

《中华人民共和国刑法》

第十四条第一款　明知自己的行为会发生危害社会的结果,并且希望或者放任这种结果发生,因而构成犯罪的,是故意犯罪。

第十五条第一款　应当预见自己的行为可能发生危害社会的结果,因为疏忽大意而没

[①] 参见陈兴良、张军、胡云腾主编:《人民法院刑事指导案例裁判要旨通纂》(上卷),北京大学出版社2013年版,第415页。

有预见,或者已经预见而轻信能够避免,以致发生这种结果的,是过失犯罪。

第二十条第一款 为了使国家、公共利益、本人或者他人的人身、财产和其他权利免受正在进行的不法侵害,而采取的制止不法侵害的行为,对不法侵害人造成损害的,属于正当防卫,不负刑事责任。

第二百三十三条 过失致人死亡的,处三年以上七年以下有期徒刑;情节较轻的,处三年以下有期徒刑。本法另有规定的,依照规定。

四、争议问题

本案的主要问题是,被告人假想防卫致人死亡的行为应如何认定及处理?从犯罪主观要件看,涉及以下几个争议问题:一是被告人是否存在认识错误?二是如果存在认识错误,那么被告人基于认识错误实施行为的"故意"能否评价为犯罪故意?三是如果不能评价为犯罪故意,那么被告人对他人死亡的结果究竟持何种主观心态?

五、简要评论

在日常生活中,经常发生主观认识与客观实际不一致的想象。主观认识与客观实际不一致,就是我们所说的认识错误。刑法上的认识错误,是指行为人对自己的行为在刑法上的意义或者对与其行为相关的事实情况的不正确理解,分为法律认识错误和事实认识错误两类。刑法上的认识错误影响罪过的有无与罪过形式,进而影响行为人的刑事责任。因此,研究刑法上的认识错误,对于定罪量刑具有重要意义。根据《刑法》第20条的规定,只有对正在进行的不法侵害行为才能实施正当防卫。本案中,被害人系来被告人家串门的邻居,并无不法侵害行为,而被告人则以为其是刚才欲非法侵入其住宅之人,由于其主观想象,将事实上并不存在的不法侵害,误认为已经存在,故而当见二人向其走来时,疑为要袭击他,随即用手中的尖刀对走在前面的齐满顺进行防卫。可见,是被告人主观上想象或推测认为发生了某种不法侵害,进而对误认的"侵害人"实行了"防卫"行为,而事实上并不存在不法侵害。这种情形属于刑法上的事实认识错误,是行为人对自己行为的实际性质发生了错误的理解,刑法理论上称之为"假想防卫"。

显然,被告人"故意"实施了假想防卫行为。问题是,这里的"故意"能否评价为刑法上的"犯罪故意"?根据《刑法》的规定,犯罪故意是指行为人明知自己的行为会发生危害社会的结果,并且希望或放任这种结果发生的心理态度,即犯罪故意以行为人明知自己的行为会发生危害社会的结果为前提;而假想防卫虽然是故意的行为,但这种故意是建立在对客观事实错误认识基础上的,主观上存在着正当防卫意图,为了保护自己的合法权益免受侵害,自以为是在对不法侵害实行正当防卫,行为人不仅没有认识到其行为会发生危害社会的后果,而且认为自己的行为是合法正当的,根本不存在明知其行为会造成危害社会结果的问题。因此,假想防卫的故意只有心理学上的意义,而不是刑法上的犯罪故意。我们不能把心理学上所讲的故意与刑法上讲的故意等同、混淆。本案中,被告人有刺人的"故意",但没有犯故意杀人罪或者故意伤害罪的故意,此故意非彼"故意",所以,根据主客观相一致原则,被告人不构成故意杀人罪或故意伤害罪。

与上一问题紧密相连的问题是,被告人是否构成过失犯罪,抑或是构成意外事件?基于上述分析,被告人不具有过于自信过失。因此,这里只需分析该行为属于疏忽大意的过失还是意外事件,二者的关键区别在于是否"应当预见"。在被告人主观上发生认识错误的情况下,需要分析行为人发生错误认识的原因是什么,对于认识错误有没有过错,即行为人在误解被害人的行为性质这件事上是不是出于疏忽大意。就本案来说,被告人报警回来看见齐满顺等人又在自家院内窗前,虽然基于前因的惊恐,但串门在农村为常态,且被害人向其走来而不是夺门而跑,根据日常生活准则可以判断被告人有应当预见之义务和应当预见之能力,应当预见到不是"非法侵入住宅",但被告人没有预见到。因此,被告人主观方面为疏忽大意的过失,成立过失致人死亡罪。故而,一、二审法院变更指控罪名,以过失致人死亡罪对被告人王长友定罪量刑,是正确的。

案例 3-7　杨春过失致人死亡案[①]

一、基本案情

2008 年 12 月 4 日 14 时许,被告人杨春驾驶一辆轻型货车至吴某经营的杂货店送桶装水。吴某要求杨春将水搬入店内,遭杨春拒绝,随后杨春驾车欲离开,吴某遂用右手抓住汽车的副驾驶室车门,左手抓住车厢挡板,阻止杨春离开。杨春见状仍驾车向前低速行驶数米并右转弯,致使吴某跌倒后遭汽车右后轮碾轧死亡。被告人杨春称不知道被害人在车上,是在感觉车子颠簸后下车才发现被害人被车碾轧了。

二、诉讼过程及裁判理由

检察机关以故意伤害罪提起公诉。一审法院认为,在低速行驶中,杨春看到吴某的手抓在车上,已经预见到自己继续驾驶的行为可能发生危害后果,但过于自信地认为吴某会自动撒手,不会发生危害结果,最终导致吴某遭汽车碾轧死亡,其行为构成过失致人死亡罪。故

[①] 参见陈兴良、张军、胡云腾主编:《人民法院刑事指导案例裁判要旨通纂》(上卷),北京大学出版社 2013 年版,第 419 页。

而以过失致人死亡罪判处被告人杨春有期徒刑4年。

一审宣判后,被告人未提出上诉。但检察机关认为杨春具有伤害的间接故意,其行为构成故意伤害罪,故提起抗诉。

二审法院认为,杨春与被害人吴某虽有口角,但无明显的争执与怨恨;杨春当时急于脱身且驾车低速行驶,认为吴某会自己松手,未能及时意识到吴某倒地后可能会被右转车辆后轮碾轧;事后又积极协助抢救被害人。综上,应当认定杨春主观上并无伤害吴某的故意,因此,裁定驳回抗诉,维持原判。

三、关联法条

《中华人民共和国刑法》

第十四条　明知自己的行为会发生危害社会的结果,并且希望或者放任这种结果发生,因而构成犯罪的,是故意犯罪。

故意犯罪,应当负刑事责任。

第十五条　应当预见自己的行为可能发生危害社会的结果,因为疏忽大意而没有预见,或者已经预见而轻信能够避免,以致发生这种结果的,是过失犯罪。

过失犯罪,法律有规定的才负刑事责任。

第二百三十三条　过失致人死亡的,处三年以上七年以下有期徒刑;情节较轻的,处三年以下有期徒刑。本法另有规定的,依照规定。

第二百三十四条　故意伤害他人身体的,处三年以下有期徒刑、拘役或者管制。

犯前款罪,致人重伤的,处三年以上十年以下有期徒刑;致人死亡或者以特别残忍手段致人重伤造成严重残疾的,处十年以上有期徒刑、无期徒刑或者死刑。本法另有规定的,依照规定。

四、争议问题

本案的争议问题主要是,被告人杨春对于被害人吴某的死亡在主观态度上到底是间接故意还是过于自信的过失?对此问题的理解不同,直接决定着对杨某行为的定罪不同,即故意伤害罪抑或过失致人死亡罪。

五、简要评论

在司法实践中,伤害致人死亡是多发案情。在给这些案件定罪时,司法机关常常陷入困境,因为很难判断行为人在行为当时的主观心态。而且间接故意和过于自信的过失之间间距太近,面对多变各异的实际情况,从理论界学者到实务工作者都对这一问题充满兴趣。

间接故意,是指行为人明知自己的行为可能发生危害社会的结果,并且放任这种结果发生的心理态度,即"可能发生+放任发生"。过于自信的过失,是指行为人已经预见到自己的行为可能发生危害社会的结果,而轻信能够避免,以致发生危害结果的主观心态。两者的区别主要存在于两个方面:一是认识因素上有所不同。在间接故意中,行为人"明知"自己的行为会发生危害社会的结果,这种对危害结果的认识是比较清楚、现实的;而过于自信的过失对危害结果的产生只是"预见",其认识具有假定可能性。同时,间接故意对可能性认识转化为现实性未发生错误估计,其主观心理与客观结果是一致的;而在过于自信的过失中,行为人对危害结果的发生是一种否定性认识,由于对主客观条件不适当地估计,才造成危害结果的发生,其主观认识与客观结果是相分离的。二是意志因素上有重要区别。间接故意的行为人虽不直接希望危害结果的发生,但也并不反对、不排斥,只是听之任之,顺其自然地"放任"危害结果的发生。而过于自信的过失中,行为人不仅不希望危害结果的发生,而且希望能够避免危害结果的发生,是排斥、反对危害结果发生的。在预见到自己的行为可能发生危害结果的情况下,行为人凭借一定的自认为能够避免危害结果发生的因素(例如智力、技术、经验、知识、他人的预防措施、客观条件等),自信能够避免危害结果的发生。

刑法理论界对间接故意与过于自信的过失的区分标准存在着相当大的争论,主要有盖然性理论、容认理论、漠然理论等,但各自均有不完善之处。而在司法实务中,如何确立一套具有较强可操作性的标准仍是目前亟待解决的问题。结合本案,应当考察案件的起因、被害人与被告人的关系、双方冲突的程度,以及是否存在足以使被告人放任危害结果发生的心理因素。首先,杨春与被害人初次相见,不存在积怨,没有明显争执,因此,杨春驾车离开只是急于脱身,没有放任被害人身体伤害的现实动因。其次,杨春车速较慢,车身不高,被害人完全能够双脚着地,基于社会一般人的认识标准,被害人应该认识到攀爬行驶中的车辆的后果,这是被告人杨春认为车辆稳速慢行过程中被害人能够自动放手,从而能够避免危害结果发生的客观条件。最后,在危害结果发生后,杨春立即下车察看,留守现场积极协助抢救被害人直至被抓获,这些补救措施表明其内心懊悔,被害人死亡的结果完全违背其主观意愿,而非放任危害后果的发生。基于以上分析可以得出,被告人杨春对被害人死亡的结果是过于自信的过失,应定为过失致人死亡罪。

案例 3-8　杨某某故意伤害案①

一、基本案情

被告人杨某某与被害人张某某因恋爱产生矛盾,杨某某即购买两瓶硫酸倒入水杯,随身携带。2004 年 10 月 23 日 21 时 40 分许,杨某某与张某某相遇,再次发生激烈争执,杨某某手拿装有硫酸的水杯对张某某说:"真想泼到你脸上",并欲拧开水杯盖子,但未能打开。张某某认为水杯中系清水,为稳定自己的情绪,接过水杯将杯中硫酸倒在自己头上,致其头、面、颈、躯干以及四肢等部位被硫酸烧伤。法医鉴定伤情为重伤,伤残一级。张某某受伤后,花去医疗费等各种费用共计人民币 259 471.58 元。杨某某亲属先行支付张某某医疗费 16 650 元。张某某所在学校与其达成协议,一次性给付张某某人民币 35 000 元。

二、诉讼过程及裁判理由

一审法院经审理认为,被告人杨某某明知自己的行为会造成他人身体伤害,仍放任危害结果的发生,致他人严重残疾,其行为已构成故意伤害罪。鉴于杨某某犯罪时未满 18 周岁,犯罪后其亲属能赔偿被害人部分经济损失,依法应当从轻处罚。故而判决被告人杨某某犯故意伤害罪,判处有期徒刑 10 年,被告人杨某某赔偿张某某 259 471.58 元。

被告人不服一审判决,上诉称:其主观上只想拿硫酸吓唬被害人无伤害故意,其在被害人受伤后追着让被害人去医院,被害人在案件起因上有过错,量刑过重。请求二审法院减轻处罚。

二审法院经审理认为,上诉人杨某某在恋爱过程中,因被害人提出分手而心怀恼恨,即购买危险品随时携带。当二人为恋爱发生争执,被害人误将上诉人预备的硫酸倒向本人身上时,上诉人明知该行为会造成被害人的人身伤害,仍放任伤害结果的发生,致被害人重伤并造成严重残疾,其行为已构成故意伤害罪。原判认定事实和适用法律正确,量刑适当,审判程序合法,上诉人杨某某的上诉意见,不予采纳,故而裁定驳回上诉,维持原判。

三、关联法条

《中华人民共和国刑法》

第十四条第一款　明知自己的行为会发生危害社会的结果,并且希望或者放任这种结

---

① 参见陈兴良、张军、胡云腾主编:《人民法院刑事指导案例裁判要旨通纂》(上卷),北京大学出版社 2013 年版,第 442 页。

果发生,因而构成犯罪的,是故意犯罪。

第二百三十四条 故意伤害他人身体的,处三年以下有期徒刑、拘役或者管制。

犯前款罪,致人重伤的,处三年以上十年以下有期徒刑;致人死亡或者以特别残忍手段致人重伤造成严重残疾的,处十年以上有期徒刑、无期徒刑或者死刑。本法另有规定的,依照规定。

四、争议问题

本案的主要争议问题是,杨某某对被害人误将其预备的硫酸当做清水倾倒而致残的后果是否具有主观故意,是直接故意还是间接故意?

五、简要评论

根据认识因素和意志因素的不同,刑法理论上将犯罪故意区分为直接故意和间接故意,认定行为人的主观故意,只有从这两方面分析,才能正确判断其主观上是否存在犯罪故意,以及是直接故意还是间接故意。

本案中,杨某某是否具备犯罪故意的认识因素?从认识因素分析,杨某某系在校学生,学过化学知识,清楚硫酸会对人体造成严重伤害。因此,杨某某对硫酸可能造成严重的人身伤害后果是明知的,这一点没有异议。但问题在于,本案的事实是,危害后果系被害人自行将硫酸倒在本人身上造成,杨某某的行为在哪里?这涉及如何理解"行为人明知自己的行为会造成危害社会的结果"中的"自己的行为"。本案中既有被害人自行将硫酸倒在本人身上的行为,也有杨某某随身携带硫酸以及与被害人争执的行为,杨某某的行为与被害人的行为既有因果关系也有紧密的先后的关联。杨某某携带硫酸的行为是一种包含危险状态的先行行为,从而,杨某某就负有因其先行行为而产生的防止硫酸伤害人的特定义务。但是,杨某某并没有告知被害人水杯中装的是硫酸,促使被害人产生误解,更没有及时抢过杯子,阻止被害人把硫酸倒在头上和脸上,最终造成重大伤害结果,这种"应为而不为"的不作为表现,既是承担刑事责任的根本所在,也是本案认识因素的特殊所在。但是,一、二审法院均没有指出本案认识因素的特殊之处,并对其加以论证。

杨某某对于被害人的伤害结果持希望还是放任态度呢?对此,一、二审法院均使用了"放任"一词,但没有予以论证。杨某某在意志因素上符合间接故意的主观特征:放任危害结果发生,表现在:当被害人拿过水杯打开瓶盖的时候,杨某某明知杯中盛有硫酸,可能发生伤人的危害后果,却不告知被害人,将被害人置于危险境地;在被害人误将水杯中的硫酸认为是清水倾倒时,杨某某也未加以阻止;被害人倾倒硫酸后,尽管杨某某知道如何防止或减小硫酸对人体伤害程度,但其既未对其施救,也未采取其他措施防止或减小危害后果。显然,尽管杨某某完全有时间、有能力防止危害结果的发生,但却采取消极态度。

综上,杨某某主观上符合了间接故意的认识因素和意志因素,客观上不履行采取有效措施防止危害后果发生的义务,造成严重的伤害后果,其行为构成故意伤害罪。直接故意与间接故意的区分不影响定罪,但影响量刑。因为二者所体现的主观恶性有所不同,量刑时应予以考虑。本案中,一审法院实际上考虑了行为人主观上的间接故意,但没有明确表明,不失为缺憾;二审法院则将一审法院暗含而没有明示的予以明确指出,即行为人的行为系间接故意犯罪,主观恶性相对较小,从轻处罚。否则,如果本案一、二审法院不区分直接故意与间接故意,不考虑二者所体现的主观恶性有所不同,在量刑时,如何体现参考依据和公正性就会缺乏说服力。因此,法院对杨某某的定罪量刑结果是正确的。

案例 3-9　沈某某盗窃案[①]

一、基本案情

2002年12月2日晚12时许,被告人沈某某在某酒店与潘某某进行完卖淫嫖娼准备离开时,乘潘某某不备,顺手将潘某某放在床头柜上的嫖资及一只"伯爵牌"18K黄金圈满天星G2连带男装手表拿走,后藏匿于其租住的房屋二楼灶台内。次日,潘某某醒后发现手表不见了,怀疑系沈某某所为,便对其进行询问,并对沈某某称:该表不值什么钱,但对自己意义重大,如果沈某某退还,自己愿意送2 000元给沈某某。沈某某否认,潘某某随后报案。公安机关将已收拾好行李(手表仍在灶台内,被告人未予携带或藏入行李中)准备离开的沈某某羁押。讯问中,沈某某一直不能准确说出该表的牌号等具体特征,认为该表只值六七百元。经价格认证中心鉴定:涉案手表价值人民币123 879.84元。

二、诉讼过程及裁判理由

一审法院经审理认为,被告人沈某某秘密窃取他人数额较大财物,其行为构成盗窃罪。但是,结合被告人的出身、年龄、见识等状况来看,其对所盗物品价值存在重大误解(或者认识错误),即被告人主观上只有非法占有他人"数额较大"财物的故意,而无非法占有"数额特别巨大"财物的故意。根据主客观相统一的刑法原则,不能让其对所不能认识的价值数额承担相应的刑事责任,而应按其盗窃时所能认识的价值数额作为量刑标准。鉴于被告人犯罪后主动坦白事实,且所盗手表已被追缴并退还失主,属于犯罪情节轻微。故而判决被告人

[①] 参见陈兴良、张军、胡云腾主编:《人民法院刑事指导案例裁判要旨通纂》(下卷),北京大学出版社2013年版,第701页。

沈某某犯盗窃罪,免予刑事处罚。

一审宣判后,检察机关以被告人沈某某犯盗窃罪数额特别巨大,原判量刑畸轻为由,提出抗诉。由于被告人下落不明,二审中该案依法中止审理。

三、关联法条

《中华人民共和国刑法》

第三十七条　对于犯罪情节轻微不需要判处刑罚的,可以免予刑事处罚,但是可以根据案件的不同情况,予以训诫或者责令具结悔过、赔礼道歉、赔偿损失,或者由主管部门予以行政处罚或者行政处分。

第二百六十四条　盗窃公私财物,数额较大的,或者多次盗窃、入户盗窃、携带凶器盗窃、扒窃的,处三年以下有期徒刑、拘役或者管制,并处或者单处罚金;数额巨大或者有其他严重情节的,处三年以上十年以下有期徒刑,并处罚金;数额特别巨大或者有其他特别严重情节的,处十年以上有期徒刑或者无期徒刑,并处罚金或者没收财产。

四、争议问题

本案主要有两个争议问题:一是沈某某对于所盗手表的价值是否存在认识错误?二是如果沈某某确实对所盗手表价值存在重大认识错误(严重低估),那么对其盗窃数额的认定是应当按照手表的实际价值还是按照其主观认知的价值?这两个问题直接关系到对被告人的定罪量刑。

五、简要评论

认识错误是指行为人对自己实施的犯罪构成事实或者对自己行为的社会危害性质的主观认识与客观实际不一致。所谓犯罪构成事实,指刑法分则以罪状形式所表述的客观事实;所谓行为的社会危害性质,指行为对社会利益的损害,其标志或认识途径是不被法律秩序所允许。刑法上的认识错误包括法律认识错误和事实认识错误。法律认识错误,也称违法性错误,是指行为人对自己的行为在法律上是否构成犯罪、构成何种犯罪或者应受怎样的处罚,有不正确的理解。这种不正确的理解往往是由不知法律规定或误解法律所引起的。例如,假想犯罪、假想不犯罪、行为人对自己的行为罪名和罪刑轻重的误解等。事实认识错误,是指行为人对与自己行为有关的事实情况有不正确理解。例如,客体错误、对象错误、行为认识错误、因果关系错误等。

判断行为人是否存在重大认识错误,主要应当从行为人的个人情况及其行为前后的表现综合分析。在本案中,沈某某年龄不大,出生于贫困山区,来到城市的时间不长,从没有见过此类手表,也不知道或接触到、听说过有此类名贵手表。因此,以沈某某的出身、年龄、职业、见识、阅历等情况来看,其对所盗手表的实际价值没有明确或概况认识是有可信基础的。在盗得手表后,沈某某既没有随身携带,也没有转卖;到案后,也始终说不出手表的具体特征,这表明其对手表的价值确实一无所知。而且,被害人将手表随意放置,在追索的过程中还表示该表并不值钱,这就更加深了沈某某对所盗手表价值的误认。综上,沈某某对于所盗手表的价值存在重大认识错误。而且,这种认识错误属于事实认识错误。

既然可以确认被告人严重低估了所盗财物的价值,存在认识错误,那么这种错误是否能够影响行为人的刑事责任判定呢?事实认定错误是否影响行为人的刑事责任,要根据不同的情况作不同的处理:如果属于对犯罪构成要件的事实情况的错误认识,就要影响行为人的刑事责任;如果属于对犯罪构成要件以外的事实情况的认识错误,则不影响行为人的刑事责任。在盗窃罪中,认定普通盗窃行为的一个重要标准就是盗窃数额,即只有"数额较大"的,才构成犯罪,需要承担刑事责任,"数额巨大"或"数额特别巨大"的,刑事责任随之加重。因此,所盗财物的价值属于犯罪构成要件的事实情况,对此认识错误就会影响行为人的刑事责任。结合主客观相统一原则,依据被告人主观认知的价值以及犯罪后的表现,一审法院认定沈某某属于犯罪情节轻微免予刑事处罚是有充分的法律依据和法理基础的。

案例 3-10 王妙兴贪污、受贿、职务侵占案[①]

一、基本案情

某集团由上海市某区某镇人民政府和其投资成立的某城建公司共同出资设立。2004 年至 2005 年,某镇政府决定对其实行改制,由国有公司改制为非国有公司。期间,被告人王妙兴利用担任镇党委书记兼集团董事长等职务便利,在集团资产评估前,秘密将镇政府拨给集团的发展资金等共计人民币 9 700 万元划到由其个人控制和管理的镇集体经济合作联社账外账户,没有计入集团的评估资产中,导致集团改制资产仅为 1.7 亿余元。2005 年 10 月和 2006 年 7 月,王妙兴辞去镇党委书记的职务,和他人一起以 1.7 亿余元的价格承包了改制后的集团公司。2005 年 12 月至 2007 年 2 月,王妙兴又将上述 9 700 万元转到其个人控制和管理的原集团账外账户,并将其中的 2 000 余万元用于改制后的集团发放奖金、购买基金等。

二、诉讼过程及裁判理由

一审法院经审理认为,被告人王妙兴在集团改制期间,利用自己的职务便利,非法将

[①] 参见陈兴良、张军、胡云腾主编:《人民法院刑事指导案例裁判要旨通纂》(下卷),北京大学出版社 2013 年版,第 1101 页。

9 700 万元国有资产隐匿在其个人控制的账户中,使镇政府失去了对该笔国有资产的控制,其行为构成贪污罪,以贪污罪判处王妙兴无期徒刑,剥夺政治权利终身。

王妙兴不服一审判决,以其主观上没有非法占有集团 9 700 万元的故意,其行为不构成贪污罪为由,提出上诉。

二审法院经审理认为,王妙兴在集团改制过程中,利用职务便利,非法将 9 700 万元国有资产隐匿在其个人控制的账户中,使镇政府失去对该笔国有资产的控制,其行为构成贪污罪,且贪污金额为 9 700 万元。遂裁定驳回王妙兴上诉,维持原判。

三、关联法条

《中华人民共和国刑法》

第三百八十二条 国家工作人员利用职务上的便利,侵吞、窃取、骗取或者以其他手段非法占有公共财物的,是贪污罪。

受国家机关、国有公司、企业、事业单位、人民团体委托管理、经营国有财产的人员,利用职务上的便利,侵吞、窃取、骗取或者以其他手段非法占有国有财物的,以贪污论。

与前两款所列人员勾结,伙同贪污的,以共犯论处。

四、争议问题

本案主要有两个争议问题:一是贪污罪在主观上要具有非法占有公共财产的目的,对"非法占有"应如何理解,直接关系到贪污罪的构成与否。二是"非法占有"的既遂状态是什么?这又关系到贪污数额的计算以及贪污罪的量刑。而这两个问题也正是本案被告人的上诉理由。

五、简要评论

贪污罪是指国家工作人员和受国家机关、国有公司、企业、事业单位、人民团体委托管理、经营国有财产的人员,利用职务上的便利,侵吞、窃取、骗取或者以其他手段非法占有公共财物的行为。贪污罪是一种严重而多发的经济犯罪,在其构成要件中,属主观"非法占有目的"要件最难以界定,而这往往是区分罪与非罪、此罪与彼罪的关键。

首先,非法占有不能狭义地理解为"据为己有",两者之间存在明显区别:据为己有是行为人不仅将公共财物非法占有,而且要实际控制、支配和处分;而非法占有仅要求行为人使公共财物脱离原物主的控制而处于行为人的掌握和控制状态之下即可。根据我国民法理论,所有权包括占有、使用、收益、处分四种形式。这里所说的实际控制即占有权,而"据为己有",更是包含了"占有"的行为形式。本案中被告人王妙兴在集团改制过程中,将国有资产

9 700万元秘密转入私开的账户中,使得该笔国有资产脱离镇政府的监管,而处于王妙兴等少数人的实际控制之下。因此,王妙兴的行为应当认定为刑法中的非法占有。

其次,王妙兴的上诉理由是其主观上没有非法占有集团9 700万元的故意,因而不构成贪污罪。贪污犯罪构成的主观方面仅要求行为人具有非法占有公共财物的目的,而不论行为人实施贪污行为的动机是为自己使用还是为他人使用,只要具有使公共财产遭受损失的直接故意,就符合主观构成要件。王妙兴将国有资产处于自己的控制之下,即构成"非法占有",使得公共财产遭受了损失;而且其行为处于集团"公改私"过程中,即使其中2 000余万元是用于改制后的集团,但由于集团性质已经发生了改变,该笔国有资产仍处于王妙兴等人的个人控制之下。因此,王妙兴的上诉理由是不成立的。

最后,关于贪污罪的犯罪形态问题理论界一直存在争议。通说观点是贪污罪属于结果犯,存在未遂形态。但关于区分贪污罪既遂与未遂的标准问题,主要存在以下三种见解:一是失控说,认为应以财产所有单位是否失去对公共财产的控制为界;二是控制说,认为应以行为人是否实际控制公共财物为界;三是失控加控制说,认为应以公共财物是否已经脱离所有单位的控制和行为人是否实际控制公共财物为界。在分析这一问题之前,必须明确其上位理论,即犯罪既遂与未遂的区分标准,关于这一点,通说观点是"犯罪构成要件齐备说"。据此,上述第二种观点即控制说可以较为合理地从"犯罪构成要件齐备说"中推导出来。既然行为人是否实际控制是决定行为人贪污是否既遂的根据,那么行为人贪污的数额当然要以其实际非法控制的数额来确定。2003年11月13日发布的《全国法院审理经济犯罪案件工作座谈会纪要》采纳控制说的观点,并规定贪污数额一般应当以所隐匿财产全额计算。本案中,被告人王妙兴转移、隐匿了镇政府所有的资产,并将其处于自己的个人实际控制之下,已经构成贪污罪的既遂,贪污数额应以其实际非法隐匿控制的9 700万元全额计算。

第四章 正当防卫与紧急避险

案例4-1 周文友故意杀人案[①]

一、基本案情

2004年7月27日晚,被告人周文友之妹周洪为家庭琐事与其夫被害人李博发生争吵,周文友之母出面劝解时被李博用板凳殴打。周文友回家得知此事后,即邀约他人一起到李博家找李博。因李博不在家,周文友即打电话质问李博,并叫李博回家把事情说清楚。为此,两人在电话里发生争执,均扬言要砍杀对方。之后,周文友打电话给南川市公安局西城派出所,派出所民警到周文友家劝解,周文友表示,只要李博前来认错、道歉及医治,就不再与李博发生争执,随后派出所民警离开。次日凌晨1时30分许,李博邀约任毅、杨海波、吴四方等人乘坐出租车来到周文友家。周文友听见汽车声后,从厨房拿一把尖刀从后门出来绕到房屋左侧,被李博等人发现,周文友与李博均扬言要砍死对方,然后周文友与李博持刀打斗,杨海波、任毅等人用石头掷打周文友。打斗中,周文友将李博右侧胸肺、左侧腋、右侧颈部等处刺伤,致李博急性失血性休克,呼吸、循环衰竭死亡;李博持砍刀将周文友头顶部、左胸壁等处砍伤,将周文友左手腕砍断。经法医鉴定周文友的损伤程度属重伤。周文友受伤后乘坐出租车前往医院治疗,途经派出所时,向派出所报案,称其杀了人,来投案自首,现在要到医院去治伤,有事到医院找他。

二、诉讼过程及裁判理由

一审法院经审理认为,被告人周文友故意非法剥夺他人生命,致一人死亡的行为,已构成故意杀人罪。鉴于被告人周文友有自首情节,且被害人李博邀约多人到被告人周文友家,并持砍刀与周文友对砍、对杀,周文友也身负重伤,故被害人李博有重大过错,可对被告人周文友减轻处罚。故而判决被告人周文友犯故意杀人罪,判处有期徒刑8年。

[①] 参见陈兴良、张军、胡云腾主编:《人民法院刑事指导案例裁判要旨通纂》(上卷),北京大学出版社2013年版,第344页。

一审宣判后,周文友不服,向二审法院提起上诉称:自己没有非法剥夺被害人生命的主观意图和故意行为,其行为属正当防卫,不应承担刑事和民事责任。其辩护人认为,原判认定事实不清,证据不足;周文友是在自身安危已构成严重威胁之时的正当防卫行为,不应承担刑事和民事责任,请求宣告周文友无罪。

二审法院认为原判刑事部分判决认定事实和适用法律正确,量刑适当,审判程序合法,因而维持了原审法院对被告人周文友定罪量刑的判决。

三、关联法条

《中华人民共和国刑法》

第二十条　为了使国家、公共利益、本人或者他人的人身、财产和其他权利免受正在进行的不法侵害,而采取的制止不法侵害的行为,对不法侵害人造成损害的,属于正当防卫,不负刑事责任。

正当防卫明显超过必要限度造成重大损害的,应当负刑事责任,但是应当减轻或者免除处罚。

对正在进行行凶、杀人、抢劫、强奸、绑架以及其他严重危及人身安全的暴力犯罪,采取防卫行为,造成不法侵害人伤亡的,不属于防卫过当,不负刑事责任。

第二百三十二条　故意杀人的,处死刑、无期徒刑或者十年以上有期徒刑;情节较轻的,处三年以上十年以下有期徒刑。

四、争议问题

本案的争议问题主要在于周文友的行为是否属于正当防卫?当然也涉及自首的成立条件和被害人的过错在何种程度上能够影响量刑的问题。在此笔者只简要评论正当防卫的成立条件问题。

五、简要评论

正当防卫针对的是正在进行的不法侵害。所谓正在进行,是指不法侵害已经开始,尚未结束。不法侵害的开始和实行行为的着手是大致相同的概念。当然,在某些特殊情况下,虽然不法侵害尚未着手实行,但合法权益已直接面临具体的危险,不实行正当防卫就可能丧失防卫的时机,在这种情况下,进行正当防卫也应当说是适宜的。而如果在不法侵害尚未开始时进行所谓的防卫,如在他人为实施不法侵害行为做准备时或在他人仅有犯意表示时就"先下手为强",造成他人的损害,属于事先防卫,是一种故意犯罪。

此外,正当防卫还要求行为人具有防卫意图,即必须是为了使国家利益、公共利益、本人或者他人的人身和其他权利免受正在进行的不法侵害。如果是为了向对方实行不法侵害，不成立正当防卫。在相互斗殴的场合，由于双方都有对对方实行不法侵害的故意，客观上也实施了侵害对方的行为，因而双方都不具备正当防卫的主观条件，不存在正当防卫问题。

本案中，周文友的行为不符合正当防卫规定的条件，不能认定为正当防卫。这是因为：第一，不具备正当防卫的时间条件。当李博邀约任毅、杨海波、吴四方等人乘坐出租车来到周文友家时，其具体意图并未显现。即便认为李博等人有侵害周文友的意图，其不法侵害仍处于预备阶段。李博等人的举动对被告人周文友的精神上虽有较大威胁，但并未着手实施对周文友的不法侵害，未对其人身安全构成紧迫威胁。此时，周文友即持刀冲上前砍杀对方，属于一种典型的事先防卫而非正当防卫的行为。第二，不具备主观条件。本案双方于案发前不仅互相挑衅，而且均准备了作案工具，可见双方均有侵害对方的非法意图。综上，周文友主观上有剥夺他人生命的故意，客观上实施了与他人斗殴的行为，并且造成他人死亡的危害后果，依法应当承担故意杀人罪的刑事责任。

案例4-2　黄中权故意伤害案①

一、基本案情

2004年8月1日22时40分，被告人黄中权驾驶一辆捷达出租车，在长沙市某宾馆附近搭载姜伟和另一青年男子。两人上车后要求黄中权驾车到南湖市场，当车行至南湖市场的旺德府建材超市旁时，坐在副驾驶员位置的姜伟要求黄中权将车停靠在旺德府建材超市后面的铁门边，当车尚未停稳时，姜伟持一把长约20公分的水果刀与同伙对黄中权实施抢劫，从其身上搜走现金200元和一台TCL2188手机。两人拔下车钥匙下车后，姜伟将车钥匙丢在汽车左前轮旁的地上，与同伙朝车尾方向逃跑。黄中权拾回钥匙上车将车左前门反锁并发动汽车，准备追赶姜伟及其同伙，因两人已不知去向，黄中权便沿着其停车处左侧房子绕了一圈寻找两人。当车行至市场好百年家居建材区D1-40号门前的三角坪时，黄中权发现姜伟与其同伙正搭乘一辆从事营运的摩托车欲离开，便驾车朝摩托车车前轮撞去，摩托车倒地后姜伟与其同伙下车往市场的布艺城方向逃跑。黄中权又继续驾车追赶，姜伟拿出刀边跑边回头朝黄中权挥舞。当车追至与两人并排时，姜伟的同伙朝另一方向逃跑，姜伟则跑到旺德府超市西北方向转角处由矮铁柱围成的空坪内，黄中权追至距离姜伟两米处围栏外停车与其相持，大约10秒钟后，姜伟又向距围栏几米处的布艺城西头楼梯台阶方向跑，黄中权

---

① 参见陈兴良、张军、胡云腾主编：《人民法院刑事指导案例裁判要旨通纂》（上卷），北京大学出版社2013年版，第422页。

迅速驾车从后撞击姜伟,将其撞倒在楼梯台阶处,姜伟倒地死亡。随后,黄中权拨打"110"报警,并向公安机关交代了案发经过。经法医鉴定,姜伟系因巨大钝性外力作用导致肝、脾、肺等多器官裂伤引起失血性休克死亡。

二、诉讼过程及裁判理由

一审法院经审理认为,本案中姜伟与其同伙实施抢劫后逃离现场,针对黄中权的不法侵害行为已经结束。此后黄中权驾车寻找并追赶姜伟及其同伙,姜伟一边逃跑一边持水果刀对坐在车内的黄中权挥动,其行为是为阻止黄中权继续追赶,并未形成且不足以形成紧迫性的不法侵害,故黄中权始终不具备正当防卫的时间条件。黄中权作为普通公民可以采取抓捕、扭送犯罪嫌疑人的自救行为,但所采取的方法必须与自救行为的性质、程度相适应。其采取以交通工具高速撞人的严重暴力伤害行为,显然超出了自救行为的范畴,具有社会危害性,应承担刑事责任。被告人黄中权为追回被抢财物,以驾车撞人的手段故意伤害他人身体,并致人死亡,其行为已构成故意伤害罪。黄中权犯罪后,自动投案并如实供述主要犯罪事实,系自首,依法应对其减轻处罚。因本案被害人有重大过错,可酌情对黄中权从轻处罚。因而判处其有期徒刑3年零6个月。

一审宣判后,被告人黄中权上诉。二审法院经审理认为,黄中权驾车撞击姜伟的行为已不再具有防卫特征,而是故意伤害犯罪;黄中权报警后能如实供述基本犯罪事实,成立自首。一审判决认定基本事实及证据均正确,审判程序合法,适用法律亦正确。因而维持原判。

三、关联法条

《中华人民共和国刑法》

第二十条 为了使国家、公共利益、本人或者他人的人身、财产和其他权利免受正在进行的不法侵害,而采取的制止不法侵害的行为,对不法侵害人造成损害的,属于正当防卫,不负刑事责任。

正当防卫明显超过必要限度造成重大损害的,应当负刑事责任,但是应当减轻或者免除处罚。

对正在进行行凶、杀人、抢劫、强奸、绑架以及其他严重危及人身安全的暴力犯罪,采取防卫行为,造成不法侵害人伤亡的,不属于防卫过当,不负刑事责任。

第二百三十四条 故意伤害他人身体的,处三年以下有期徒刑、拘役或者管制。

犯前款罪,致人重伤的,处三年以上十年以下有期徒刑;致人死亡或者以特别残忍手段致人重伤造成严重残疾的,处十年以上有期徒刑、无期徒刑或者死刑。本法另有规定的,依照规定。

四、争议问题

本案的争议问题是正当防卫与事后防卫如何区分？如何确定自救行为的合法性？

五、简要评论

正当防卫针对的是正在进行的不法侵害，即不法侵害已经开始，尚未结束。如果在不法侵害已经结束的情况下进行的所谓防卫行为，理论上称之为事后防卫。事后防卫不符合正当防卫的时间条件，因而不具备正当防卫的性质，属于非正当防卫，应当承担刑事责任。

本案中，被害人与其同伙在出租车内对黄中权实行了抢劫行为，抢劫既遂后拔下出租车钥匙后逃跑，针对黄中权的不法侵害已告结束，不具有继续或重新对黄中权实行加害行为的现实危险性。被告人在抢劫行为完成后，继续寻找、追踪抢劫者，并以驾车撞人的手段伤害抢劫者身体的行为属于事后防卫，不成立正当防卫。

值得注意的是，理论上一般认为，"在财产性违法犯罪情况下，行为虽然已经既遂，但在现场还来得及挽回损失的，应当认为不法侵害尚未结束，可以实行正当防卫"。① 本案涉及抢劫，显然属于财产性犯罪，那么能否认为不法侵害尚未结束呢？笔者认为这是不可以的。因为姜伟等人抢劫后已经逃离现场不知去向，被告人是在此后的寻找、追踪过程中重新发现抢劫者，这显然已经不属于在案发现场能够当场挽回损失的情况。

黄中权的行为能否被视为自救行为呢？所谓自救行为，是指自己或他人的权利受到违法侵害，在无法通过法律程序等待国家机关的救助，而如果不马上采取适当的保全行为，就不可能或者明显难以恢复权利的情况下，依靠自己的力量救济权利的行为。自救行为在刑法理论上被认为是排除犯罪性行为的一种情况。但自救行为在我国刑法中并无明确规定。一般认为自救行为必须符合以下条件：一是不法侵害已经结束。二是处于特定的紧急情况下，不能及时请求国家机关公力救济。三是救济行为的手段具有适当性，所造成的侵害与救济的法益具有相当性。由于自救行为是一种事后救济，在现代国家均受到严格限制。行为人实施的自救行为的手段、方法、程度必须适当，必须以不超过必要限度为基准，不应造成自救人与加害人权利明显失衡的状态。本案被告人的行为满足了自救行为的部分要件，但是其行为不具有社会相当性，自救行为的手段、方法、程度不适当。被告人为了挽回200元现金和1部TCL2188手机的财产损失，采取了用机动车撞击犯罪人身体的手段，致使犯罪人死亡，明显超过了必要限度，造成自救人与犯罪人的权利明显失衡的结果，即为了维护较小的财产权益而损害了他人的生命权，不符合法益平衡原则，故不构成自救行为。

---

① 张明楷：《刑法学》，法律出版社2011年版，第195页。

案例 4-3　王长友过失致人死亡案①

一、基本案情

1999年4月16日晚,被告人王长友发现他人欲非法侵入其住宅,出屋追赶未及,亦未认出是何人。即回屋带上一把自制的木柄尖刀,与其妻一道,锁上门后(此时其10岁的儿子仍在屋里睡觉),向村干部和当地派出所报警。当王长友与其妻报警后急忙返回自家院内时,发现自家窗前处有俩人影,此二人系本村村民何长明、齐满顺来王家串门,见房门上锁正欲离去。王长友未能认出何长明、齐满顺二人,而误以为是刚才欲非法侵入其住宅之人,又见二人向其走来,疑为要袭击他,随即用手中的尖刀刺向走在前面的齐满顺的胸部,致齐满顺因气血胸,失血性休克当场死亡。何长明见状上前抱住王长友,并说:"我是何长明!"王长友闻声停住,方知出错。

二、诉讼过程及裁判理由

一审法院经审理认为,被告人王长友的行为属于在对事实认识错误的情况下实施的假想防卫,其行为有一定社会危害性,应对其假想防卫所造成的危害结果依法承担过失犯罪的刑事责任。检察机关指控被告人王长友犯罪的事实清楚,证据确实、充分,但指控的罪名不当,应予纠正。故而判决被告人王长友犯过失致人死亡罪,判处有期徒刑7年。

一审宣判后,被告人王长友未上诉。检察机关以"被告人的行为是故意伤害犯罪,原判定罪量刑不当"为由提出抗诉。

二审法院经审理认为,一审法院认定被告人王长友由于对不法侵害的认识错误而导致的假想防卫,造成他人死亡后果发生的事实清楚,证据确实、充分,定罪和适用法律正确,审判程序合法。不予采纳检察机关提出的抗诉理由。故而裁定:驳回抗诉,维持原判。

三、关联法条

《中华人民共和国刑法》

第十四条第一款　明知自己的行为会发生危害社会的结果,并且希望或者放任这种结果发生,因而构成犯罪的,是故意犯罪。

第十五条第一款　应当预见自己的行为可能发生危害社会的结果,因为疏忽大意而没

---

① 参见陈兴良、张军、胡云腾主编:《人民法院刑事指导案例裁判要旨通纂》(上卷),北京大学出版社2013年版,第415页。

有预见,或者已经预见而轻信能够避免,以致发生这种结果的,是过失犯罪。

第二十条第一款　为了使国家、公共利益、本人或者他人的人身、财产和其他权利免受正在进行的不法侵害,而采取的制止不法侵害的行为,对不法侵害人造成损害的,属于正当防卫,不负刑事责任。

第二百三十三条　过失致人死亡的,处三年以上七年以下有期徒刑;情节较轻的,处三年以下有期徒刑。本法另有规定的,依照规定。

四、争议问题

本案的争议问题是正当防卫与假想防卫如何区分?假想防卫情况下行为人主观心态如何确定?

五、简要评论

正当防卫针对的是现实发生的不法侵害,即不法侵害是一种客观存在的事实,而不是纯粹的主观想象或臆测。实践中,有人在不法侵害并不存在的情况下,由于主观认识上的错误而误认为发生了不法侵害,因而对其误认的"不法侵害人"实行"防卫",不能成立正当防卫。刑法理论称这种情况为"假想防卫"。

对假想防卫造成的损害,按照处理事实认识错误的原则处理。如果行为人虽然没有预见他人的行为不是不法侵害,但是应当预见时,应对其造成的损害承担过失犯罪的责任;如果行为人不可能预见他人的行为不是不法侵害时,则属于意外事件,不承担任何刑事责任。

本案被告人王长友因夜晚发现有人欲非法侵入其住宅,即向当地村干部和公安机关报警,当其返回自家院内时,看见齐满顺等人在窗前,即误认为系不法侵害者,又见二人向其走来,疑为要袭击他,疑惧中即实施了"防卫"行为,致他人死亡。这属于典型的假想防卫。

假想防卫建立在行为人对其行为性质即其行为不具有社会危害性的错误认识的基础上发生的。假想防卫虽然是"故意"的行为,但行为人自以为是在对不法侵害实行正当防卫。即行为人不仅没有认识到其行为会发生危害社会的后果,而且认为自己的行为是合法正当的。而犯罪故意则是以行为人明知自己的行为会发生危害社会的后果为前提的。因此,假想防卫的"故意"只有日常生活或心理学意义上的故意,而不是刑法上的犯罪故意。换言之,假想防卫的行为人,主观上是为了保护自己的合法权益免遭侵害而实施所谓防卫行为,其行为在客观上造成的危害是由于认识错误所致,主观上并没有犯罪故意。因此,假想防卫不可能成立故意犯罪。本案被告人王长友正是在这种错误认识的基础上,自以为是为了保护本人人身或财产的合法权益而实施的所谓的正当防卫。因此,其主观上根本不存在明知其行为会造成危害社会结果的问题。被告人王长友主观上既不存在直接故意,也不存在间接故意。他的假想防卫行为造成他人无辜死亡的结果,在客观上虽有一定的社会危害性,但不成立故意杀人罪或故意伤害罪。但王长友在当时的条件下应当预见自己的行为可能发生危害社会的后果,因为疏忽大意而没有预见,以致发生了致人死亡的严重后果,其主观上存在过失,成立过失致人死亡罪。因此,一、二审法院变更指控罪名,以过失致人死亡罪对被告人王长友定罪量刑是正确的。

案例 4-4　范尚秀故意伤害案[①]

一、基本案情

被告人范尚秀与被害人范尚雨系同胞兄弟。范尚雨患精神病近 10 年,因不能辨认和控制自己的行为,经常无故殴打他人。2003 年 9 月 5 日上午 8 时许,范尚雨先追打其侄女范莹辉,又手持木棒、砖头在公路上追撵其兄范尚秀。范尚秀在跑了几圈之后,因无力跑动,便停了下来,转身抓住范尚雨的头发将其按倒在地,并夺下木棒朝持砖欲起身的范尚雨头部打了两棒,致范尚雨当即倒在地上。后范尚秀把木棒、砖头捡回家。约 1 个小时后,范尚秀见范尚雨未回家,即到打架现场用板车将范尚雨拉到其住处。范尚雨于上午 11 时许死亡。下午 3 时许,被告人范尚秀向村治保主任投案。

二、诉讼过程及裁判理由

检察机关以被告人范尚秀的行为构成故意伤害罪提起公诉。一审法院认为,被告人范尚秀为了使自己的人身权利免受正在进行的不法侵害,而持械伤害他人身体,造成他人死亡的后果,属明显超过必要限度造成他人损害,其行为已构成故意伤害罪。检察机关指控的罪名成立。被告人作案后投案自首,依法应从轻处罚。被告人范尚秀辩解称其用木棒致死被害人不是故意的,是不得已而为之的自卫行为的理由,与庭审查明的事实相符,依法应当减轻处罚。鉴于被告人的悔罪表现,可对被告人适用缓刑。因而判决被告人范尚秀犯故意伤害罪,判处有期徒刑 3 年,缓刑 3 年。

宣判后,范尚秀服判,检察机关不抗诉,判决发生法律效力。

[①] 参见陈兴良、张军、胡云腾主编:《人民法院刑事指导案例裁判要旨通纂》(上卷),北京大学出版社 2013 年版,第 448 页。

三、关联法条

《中华人民共和国刑法》

第二十条 为了使国家、公共利益、本人或者他人的人身、财产和其他权利免受正在进行的不法侵害,而采取的制止不法侵害的行为,对不法侵害人造成损害的,属于正当防卫,不负刑事责任。

正当防卫明显超过必要限度造成重大损害的,应当负刑事责任,但是应当减轻或者免除处罚。

对正在进行行凶、杀人、抢劫、强奸、绑架以及其他严重危及人身安全的暴力犯罪,采取防卫行为,造成不法侵害人伤亡的,不属于防卫过当,不负刑事责任。

第二百三十四条 故意伤害他人身体的,处三年以下有期徒刑、拘役或者管制。

犯前款罪,致人重伤的,处三年以上十年以下有期徒刑;致人死亡或者以特别残忍手段致人重伤造成严重残疾的,处十年以上有期徒刑、无期徒刑或者死刑。本法另有规定的,依照规定。

四、争议问题

本案的争议问题是,对精神病人能否实施正当防卫以及如何把握正当防卫的限度条件。

五、简要评论

我国《刑法》规定对"不法"侵害可以进行正当防卫。按照传统刑法理论,只有达到法定年龄、具有责任能力的人在故意、过失心理支配下实施的侵害行为才能被视为不法侵害。无责任能力的精神病人,既不能成为犯罪的主体也不能成为违法的主体,其实施的侵害不能成立犯罪或违法,不属于不法侵害。这就造成一个巨大的法律障碍,即如果把无责任能力的人实施的侵害排除于不法侵害之外,不承认这种侵害可以成为正当防卫的前提条件,就会使合法权益在这类侵害面前无可奈何。有一种观点认为,虽然不能对无责任能力人实施的侵害进行正当防卫,却可以采取紧急避险。但要求公民在紧急情况下先对侵害人的精神状态作出鉴别再选择采取正当防卫或紧急避险,实际上难以做到,而且紧急避险和正当防卫在限度条件上的规定也不相同,这种观点不利于保护被侵害人及其合法利益。因此,不法侵害中的"不法"不应被理解为主客观相统一的犯罪或违法概念,而应当被理解为在客观上对合法利益具有损害性的情况,其标准应当是侵害人无合法根据地实施侵害行为。对于不能辨认或者不能控制自己行为的精神病人实施的不法侵害,可以实施正当防卫,但不能明显超过必要限度造成重大损害。

本案中，由于被害人系不能辨认和控制自己行为性质的精神病人，并且持有木棒、砖头等凶器，对被告人而言具有较大的人身危险性。被告人在被害人手中仍持有砖头的情况下，使用夺下的木棒进行防卫，从防卫手段上讲，与侵害行为是相适应的。但在被告人已将被害人按倒在地后，被害人对被告人的人身危险性已大大减弱，被告人使用木棒两次击打被害人的要害部位，并导致被害人死亡，则明显超过必要的限度，属于防卫过当。

被告人使用木棒连续击打被害人的要害部位，对造成被害人人身损害的后果，应当是明知的。考虑到被告人与被害人系同胞兄弟、见被害人未回家后又到现场寻找，认定被告人故意杀人的理由不充足，故以故意伤害罪对被告人定罪处罚较为适宜。

案例 4-5　赵泉华故意伤害案[①]

一、基本案情

被告人赵泉华与王企儿、周钢原本不相识，双方在舞厅因琐事发生争执。事后，王企儿、周钢等人多次至赵泉华家，采用踢门等方法，找赵泉华寻衅，均因赵泉华避让而未果。2000年1月4日晚7时许，王企儿、周钢再次至赵泉华家，敲门欲进赵家，赵泉华未开门。王企儿、周钢即强行踢开赵家上锁的房门（致门锁锁舌弯曲）闯入赵家，赵泉华为制止不法侵害持械朝王企儿、周钢挥击，致王企儿头、面部挫裂伤，经法医鉴定属轻伤；致周钢头皮裂伤、左前臂软组织挫裂伤，经法医鉴定属轻微伤。事发当时由在场的赵泉华的同事打"110"报警电话，公安人员到现场将双方带至公安局。

二、诉讼过程及裁判理由

一审法院经审理认为，被告人赵泉华故意伤害他人身体，致人轻伤，其行为构成故意伤害罪，依法应予惩处，鉴于赵泉华案发后的行为可视为投案自首，依法可以从轻处罚。故而判决被告人赵泉华犯故意伤害罪，判处拘役3个月，缓刑3个月。

一审宣判后，被告人赵泉华不服提出上诉，认为其行为属于正当防卫。

二审法院经审理认为，王企儿、周钢为泄私愤曾多次上门寻衅，此次又强行踢开赵家房门闯入赵家实施不法侵害。赵泉华为使本人的人身和财产权利免受正在进行的不法侵害而采取的制止不法侵害的行为，虽造成不法侵害人轻伤，但赵泉华的行为未明显超过必要限度造成重大损害，符合我国《刑法》关于正当防卫构成要件的规定，是正当防卫，依法不应承担

[①] 参见陈兴良、张军、胡云腾主编：《人民法院刑事指导案例裁判要旨通纂》（上卷），北京大学出版社2013年版，第450页。

刑事责任。原判决未对王企儿、周钢的不法侵害行为作出正确认定,仅根据赵泉华对王企儿造成的伤害后果,认定赵泉华的行为构成犯罪并追究刑事责任不当,应予纠正,赵泉华的上诉理由应予采纳。因而撤销原判,改判赵泉华无罪。

三、关联法条

《中华人民共和国刑法》

第二十条　为了使国家、公共利益、本人或者他人的人身、财产和其他权利免受正在进行的不法侵害,而采取的制止不法侵害的行为,对不法侵害人造成损害的,属于正当防卫,不负刑事责任。

正当防卫明显超过必要限度造成重大损害的,应当负刑事责任,但是应当减轻或者免除处罚。

对正在进行行凶、杀人、抢劫、强奸、绑架以及其他严重危及人身安全的暴力犯罪,采取防卫行为,造成不法侵害人伤亡的,不属于防卫过当,不负刑事责任。

第二百三十四条　故意伤害他人身体的,处三年以下有期徒刑、拘役或者管制。

犯前款罪,致人重伤的,处三年以上十年以下有期徒刑;致人死亡或者以特别残忍手段致人重伤造成严重残疾的,处十年以上有期徒刑、无期徒刑或者死刑。本法另有规定的,依照规定。

四、争议问题

本案的争议问题是,正当防卫中不法侵害的理解以及正当防卫与防卫过当的区别。

五、简要评论

本案涉及的是居住权人是否有权对非法侵入的他人进行正当防卫的问题。根据《刑法》的规定,正当防卫针对的是正在进行的不法侵害。本案显然存在这种不法侵害。本案被告人赵泉华与王企儿、周钢原本不相识,双方在舞厅因琐事发生争执。王企儿、周钢屡屡找赵泉华寻衅。他们踢开赵家房门后强行闯入赵家,致赵家房门锁锁舌弯曲,家中一些物品被损坏。这种不经住宅主人同意,强行破门闯入他人住宅的行为,侵犯了他人的合法权利,性质当然是一种不法侵害行为。《中华人民共和国宪法》第39条规定:"中华人民共和国公民的住宅不受侵犯。禁止非法搜查或者非法侵入公民的住宅。"我国《刑法》第245条规定了非法侵入住宅罪,对非法侵入住宅的行为,住宅主人有权自行采取相应的制止措施,包括依法对非法侵入者实施必要的正当防卫。本案中,王企儿、周钢的多次挑衅,均因赵泉华避让而未果,说明被告人赵泉华不想再发生争执,也说明其根本没有非法伤害对方的主观故意。其此后的行为均是为了防卫而实施。

本案还涉及正当防卫的限度问题。刑法规定,防卫行为明显超过必要限度造成重大损害的,应当负刑事责任。这说明:第一,防卫行为必须明显超过必要限度;第二,超过必要限度的行为造成了重大损害。如果防卫行为虽然明显超过必要限度,但防卫结果并未造成重大损害的,或者防卫结果客观上虽造成重大损害但防卫措施并未明显超过必要限度的,都不属于防卫过当,应认定为正当防卫。

就本案而言,被告人赵泉华一人要对付王企儿、周钢两人的不法侵害,其采取的防卫措施虽然比较激烈,但还没有明显超过必要限度,且防卫结果仅造成一人轻伤一人轻微伤,也没有造成重大损害。因此,赵泉华的防卫行为完全符合《刑法》第20条第2款关于正当防卫的规定,依法不应对王企儿的轻伤后果承担刑事责任。

案例 4-6　胡咏平故意伤害案[①]

一、基本案情

2002年3月19日下午3时许,被告人胡咏平在厦门伟嘉运动器材有限公司上班期间,与同事张成兵(在逃)因搬材料问题发生口角,张成兵扬言下班后要找人殴打胡咏平,并提前离厂。胡咏平从同事处得知张成兵的扬言后即准备两根钢筋条磨成锐器藏在身上。当天下午5时许,张成兵纠集邱海华(在逃)、邱序道在厦门伟嘉运动器材有限公司门口附近等候。在张成兵指认后,邱序道上前拦住刚刚下班的胡咏平,要把胡咏平拉到路边。胡咏平不从,邱序道遂打胡咏平两个耳光。胡咏平即掏出一根钢筋条朝邱序道的左胸部刺去,并转身逃跑。张成兵、邱海华见状,立即追赶并持钢管殴打胡咏平。尔后,张成兵、邱海华逃离现场。被害人邱序道受伤后被120救护车送往杏林医院救治。被告人胡咏平被殴打后先到曾营派出所报案,后到杏林医院就诊时,经邱序道指认,被杏林区公安分局刑警抓获归案。经法医鉴定,被害人邱序道左胸部被刺后导致休克、心包填塞、心脏破裂,损伤程度为重伤。

二、诉讼过程及裁判理由

一审法院经审理认为,被告人胡咏平的行为具有防卫性质,但明显超过必要限度造成重大损害,属于防卫过当,构成故意伤害罪,但依法应当减轻处罚。因而判决被告人胡咏平犯故意伤害罪,判处有期徒刑1年。

[①] 参见陈兴良、张军、胡云腾主编:《人民法院刑事指导案例裁判要旨通纂》(上卷),北京大学出版社2013年版,第458页。

宣判后,被告人胡咏平服判未上诉,检察机关认为一审判决确有错误,提出抗诉。其理由是:一是胡咏平主观上具有斗殴的故意。当他得知张成兵扬言要找人殴打他后,不但不向公司领导或公安机关报告或退让回避,反而积极准备工具,说明他不惧怕威胁,有一种"逞能"心态,应推定其主观上具有斗殴的故意。二是胡咏平没有遭受正在进行的不法侵害。胡咏平被打的两耳光属于轻微伤害,对其人身安全造成的危害并不是重大、紧迫的,不属于"正在进行的不法侵害",不具有防卫的前提条件。三是胡咏平客观上实施了故意伤害的行为。胡咏平脸部被打后,本可以向周围群众呼救或逃跑,但他却立即掏出事先准备的钢筋条捅刺对方,并致人重伤,属事前防卫,其行为已构成故意伤害罪。

二审法院经审理认为,原判定罪准确,量刑适当,审判程序合法。检察机关的抗诉意见缺乏法律和事实依据,不予采纳。因而裁定驳回抗诉,维持原判。

三、关联法条

《中华人民共和国刑法》

第二十条 为了使国家、公共利益、本人或者他人的人身、财产和其他权利免受正在进行的不法侵害,而采取的制止不法侵害的行为,对不法侵害人造成损害的,属于正当防卫,不负刑事责任。

正当防卫明显超过必要限度造成重大损害的,应当负刑事责任,但是应当减轻或者免除处罚。

对正在进行行凶、杀人、抢劫、强奸、绑架以及其他严重危及人身安全的暴力犯罪,采取防卫行为,造成不法侵害人伤亡的,不属于防卫过当,不负刑事责任。

第二百三十四条 故意伤害他人身体的,处三年以下有期徒刑、拘役或者管制。

犯前款罪,致人重伤的,处三年以上十年以下有期徒刑;致人死亡或者以特别残忍手段致人重伤造成严重残疾的,处十年以上有期徒刑、无期徒刑或者死刑。本法另有规定的,依照规定。

四、争议问题

本案的争议问题:一是事先准备防卫工具是否影响正当防卫的认定;二是如何认定"正在进行的不法侵害";三是正当防卫的限度条件的认定。

五、简要评论

第一,当公民的人身安全受到威胁时,虽然应当尽可能采取向公安机关报案等途径来化解纠纷,解决矛盾。但鉴于公力救济手段毕竟有限且多为事后救济,因此法律并不禁止公民做必要的防卫准备。不能因为防卫人事先准备了防卫工具就否定其行为的正当防卫性质。就本案而言：

首先，胡咏平面临人身安全威胁时，势单力孤，处于弱者的不利地位。张成兵扬言要找人殴打胡咏平，并提前离厂去纠集打手。邱序道、邱海华二人明知打人违法，仍积极充当帮凶，且携带凶器。面对人多势众一方的恶意寻衅，事先准备防卫工具，以防不测，是自然的反应，对此不应有过度的苛求与限制。

其次，由于胡咏平所受到威胁的时间、地点具有不确定性，即使其事先向公司领导或公安机关报告，恐也难以得到有效保护。因此，其做必要的防卫准备并无不当，也不为法律所当然禁止。

再次，不能根据事先准备防卫工具这一行为来推定行为人具有斗殴故意。本案中胡咏平始终供称，其准备工具是为了防卫。事实也表明，胡咏平从同事处得知张成兵扬言在下班后要找人殴打他后，并未纠集他人准备与张成兵一伙人斗殴，因此事先准备防卫工具本身不足以表明胡咏平具有与对方争勇斗狠、打架或斗殴的故意。而且胡咏平确实是在下班路上被张成兵一伙拦住殴打后才反击的，且反击一下就逃离，并未主动出击和连续反击。这说明胡咏平准备工具的目的是为了防卫而不是斗殴。

因此，本案现有事实和证据均不能表明胡咏平事先准备工具是为了与张成兵等人斗殴。而且，根据公诉机关承担举证责任以及有利于被告的原则，即便公诉机关认为被告人胡咏平准备钢筋条是为了斗殴，但在无法提供充分证据的情况下，也应当作出有利于胡咏平的推定。

第二，正当防卫针对的是正在进行的不法侵害。只要这种不法侵害正在进行且具有暴力性、进攻性、破坏性，被侵害人就可以进行正当防卫。至于不法侵害的程度，只是影响防卫限度的认定，并非能否进行防卫的前提。本案中被害人邱序道与他人结伙持械堵截胡咏平，其殴打胡咏平两耳光的行为，表明其对胡咏平的不法侵害已经开始并正在进行。虽然该侵害行为比较轻微，但从当时的情形看，不能证明其会就此罢休而不会施加更为暴力的手段。胡咏平如果不反抗或迅速逃离，不排除可能会遭受更为严重的侵害。胡咏平此时选择进行防卫，是适时的，并不属于事前防卫。抗诉机关认为，邱序道用拳掌殴打胡咏平脸部的行为不属于不法侵害，只有持凶器殴打或将人打成轻伤以上的行为才属于不法侵害，显然混淆了正当防卫的前提条件和限度条件的区别。

第三，防卫行为明显超过必要限度造成重大损害的，属于防卫过当，应当承担相应的刑事责任。根据《刑法》的规定，除非对正在进行的行凶、杀人、抢劫、强奸、绑架等严重危及人身安全的暴力犯罪，防卫人可以实施特殊防卫外，对其他正在进行的不法侵害所采取的防卫措施都不得明显超过必要限度并造成重大损害。本案中被告人胡咏平所实施的防卫行为，已造成不法侵害人邱序道重伤,从结果上看属于造成重大损害。胡咏平所遭受的不法侵害,仅是一般的拳掌殴打,并不属于严重危及其人身安全的暴力犯罪,故其不应采取明显超过必要限度的防卫措施。胡咏平在遭到邱序道打两个耳光这一比较轻微的不法侵害的情况下,随即持尖锐的钢筋条捅刺邱序道的前胸,防卫行为明显超过必要限度,且已造成邱序道重伤,依法应认定为防卫过当,承担相应的刑事责任。

案例 4-7　叶永朝故意杀人案①

一、基本案情

1997年1月上旬,王为友等人在被告人叶永朝开设的饭店吃饭后未付钱。数天后,王为友等人路过叶永朝的饭店时,叶永朝向其催讨所欠饭款,王为友认为有损其声誉,于同月20日晚纠集郑国伟等人到该店滋事,叶永朝持刀反抗,王为友等人即逃离。次日晚6时许,王为友、郑国伟纠集王文明、卢卫国、柯天鹏等人又到叶永朝的饭店滋事,以言语威胁,要叶永朝请客了事。叶永朝不从,王为友即从郑国伟处取过东洋刀朝叶永朝的左臂及头部各砍一刀。叶永朝拔出自备的尖刀还击,在店门口刺中王为友胸部一刀后,冲出门外侧身将王为友抱住,两人互相扭打砍刺。在旁的郑国伟见状即拿起旁边的一张方凳砸向叶永朝的头部,叶永朝转身还击一刀,刺中郑国伟的胸部后又继续与王为友扭打,将王为友压在地上并夺下其手中的东洋刀。王为友和郑国伟经送医院抢救无效死亡,被告人也多处受伤。经法医鉴定,王为友全身8处刀伤,左肺裂引起血气胸、失血性休克死亡;郑国伟系锐器刺戳前胸致右肺贯穿伤、右心耳创裂,引起心包填塞、血气胸而死亡;叶永朝全身多处受伤,其损伤程度属于轻伤。

二、诉讼过程及裁判理由

一审法院经审理认为,被告人叶永朝在分别遭到王为友持刀砍、郑国伟用凳砸等不法暴力侵害时,持尖刀还击,刺死王为友、郑国伟二人,其行为属于正当防卫,不负刑事责任。故而判决被告人叶永朝无罪。

一审宣判后,检察机关提出抗诉,其主要理由是:叶永朝主观上存在斗殴的故意,客观上有斗殴的准备,其实施行为时持放任的态度。其行为造成二人死亡的严重后果。叶永朝的犯罪行为在起因、时机、主观、限度等条件上,均不符合《刑法》第20条第3款的规定。

---

① 参见陈兴良、张军、胡云腾主编:《人民法院刑事指导案例裁判要旨通纂》(上卷),北京大学出版社2013年版,第357页。

二审法院经审理认为,叶永朝在遭他人刀砍、凳砸等严重危及自身安全的不法侵害时,奋力自卫还击,虽造成两人死亡,但其行为属于正当防卫,依法不负刑事责任。因而裁定驳回抗诉,维持原判。

三、关联法条

《中华人民共和国刑法》

第二十条　为了使国家、公共利益、本人或者他人的人身、财产和其他权利免受正在进行的不法侵害,而采取的制止不法侵害的行为,对不法侵害人造成损害的,属于正当防卫,不负刑事责任。

正当防卫明显超过必要限度造成重大损害的,应当负刑事责任,但是应当减轻或者免除处罚。

对正在进行行凶、杀人、抢劫、强奸、绑架以及其他严重危及人身安全的暴力犯罪,采取防卫行为,造成不法侵害人伤亡的,不属于防卫过当,不负刑事责任。

第二百三十二条　故意杀人的,处死刑、无期徒刑或者十年以上有期徒刑;情节较轻的,处三年以上十年以下有期徒刑。

四、争议问题

本案的争议问题主要是,叶永朝的行为是否属于《刑法》第20条第3款规定的特殊防卫?

五、简要评论

与一般正当防卫相比,特殊正当防卫同样需要具备防卫的起因条件、时间条件、对象条件、主观条件等因素。其特殊之处在于:首先,针对的必须是行凶、杀人、抢劫、强奸、绑架以及其他严重危及公民人身安全的暴力犯罪,即不法侵害行为具有暴力性,针对的是人身安全并且严重危及人身安全,如果不法侵害不具有严重的暴力性或者针对的是人身之外的财产权利、民主权利等其他合法权益,只应适用一般防卫的规定。其次,法律对特殊防卫的防卫人所采取的防卫手段、造成的结果没有作出限制,即使造成不法侵害人伤亡的,依法也不属于防卫过当,不负刑事责任。

本案中,被告人叶永朝的行为符合法律对特殊防卫权的规定,叶永朝无须为自己的行为承担刑事责任。主要理由有以下几点:

第一,存在严重危及人身安全的暴力犯罪。王为友吃饭后不但不还欠款,在被合理追索欠款后,还纠集他人到叶永朝所开的饭店滋事,并持东洋刀向叶永朝左臂、头部砍击两刀,属于严重侵害他人人身安全的行凶行为。这里或许存在争议的是,叶永朝最终仅受轻伤,能否认定王为友等人的行为系严重危及人身安全的暴力犯罪?笔者认为,法律并未规定特殊防卫的行为人必须身受重伤、已被抢劫、强奸既遂等才可以进行防卫。叶永朝虽然受的是轻伤,但其受伤情形足以表明对方侵害的严重暴力性质。事实上即使防卫人由于躲闪得力等因素根本没有受到实际伤害,也不能反证侵害行为不具有严重危及人身安全的性质。不法侵害的性质归根到底要从侵害行为本身的特征上来认定,而不能仅从被害人的受害程度来推定。

第二,不法侵害正在进行。叶永朝虽准备了尖刀随身携带,但从未主动使用,且其是在王为友等人不甘罢休,还会滋事的情况下,为防身而准备,符合情理。叶永朝是在被砍两刀后才持尖刀反击,并非率先使用尖刀。而且其在夺过王为友的东洋刀后即停止了反击的防卫行为。

第三,反击行为针对的是不法侵害人。叶永朝持刀反击的对象均为对其实施不法侵害的行为人,符合正当防卫的对象条件。

第四,主观上是为了防卫。从本案一系列前因后果来看,叶永朝的行为是一种被迫的防卫,是为了保护自己的生命安全不受侵犯。

第五,反击行为符合特殊防卫的限度条件。由于叶永朝是在受到严重人身侵害的情况下才进行的防卫,因而虽造成两人死亡的严重后果,但仍符合《刑法》第20条第3款的规定。因此,一、二审法院的判决、裁定根据从旧兼从轻的原则适用该款规定是正确的。

案例4-8 吴金艳故意杀人案[1]

一、基本案情

孙金刚、李光辉、张金强同系北京市海淀区北安河村农民,孙金刚、李光辉曾是某饭店职工。2003年9月9日20时许,李光辉、张金强将孙金刚叫到张金强家,称尹小红向饭店经理告发其3人在饭店吃饭、拿烟、洗桑拿没有付钱,以致李光辉被饭店开除;并说孙金刚追着与尹小红交朋友,尹小红非但不同意,还骂孙金刚傻。孙金刚听后很气恼,于是通过电话威胁尹小红,扬言要在尹小红身上留记号。3人当即密谋强行将尹小红带到山下旅馆关押两天。当晚23时许,3人酒后上山来到饭店敲大门,遇客人阻拦未入,便在饭店外伺机等候。次日凌晨2时许,孙金刚见饭店中无客人,尹小红等服务员已经睡觉,便踹开女工宿舍小院的木

---

[1] 参见陈兴良、张军、胡云腾主编:《人民法院刑事指导案例裁判要旨通纂》(上卷),北京大学出版社2013年版,第304页。

门而入,并敲打女工宿舍的房门叫尹小红出屋,遭尹小红拒绝。凌晨3时许,孙金刚、李光辉、张金强3人再次来到女工宿舍外,继续要求尹小红开门,又被尹小红拒绝后,遂强行破门而入。孙金刚直接走到尹小红床头,李光辉站在同宿舍居住的被告人吴金艳床边,张金强站在宿舍门口。孙金刚进屋后,掀开尹小红的被子,欲强行带尹小红下山,遭拒绝后,便殴打尹小红并撕扯尹小红的睡衣,致尹小红胸部裸露。吴金艳见状,下床劝阻。孙金刚转身殴打吴金艳,一把扯开吴金艳的睡衣致其胸部裸露,后又踢打吴金艳。吴金艳顺手从床头柜上摸起一把刃长14.5厘米、宽2厘米的水果刀将孙金刚的左上臂划伤。李光辉从桌上拿起一把长11厘米、宽6.5厘米、重550克的铁挂锁欲砸吴金艳,吴金艳即持刀刺向李光辉,李光辉当即倒地。吴金艳见李光辉倒地,惊悚片刻后,跑出宿舍给饭店经理拨打电话。公安机关于当日凌晨4时30分在案发地点将吴金艳抓获归案。经鉴定,李光辉左胸部有2.7厘米的刺创口,因急性失血性休克死亡。

二、诉讼过程及裁判理由

一审法院经审理认为,被告人吴金艳于夜深人静之时和孤立无援之地遭受了殴打和欺辱,身心处于极大的屈辱和恐慌中。因此无论从防卫人、防卫目的还是从防卫对象、防卫时间看,吴金艳的防卫行为都是正当的。由于吴金艳是对严重危及人身安全的暴力行为实施防卫,故虽然造成李光辉死亡,也在《刑法》第20条第3款法律许可的幅度内,不属于防卫过当,依法不负刑事责任。

一审宣判后,检察机关提出抗诉,附带民事诉讼原告人也以原判认定的主要事实不清、吴金艳的行为不属于正当防卫为由提出上诉,请求改判吴金艳承担刑事责任和民事赔偿责任。二审审理期间,上级检察机关认为该抗诉不当,决定撤回抗诉。

二审法院经审理认为,本案事实清楚,证据确凿,一审适用法律正确,审判程序合法,应当维持。上级检察机关要求撤回抗诉的决定,应予采纳。故而驳回附带民事诉讼原告人的上诉,维持原审附带民事部分判决。准许上级检察机关撤回抗诉。

三、关联法条

《中华人民共和国刑法》

第二十条 为了使国家、公共利益、本人或者他人的人身、财产和其他权利免受正在进行的不法侵害,而采取的制止不法侵害的行为,对不法侵害人造成损害的,属于正当防卫,不负刑事责任。

正当防卫明显超过必要限度造成重大损害的,应当负刑事责任,但是应当减轻或者免除处罚。

对正在进行行凶、杀人、抢劫、强奸、绑架以及其他严重危及人身安全的暴力犯罪,采取防卫行为,造成不法侵害人伤亡的,不属于防卫过当,不负刑事责任。

第二百三十二条 故意杀人的,处死刑、无期徒刑或者十年以上有期徒刑;情节较轻的,处三年以上十年以下有期徒刑。

四、争议问题

本案主要争议问题是,李光辉等3人的行为是否属于《刑法》第20条第3款规定的严重危及人身安全的"行凶"?在作此判断时有无必要考虑案件中性别差异等具体情况?

五、简要评论

《刑法》第20条第3款规定的"行凶",不是一个具体罪名而是一种犯罪手段。它往往指的是,行为人以暴力的形式实施了严重的不法侵害行为,但犯罪意思极不确定的情况。本案中,侵害人李光辉等人预谋的内容是要把尹小红带下山关两天,孙金刚还欲在尹小红身上留下记号。他们夜闯女工宿舍,且孙金刚进屋后即对尹小红进行殴打、撕扯,致尹小红胸部裸露,后又对吴金艳殴打、撕扯,致吴金艳胸部裸露。孙金刚带尹小红下山到底是为了强奸、伤害还是绑架、非法拘禁,对吴金艳是伤害还是侮辱,其主观故意在其闯入宿舍后的一系列行为中并没有明显地呈现出来,但却又有实现上述多个故意的可能性。在这种情况下,对于行为人的行为性质,界定为"行凶"是最为确切的。

由于本案侵害人李光辉等人的主观故意在其闯入宿舍后的一系列行为中并没有明显地呈现出来,或许还会产生一个疑问,即他们的行为是否具有严重危及人身安全的性质?吴金艳首先使用水果刀将孙金刚的左上臂划伤的行为是否超出防卫必要?笔者认为,在具体判断时,不能孤立判断,而应该结合侵害行为的连续性,发生的时间、地点、环境等因素综合考虑,尤其要特别考虑性别差异给被害人造成的心理恐慌程度。具体而言:

首先,从双方的性别对比来看,侵害人是3名年轻力壮的当地男子,受威胁、侵害的则是3名外地打工的年轻女子,而且其中只有一名女子敢于防卫,另外两名女子在受到侵害、惊吓、高度恐慌的情况下无任何反抗之举和抵抗之力。

其次,从侵害行为发生时的时间来看,当时已是凌晨3点,夜深人静,饭店的客人和厨师早已熟睡;从现场环境来看,饭店大院里,客人住所离女工宿舍尚远,厨师也住在二楼,房门紧闭。在这种时空环境下,3名女子被围困在空间狭小的宿舍里,实际已经处于孤立无援的境地。因此,考虑到吴金艳在深夜被3名破门而入的男子殴打、侮辱后,女性受侵害人心理产生的恐慌程度,结合李光辉等人的先行侵害行为的性质、所造成的危急程度和受侵害人的性别、当时力量对比悬殊以及特殊的时空状态,可以认为,李光辉等人的先行侵害行为已经具有危及人身安全的性质,吴金艳使用水果刀划伤对方的行为并不过当。而此后,李光辉举起长11厘米、宽6.5厘米、重550克的铁锁欲砸吴金艳,这一侵害行为的强度更是有可能危及吴金艳的身体健康乃至生命安全。

综合考虑上述因素,应当认为,吴金艳面对这种危急状况持刀刺向李光辉,完全系其不得已而为之的本能防卫反应,吴金艳对于李光辉的侵害行为可以进行特殊防卫。此时还要求其选择其他的求助方式,过于严苛。

案例4-9 张建国故意伤害案[①]

一、基本案情

1998年7月13日19时许,被告人张建国到朝阳区安慧北里"天福园"酒楼与马润江、付洪亮一起饮酒。当日21时许,张建国与马润江在该酒楼卫生间内与同在酒楼饮酒的徐永和(曾是张建国的邻居)相遇。张建国遂同徐永和戏言:"待会儿你把我们那桌的账也结了。"欲出卫生间的徐永和闻听此言又转身返回,对张建国进行辱骂并质问说:"你刚才说什么呢?我凭什么给你结账?"徐永和边说边扑向张建国并掐住张建国的脖子,张建国即推挡徐永和。在场的马润江将张建国、徐永和二人劝开。徐永和离开卫生间返回到饮酒处,抄起两个空啤酒瓶,将酒瓶磕碎后即寻找张建国。当张建国从酒楼走出时,徐永和嘴里说"扎死你",即手持碎酒瓶向张建国面部扎去。张建国躲闪不及,被扎伤左颈、面部(现留有明显疤痕长约12厘米)。后张建国双手抱住徐永和的腰部将徐永和摔倒在地,致使徐永和被自持的碎酒瓶刺伤左下肢动、静脉,造成失血性休克,经医院抢救无效死亡。被告人张建国于当日夜到医院疗伤时,被公安民警传唤归案。

二、诉讼过程及裁判理由

一审法院认为,徐永和、张建国两人因一句戏言发生争执,在被他人劝开后,徐永和持碎酒瓶伤害被告人张建国的行为属于不法侵害。被告人张建国在被徐永和扎伤左颈、面部的情况下,为阻止徐永和继续实施伤害行为,躲至徐永和身后,抱住徐永和的腰并将徐永和摔倒在地,致使徐永和被自持的碎酒瓶扎伤致死。被告人张建国为使本人的人身免受正在进行的不法侵害而采取的制止不法侵害的行为,属于正当防卫,对不法侵害人造成的损害,不负刑事责任,亦不承担民事赔偿责任。因而判决被告人张建国无罪,且不承担民事赔偿

[①] 参见陈兴良、张军、胡云腾主编:《人民法院刑事指导案例裁判要旨通纂》(上卷),北京大学出版社2013年版,第462页。

责任。

一审宣判后,附带民事诉讼原告人黎国模以张建国应承担民事赔偿责任为由提出上诉。检察机关以被告人张建国的行为属于互殴中故意伤害他人,已构成故意伤害罪,不属正当防卫为由提出抗诉。上级检察机关经审查,于1999年11月11日决定撤回对该案的抗诉。

二审法院经审理,于1999年12月16日作出裁定,准许上级检察机关撤回抗诉,并驳回附带民事诉讼原告人的上诉。

三、关联法条

《中华人民共和国刑法》

第二十条　为了使国家、公共利益、本人或者他人的人身、财产和其他权利免受正在进行的不法侵害,而采取的制止不法侵害的行为,对不法侵害人造成损害的,属于正当防卫,不负刑事责任。

正当防卫明显超过必要限度造成重大损害的,应当负刑事责任,但是应当减轻或者免除处罚。

对正在进行行凶、杀人、抢劫、强奸、绑架以及其他严重危及人身安全的暴力犯罪,采取防卫行为,造成不法侵害人伤亡的,不属于防卫过当,不负刑事责任。

第二百三十四条　故意伤害他人身体的,处三年以下有期徒刑、拘役或者管制。

犯前款罪,致人重伤的,处三年以上十年以下有期徒刑;致人死亡或者以特别残忍手段致人重伤造成严重残疾的,处十年以上有期徒刑、无期徒刑或者死刑。本法另有规定的,依照规定。

四、争议问题

本案的争议问题是,第一,互殴停止后又为制止他方突然袭击而防卫的行为是否属于正当防卫?第二,正当防卫的限度条件的理解。

五、简要评论

正当防卫针对的是不法侵害,防卫人需具备防卫意图。而斗殴时双方主观上均具有侵害对方的故意,客观上均实施了加害对方的行为。因此,斗殴双方的行为均属于不法侵害,而非正当防卫。从这个意义上说,"斗殴无防卫"这一古老的法谚具有合理性。但是,如果在斗殴中,一方的攻击发生了性质上的急剧加重(例如从徒手变为使用刀具),或者一方已经自动彻底地放弃斗殴或主动退出斗殴现场,另一方又继续殴打对方,那么就不能否定存在成立正当防卫的余地。

具体到本案,案情发展过程可以分为三个阶段。第一阶段即争执阶段。徐永和酒后因对被告人张建国的一句戏言不满,与张建国发生争执打斗。此时,双方相互争执,行为性质属于斗殴(互殴)。第二阶段即争执结束后的阶段。经人劝解,徐永和与张建国分开,斗殴结束。第三阶段即新的不法侵害开始阶段。徐永和在斗殴结束后并不善罢甘休,而是将两个空酒瓶磕碎后持碎酒瓶滋事。当徐永和看见张建国从酒楼出来,口中说"扎死你",手持碎酒瓶向张建国面部扎去,张建国躲闪不及被扎伤左颈、面部。这明显属于斗殴停止后,一方又进行突然袭击的情形。此时,徐永和系不法侵害的发动者,面对这种不法侵害,张建国当然有正当防卫的权利。

本案中,张建国采取抱住徐永和后腰将徐永和摔倒的防卫方法,最终导致徐永和被自己手持的碎酒瓶扎伤致死。能否认为张建国的行为属于防卫过当呢? 笔者认为,徐永和手持碎酒瓶向张建国面部扎去的行为性质非常严重。面部、颈部属于人体的要害部位,徐永和的行为明显反映出其对于对方的死伤已经在所不问。他的行为不仅导致张建国被扎伤左颈、面部(现留有明显疤痕长约12厘米),而且不加制止还极有可能造成更严重的后果。因此,即便认为其主观犯意不明确,介于或死或伤之间而不认定为《刑法》第20条第3款所规定的"杀人",也完全应当理解为该款所规定的"行凶"。因此,张建国面对严重危及自己人身安全的暴力犯罪采取防卫行为,属于特殊防卫,对该防卫行为造成的后果,不需要负刑事责任,亦不承担民事责任。一审法院的判决及二审法院的裁定均是正确的。

案例4-10 谭荣财等强奸、抢劫、盗窃案[①]

一、基本案情

2003年5月23日20时许,被告人谭荣财、罗进东与赖洪鹏(另案处理)在阳春市春城镇东湖烈士碑水库边,持刀对在此谈恋爱的蒙某某、瞿某某(女)实施抢劫,抢得蒙某某230元、瞿某某60元,谭荣财、罗进东各分得80元。抢劫后,谭荣财、罗进东、赖洪鹏用皮带反绑蒙某某双手,用黏胶粘住蒙某某的手腕,将蒙某某的上衣脱至手腕处,然后威逼瞿某某脱光衣服、脱去蒙某某的内裤,强迫二人进行性交给其观看。蒙某某因害怕,无法进行。谭荣财等人又令瞿某某用口含住蒙某某的生殖器进行口交。在口交过程中,蒙某某趁谭荣财等人不备,挣脱皮带跳进水库并呼叫救命,方才逃脱。

2003年5月期间,被告人谭荣财、罗进东伙同他人先后在阳春市春城镇三桥等处先后5

[①] 参见陈兴良、张军、胡云腾主编:《人民法院刑事指导案例裁判要旨通纂》(上卷),北京大学出版社2013年版,第472页。

次持刀抢劫现金、手机等财物共计价值人民币5 879元。2000年9月19日凌晨3时40分,谭荣财在阳春市圭岗镇明景游戏室,从屋顶揭瓦入室,将一辆价值3 705元的摩托车盗走。

二、诉讼过程及裁判理由

一审法院认为,被告人谭荣财、罗进东等人以非法占有为目的,使用暴力手段劫取他人财物,其行为已构成抢劫罪;二被告人在抢劫过程中,违背妇女意志,使用暴力、胁迫的手段,强迫他人与妇女发生性关系,其行为已构成强奸罪。被告人谭荣财秘密窃取他人财物,数额较大,其行为已构成盗窃罪。

一审宣判后,被告人谭荣财、罗进东不服,提出上诉。理由是:其强迫蒙某某与瞿某某发生性关系的目的是寻求精神上的刺激,调戏取乐,只是观看,没有强奸的故意和目的,原审法院定强奸罪有误,请求撤销原审法院的定罪量刑。

二审法院认为,被告人谭荣财、罗进东以非法占有为目的,以暴力、胁迫的手段劫取他人财物,其行为已构成抢劫罪;被告人谭荣财采用秘密方法,入室窃取他人财物,数额较大,其行为构成盗窃罪。被告人谭荣财、罗进东持刀胁迫蒙某某、瞿某某脱光衣服,强迫二人性交,后又强迫瞿某某口含蒙某某生殖器进行口交,其主观上是寻求精神上的刺激,调戏取乐,没有强奸的目的,客观上没有强奸行为,原审法院认定该行为构成强奸罪不当,应以强制猥亵妇女罪论处,故谭荣财、罗进东的该行为均已构成强制猥亵妇女罪。

三、关联法条

《中华人民共和国刑法》

第二十一条 为了使国家、公共利益、本人或者他人的人身、财产和其他权利免受正在发生的危险,不得已采取的紧急避险行为,造成损害的,不负刑事责任。

紧急避险超过必要限度造成不应有的损害的,应当负刑事责任,但是应当减轻或者免除处罚。

第一款中关于避免本人危险的规定,不适用于职务上、业务上负有特定责任的人。

四、争议问题

本案的争议问题很多,在此主要讨论与本章有关的蒙某某的行为是否成立紧急避险的问题。

五、简要评论

在案件审理过程中,有人提出蒙某某在他人胁迫下对瞿某某实施了强奸和猥亵行为,是否应当按照胁从犯处理？

所谓胁从犯，按照《刑法》的规定，是指被胁迫参加犯罪的人，即在他人的威胁下并非完全自愿地参加共同犯罪，且在共同犯罪中起较小的作用（次于从犯作用）的共同犯罪人。胁从犯并非身体完全受到强制，而是精神受到强制，由于其在仍具有一定程度的意思自由的情况下实施了危害行为，因而刑法将其作为犯罪处理。

胁从犯是在受人胁迫下实施了损害第三人利益的行为。紧急避险的危险来源虽然多种多样，但也完全可能是因为他人的胁迫而不得已实施损害第三人利益的行为。两者具有一定的相似性。此时的一个原则是，如果受人胁迫而实施的行为符合紧急避险的条件，就应当认定为紧急避险而排除胁从犯的成立。这是由紧急避险作为一种正当化事由的特性所决定的。

具体到本案，蒙某某的行为完全符合紧急避险的条件。首先，蒙某某和瞿某某的生命都面临着紧迫的威胁，这种危险现实存在且正在发生。其次，蒙某某虽然在他人胁迫下对瞿某某实施了强奸和猥亵行为，但其主观目的仍是为了保护两人的生命安全。再次，蒙某某的行为是在不得已的情况下实施的。即在当时的情况下，除了侵害另一合法利益之外，没有其他选择。我们实事求是地分析一下案发时的客观情况：夜晚8点，地点偏僻，3名歹徒且持有凶器，必须承认当时并无其他方法可以避险，蒙某某的行为实属迫不得已。能否认为蒙某某当时还有正当防卫的可能因而其行为不符合紧急避险"不得已"的条件呢？笔者认为，且不说案发当时蒙某某已经被反绑双手并被黏胶粘住手腕。即使假设其还有进行正当防卫的可能，也不能因此不允许其实施紧急避险。正当防卫与紧急避险都是公民在紧急情况下保护合法利益的权利，在两种权利的根据都存在时，公民可以根据自己的情况进行选择，实施其中任何一种权利或者不实施任何一种权利，都是合法的。也就是说，紧急避险中的出于不得已，即没有其他方法，不包括正当防卫的方法。蒙某某当时如果挺身与歹徒搏斗，当然值得表扬。但他做不到这一点，也不能因此让其承担刑法上的责任。最后，蒙某某侵犯瞿某某性权利的行为，属于为了避免造成较大合法权益的损害而侵犯他人较小合法权益的行为，没有超出紧急避险的限度。蒙某某、瞿某某两人的生命权，显然重于瞿某某的性权利，因此蒙某某的行为符合紧急避险的限度条件。

第五章 刑事责任年龄与责任能力

案例 5-1 姜某某抢劫案[①]

一、基本案情

2002年3月13日晚7时许,被告人姜某某(1986年6月30日出生)在上海市浦东新区阳光三村崮山路西大门附近,乘被害人不备,抓住被害人孙焱的左手腕,抢夺得被害人孙焱手中的三星牌388型移动电话1部,价值人民币3777元。之后,姜某某乘出租车逃跑,被害人孙焱亦乘出租车紧追其后。至浦东新区张扬路、巨野路路口时,被告人姜某某下车继续逃跑,并用路旁的水泥块砸向协助抓捕的出租车驾驶员严安源头面部,致严安源头面部多处软组织挫伤,鼻骨骨折,经鉴定,该伤属轻伤。

二、诉讼过程及裁判理由

一审法院认为,被告人姜某某以非法占有为目的,乘人不备,公然夺取他人财物,价值人民币3000余元,数额较大;被告人姜某某在逃跑途中,为抗拒抓捕而实施暴力,将协助抓捕的人员砸成轻伤,其行为已构成抢劫罪,依法应予处罚。鉴于被告人姜某某犯罪时不满16周岁,系初犯,案发后认罪悔罪态度较好,故依法予以减轻处罚。检察机关的指控事实清楚,证据确凿,指控成立,应予支持。依照《中华人民共和国刑法》第269条,第263条,第17条第2款、第3款,第53条,第64条之规定,判决被告人姜某某犯抢劫罪,判处有期徒刑1年零6个月,并处罚金人民币500元。

一审宣判后,在法定期限内,被告人未上诉,检察机关也未提出抗诉,判决已发生法律效力。

[①] 参见陈兴良、张军、胡云腾主编:《人民法院刑事指导案例裁判要旨通纂》(下卷),北京大学出版社2013年版,第655页。

三、关联法条

《中华人民共和国刑法》

第十七条 已满十六周岁的人犯罪,应当负刑事责任。

已满十四周岁不满十六周岁的人,犯故意杀人、故意伤害致人重伤或者死亡、强奸、抢劫、贩卖毒品、放火、爆炸、投毒罪的,应当负刑事责任。

已满十四周岁不满十八周岁的人犯罪,应当从轻或者减轻处罚。

因不满十六周岁不予刑事处罚的,责令他的家长或者监护人加以管教;在必要的时候,也可以由政府收容教养。

第二百六十三条 以暴力、胁迫或者其他方法抢劫公私财物的,处三年以上十年以下有期徒刑,并处罚金;有下列情形之一的,处十年以上有期徒刑、无期徒刑或者死刑,并处罚金或者没收财产:

(一)入户抢劫的;

(二)在公共交通工具上抢劫的;

(三)抢劫银行或者其他金融机构的;

(四)多次抢劫或者抢劫数额巨大的;

(五)抢劫致人重伤、死亡的;

(六)冒充军警人员抢劫的;

(七)持枪抢劫的;

(八)抢劫军用物资或者抢险、救灾、救济物资的。

第二百六十七条第一款① 抢夺公私财物,数额较大的,处三年以下有期徒刑、拘役或者管制,并处或者单处罚金;数额巨大或者有其他严重情节的,处三年以上十年以下有期徒刑,并处罚金;数额特别巨大或者有其他特别严重情节的,处十年以上有期徒刑或者无期徒刑,并处罚金或者没收财产。

第二百六十九条 犯盗窃、诈骗、抢夺罪,为窝藏赃物、抗拒抓捕或者毁灭罪证而当场使用暴力或者以暴力相威胁的,依照本法第二百六十三条的规定定罪处罚。

四、争议问题

不满16周岁的人犯抢夺罪为抗拒抓捕当场实施暴力致人轻伤的如何处理。

---

① 2015年8月29日通过的《中华人民共和国刑法修正案(九)》将《刑法》第267条第1款修改为:"抢夺公私财物,数额较大的,或者多次抢夺的,处三年以下有期徒刑、拘役或者管制,并处或者单处罚金;数额巨大或者有其他严重情节的,处三年以上十年以下有期徒刑,并处罚金;数额特别巨大或者有其他特别严重情节的,处十年以上有期徒刑或者无期徒刑,并处罚金或者没收财产。"

五、简要评论

本案中,被告人姜某某的行为是否构成犯罪需要考虑行为人的刑事责任年龄问题。被告人姜某某1986年6月30日生,2002年3月13日晚实施了犯罪行为。显然,从年龄阶段上看,被告人姜某某的年龄不满16周岁,但是已经超过了14周岁,属于已经满14周岁不满16周岁的未成年人。在我国刑法中,姜某某所处的年龄阶段属于相对负刑事责任年龄阶段,这一阶段行为人虽然在心智方面有一定的发展,但尚不成熟,对一部分危害严重的犯罪行为具有一定的辨认和控制能力,对相对轻微的犯罪行为存在辨认和控制能力不足的问题,因此,只能对那些危害严重的犯罪行为承担责任,这也是刑法对人性的追求。本案中,姜某某抢夺得被害人孙焱手中的三星牌388型移动电话1部,由于其未满16周岁,其行为本身不能作为抢夺罪进行处理,但是他在逃跑途中,为抗拒抓捕而实施暴力,将协助抓捕的人员砸成轻伤,行为具有暴力性特点,社会危害性发生了变化,因而行为性质转化为抢劫。从行为的整体过程来看,该行为符合转化型抢劫罪的构成要件,这反映了立法者对抢劫犯罪从严评价的意图。按照《刑法》第17条第2款的规定,已满14周岁不满16周岁的人犯故意杀人、故意伤害致人重伤或者死亡、强奸、抢劫、贩卖毒品、放火、爆炸、投毒罪的,应当负刑事责任。因此,判处被告人姜某某有期徒刑1年零6个月,并处罚金人民币500元。处罚相对轻微,符合《刑法》第17条第3款的要求:已满14周岁不满18周岁的人犯罪,应当从轻或者减轻处罚。

案例5-2 李某强奸案[①]

一、基本案情

2000年7月某日中午,被告人李某(1985年7月4日出生)伙同未成年人申某某(1986年11月9日出生,时龄13周岁)将幼女王某(1992年5月21日出生)领到香坊区幸福乡东柞村村民张松岭家的玉米地里,先后对王某实施轮流奸淫。2000年11月2日,因被害人亲属报案,李某被抓获。

二、诉讼过程及裁判理由

一审法院审理后认为,被告人李某伙同他人轮奸幼女,其行为已构成奸淫幼女罪,且系

[①] 参见陈兴良、张军、胡云腾主编:《人民法院刑事指导案例裁判要旨通纂》(上卷),北京大学出版社2013年版,第481页。

轮奸。检察机关指控的罪名成立,应予支持。李某犯罪时不满16周岁,依法可予减轻处罚。依照《刑法》第236条第3款第(四)项、第17条第2款、第25条第1款的规定,判决被告人李某犯奸淫幼女罪,判处有期徒刑8年。

一审宣判后,被告人李某的法定代理人黄玉珍不服,以原判量刑畸重为由,提出上诉。

二审法院审理后认为,根据最高人民法院2000年2月13日通过的《关于审理强奸案件有关问题的解释》中"对于已满14周岁不满16周岁的人,与幼女发生性关系构成犯罪的,依照刑法第十七条、第二百三十六条第二款的规定,以强奸罪定罪处罚"的规定,原审认定被告人李某犯奸淫幼女罪,适用罪名不当,应予改判;原判对被告人李某虽已依法予以减轻处罚,但根据本案情况,量刑仍然偏重。依照《中华人民共和国刑事诉讼法》(1996年)第189条第(二)项和《中华人民共和国刑法》第236条第3款第(四)项、第17条第2款和最高人民法院《关于审理强奸案件中有关问题的解释》中的有关规定,判决撤销一审法院刑事判决书对被告人李某犯奸淫幼女罪,判处有期徒刑8年的定罪量刑部分;原审被告人李某犯强奸罪,判处有期徒刑6年。

三、关联法条

《中华人民共和国刑法》

第十七条　已满十六周岁的人犯罪,应当负刑事责任。

已满十四周岁不满十六周岁的人,犯故意杀人、故意伤害致人重伤或者死亡、强奸、抢劫、贩卖毒品、放火、爆炸、投毒罪的,应当负刑事责任。

已满十四周岁不满十八周岁的人犯罪,应当从轻或者减轻处罚。

因不满十六周岁不予刑事处罚的,责令他的家长或者监护人加以管教;在必要的时候,也可以由政府收容教养。

第二百三十六条　以暴力、胁迫或者其他手段强奸妇女的,处三年以上十年以下有期徒刑。

奸淫不满十四周岁的幼女的,以强奸论,从重处罚。

强奸妇女、奸淫幼女,有下列情形之一的,处十年以上有期徒刑、无期徒刑或者死刑:

(一)强奸妇女、奸淫幼女情节恶劣的;

(二)强奸妇女、奸淫幼女多人的;

(三)在公共场所当众强奸妇女的;

(四)二人以上轮奸的;

(五)致使被害人重伤、死亡或者造成其他严重后果的。

四、争议问题

行为人与未满刑事责任年龄的人轮流强奸同一幼女是否成立轮奸？

五、简要评论

本案中，被告人李某伙同未成年人申某某对被害人实施了轮奸行为。我国《刑法》第236条第3款规定了强奸罪加重处罚的情形之一，即"二人以上轮奸妇女的"。从语义上分析，轮奸应当是"轮流奸淫"的简略表述，侧重强调的是"奸淫"行为。只要两名或多名男子具有轮流奸淫同一妇女的共同故意，在一定时间内对1名妇女实施控制，并分别奸淫，即使时间间隔较长，甚至不在同一地点实施奸淫的，都视为轮奸。但是轮奸并不要求行为构成共同犯罪，只要行为人有实施奸淫的共同认识，对某一女性在共同认识之下实施了轮流奸淫行为，其行为就构成了轮奸，也不要求每一主体都必须符合犯罪主体的年龄要求。本案中被告人李某实施强奸行为时已满14周岁，不满16周岁，按照《刑法》第17条的规定，应当对强奸罪负刑事责任。那么，对一起实施强奸行为的申某某的强奸行为应当如何处理呢？由于实施强奸行为时申某某只有13周岁未满14周岁，所以对申某某不能按照强奸罪的规定追究刑事责任。但是，不能否认被告人李某伙同申某某实施的轮奸行为的客观事实。因此，被告人李某的行为构成强奸罪，并且属于轮奸。刑法中专门规定轮奸作为强奸罪的法定加重情节，主要是考虑到轮奸比一般的单独强奸对于女性的身心健康方面具有更大的伤害，根据罪责刑相一致的原则要求，应当对轮奸型的强奸罪予以更加严厉的惩治。同时，也不能将轮奸作为强奸罪的共同实行犯看待，如此按照共同犯罪的要求，所有的犯罪主体都必须符合刑事责任年龄的标准，这样必然不利于打击强奸犯罪，保障女性被害人的合法权益。

关于强奸罪的立法，我国一直保持从严打击的态势。1979年《刑法》第139条规定的强奸罪的最高刑为死刑，而奸淫不满14岁幼女，以强奸论，从重处罚；对实施轮奸行为的，从重处罚。1997年修订后的《刑法》第236条规定的强奸罪在最高刑上与1979年《刑法》保持一致，同时规定了轮奸等强奸犯的加重情节。但1997年修订的《刑法》颁布以后，最高人民法院于1997年12月通过了《关于执行〈中华人民共和国刑法〉确定罪名的规定》，该规定涉及强奸罪的主要内容是将《刑法》第236条规定的犯罪确定为两个罪名：强奸罪和奸淫幼女罪，最高人民检察院发布的解释与此相同。鉴于根据《刑法》第17条关于相对刑事责任年龄的人承担刑事责任的范围的规定和《关于执行〈中华人民共和国刑法〉确定罪名的规定》所造成的对于相对刑事责任年龄的人实施奸淫幼女的行为不能定罪处罚的尴尬局面，最高人民法院于2000年2月发布的最高人民法院《关于审理强奸案件有关问题的解释》规定："对于已满十四周岁不满十六周岁的人，与幼女发生性关系构成犯罪的，依照刑法第十七条、第二百三十六条第二款的规定,以强奸罪定罪处罚;对于与幼女发生性关系,情节轻微、尚未造成严重后果的,不认为是犯罪。对于行为人既实施了强奸妇女行为又实施了奸淫幼女行为的,依照刑法第二百三十六条的规定,以强奸罪从重处罚。"

为统一就强奸罪定罪问题的意见,2002年3月,最高人民法院、最高人民检察院联合发布了《关于执行〈中华人民共和国刑法〉确定罪名的补充规定》,彻底取消了奸淫幼女罪这一罪名。根据该补充规定,无论行为人是年满14周岁不满16周岁还是已满16周岁,也不考虑所奸淫的是年龄不满14周岁的幼女还是已满14周岁的女性,构成犯罪的,都以强奸罪定罪处罚。本案中,被告人李某伙同未成年人申某某对被害人实施轮奸行为时已经有了新的司法解释,即最高人民法院2000年2月13日通过的《关于审理强奸案件有关问题的解释》中"对于已满14周岁不满16周岁的人,与幼女发生性关系构成犯罪的,依照刑法第十七条、第二百三十六条第二款的规定,以强奸罪定罪处罚"。因此,对被告人李某的行为不再以奸淫幼女罪定罪量刑,而以强奸罪定罪量刑,哈尔滨市中级人民法院在二审中将一审判决予以改正的做法是正确的。

案例5-3 胡某某、白某某等故意杀人案①

一、基本案情

被告人胡某某(1989年出生)意欲绑架他人勒索钱财并邀约原审被告人白某某(1989年出生)、蒋某(1990年出生)、张某(1989年出生)共同参与。胡某某打听到什邡市雍城中学学生王某(本案被害人,男,被害时14岁)家庭条件较好,决定绑架王某。因王某与胡某某等人相识,胡某某恐罪行败露,遂提出先将王某杀死再勒索钱财,白某某、蒋某表示同意,张某同意绑架王某但对杀死王某持放任态度。2004年5月24日,胡某某、张某来到什邡市双盛镇石亭江大河河坝附近选定藏匿被害人的地点并准备了绳子、尖刀等作案工具。当日21时许,胡某某、白某某、蒋某、张某来到雍城中学附近,白某某、蒋某在学校门口将王某叫住,胡某某招来一出租车将王某骗上车,张某正欲上车即被其母亲叫回家,胡某某、白某某、蒋某将王某带到双盛河坝对王某捆绑,骗得王某家中电话号码后,胡某某、蒋某持刀先后对王某胸、腹、头等部位刺杀,白某某、胡某某、蒋某又持石头砸打王某头部,后3人用石头、瓦块等物将王某掩埋致其死亡。胡某某将所带背包、刀和王某的书包弃于现场附近的水坑内。同月25日,胡某某向王某家打电话索取现金8万元。同日,胡某某、白某某、蒋某、张某先后被抓获

---

① 参见陈兴良、张军、胡云腾主编:《人民法院刑事指导案例裁判要旨通纂》(上卷),北京大学出版社2013年版,第328页。

归案,并带领公安人员指认藏匿王某尸体的现场。

二、诉讼过程及裁判理由

4被告人对绑架杀死被害人的事实供认不讳,对检察机关的指控未提出意见。4被告人的辩护人对检察机关指控的事实无异议,胡某某、蒋某、张某的辩护人提出被告人的犯罪行为不构成故意杀人罪,其行为属于绑架性质,因被告人犯罪时未满16岁,故不负刑事责任,胡某某、蒋某、张某无罪。白某某的辩护人提出检察机关指控的事实和罪名成立,建议量刑时考虑白某某系从犯及认罪态度好的情节予以从轻或减轻处罚。

一审法院认为,被告人胡某某、白某某、蒋某、张某共谋绑架勒索并杀害人质的犯罪事实清楚,证据充分。上述行为已触犯我国《刑法》第232条之规定,构成故意杀人罪,公诉机关的指控成立,各辩护人关于不构成故意杀人罪的辩解不能成立,无罪辩护意见不予采纳。被告人胡某某在犯罪中起组织指挥作用,是本案主犯;被告人白某某、蒋某积极参与实施了犯罪,处于从属地位,系从犯,可比照主犯从轻处罚;被告人张某亦参与了犯罪,系从犯,但张某的犯罪情节轻微,依法可以免予刑事处罚。据此,一审法院作出判决:被告人胡某某犯故意杀人罪,判处无期徒刑,剥夺政治权利终身。被告人白某某犯故意杀人罪,判处有期徒刑15年,剥夺政治权利4年。被告人蒋某犯故意杀人罪,判处有期徒刑12年,剥夺政治权利3年。被告人张某犯故意杀人罪,免予刑事处罚。

一审宣判后,胡某某不服,提起上诉。胡某某的上诉理由及其辩护人的辩护意见是:胡某某不构成故意杀人罪,是绑架罪,作案时未满16周岁,依法不应追究刑事责任。白某某的辩护人提出:白某某认罪、悔罪态度好,作案时未成年,是从犯,请求依法从轻、减轻处罚。蒋某的辩护人提出:蒋某的行为应属绑架,应从轻或者减轻处罚。张某的辩护人提出:张某的行为属绑架,且属犯罪中止。

二审法院审理查明的事实与原判相同,予以确认。二审法院认为,原判认定被告人胡某某、白某某、蒋某、张某共谋绑架并杀死被害人的事实清楚,证据确实、充分。胡某某、白某某、蒋某、张某共谋绑架被害人王某,恐罪行败露杀死被害人的行为,构成故意杀人罪,应予严惩。胡某某、白某某、蒋某、张某犯罪时已满14周岁未满16周岁,应从轻或者减轻处罚。胡某某提出犯意,在共同犯罪中起组织指挥作用,系主犯;白某某、蒋某、张某起次要作用,系从犯,应从轻、减轻或者免除处罚。胡某某上诉以及胡某某、蒋某、张某的辩护人辩护提出胡某某、蒋某、张某等人的行为不构成故意杀人罪,应属于绑架罪,不应承担刑事责任的理由,与查明的胡某某、蒋某、张某等人共谋绑架杀害被害人王某并对其实施捆绑、刀刺、石砸、掩埋等行为致被害人死亡的事实不符,胡某某、白某某、蒋某、张某犯罪时已满14周岁未满16周岁,对共同故意剥夺被害人生命的行为,应当负刑事责任,上诉理由、辩护意见不能成立,要求从轻处罚的请求,不予采纳。原判认定事实和适用法律正确,量刑适当,审判程序合法。

三、关联法条

《中华人民共和国刑法》

第十七条　已满十六周岁的人犯罪,应当负刑事责任。

已满十四周岁不满十六周岁的人,犯故意杀人、故意伤害致人重伤或者死亡、强奸、抢劫、贩卖毒品、放火、爆炸、投毒罪的,应当负刑事责任。

已满十四周岁不满十八周岁的人犯罪,应当从轻或者减轻处罚。

因不满十六周岁不予刑事处罚的,责令他的家长或者监护人加以管教;在必要的时候,也可以由政府收容教养。

第二十五条　共同犯罪是指二人以上共同故意犯罪。

二人以上共同过失犯罪,不以共同犯罪论处;应当负刑事责任的,按照他们所犯的罪分别处罚。

第二十六条　组织、领导犯罪集团进行犯罪活动的或者在共同犯罪中起主要作用的,是主犯。

三人以上为共同实施犯罪而组成的较为固定的犯罪组织,是犯罪集团。

对组织、领导犯罪集团的首要分子,按照集团所犯的全部罪行处罚。

对于第三款规定以外的主犯,应当按照其所参与的或者组织、指挥的全部犯罪处罚。

第二十七条　在共同犯罪中起次要或者辅助作用的,是从犯。

对于从犯,应当从轻、减轻处罚或者免除处罚。

第二百三十二条　故意杀人的,处死刑、无期徒刑或者十年以上有期徒刑;情节较轻的,处三年以上十年以下有期徒刑。

第二百三十九条[①]　以勒索财物为目的绑架他人的,或者绑架他人作为人质的,处十年以上有期徒刑或者无期徒刑,并处罚金或者没收财产;情节较轻的,处五年以上十年以下有期徒刑,并处罚金。

犯前款罪,致使被绑架人死亡或者杀害被绑架人的,处死刑,并处没收财产。

以勒索财物为目的偷盗婴幼儿的,依照前两款的规定处罚。

四、争议问题

已满14周岁不满16周岁的人绑架并杀害被绑架人的定绑架罪还是故意杀人罪?

[①] 2015年8月29日通过的《中华人民共和国刑法修正案(九)》将《刑法》第239条第2款修改为:"犯前款罪,杀害被绑架人的,或者故意伤害被绑架人,致人重伤、死亡的,处无期徒刑或者死刑,并处没收财产。"

五、简要评论

本案中,胡某某、白某某、蒋某、张某等4名被告人均为已满14周岁不满16周岁的未成年人,对于他们所实施的行为仅有包括故意杀人在内的八种犯罪进入刑法调控的范围。但是,结合本案的情况,《刑法》第17条中所规定的故意杀人不应特指《刑法》第232条规定的"故意杀人罪"中的故意杀人,而应当泛指实施了故意杀害他人的行为。我国《刑法》第239条规定的绑架罪除了基本的条款之外,还有特殊的规定,包括"致使被绑架人死亡或者杀害被绑架人"①和"以勒索财物为目的偷盗婴幼儿"的表述,这就表明了,这两种绑架与一般的绑架不同:一是程度上更加严重;二是犯罪行为存在结合,也就是表现为一种结合形态。行为人在实施绑架过程中"致使被绑架人死亡或者杀害被绑架人"的,实际上就表现为绑架罪和故意杀人的结合,在通常情况下,对于一般主体而言,其实施的上述行为应按照绑架罪论处。对于已满14周岁不满16周岁的人绑架并杀害被绑架人的情况,虽然行为人的行为根据《刑法》第17条的规定不构成绑架罪,但是,在整个行为实施中,被告人胡某某等4人实施了杀害被绑架人王某的行为,具有杀人的故意,应当对杀人的行为承担刑事责任。由于胡某某提出犯意,在共同犯罪中起组织指挥作用,是主犯;白某某、蒋某、张某起次要作用,是从犯,应从轻、减轻或者免除处罚。因此,法院按照4被告人在案件中的分工和作用,以故意杀人罪判处不同的刑罚是合理的。通过对本案的分析,笔者认为,对于犯罪行为的理解应当关注其实质层面,其到底侵害了何种权益以及权益的种类,然后再确定在相应的刑事责任年龄下,该行为是否构成犯罪,而不能对犯罪行为存在机械性、形式层面的理解。否则,既不利于刑法目的的贯彻与合法权益的保护,也不利于基本原则和刑法功能的落实。

我国刑法对未成年人犯罪采取了从宽处罚的原则,1991年颁布、2006年12月29日第十届全国人民代表大会常务委员会第二十五次会议修订的《中华人民共和国未成年人保护法》第54条明确规定,对违法犯罪的未成年人,实行教育、感化、挽救的方针,坚持教育为主、惩罚为辅原则。1999年颁布的《中华人民共和国预防未成年人犯罪法》第44条再次作了类似规定,以"教育为主、惩罚为辅"。这与世界保护儿童的政策精神相一致。《儿童权利公约》第37条规定,对未满18岁的人所犯罪行不得判以死刑或无释放可能的无期徒刑。此处的"无释放可能的无期徒刑"是指某些国家刑法中规定的终身监禁刑,如美国刑法所规定的对重刑犯判处的终身监禁不得假释。

从教育、感化、挽救的角度出发,对于罪行严重的未成年人一般可不判处无期徒刑。但

---

① 《中华人民共和国刑法修正案(九)》将此段内容修改为"杀害被绑架人的,或者故意伤害绑架人,致人重伤、死亡的"。

是如果行为人存在法定或者酌定从重情节,也可以根据这些情节确定判处无期徒刑。本案中,被告人胡某某犯故意杀人罪,判处无期徒刑,剥夺政治权利终身。在该案中,胡某某将被害人绑架之后,伙同被告人蒋某持刀先后对王某胸、腹、头等部位刺杀,白某某、胡某某、蒋某又持石头砸打王某头部,后3人用石头、瓦块等物将王某掩埋致其死亡。罪行极其严重,手段也极其恶劣,法院在判决中没有适用死刑,但是适用了无期徒刑,如此既符合对未成年人犯罪不适用死刑的立法精神,也体现了未成年人犯罪与成年人犯罪区别对待和宽严相济的刑事政策要求。所以,四川省高级人民法院认为,原判认定事实和适用法律正确,量刑适当,审判程序合法,维持原判。与此案判决类似的,还有扎西达娃等抢劫案①,在该案中,被告人扎西达娃由于罪行极其严重,被判处无期徒刑。

案例 5-4 沈同贵受贿案②

一、基本案情

2003年5月至2008年春节前,被告人沈同贵利用其负责南京市园林工程管理的职务之便,先后多次收受南京春燕园林实业有限公司万成兴、南京大源园林建设有限公司Z某、南京锦江园林景观有限公司袁循绳等南京市多家园林工程公司负责人给予的好处费共计折合人民币(以下币种均为人民币)260 077.20元。案发后,被告人沈同贵退出赃款21万元。上述事实,除收受万成兴给予的钱款系纪检监察机关已掌握的事实外,其余事实均系纪检监察机关尚未掌握由被告人沈同贵主动交代的。在二审审理期间,被取保候审的上诉人沈同贵于2010年7月3日10时许,在南京市和燕路红山动物园地铁站路口,将正在盗窃被害人陈燕舞钱包(内有现金9 800元)的犯罪嫌疑人阿某(2000年出生)当场抓获,被盗钱包已返还被害人。后因阿某未达到刑事责任年龄,公安机关未刑事立案。

二、诉讼过程及裁判理由

二审法院经审理认为,上诉人沈同贵作为国家工作人员,利用职务上的便利,收受他人贿赂,为他人谋取利益,其行为已构成受贿罪。鉴于沈同贵阻止他人犯罪,具有立功表现,依法对其减轻处罚。依照《中华人民共和国刑法》第93条第2款、第385条第1款、第386条、

---

① 参见最高人民法院刑事审判第一庭、第二庭:《刑事审判参考》(总第26辑),法律出版社2002年版。
② 参见陈兴良、张军、胡云腾主编:《人民法院刑事指导案例裁判要旨通纂》(下卷),北京大学出版社2013年版,第1177页。

第 383 条第 1 款第(一)项①、第 59 条、第 64 条,最高人民法院《关于处理自首和立功具体应用法律若干问题的解释》第 4 条、第 5 条及《中华人民共和国刑事诉讼法》(1996 年)第 189 条第(三)项的规定,判决维持一审法院刑事判决的第二项,即退缴的赃款人民币 21 万元予以没收,尚未退缴的赃款予以追缴;撤销一审法院刑事判决的第一项,即被告人沈同贵犯受贿罪判处有期徒刑 10 年,没收财产人民币 10 万元;上诉人(原审被告人)沈同贵犯受贿罪判处有期徒刑 9 年,没收财产人民币 10 万元。

三、关联法条

《中华人民共和国刑法》

第十七条 已满十六周岁的人犯罪,应当负刑事责任。

已满十四周岁不满十六周岁的人,犯故意杀人、故意伤害致人重伤或者死亡、强奸、抢劫、贩卖毒品、放火、爆炸、投毒罪的,应当负刑事责任。

已满十四周岁不满十八周岁的人犯罪,应当从轻或者减轻处罚。

因不满十六周岁不予刑事处罚的,责令他的家长或者监护人加以管教;在必要的时候,也可以由政府收容教养。

第六十八条 犯罪分子有揭发他人犯罪行为,查证属实的,或者提供重要线索,从而得以侦破其他案件等立功表现的,可以从轻或者减轻处罚;有重大立功表现的,可以减轻或者免除处罚。

四、争议问题

阻止他人犯罪活动,他人因未达到刑事责任年龄而未被追究刑事责任的,是否构成立功?

五、简要评论

本案中,关键要解决两个问题。

首先,行为人阻止犯罪行为发生的情况是否构成立功。在本案中,上诉人沈同贵于 2010

---

① 2015 年 8 月 29 日通过的《中华人民共和国刑法修正案(九)》将《刑法》第 383 条修改为:"对犯贪污罪的,根据情节轻重,分别依照下列规定处罚:(一)贪污数额较大或者有其他较重情节的,处三年以下有期徒刑或者拘役,并处罚金。(二)贪污数额巨大或者有其他严重情节的,处三年以上十年以下有期徒刑,并处罚金或者没收财产。(三)贪污数额特别巨大或者有其他特别严重情节的,处十年以上有期徒刑或者无期徒刑,并处罚金或者没收财产;数额特别巨大,并使国家和人民利益遭受特别重大损失的,处无期徒刑或者死刑,并处没收财产。对多次贪污未经处理的,按照累计贪污数额处罚。犯第一款罪,在提起公诉前如实供述自己罪行、真诚悔罪、积极退赃,避免、减少损害结果的发生,有第一项规定情形的,可以从轻、减轻或者免除处罚;有第二项、第三项规定情形的,可以从轻处罚。犯第一款罪,有第三项规定情形被判处死刑缓期执行的,人民法院根据犯罪情节等情况可以同时决定在其死刑缓期执行二年期满依法减为无期徒刑后,终身监禁,不得减刑、假释。"

年7月3日10时许,在南京市和燕路红山动物园地铁站路口,将正在盗窃被害人陈燕舞钱包(内有现金9800元)的犯罪嫌疑人阿某(2000年出生)当场抓获。那么沈同贵的行为是否构成立功呢?根据《刑法》第68条的规定,犯罪分子有揭发他人犯罪行为,查证属实的,或者提供重要线索,从而得以侦破其他案件等立功表现的,可以从轻或者减轻处罚。该条规定的立功行为包括揭发他人犯罪和提供重要线索两种,并没有规定阻止犯罪、抓捕罪犯属于立功行为。但这并不等于说这种行为不属于立功,既然提供线索的行为都可以构成立功,那么阻止犯罪、抓捕罪犯的行为当然也属于立功,因为后者对社会的贡献更大。此外,1998年颁布的最高人民法院《关于处理自首和立功具体应用法律若干问题的解释》第5条规定,阻止他人犯罪活动的,应当认定为有立功表现。因此,本案中上诉人沈同贵的行为属于立功行为,法院的判决是合理的。当然,在本案的审理中,对于被告人沈同贵的受贿犯罪事实及行为定性均无分歧。

其次,上诉人沈同贵阻止未达到刑事责任年龄的阿某的盗窃行为,是否属于"阻止他人犯罪活动"中的犯罪活动。从形式要件上看,如果该行为属于犯罪行为,则上诉人沈同贵的阻止行为就构成了立功,反之,则不能构成立功。对于这一问题的处理在理论与实践中都存在较大争议,主要有两种观点:一种观点认为,既然阿某实施盗窃时没有达到刑事责任年龄的基本要求,就不能认为其行为构成犯罪,因而上诉人沈同贵的阻止行为也就不能成立立功,所以对他不可以从轻或者减轻处罚。另一种观点认为,虽然阿某尚未达到刑事责任年龄的要求,但是其行为具有较严重的社会危害性,符合盗窃罪的客观外在表现形式的要求,所以应当认定为"阻止他人犯罪活动"中的犯罪活动,上诉人沈同贵的行为就应当被认为是一种立功行为,可以考虑从轻或者减轻处罚。

笔者认为,对立功所要求的"犯罪活动"应当作实质化和客观化的理解,应当更加关注其行为的客观符合性。无论是杀人还是盗窃,按照社会一般人的理解,不管实施者处于何种状态或者年龄多大,都会认为这是一种具有社会危害性的行为。因此,只要所制止的行为具有实质的社会危害性,符合了某种犯罪的客观要件要求,这种行为就应当被视为立功所阻止的"犯罪活动"。将不符合刑事责任年龄或者刑事责任能力的人实施的危害社会的行为理解为立功中所规定的"犯罪活动"有助于揭露、预防犯罪,也有利于犯罪人积极悔过,有利于社会整体利益的维护。2010年颁布的最高人民法院《关于处理自首和立功若干具体问题的意见》以列举的形式解释了检举、揭发或者协助抓获立功中如何认定他人"构成犯罪"。《关于处理自首和立功若干具体问题的意见》第6条第5款规定:"被告人检举、揭发或者协助抓获的人的行为构成犯罪,但因法定事由不追究刑事责任、不起诉、终止审理的,不影响对被告人立功表现的认定……"这里的"构成犯罪",应是指行为具有社会危害性,符合了某种犯罪构成的客观要件。如果该行为因主体不具备刑事责任能力而不追究刑事责任,或因情节显著轻微、已过追诉时效、被赦免、被告人死亡等原因而不立案、撤销案件、不起诉、终止审理或宣告无罪的，不影响对立功的认定。《关于处理自首和立功若干具体问题的意见》拓展立功的条件，体现了宽严相济刑事政策的要求，有助于犯罪分子"将功折罪"，回归社会。

综上分析，笔者认为，对立功中要求的"阻止他人犯罪活动"应当作实质的理解，并考虑其与某种犯罪行为的客观要件上的符合性。只要该行为具有严重的社会危害性，并符合某罪的客观要件，就应当将其理解为犯罪活动，而无须考虑行为人是否符合刑事责任年龄的要求，是否具有刑事责任能力。本案中，上诉人沈同贵发现了阿某正在盗窃他人钱包遂予以制止，虽然阿某的行为因其尚未达到刑事责任年龄的要求而未予以追究，但是其行为在客观上符合盗窃罪的客观要件，阿某盗窃的钱包内有现金人民币9 800元，已达到了盗窃罪的追诉标准，具有严重的社会危害性。所以，沈同贵的行为应当被认定为立功所要求阻止的"犯罪活动"。应当将上诉人沈同贵的行为认定为立功，法院的判决是正确的。

案例5-5　孙伟铭以危险方法危害公共安全案[①]

一、基本案情

2008年5月，被告人孙伟铭购买了车牌号为川A43K××的别克轿车一辆，之后在未取得合法驾驶资格的情况下，长期无驾驶证驾驶该车，并有多次交通违法记录。2008年12月14日中午，被告人孙伟铭与其父母在位于成都市市区东侧的成华区万年场"四方阁"酒楼为亲属祝寿，其间大量饮酒。其后，被告人孙伟铭又驾驶川A43 K××轿车送其父母到位于成都市市区北侧的火车北站搭乘火车，尔后驾车折返至位于成都市市区东侧的成龙路，沿成龙路往成都市龙泉驿区方向行驶。当日17时许，被告人孙伟铭驾车行至成都市成龙路"蓝谷地"路口时，从后面冲撞与其同向行驶的川A9T3××比亚迪轿车尾部。发生事故后，被告人孙伟铭继续驾车往成都市龙泉驿区方向行驶。当行至限速60 km/h的成龙路"卓锦城"路段时，越过道路中心黄色双实线，先后撞向对面正常行驶的川AUZ8××长安奔奔轿车、川AK17××长安奥拓轿车、川AVD2××福特蒙迪欧轿车、川AMC3××奇瑞QQ轿车，直至被告人孙伟铭所驾驶的川A43K××别克轿车不能动弹。造成川AUZ8××长安奔奔轿车内驾驶员张景全及同车乘客张景全之妻尹国辉，金亚民和张成秀夫妻死亡，另一乘客代玉秀重伤，并造成公私财产各项经济损失共计5万余元。公安人员接群众报案后赶至现场将被告人孙伟铭抓获。经鉴定，事发前，川A43K××轿车在碰撞前瞬间的行驶速度为134—138

[①] 参见陈兴良、张军、胡云腾主编：《人民法院刑事指导案例裁判要旨通纂》（上卷），北京大学出版社2013年版，第19页。

km/h；被告人孙伟铭血液中的乙醇含量为 135.8 mg/100 ml。根据《车辆驾驶人员血液、呼气酒精含量阈值与检验》（GB19522-2004）的规定，车辆驾驶人员血液中酒精含量大于或者等于 80 mg/100 ml 的，即为醉酒驾车。

二、诉讼过程及裁判理由

一审法院经审理认为，被告人孙伟铭在未领取驾驶证的情况下，长期违法驾驶机动车辆并多次违反交通法规，其醉酒后驾车行驶于车辆和人群密集之处，对公共安全构成直接威胁，且在发生追尾事故后，置不特定多数人的生命、财产安全于不顾，继续驾车超速行驶，跨过道路上禁止越过的中心黄色双实线，与对方正常行驶的多辆车辆相撞，造成 4 人死亡、1 人重伤及公私财产损失数万元的严重后果，其行为已构成以危险方法危害公共安全罪。孙伟铭犯罪情节特别恶劣，后果特别严重，应依法严惩。依照《中华人民共和国刑法》第 115 条第 1 款、第 57 条第 1 款之规定，判决被告人孙伟铭犯以危险方法危害公共安全罪，判处死刑，剥夺政治权利终身。

一审宣判后，被告人孙伟铭以其主观上不具有以危险方法危害公共安全的故意，一审判决定罪不准，适用法律错误，量刑过重为由，提出上诉。其辩护人提出，孙伟铭主观上对危害结果的发生是过于自信的过失，其行为构成交通肇事罪；孙伟铭真诚悔罪，积极赔偿被害人的经济损失，并获得被害方谅解，可酌情从轻处罚。

二审期间，孙伟铭之父孙林表示愿意代为赔偿被害人的经济损失。经法院主持调解，孙林代表孙伟铭与被害方达成民事赔偿协议，积极筹款赔偿被害方经济损失 100 万元（不含先前赔偿的 11.4 万元），取得被害方一定程度的谅解。

二审法院经审理认为，被告人孙伟铭无视交通法规和公共安全，在未取得驾驶证的情况下，长期驾驶机动车辆，多次违反交通法规，且在醉酒驾车发生交通事故后，不计后果，继续驾车超限速行驶，冲撞多辆车辆，造成数人伤亡的严重后果，主观上对危害结果的发生持放任态度，具有危害公共安全的间接故意，其行为已构成以危险方法危害公共安全罪。孙伟铭犯罪情节恶劣，后果严重。但鉴于孙伟铭是间接故意犯罪，与直接故意驾车撞击车辆、行人的犯罪相比，主观恶性不是很深，人身危险性不是很大；其犯罪时处于严重醉酒状态，对自己行为的辨认和控制能力有所减弱；案发后真诚悔罪，并通过亲属积极筹款赔偿被害人的经济损失，依法可从轻处罚。原判认定的事实和定罪正确，审判程序合法，但量刑不当。依照《中华人民共和国刑事诉讼法》（1996 年）第 189 条第（二）项和《中华人民共和国刑法》第 115 条第 1 款、第 57 条第 1 款之规定，判决维持一审判决对被告人孙伟铭的定罪部分；撤销一审判决对被告人孙伟铭的量刑部分；被告人孙伟铭犯以危险方法危害公共安全罪，判处无期徒刑，剥夺政治权利终身。

三、关联法条

《中华人民共和国刑法》

第十八条第四款　醉酒的人犯罪,应当负刑事责任。

第一百一十五条　放火、决水、爆炸以及投放毒害性、放射性、传染病病原体等物质或者以其他危险方法致人重伤、死亡或者使公私财产遭受重大损失的,处十年以上有期徒刑、无期徒刑或者死刑。

过失犯前款罪的,处三年以上七年以下有期徒刑;情节较轻的,处三年以下有期徒刑或者拘役。

第一百三十三条　违反交通运输管理法规,因而发生重大事故,致人重伤、死亡或者使公私财产遭受重大损失的,处三年以下有期徒刑或者拘役;交通运输肇事后逃逸或者有其他特别恶劣情节的,处三年以上七年以下有期徒刑;因逃逸致人死亡的,处七年以上有期徒刑。

四、争议问题

被告人孙伟铭醉酒驾车连续冲撞致多人伤亡,应如何定罪和量刑?

五、简要评论

本案中,由于被告人醉酒驾驶导致多人伤亡,危害后果非常严重。该案件通过媒体的不断报道,在社会上被广泛关注。对被告人孙伟铭醉酒驾车的行为如何定罪量刑,涉及对被告人刑事责任能力的考量。

孙伟铭醉酒驾车撞人造成的危害是严重的,因为该行为危及不特定多数公民的生命权益和财产安全,因此属于危害公共安全的犯罪行为。对于本案的定性,主要存在交通肇事罪和以危险方法危害公共安全罪的争议。以危险方法危害公共安全罪和交通肇事罪均属于危害公共安全犯罪,两者都可以使用交通工具实施,并且都会造成严重的危害后果。但是,两者在犯罪的主观心态上存在根本的区别。"无罪过即无责任",并且罪过不同,罪名也就不同,处罚也不一样。交通肇事犯罪的主观方面是过失,即行为人应当预见自己的行为可能造成危害后果,因疏忽大意没有预见,或者已经预见而轻信能够避免,最终导致危害后果的发生。

交通肇事罪的过失包括疏忽大意的过失和过于自信的过失,这种过失是指行为人对自己的违章行为可能造成的后果而言。行为人对于行为的违章是明知的,如超速行驶、闯红灯、超载、违规变道等,对自己的行为应当预见但是没有预见,或者虽已预见但轻信能够避免,因而发生严重的后果。

以危险方法危害公共安全罪的主观方面要求是故意,即行为人对危害后果持积极追求或放任的心态。酒后利用交通工具实施的以危险方法危害公共安全罪包括两种情形:第一,行为人酒后已经造成交通肇事或者没有造成严重的危害后果,但行为人为了逃避责任,驾车快速逃离现场,在逃离的过程中又造成了"人员的死亡、重伤或者导致公私财产遭受了重大损失"的情形。此时,行为人对给不特定多数人的健康、生命以及重大公私财产安全造成损害结果的发生是明知的,但在主观上对这种结果的发生持放任态度,存在间接故意,其行为构成以危险方法危害公共安全罪。第二,行为人明知醉酒驾驶会对不特定多数人的健康、生命以及重大公私财产安全造成损害结果,仍继续驾驶,最终导致严重危害后果的发生。

法院判定本案被告人孙伟铭的行为构成以危险方法危害公共安全罪。笔者认为法院的判决是适当的,这不仅是因为被告人的行为给不特定的多数人造成了生命财产方面的严重危害结果,还在于其在主观上存在犯罪的故意,也就是说,被告人在主观上具有辨认和控制能力,但是仍然实施了导致危害结果的行为。交通肇事的具体情况是多种多样的,在有的案件中,行为人对危害结果的发生可能是过失,此时,对行为人的行为可以评价为交通肇事罪。但是,在有些情况下,行为人虽然也处于醉酒状态,但程度不重。对造成严重的危害结果的,应当结合行为人的驾驶能力、承受能力、车辆行驶的状况、发案地点以及时间等现场情况、发生事故后行为人的表现等方面进行全面的评判。

本案中,被告人孙伟铭长期无证驾驶,在发生交通事故时,处于醉酒状态。根据国家质量监督检验检疫总局发布的《车辆驾驶人员血液、呼气酒精含量阈值与检验》(GB19522-2004)的规定,机动车驾驶人员血液中的酒精含量大于或者等于80mg/100ml的,属于醉酒驾车。案发时孙伟铭血液中的酒精含量为135.8mg/100ml,属于严重醉酒。但是,醉酒的人并未完全丧失辨认、控制自己行为的能力,被告人孙伟铭虽然醉酒,对于违规驾车行为是可辨、可控的,他知道自己行为的性质和可能造成的危害后果。在车辆密集且行人众多的街道上,孙伟铭能够认识到在这样的道路上驾车具有极大的危险性,但是,在发生追尾事故后非但没有及时停车,反而继续肇事且加速两倍行驶,最终越过道路中心黄色双实线并与对面车道的4辆轿车相撞,导致数人死亡。

综合前述各因素判断,被告人孙伟铭对事故的发生持放任态度,醉酒驾车,在具有辨认和控制能力的情况下,拒不停车并积极进行施救,反而使危害升级,对危害结果的发生持放任态度,因此主观上存在间接故意。当然,被告人孙伟铭在主观上不属于过于自信的过失,因为其在人车密集的道路上的驾车行为具有导致危害结果发生的必然性,一错再错,发生事故后,不计后果,加速行驶,当然不属于过失行为,所以,其行为不能按照交通肇事罪进行处理,应以以危险方法危害公共安全罪追责。

考虑到被告人孙伟铭是间接故意犯罪,与直接故意驾车撞人的方式实施的危害公共安全犯罪存在差异。按照《刑法》的规定，以危险方法危害公共安全，造成严重后果的，法定刑为10年以上有期徒刑、无期徒刑或者死刑。被告人孙伟铭是在醉酒状态下实施了违法驾驶行为，造成危害结果时辨认能力和控制能力有所减弱，所以属于间接故意犯罪；其在主观上并不希望和追求不特定多数人死亡、受伤以及财产受损的结果；案发后积极悔罪并赔偿被害人的经济损失。不过，被告人孙伟铭没有自动投案和主动向公安机关供述自己犯罪事实的行为，不符合自首的规定。但是，被告人不属于"罪行极其严重"的犯罪分子，法院没有判处其死刑而是判处无期徒刑，既符合本案被告人主客观情况，也符合宽严相济的刑事政策要求。但是，并不排除在有些情况下，驾驶者虽然饮酒，但是肇事后拒不服从管理、抗拒抓捕、继续肇事的情况，这说明行为人的辨认能力和控制能力很强，应当承担更加严重的刑事责任，对于造成的危害结果存在直接故意，这时可以根据具体危害情况，对行为人判处最严厉的刑罚——死刑。

对于酒驾，我国刑事立法作出了积极调整。《中华人民共和国刑法修正案（八）》将醉酒驾驶行为纳入刑法的规制范围，设立了危险驾驶罪的罪名。危险驾驶罪的行为包括在道路上驾驶机动车追逐竞驶，情节恶劣的，或者在道路上醉酒驾驶机动车的情形。刑法对于醉酒驾驶的调整正是考虑到醉酒驾驶可能导致的严重危害后果，因为醉酒会在一定程度上降低人的控制能力和反应能力，所以对刑法予以修正，增加这一规定，有助于积极进行事前预防。这种立法方式以刑事制裁强制要求人们在各个方面注意防范交通风险，将预备行为正犯化，可以最大限度防止醉酒驾驶行为，避免更加严重的危害后果的发生。对危险驾驶罪，刑法规定了拘役和罚金刑两种刑罚手段。而实践表明，尽管该立法修正经过了一定的"争议期"，但是对于预防醉酒驾驶、维护公共安全还是起到了明显作用的。

案例5-6 彭崧故意杀人案[①]

一、基本案情

2005年5月5日凌晨，被告人彭崧因服食摇头丸药性发作，在其暂住处福州市鼓楼区北江里新村6座204室内，持刀朝同室居住的被害人阮召森胸部捅刺，致阮召森抢救无效死亡。当晚9时许，被告人彭崧到福建省宁德市公安局投案自首。经精神病医学司法鉴定认为，彭崧系吸食摇头丸和K粉后出现精神病症状，在精神病状态下作案，评定为限制刑事责任能力，因此应当承担刑事责任。

[①] 参见陈兴良、张军、胡云腾主编：《人民法院刑事指导案例裁判要旨通纂》（上卷），北京大学出版社2013年版，第341页。

二、诉讼过程及裁判理由

一审法院认为,被告人彭崧故意非法剥夺他人生命,并致人死亡,其行为已构成故意杀人罪。被告人彭崧作案后能主动投案,并如实供述自己的罪行,可认定为自首,可以从轻处罚。被告人关于其行为不构成故意杀人罪的辩解不能成立。据此,依照《中华人民共和国刑法》第 232 条、第 67 条第 1 款、第 57 条第 1 款之规定,于 2006 年 5 月 10 日判决被告人彭崧犯故意杀人罪,判处无期徒刑,剥夺政治权利终身。

一审宣判后,被告人彭崧不服,提出上诉。其上诉理由和辩护人的辩护意见为:彭崧作案时属于无刑事责任能力人,即使构成犯罪,也只构成过失致人死亡罪,且具有自首情节,被害人本身有过错,应对其从轻、减轻处罚。

二审法院审理认为,上诉人彭崧吸食毒品后持刀捅刺他人,致 1 人死亡,其行为已构成故意杀人罪。上诉人作案后能主动投案,如实供述自己的罪行,具有自首情节,可以从轻处罚。吸毒是国家法律所禁止的行为,上诉人在以前已因吸毒产生过幻觉的情况下,再次吸毒而引发本案,其吸毒、持刀杀人在主观上均出于故意,应对自己吸毒后的危害行为依法承担刑事责任,其吸毒后的责任能力问题不需要作司法精神病鉴定。因此,上诉人及其辩护人认为上诉人作案时是无刑事责任能力人,要求重新进行司法精神病鉴定,以及认为上诉人仅构成过失致人死亡罪的辩解、辩护意见不能成立,不予采纳。原判认定事实清楚,证据确实、充分,定罪准确,量刑适当,审判程序合法,故裁定驳回上诉,维持原判。

三、关联法条

《中华人民共和国刑法》

第十八条 精神病人在不能辨认或者不能控制自己行为的时候造成危害结果,经法定程序鉴定确认的,不负刑事责任,但是应当责令他的家属或者监护人严加看管和医疗;在必要的时候,由政府强制医疗。

间歇性的精神病人在精神正常的时候犯罪,应当负刑事责任。

尚未完全丧失辨认或者控制自己行为能力的精神病人犯罪的,应当负刑事责任,但是可以从轻或者减轻处罚。

醉酒的人犯罪,应当负刑事责任。

第二百三十二条 故意杀人的,处死刑、无期徒刑或者十年以上有期徒刑;情节较轻的,处三年以上十年以下有期徒刑。

四、争议问题

行为人吸食毒品后影响其控制、辨别能力而实施犯罪行为的,是否承担刑事责任?

五、简要评论

本案中被告人彭崧吸食毒品后持刀捅刺他人,致 1 人死亡,法院判决其行为已构成故意杀人罪。仔细分析法院的判决可以看出,该案的判决理论根据是原因自由行为理论。原因自由行为理论是大陆法系(尤其是德语系国家)刑法学中的一个重要概念。按照该理论,如果谁对自己的无罪责能力负有责任,这时人们将采用"原因自由行为"的概念解释罪责的归属。该概念起源于 18 世纪的实用哲学思想。根据目前的通说,是指行为人有意使用酒精饮料或其他麻醉剂之类的物品使自己处于酩酊状态中,从而使自己丧失刑事责任能力;但在因作为其无责任能力之原因的饮酒等行为之时,该行为人尚有责任能力,因此该行为人实际上是在故意利用自己丧失刑事责任能力之后所为之犯罪行为的有责性缺失,企图规避法律,因此一般仍予以处罚。但对原因上的自由行为的处罚,与传统的责任原则冲突,也不符合"行为与责任同时存在"的通常理解,因此是有争议的。

根据德国目前的相关判例和司法文献的观点,如果行为人情绪冲动地实施行为时,事先预见到他会陷入该种情绪冲动,却没有采取预防措施以免自己陷入这种状况,这时就完全成立刑法上的答责性,而《德国刑法典》第 20 条、第 21 条便不再适用了。① 在德国,对于原因自由行为的适用需要考虑两个原则,即同时原则和例外原则。根据同时原则,要求"实行行为与责任能力同在";根据例外原则,在通常情况下应当遵循同时原则,但是法律有规定的除外,在德国一般是通过分则具体的条文规定来确定具体的罪名和相应的刑罚。例如,《德国刑法典》第 323 条 a 规定:行为人故意地或者过失地通过酒精饮料或者其他醉人的药物使自己处于昏醉状态的,处 5 年以下的自由刑或罚金刑,如果他在该状态中实施违法的行为却因为他由于昏醉已是责任无能力或者因为没有排除责任无能力而因此不能处罚他的话。此外,《德国刑法典》分则中还有关于醉酒犯罪的规定,这些都反映了原因自由行为罪责的例外性。德国著名刑事法学家金德豪伊泽尔认为,由于"同时原则"乃是法治国家中犯罪论的基本原则之一,因而,要承认该原则的任何例外,必须有法定的规范。而《德国刑法典》第 20 条没有对此加以规定,因此,人们有很好的理由认为,按照"原因自由行为"进行的归属违反了《德国基本法》第 103 条第 2 款的规定,是违宪的。② 《德国基本法》第 103 条第 2 款规定:"某项行为实施之前法律已规定其可罚性时,对该行为方可处以刑事处罚。"这种规定限定了

---

① 《德国刑法典》第 20 条(精神障碍者无责任能力)规定,行为人行为时,由于病理性精神障碍、深度的意识错乱、智力低下或其他严重的精神病态,不能认识其行为的违法性,或依其认识而行为的,不负责任。
第 21 条(减弱的责任能力)规定,行为人认识行为违法性的能力,或者依其认识而行为的能力因第 20 条规定的某种原因而显著减弱的,可依第 49 条第 1 款减轻其刑罚。
② Kindhäuser, Strafrecht Allgemeiner Teil(3. Auflage), Nomos Verlagsgesellschaft, Baden-Baden 2008, S.184.

原因自由行为适用的范围,同时也贯彻了罪刑法定原则。所以,在《德国刑法典》分则中规定了适用原因自由行为理论的具体罪名。

当然,也有的国家在刑法中以总则模式规定了原因自由行为的规制原则。例如日本1974年《改正刑法草案》第16条在对无责任能力和限制责任能力者实施危害行为的处罚原则作出规定后,又在第17条中规定:"自己故意招致精神障碍,导致发生犯罪事实的,不适用前条的规定。自己过失招致精神障碍,导致发生犯罪事实的,与前项同。"

该案中,法院判决对被告人具体行为判断的根据除了原因自由行为的理论之外,就是对我国《刑法》第18条的解析与适用。① 首先,吸毒本身为法律所禁止,而被告人彭崧吸毒已经产生过幻觉,却再次吸毒引发杀人案件,所以他应当对自己的行为负责。其次,《刑法》第18条第1款规定,精神病人在不能辨认或者不能控制自己行为的时候造成危害结果,经法定程序鉴定确认的,不负刑事责任。该规定对不负刑事责任设定了三个条件:一是精神病人,即行为人在实施危害行为前就已经是精神病人;二是精神病人实施危害行为时不能辨认或者不能控制自己的行为,即如果实施危害行为时该精神病人能够辨认或者控制自己的行为,亦应当负刑事责任;三是程序条件,即须经法定程序鉴定。而被告人彭崧显然不属于精神病人,而是因吸食毒品导致控制、辨认能力减弱而引发杀人行为,故对其不能适用该规定。从犯罪的主观方面分析,被告人彭崧明知吸食毒品会对自己的精神状态造成危害,产生幻觉,仍然吸毒,进而出现精神障碍将阮召森杀死,所以,法院判定其应当承担故意杀人罪的刑事责任。法院的判决采用了排除法,即被告人彭崧在刑事责任年龄方面没有不负刑事责任的条件,在精神状态方面也不符合免责的条件,同样也不属于正当防卫或者紧急避险行为,而是属于故意持刀杀人。因此,判定其行为构成故意杀人罪。

《刑法》第18条第4款规定:"醉酒的人犯罪,应当负刑事责任。"该款规定对法院的判决推理起到了重要作用。唐律中有"举重以明轻""举轻以明重"原则,在刑法中既然规定了醉酒的人犯罪应当负刑事责任,那么,吸毒的人犯罪更应当负刑事责任(举轻以明重)。但是,考虑到我国刑法中罪刑法定原则的确立,借鉴德国、日本等国的刑事立法,我国《刑法》应当对吸毒后实施犯罪的问题加以规定,这符合刑法明确性原则的要求。当然,在立法方式上,既可以采取总则的模式加以规定,如在《刑法》第18条增加一款,也可以在刑法分则中设定具体的罪名。但从我国刑法罪名的数量来看,把原因自由行为的归责原则规定于总则更为合适。

---

① 参见最高人民法院刑事审判第一、二、三、四、五庭主办:《刑事审判参考》(总第55集),法律出版社2007年版。

案例 5-7　阿某某故意杀人案[①]

一、基本案情

1999年10月29日下午4时20分许,被告人阿某某(1981年7月13日生)在其家中见被害人冯延红到其对面邻居乌日娜家敲门,因无人开门返身下楼。阿某某遂乘乌日娜家无人之机,用事先配制的钥匙打开乌日娜家房门,进入室内翻找现金。阿某某行窃时在乌日娜家阳台上看到冯延红骑摩托车返回,便虚开房门持擀面杖藏在门后。当冯延红进入乌日娜家,阿某某持擀面杖朝冯延红头部猛击两下,冯延红戴头盔未被打倒,阿某某便逃回自己家中。后阿某某准备外出时,在楼道内听到冯延红正在乌日娜家打电话,误认为冯延红已认出自己,即返回家拿了一把杀牛单刃弯刀进入乌日娜家,持刀将冯延红逼到卧室,朝冯延红腰、腹、头部连捅数刀,将冯延红刺倒在地,随后又朝冯延红颈部连捅数刀,致冯延红气管、双侧颈动脉被割断,因失血性休克而死亡。案发后,阿某某被抓获归案。

二、诉讼过程及裁判理由

一审法院审理检察机关指控被告人阿某某犯故意杀人罪一案,于2000年6月26日作出判决,认定被告人阿某某犯故意杀人罪,判处死刑,缓期两年执行,剥夺政治权利终身。

宣判后,被告人阿某某未上诉。检察机关以被告人阿某某犯罪情节特别恶劣,手段极其残忍,一审判决量刑畸轻为由,提出抗诉。二审法院于2000年11月13日作出判决,维持一审判决中对被告人阿某某犯故意杀人罪的定罪部分;撤销一审判决中对被告人阿某某的量刑部分;以故意杀人罪,判处被告人阿某某死刑,剥夺政治权利终身。

本案复核期间,经高级人民法院委托精神疾病司法鉴定委员会鉴定,被告人阿某某为分裂型人格障碍,有限定刑事责任能力。高级人民法院审理认为,被告人阿某某持刀杀死被害人冯延红的行为,已构成故意杀人罪。犯罪情节恶劣,后果严重,应依法惩处。鉴于被告人阿某某患有分裂型人格障碍,系限定刑事责任能力人,依法可从轻处罚,一、二审判决认定的事实清楚,证据确实、充分,定罪准确,审判程序合法,但量刑不当。依照《中华人民共和国刑事诉讼法》(1996年)第199条和最高人民法院《关于执行〈中华人民共和国刑事诉讼法〉若干问题的解释》第285条第(三)项,《中华人民共和国刑法》第232条、第18条第3款、第57条第1款的规定,判决撤销二审法院刑事判决和一审法院刑事判决中对被告人阿某某的量

[①] 参见陈兴良、张军、胡云腾主编:《人民法院刑事指导案例裁判要旨通纂》(上卷),北京大学出版社2013年版,第378页。

刑部分；被告人阿某某犯故意杀人罪，判处无期徒刑，剥夺政治权利终身。本判决送达后即发生法律效力。

三、关联法条

《中华人民共和国刑法》

第十八条　精神病人在不能辨认或者不能控制自己行为的时候造成危害结果，经法定程序鉴定确认的，不负刑事责任，但是应当责令他的家属或者监护人严加看管和医疗；在必要的时候，由政府强制医疗。

间歇性的精神病人在精神正常的时候犯罪，应当负刑事责任。

尚未完全丧失辨认或者控制自己行为能力的精神病人犯罪的，应当负刑事责任，但是可以从轻或者减轻处罚。

醉酒的人犯罪，应当负刑事责任。

第二百三十二条　故意杀人的，处死刑、无期徒刑或者十年以上有期徒刑；情节较轻的，处三年以上十年以下有期徒刑。

四、争议问题

对限制刑事责任能力的精神病人应如何处罚？

五、简要评论

本案被告人阿某某已满18周岁，按照刑事责任年龄的规定，其应当承担全部刑事责任。一审法院审理认为，被告人阿某某犯故意杀人罪，情节极其严重，应判处死刑，缓期两年执行，剥夺政治权利终身。但是，检察机关以被告人阿某某犯罪情节特别恶劣，手段极其残忍，一审判决量刑畸轻为由提出抗诉。

笔者认为，检察机关仅重视了犯罪人有罪和罪重的证据，而没有重视罪轻的证据。2012年修订后的《中华人民共和国刑事诉讼法》第39条规定："辩护人认为在侦查、审查起诉期间公安机关、人民检察院收集的证明犯罪嫌疑人、被告人无罪或者罪轻的证据材料未提交的，有权申请人民检察院、人民法院调取。"第40条规定："辩护人收集的有关犯罪嫌疑人不在犯罪现场、未达到刑事责任年龄、属于依法不负刑事责任的精神病人的证据，应当及时告知公安机关、人民检察院。"第50条规定："审判人员、检察人员、侦查人员必须依照法定程序，收集能够证实犯罪嫌疑人、被告人有罪或者无罪、犯罪情节轻重的各种证据。严禁刑讯逼供和以威胁、引诱、欺骗以及其他非法方法收集证据……必须保证一切与案件有关或者了解案情的公民，有客观地充分地提供证据的条件，除特殊情况外，可以吸收他们协助调查。"因此，笔者认为,该案中检察机关在对证据收集方面还应当加强。

高级人民法院委托精神疾病司法鉴定委员会鉴定,被告人阿某某为分裂型人格障碍,为限定刑事责任能力人。按照我国《刑法》的规定,对限制责任能力者实施的犯罪行为,应当追究刑事责任,但是可以从轻或者减轻处罚。所以,法院判决认为,被告人阿某某持刀杀死被害人冯延红的行为,已构成故意杀人罪,但是在量刑方面应予以从轻处理,将一审判处死刑缓期两年执行和剥夺政治权利终身改为判处无期徒刑,剥夺政治权利终身。笔者认为,法院的判决是正确的,既考虑到被告人阿某某实施的杀人行为的严重危害性,也考虑到其特殊的精神状态,作为一个限制责任能力者,对他所实施的犯罪可以从轻或减轻处罚,不迷信死刑等重刑方法,关注犯罪的多因性(在本案中的生物学因素),采取相应的刑事措施,体现了刑法的人性基础,因而高级人民法院的判决是合理的。

案例5-8 侯卫春故意杀人案[①]

一、基本案情

2008年3月18日晚,被告人侯卫春邀请被害人侯党振(男,殁年67岁)到其家喝酒至深夜,后送侯党振回家。当行至侯军勇(侯党振之子,侯党振在其家居住)家大门口时,侯卫春对侯党振实施殴打,又迅速从其家拿来菜刀,对躺在地上的侯党振的头部、躯干部一阵乱砍后回家。次日凌晨6时许,侯卫春从家中出来察看侯党振的情况,并用人力三轮车将侯党振送到当地诊所,但侯党振已因钝性外力作用于头部、胸部、会阴部等处,锐器损伤头面部,造成颅脑损伤,胸部肋骨多发性骨折,最终因创伤性休克而死亡。

二、诉讼过程及裁判理由

一审法院审理认为,被告人侯卫春故意非法剥夺他人生命,致人死亡,其行为已构成故意杀人罪。侯卫春酒后无故反复殴打他人,后又持刀朝被害人要害部位反复砍击,致被害人死亡,手段残忍、性质恶劣。侯卫春虽系酒后杀人,但有关司法精神病鉴定结论证实其在实施犯罪时系普通醉酒状态,具有完全刑事责任能力,应对其犯罪行为造成的后果承担责任,依法应予严惩。依照《中华人民共和国刑法》第232条、第57条第1款、第36条、第64条之规定,判决被告人侯卫春犯故意杀人罪,判处死刑,剥夺政治权利终身。

[①] 参见陈兴良、张军、胡云腾主编:《人民法院刑事指导案例裁判要旨通纂》(上卷),北京大学出版社2013年版,第385页。

一审宣判后,侯卫春不服,提出上诉。侯卫春提出,一审量刑过重,其当时系因酒精刺激,在神志不清的情况下作案,没有杀人动机和目的,且对被害人有施救行为,并能积极配合公安人员调查,认罪态度好,请求法院予以从轻或减轻处罚。

二审法院经公开审理认为,原判认定事实清楚,证据确实、充分,定罪准确,量刑适当,审判程序合法。依照《中华人民共和国刑事诉讼法》(1996年)第189条第(一)项之规定,裁定驳回上诉,维持原判,并依法报请最高人民法院核准。

最高人民法院经复核认为,被告人侯卫春酒后无故殴打被害人,后又持刀反复砍击被害人要害部位,致被害人死亡,其行为已构成故意杀人罪,且手段残忍,后果严重,应依法惩处。第一审判决、第二审裁定认定的事实清楚,证据确实、充分,定罪准确,审判程序合法。但鉴于侯卫春犯罪时处于醉酒状态,对自己行为的辨认和控制能力有所减弱;其与被害人素无矛盾,案发后对被害人有施救行为,且归案后认罪态度较好,有悔罪表现,对其判处死刑,可不立即执行。依照《中华人民共和国刑事诉讼法》(1996年)第199条和最高人民法院《关于复核死刑案件若干问题的规定》第4条的规定,裁定不核准二审法院维持第一审以故意杀人罪判处被告人侯卫春死刑,剥夺政治权利终身的刑事裁定;撤销二审法院维持第一审以故意杀人罪判处被告人侯卫春死刑,剥夺政治权利终身的刑事裁定;发回二审法院重新审判。

三、关联法条

《中华人民共和国刑法》

第十八条　精神病人在不能辨认或者不能控制自己行为的时候造成危害结果,经法定程序鉴定确认的,不负刑事责任,但是应当责令他的家属或者监护人严加看管和医疗;在必要的时候,由政府强制医疗。

间歇性的精神病人在精神正常的时候犯罪,应当负刑事责任。

尚未完全丧失辨认或者控制自己行为能力的精神病人犯罪的,应当负刑事责任,但是可以从轻或者减轻处罚。

醉酒的人犯罪,应当负刑事责任。

第二百三十二条　故意杀人的,处死刑、无期徒刑或者十年以上有期徒刑;情节较轻的,处三年以上十年以下有期徒刑。

四、争议问题

故意杀人犯罪中醉酒状态能否作为酌定从轻处罚情节?

五、简要评论

对于该案,被告人侯卫春在醉酒状态下实施了故意杀人行为构成故意杀人罪,三级法院都没有异议。但是,一审法院和二审法院都认为被告人侯卫春酒后无故殴打被害人,后又持刀反复砍击被害人要害部位,致被害人死亡,其行为已构成故意杀人罪,且手段残忍,后果严重,应依法惩处。也就是说,对被告人侯卫春在醉酒状态下实施的故意杀人行为应当判处死刑立即执行,并剥夺政治权利终身。但是,最高人民法院认为,对于被告人侯卫春在醉酒状态下实施的故意杀人行为应当考虑到其刑事责任能力在一定程度上的减弱,且犯罪后认罪态度较好,所以可不判处死刑立即执行。

刑事责任能力是辨认能力与控制能力的统一。某一行为之所以被认定为犯罪行为,是因为行为人认识到自己的行为的性质、后果及其意义,也就是该行为是否为法律所禁止及其相应的责任。但仅有认识能力还不够,在具有认识能力的基础上,行为人还应当能够控制、支配自己是否实施触犯刑法的行为。

通常情况下,醉酒的人犯罪是应当负刑事责任的,而且应当负完全的刑事责任。就本案而言,被告人侯卫春在醉酒状态下实施了故意杀人行为,罪行也是极其严重的,但客观存在的情况是,犯罪人的辨认能力与控制能力有所减弱。虽然我国一致认为醉酒犯罪应当负完全刑事责任,但是,对行为人是否应当判处死刑应当综合考虑犯罪的情节、犯罪之后犯罪人的悔罪表现以及其他相关社会危害。本案中,被告人侯卫春在醉酒状态下实施了故意杀人行为,但是其社会危害性相比在正常状态下实施的杀人犯罪行为的社会危害性是不同的,行为人虽然具有辨认能力和控制能力,但是这种能力因为酒精的作用而减弱。况且其实施杀人行为前的饮酒行为没有蓄意,因此不属于借醉酒实施杀人的情况,其行为虽然具有极其严重的社会危害性,但还没有达到情节特别恶劣的程度。从被告人侯卫春的人身危险性来看,他事前主动邀请被害人到家里来饮酒,反映出加害者与被害者关系较为密切,醒酒后他对自己的行为懊悔不已,又积极实施了救助行为,积极认罪、悔罪,所以其人身危险性小,如果能够纠正醉酒滋事的恶习,对社会便没有任何危险性。2007年3月9日,最高人民法院、最高人民检察院、公安部、司法部发布了《关于进一步严格依法办案确保办理死刑案件质量的意见》,这对严格死刑适用、规范死刑司法具有重要意义。毫无疑问,"保留死刑,严格控制死刑"是我国的基本死刑政策。我国现在虽然还保留死刑,但应逐步减少适用,凡是可适用死刑或可不适用死刑的,一律不适用死刑。因此,本案中,最高人民法院认为,对被告人侯卫春在醉酒状态下实施的故意杀人行为可以不判处死刑立即执行的意见是合理的。

案例 5-9 罗新建杀母焚尸案①

一、基本案情

被告人罗新建系家中的幼子,与寡母徐宝女共同生活,从小娇生惯养。罗新建成人后,因对其同母异父的哥哥、大姐有时向母亲徐宝女借钱未还而不满,向母亲提出将家中的3万元存款改存到自己名下,其母未允。2000年10月,罗新建去青海找对象未成回来后,总以为母亲偏心,对自己和以前不一样,由此怀疑徐宝女不是自己的亲生母亲。2001年1月23日6时许,罗新建因上述原因睡不着觉,喝了少许酒后,在火炉上焚烧其母的衣物,并逼问其母"你是不是我的亲生母亲?"其母见房内满是烟火,高喊"救命",并爬后窗欲往外跑。罗新建持铁炉钩将其母头打破,血流不止。其母因恐惧蜷缩在自己的床上,罗新建又开始焚烧被褥、房子,其母趁机跑出房门呼救。罗新建发现后,拿起一根顶门的木棍追至院门外将其母击倒后,又猛击其头部数下。罗新建认为其母已死,返回厨房拿出匕首剖开其母的腹部,掏出内脏看后又放回,然后从家中找出葵花渣、塑料桶、胶皮铝线等点燃焚烧尸体,作案用的木棍也被烧尽。9时40分许,罗新建在逃离现场的途中被群众抓获送交公安机关。

另查明,新疆生产建设兵团人民检察院农十师分院于2001年7月4日委托北京市精神病司法鉴定委员会北京安定医院对罗新建进行精神病司法鉴定,该医院鉴定后认为,罗新建的作案动机是混合性的,即有现实性的,也有病理性的,而且是在病理性的基础上发生了现实性的冲突,从而直接引发了暴力事件。

二、诉讼过程及裁判理由

检察机关以被告人罗新建犯故意杀人罪提起公诉,并建议对罗新建判处死刑。

被告人罗新建对检察机关指控的犯罪事实供认不讳,但辩称其杀害母亲与家庭经济矛盾无关。其辩护人对检察机关指控被告人罗新建杀害其母亲的事实无异议,但提出被告人患有精神病,根据1996年《中华人民共和国刑事诉讼法》第120条第2款的规定,对精神病的医学鉴定由省级人民政府指定的医院进行。本案中,对被告人罗新建的精神病医学鉴定是由北京安定医院做的,而该医院有无精神病学鉴定资格没有证据证实,故申请重新委托有资格的医院进行鉴定。即使按北京市安定医院对罗新建进行精神病学的鉴定结论,被告人也为"限定刑事责任能力"人,且有悔罪表现,根据《刑法》第18条第3款的规定,可以对被告人从轻或者减轻处罚。

---

① 参见北大法律信息网(http://www.pkulaw.cn/fulltext_form.aspx? Db = pfnl&gid = 117464649)。

一审法院经公开审理认为,北京安定医院的公章全称为"北京市精神病司法鉴定委员会北京安定医院",该公章足以证明北京安定医院具有精神病司法鉴定资格。何况,北京安定医院是精神病方面的专业、权威医院,多年来从事精神病司法鉴定,具备精神病司法鉴定的资格是众所周知的事实。《刑法》对限定刑事责任能力人规定的是"可以"从轻处罚,而不是"应当"从轻处罚。《刑法》之所以这样规定,其立法原意是防止轻纵尚未"完全丧失辨认和控制自己行为能力的精神病人"中特别严重的犯罪,对其中精神疾病程度较轻而罪行又特别严重的犯罪人,不适用从轻处罚是完全符合立法本意的。

检察机关指控被告人罗新建故意杀母焚尸的事实清楚,证据确实、充分,足以认定。被告人罗新建故意非法剥夺亲生母亲的生命,其行为已严重触犯刑律,构成犯罪,检察机关指控被告人罗新建犯故意杀人罪的罪名成立。被告人罗新建在作案过程中虽有病理性因素,但头脑清楚,知道自己侵害的对象是其母亲,也没有脱离作案的现实性,具有较强的辨认和控制自己行为的能力,仅因怀恨和疑心而残忍地杀害了自己的亲生母亲,并且剖腹焚尸,手段特别残忍、情节特别恶劣,罪行极其严重。对如此严重危害社会的严重暴力犯罪分子,不应从轻处罚,否则,民愤难平。故辩护人提出对被告人罗新建从轻处罚的意见,不予采纳。检察机关要求对被告人罗新建处以死刑的量刑意见,应予支持。据此,依照《中华人民共和国刑法》第232条、第18条第3款、第48条第1款、第57条第1款、第64条的规定,判决被告人罗新建犯故意杀人罪,判处死刑,剥夺政治权利终身;被告人罗新建犯罪所用的匕首一把予以没收。

一审判决宣告后,罗新建没有提出上诉,检察机关也未提出抗诉。一审法院将此案依法报送高级人民法院核准死刑。

高级人民法院经复核认为,原审判决认定罗新建故意杀人、焚尸的事实清楚,证据确实、充分,定性准确,审判程序合法,但量刑不当。根据精神病学鉴定结论,罗新建杀害其母亲徐宝女时,患有精神分裂症,控制能力不完全,系限定刑事责任能力人。《刑法》第18条第3款规定:"尚未完全丧失辨认或者控制自己行为能力的精神病人犯罪的,应当负刑事责任,但是可以从轻或者减轻处罚。"该款虽然规定对限定刑事责任能力人犯罪"可以从轻或者减轻处罚",但究其立法本意,是要侧重考虑对这类犯罪人的量刑选择从轻或者减轻刑罚。原审对被告人罗新建的量刑不符合刑法规定的精神,对罗新建判处死刑不当,应予纠正。依照最高人民法院《关于执行〈中华人民共和国刑事诉讼法〉若干问题的解释》第276条第2款和《中华人民共和国刑法》第232条、第57条第1款、第18条第3款的规定,判决维持一审法院刑事判决第一项对被告人罗新建的定罪部分及第二项没收作案工具部分;撤销一审法院刑事判决第一项对被告人罗新建的处刑部分;判处被告人罗新建无期徒刑,剥夺政治权利终身。

三、关联法条

《中华人民共和国刑法》

第十八条 精神病人在不能辨认或者不能控制自己行为的时候造成危害结果,经法定程序鉴定确认的,不负刑事责任,但是应当责令他的家属或者监护人严加看管和医疗;在必要的时候,由政府强制医疗。

间歇性的精神病人在精神正常的时候犯罪,应当负刑事责任。

尚未完全丧失辨认或者控制自己行为能力的精神病人犯罪的,应当负刑事责任,但是可以从轻或者减轻处罚。

醉酒的人犯罪,应当负刑事责任。

第二百三十二条 故意杀人的,处死刑、无期徒刑或者十年以上有期徒刑;情节较轻的,处三年以上十年以下有期徒刑。

四、争议问题

患有精神分裂症者实施了故意杀人行为应否承担刑事责任以及如何承担刑事责任?

五、简要评论

本案中,被告人罗新建患有精神分裂症,对他所实施的杀人行为两级法院存在量刑上的差异。一审法院的判决是:被告人罗新建犯故意杀人罪,判处死刑,剥夺政治权利终身。而高级人民法院经复核认为,罗新建杀害其母亲徐宝女时,患有精神分裂症,控制能力不完全,系限定刑事责任能力人。故对罗新建故意杀人行为判处无期徒刑,剥夺政治权利终身。两级法院在判决上的争议主要原因在于对患有精神分裂症者所实施的杀人行为是否可以从轻或减轻处罚的问题。刑事责任能力是辨认能力与控制能力的统一,我国的刑事立法不断进步,从有刑事责任能力和无刑事责任能力的两分法到有刑事责任能力、限制刑事责任能力和无刑事责任能力三分法,反映了我国刑事立法的不断完善,也符合世界刑法立法的发展趋势。

本案被告人罗新建犯罪时患有精神分裂症,北京安定医院所作的鉴定意见也是没有问题的。精神分裂症是一组病因未明的重性精神病,多在青壮年缓慢或亚急性起病,临床上往往表现为症状各异的综合征,涉及感知觉、思维、情感和行为等多方面的障碍以及精神活动的不协调。[①] 患者一般意识清楚,智能基本正常,但部分患者在疾病过程中会出现认知功能等方面的障碍。临床上分为偏执型、青春型、紧张型等多种类型。结合本案实际情况,被告

---

① http://baike.baidu.com/subview/1580/8049658.htm.

人罗新建犯罪时处于偏执型的精神分裂状态。这是精神分裂症中最常见的一种类型,以幻觉、妄想为主要临床表现。本案中,被告人罗新建因怀疑徐宝女不是自己的亲生母亲而睡不着觉,喝了少许酒后,在火炉上焚烧其母的衣物,并逼问其母"你是不是我的亲生母亲",这说明,被告人罗新建已经处于精神病状态。尽管被告人作案当天有饮酒行为,并不能否定其刑事责任的存在,因为他残忍地杀死了自己的母亲,并剖腹焚尸。其行为手段残忍,社会危害性极大。通常而言,如果是一个正常的人实施了如此残忍的杀人行为,当然应当判处故意杀人罪并立即执行死刑。

但是,笔者认为,应当考虑犯罪人实施行为时的精神状态,毕竟其辨认和控制能力有所减弱,属于限定刑事责任能力人。世界各国关于限定刑事责任能力者的处罚包括"应当"从轻或者减轻处罚和"可以"从轻或者减轻处罚两种,我国刑法规定对限制刑事责任能力者"可以"从轻或者减轻处罚。本案中被告人罗新建患有精神分裂症,对其自己是否属于其母亲所生充满幻觉和妄想,并认为其母亲偏心,对自己不好,因而实施了杀人行为。在司法实践中,法官一般认为,对于限定刑事责任能力者一般都会引起责任能力的减弱而在量刑时从轻或者减轻处罚,对于故意杀人犯罪者一般也不会判处死刑立即执行,而是判处无期徒刑,这体现了刑法人道的价值追求。

本案中,一审法院对被告人罗新建判处死刑立即执行,体现了其在"可以"从轻或者减轻处罚问题上的一种选择,选择不予从轻或者减轻处罚,反映了其从严处罚犯罪人的量刑考虑。而高级人民法院经复核,对被告人罗新建从轻处罚,表明在量刑上的选择从轻或减轻处罚的量刑思维。结合本案的案情,尽管被告人罗新建手段残忍,罪行严重,但是由于他患有精神分裂症,存在辨认能力和控制能力上的缺陷,产生了自己的母亲对自己不好、自己非亲生的幻觉;由于控制能力也有一定程度的下降,以致他杀死自己的母亲后还割开其腹部,然后火烧尸体。所以,高级人民法院经复核,结合本案事实,认为被告人罗新建的行为构成故意杀人罪,但是选择从轻处罚,改判为无期徒刑。该判决与《刑法》第18条第3款规定的精神是相符的,贯彻了刑法人道的价值和刑罚预防犯罪的目的观,因而是合理的。

案例5-10 张怡懿、杨某故意杀人案[①]

一、基本案情

2000年7月,被告人张怡懿、杨某因被害人章桂花干涉两人交往及出借钱款等事,对章

[①] 参见陈兴良、张军、胡云腾主编:《人民法院刑事指导案例裁判要旨通纂》(上卷),北京大学出版社2013年版,第371页。

桂花产生怨恨,并共谋将其杀害。同年8月间,被告人张怡懿、杨某根据事先预谋先后在医院配得安眠药,并由被告人杨某在医院窃得一盒胰岛素。同月23日晚,被告人张怡懿在上海市永兴路595弄×号×室住处内,将安眠药掺在咖啡中骗其母章桂花喝下。随后,趁章桂花昏睡之机,将胰岛素注入其体内。次日,张怡懿又用磨刀石、木凳猛砸章桂花头部。期间,被告人杨某赶到现场后,又与张怡懿共同将章桂花双手绑住,并由杨某坐在章桂花身上,由张怡懿再用小木凳猛砸章桂花头部,致被害人章桂花因颅脑损伤而死亡。嗣后,被告人张怡懿又用水泥将其母尸体掩埋于阳台上,还将章桂花的存款金额为8万元人民币的存折及股票磁卡交予杨某,藏匿于杨某的家中。

二、诉讼过程及裁判理由

检察机关指控被告人张怡懿、杨某犯故意杀人罪,于2001年3月15日提起公诉。一审法院依法组成合议庭,于2001年4月10日第一次公开开庭审理了此案。被告人张怡懿及其辩护人对指控的事实没有异议,但辩护人对公诉人当庭举证的上海市公安局安康医院《精神疾病司法鉴定书》关于被鉴定人张怡懿属于边缘智能,负完全刑事责任能力的鉴定结论提出异议,要求再次鉴定。同年4月13日至6月4日,一审法院委托上海市精神疾病司法鉴定专家委员会对被告人张怡懿作精神医学复核鉴定。上海市精神疾病司法鉴定专家委员会《精神医学复核鉴定书》证明,被鉴定人张怡懿为轻度精神发育迟滞,作案行为虽有现实动机,但受智能低下的影响,对作案行为的实质性辨认能力不全,应评定为具有部分(限定)刑事责任能力。

一审法院审理后认为,被告人张怡懿系限定刑事责任能力的精神病人,依法可以从轻处罚。依照《中华人民共和国刑法》第232条、第57条第1款、第18条第3款、第49条、第25条第1款、第64条的规定,判决被告人张怡懿犯故意杀人罪,判处无期徒刑,剥夺政治权利终身;被告人杨某犯故意杀人罪,判处无期徒刑,剥夺政治权利终身;违法所得予以追缴。

三、关联法条

《中华人民共和国刑法》

第十八条　精神病人在不能辨认或者不能控制自己行为的时候造成危害结果,经法定程序鉴定确认的,不负刑事责任,但是应当责令他的家属或者监护人严加看管和医疗;在必要的时候,由政府强制医疗。

间歇性的精神病人在精神正常的时候犯罪,应当负刑事责任。

尚未完全丧失辨认或者控制自己行为能力的精神病人犯罪的,应当负刑事责任,但是可以从轻或者减轻处罚。

醉酒的人犯罪,应当负刑事责任。

第二百三十二条　故意杀人的,处死刑、无期徒刑或者十年以上有期徒刑;情节较轻的,处三年以上十年以下有期徒刑。

四、争议问题

精神发育迟滞者实施了故意杀人行为应否承担刑事责任以及如何承担刑事责任?

五、简要评论

被告人张怡懿认为其母亲干涉其和杨某的交往和借钱的事情,伙同杨某杀死自己的母亲章桂花,二人的行为构成共同犯罪。就该案而言,定故意杀人罪是没有异议的,关键问题在于量刑,是判处死刑还是无期徒刑。上海市公安局安康医院《精神疾病司法鉴定书》认为被鉴定人张怡懿属边缘智能,负完全刑事责任能力的鉴定,辩护人对此提出异议,要求再次鉴定。

一审法院委托相关部门进行鉴定。经再次鉴定,上海市精神疾病司法鉴定专家委员会《精神医学复核鉴定书》证明,被鉴定人张怡懿为轻度精神发育迟滞。精神发育迟滞(mental retardation,MR)是指个体在发育阶段(通常指18岁以前),由生物学因素、心理社会因素等原因所引起,以智力发育不全或受阻和社会适应困难为主要特征的一组综合征。过去几十年通常称为大脑发育不全、智力低下、精神幼稚症和精神发育不全。近十多年来,教育部门倾向使用弱智(feeble-mindedness),而民政部门则使用智力残疾(mental handicap)。这些名称实际上指同一类人群。精神发育迟滞是一种比较常见的临床现象。结合本案的实际情况,被告人张怡懿在作案时存在一定的动机,但由于受智能低下的影响,对其自身的行为性质认识不足,控制能力也不够,因此实施了打砸其母亲的行为,最终导致其死亡。既然被告人张怡懿属于限制刑事责任能力的犯罪人,对其所实施的犯罪行为依照《刑法》第18条的规定可以从轻或者减轻处罚,所以一审法院对其判处无期徒刑,并对共同犯罪人杨某判处无期徒刑,该判决是适当的。

第六章 预备、未遂与中止

案例 6-1 黄斌等抢劫（预备）案[①]

一、基本案情

1998年3月的一天，被告人黄斌邀被告人舒修银去外地抢劫，并一同精心策划，准备了杀猪刀、绳子、地图册、手套等作案工具。3月20日晚7时许，二人谎称去某地，以100元的价钱骗租一辆夏利出租车，准备在僻静处抢劫司机吴某夫妇驾驶的该出租车。到达"目的地"后，二人感觉没机会下手，遂又以50元的价钱要求前往他处。当车辆行至该地后，由于吴某夫妇察觉而报案，二人未能实施抢劫。

二、诉讼过程及裁判理由

一审法院经审理认为，被告人黄斌与舒修银以非法占有为目的，企图以暴力手段抢劫他人驾驶的出租车，并为此而准备工具、创造条件，其行为已构成抢劫罪；在准备实施抢劫行为时，由于意志以外的原因而未得逞，属于犯罪预备；在共同犯罪中，被告人黄斌、舒修银分别起主要作用与次要作用，分系主犯与从犯。最终判定被告人黄斌犯抢劫罪（预备），判处有期徒刑4年，罚金人民币3 000元；被告人舒修银犯抢劫罪（预备），判处有期徒刑两年，罚金人民币2 000元。

二被告人不服一审判决，以自己的行为属于犯罪中止为由，提出上诉。二审法院经审理，裁定驳回上诉，维持原判。

三、关联法条

《中华人民共和国刑法》

第二十五条　共同犯罪是指二人以上共同故意犯罪。

[①] 参见陈兴良、张军、胡云腾主编：《人民法院刑事指导案例裁判要旨通纂》（下卷），北京大学出版社2013年版，第557页。

二人以上共同过失犯罪,不以共同犯罪论处;应当负刑事责任的,按照他们所犯的罪分别处罚。

第二百六十三条 以暴力、胁迫或者其他方法抢劫公私财物的,处三年以上十年以下有期徒刑,并处罚金;有下列情形之一的,处十年以上有期徒刑、无期徒刑或者死刑,并处罚金或者没收财产:

(一)入户抢劫的;

(二)在公共交通工具上抢劫的;

(三)抢劫银行或者其他金融机构的;

(四)多次抢劫或者抢劫数额巨大的;

(五)抢劫致人重伤、死亡的;

(六)冒充军警人员抢劫的;

(七)持枪抢劫的;

(八)抢劫军用物资或者抢险、救灾、救济物资的。

四、争议问题

该案争议问题有两个:一是被告人黄斌与舒修银是否已经着手实行犯罪?这直接关系到被告人是构成犯罪预备还是犯罪未遂?二是被告人黄斌与舒修银是否因"意志以外的原因"而被迫放弃犯罪?这将决定被告人是构成犯罪预备还是(预备阶段的)犯罪中止。

五、简要评论

本案中,被告人黄斌与舒修银虽准备了杀猪刀等作案工具,但准备工具的行为本身虽会间接危及法益但不可能直接危及乃至侵害法益,因而关键在于如何认定骗租出租车这一行为的性质。要完成抢劫罪,以行为人已经实施暴力、胁迫等直接危及法益乃至侵犯法益的手段行为为必要,两名被告人虽出于抢劫的意图骗租了出租车,但由于并未实施暴力、胁迫等行为,尚不能说若不当即放弃该行为或者当即被制止,法益就要遭到现实的侵害,因而准备作案工具并骗租出租车的行为对法益的威胁尚未达到紧迫现实的程度,不能谓之为已经着手实施抢劫,因而仍属于抢劫罪的犯罪预备。

是否因"意志以外的原因"而未能着手或者完成犯罪,是区分犯罪中止与犯罪预备、犯罪未遂乃至犯罪既遂的关键。在该案中,虽然从客观上说,携带了杀猪刀等作案工具的两名被告人应该有能力制服吴某夫妇,完全可以随时袭击吴某夫妇以劫取出租车等财物,但判断是否属于因"意志以外的原因"而未能着手实施犯罪,或者说是否属于"自动放弃"犯罪,应采取"主观说"——以行为人行为当时的自我认识为标准。被告人实施犯罪的目的显然不在于获取财物之后马上被抓获,因而会等待合适的时机下手,正因为感觉没有机会下手,才又"以50元的价钱要求前往他处",这足以反映出被告人之所以未下手,不是不愿下手而是觉得无法下手;而且,到达案发地之后,即便被告人觉得时机成熟可以下手,但由于被害人报案也已无法下手。因此,不能说被告人是出于自己的意志自动放弃犯罪,而应认为是因"意志以外的原因"而未能着手实行犯罪。

由上可见,被告人黄斌与舒修银构成抢劫罪(预备)。

案例6-2 胡国东爆炸案[①]

一、基本案情

2008年3月以来,被告人胡国东为让父母担保借钱一事与家人产生矛盾。5月9日晚7时许,被告人又为此事与母亲发生争吵,便声称要用液化气罐炸掉房子,并拔掉了罐子上的皮管。赶来调解的村干部离开后,被告人余怒未消,遂支走妻儿后,将装有约9公斤气的液化气罐从厨房搬至客厅,并取来雪碧瓶装的汽油泼洒在地面上。胡国东扬言要炸掉房子,与父母同归于尽,但并未开阀点火,后被民警控制。案发时被告人身上带有一只打火机。

二、诉讼过程及裁判理由

一审法院经审理认为,被告人胡国东为泄愤而准备用液化气罐、汽油制造爆炸,已经危害公共安全,但尚未造成严重后果,其行为显已构成爆炸罪;被告人为爆炸准备工具、制造条件,但未实施爆炸,属犯罪预备。依照《中华人民共和国刑法》第114条等规定判定被告人胡国东犯爆炸罪,判处有期徒刑6个月,缓刑1年。

一审宣判后,被告人未提起上诉。

三、关联法条

《中华人民共和国刑法》

第一百一十四条 放火、决水、爆炸以及投放毒害性、放射性、传染病病原体等物质或者以其他危险方法危害公共安全,尚未造成严重后果的,处三年以上十年以下有期徒刑。

第一百一十五条第一款 放火、决水、爆炸以及投放毒害性、放射性、传染病病原体等物质或者以其他危险方法致人重伤、死亡或者使公私财产遭受重大损失的,处十年以上有期徒

[①] 参见陈兴良、张军、胡云腾主编:《人民法院刑事指导案例裁判要旨通纂》(上卷),北京大学出版社2013年版,第5页。

刑、无期徒刑或者死刑。

四、争议问题

该案最大的争议在于，如何认定"声称要用液化气罐炸掉房子，并拔掉了罐子上的皮管"以及"将装有约9公斤气的液化气罐从厨房搬至客厅，并取来雪碧瓶装的汽油泼洒在地面上"等行为的性质？这直接决定了行为人构成爆炸罪的何种犯罪停止形态。

五、简要评论

要构成爆炸罪，必须危害公共安全。由于被告人的房子系砖木结构的旧民居，坐落村中，前后均有民宅，因而无论被告人出于何种动机，即便是要与家人同归于尽，仍然会危及整个村庄的安全，完全可能构成爆炸罪。

该案中，被告人是否已经着手实施爆炸行为呢？由于《刑法》第114条规定的爆炸罪是抽象的危险犯，只要能认定行为已经危及公共安全，原则上即构成爆炸罪的既遂。尽管可以认为，"声称要用液化气罐炸掉房子，并拔掉了罐子上的皮管"的行为，是为了实施爆炸而准备工具的行为，尚未实际危及公共安全，但"将装有约9公斤气的液化气罐从厨房搬至客厅，并取来雪碧瓶装的汽油泼洒在地面上"，则不宜再简单认定为只是为了犯罪而"准备工具"的行为。的确，若只是"将装有约9公斤气的液化气罐从厨房搬至客厅"，尚可谓之为"尚未危及公共安全"，但在客厅这一面积有限且已经放有液化气罐的场所，将汽油泼洒在客厅地面上，是否还可谓之为"但本案被告人虽然实施了拔掉液化气罐皮管、将汽油泼洒在地面上等一系列行为，但其最终没有实施开阀点火这一关键性的行为，其实施的一系列行为只是为实施爆炸做准备、创造有利条件，对公共安全还只是一种间接危险。因此，被告人的行为并不是已经'着手'爆炸行为，从而不符合犯罪未遂的构成要件"①呢？对此是存在疑问的。判断行为人的行为是否属于实行行为的目的在于，确定该行为是否已经危及公共安全。亦即，分析行为性质只是手段而非目的，不应机械地等待是否实施了"开阀点火"这一所谓"关键性的行为"，并由此决定是否实施了"实行行为"。"开阀点火"当然是实行行为，但不"开阀点火"不等于不会危及公共安全，关键在于从具体案情来看，被告人的一系列行为是否已经直接危及公共安全。②

---

① 陈兴良、张军、胡云腾主编：《人民法院刑事指导案例裁判要旨通纂》(上卷)，北京大学出版社2013年版，第6页。
② 例如，被告人因妻子离家出走而情绪极其低落消沉，试图自杀，于是在自己家里泼洒汽油；其后，想在临死之前抽上最后一支烟而打着了打火机，却点着了已经弥漫于室内的由汽油所挥发而成的蒸气。对此，日本横滨地方裁判所认为，考虑到汽油具有强烈的引火性，"可以认定，此时已经达到了发生法益侵害，即造成本案房屋被烧毁的紧迫危险"，而肯定存在实行的着手(横滨地判1983年7月20日判时1108号，第138页)。由此可见，尽管被告人没有实施放火罪的"点火"行为，但裁判所重视的是，客观上是否已经发生点火、燃烧的危险。参见〔日〕西田典之：《日本刑法总论》(第2版)，王昭武、刘明祥译，法律出版社2013年版，第272页。

若认定"将装有约9公斤气的液化气罐从厨房搬至客厅,并取来雪碧瓶装的汽油泼洒在地面上"已经有发生爆炸的紧迫现实的危险,已着手实行爆炸行为,接下来的问题是,被告人是构成爆炸罪的未遂还是既遂?这涉及如何理解《刑法》第114条与第115条第1款之间的关系问题。尽管有学者认为,应将《刑法》第114条与第115条第1款理解为未遂犯与既遂犯的关系,亦即,《刑法》第114条规定的放火罪等是《刑法》第115条规定的以"致人重伤、死亡或者公私财产遭受重大损失"作为构成要件的放火罪等的实害犯的未遂犯。① 但宜将二者理解为基本犯与结果加重犯的关系,第114条仍然规定的是抽象的危险犯的既遂犯罪。因此,可以认为该案被告人胡国东构成爆炸罪的既遂犯,适用第114条。② 若"造成严重后果",则构成爆炸罪的结果加重犯,适用第115条第1款。

案例6-3 吴学友故意伤害案③

一、基本案情

2001年1月上旬,被告人吴学友雇请胡维维、方彬(均不满18周岁)欲重伤李汉德,并带领二人指认李汉德并告之其回家的必经路线。当月12日晚,胡维维、方彬等人携带钢管在李汉德回家路上守候。晚10时许,李汉德骑自行车路过,胡维维、方彬等人即持凶器上前殴打李汉德,将李汉德连人带车打翻在地,并从李汉德身上劫走人民币580元。事后,吴学友给付胡维维等人"酬金"人民币600元。经法医鉴定,李汉德的伤情为轻微伤甲级。

二、诉讼过程及裁判理由

一审法院经审理认为,被告人吴学友雇人故意伤害被害人李汉德并致其轻微伤甲级,其行为已构成故意伤害罪(教唆未遂);胡维维等人超过被告人的授意范围而实施的抢劫行为,属于"实行过限",被告人对此不承担罪责;因被教唆人胡维维等人实施的伤害行为后果较轻,尚不构成故意伤害罪,故可以对被告人从轻或者减轻处罚;被告人教唆未满18周岁的人实施故意伤害罪,应当从重处罚。最终判定被告人吴学友犯故意伤害罪(教唆未遂),判处有期徒刑6个月。

一审宣判后,被告人未提出上诉。

---

① 参见黎宏:《刑法学》,法律出版社2012年版,第438—440页;张明楷:《刑法学》(第3版),法律出版社2007年,第518页。
② 这样理解并不意味着只要实施了抽象危险犯的实行行为,便再无成立未遂犯或者中止犯的余地。例如,如果某人用火柴点火焚烧房屋,但因天气潮湿而无法点燃房屋的,就有成立未遂犯甚至中止犯的可能。
③ 参见陈兴良、张军、胡云腾主编:《人民法院刑事指导案例裁判要旨通纂》(上卷),北京大学出版社2013年版,第454页。

三、关联法条

《中华人民共和国刑法》

第二百三十四条第一款　故意伤害他人身体的,处三年以下有期徒刑、拘役或者管制。

第二十九条　教唆他人犯罪的,应当按照他在共同犯罪中所起的作用处罚。教唆不满十八周岁的人犯罪的,应当从重处罚。

如果被教唆的人没有犯被教唆的罪,对于教唆犯,可以从轻或者减轻处罚。

四、争议问题

本案虽然案情相对简单,但在理论上既涉及"实行过限"的问题,更涉及共犯的从属性、共同犯罪中违法的相对性与连带性等问题,并与犯罪的停止形态联系在一起。最核心的问题在于,被告人吴学友教唆他人实施故意伤害罪,但他人的行为并不构成故意伤害罪,被告人是否构成故意伤害罪的教唆犯?若构成教唆犯罪,是故意伤害罪的何种犯罪停止形态?

五、简要评论

对于该案,可以从以下几点进行分析:

第一,所谓"实行过限",一般是指在共同犯罪中,部分正犯实现了超出共谋范围的(或者正犯实现了与教唆犯或者帮助犯之间的意思联络之外的)、与基本犯罪属于同性质的重罪的情形。[①] 与其他共犯问题一样,实行过限的核心问题也在于确定各个共犯的归责范围。[②] 共同犯罪虽然采取"部分行为全部责任"原则,但这限于行为人的行为与其他共犯的行为属于"同一共同犯罪",并不意味着共同犯罪采取的集体责任(抑或团体责任),而仍然坚持的是个人责任原则。因此,只要实行犯的行为被认定为"实行过限",就意味着该实行犯的行为超出了"共同故意"的范畴,其他共犯无须对此承担罪责。就该案而言,被告人吴学友与被教唆人的合意范围仅限于实施伤害行为,被教唆人所实施的抢劫行为显然不在当初的教唆的射程之内,因而如该案判决所言,被告人不对抢劫行为担责。[③]

第二,由于(狭义的)共犯是通过正犯间接侵犯法益,刑法理论普遍采取的是共犯从属性说,亦即,要成立共犯,首先必须存在正犯(但存在正犯未必一定成立共犯)。但就共犯对正

---

① 实行过限还包括实现了与共谋之罪性质完全不同的其他犯罪的情形,如共谋盗窃,但实际实施了强奸的,未实行过限者与实行过限者应分别承担盗窃、强奸的罪责,这在理论上不存争议。
② 参见王昭武:《实行过限新论——以共谋射程理论为依据》,载《法商研究》2013年第3期。
③ 倘若胡维维等人是直接通过暴力手段劫取财物,劫取财物的行为虽属于实行过限,但为了劫财而实施的暴力手段仍属于有关故意伤害罪的教唆的射程之内的行为,对该暴力行为及其所造成直接结果(轻伤、重伤乃至死亡结果)仍应承担故意伤害罪的罪责。

犯的从属程度尚存在争议,大陆法系通说采取的是限制从属性说,即正犯行为必须达到符合构成要件而且具有刑事违法性的程度。我国传统刑法理论采取的是极端从属性说,要求正犯行为必须实际构成犯罪。就该案而言,若采取极端从属性说,由于被教唆人胡维维等人的行为仅造成轻微伤,并不构成故意伤害罪,因而势必得出被告人吴学友也不构成故意伤害罪的教唆犯这一结论;若采取限制从属性说,就要求被教唆人的行为具有刑事违法性,由于仅造成了轻微伤,只能认定胡维维等人的行为属于一般违法行为,因而也会得出被告人吴学友不构成故意伤害罪的教唆犯的结论。倘若采取最小从属性说[①],认为只要胡维维等人的行为符合构成要件(实施实行行为)即可,则会得出吴学友构成故意伤害罪的教唆犯的结论。

若认为吴学友构成故意伤害罪的教唆犯,还需要分析其属于何种犯罪停止形态。由于胡维维等人是携带钢管等凶器殴打李汉德,已经实际发生了致李汉德轻伤以上后果的危险,因而对被告人吴学友而言,胡维维等人实施了故意伤害罪的实行行为,只是由于吴学友意志以外的原因而最终未能达到轻伤以上结果,吴学友应成立故意伤害罪未遂的教唆犯。

第三,有关共同犯罪中的违法的连带性与相对性的问题。[②] 违法的连带性说采取的是"违法连带、责任个别"这种传统观点,认为共犯的违法性从属于正犯的违法性,亦即,若正犯不具有违法性,共犯亦不具有违法性;违法的相对性说则认为,尽管共犯具有从属性,但共犯仍然是就自己的教唆或者帮助行为及其所引起的实行行为本身承担罪责,因而其违法性的有无及其程度,取决于其本身所实施的教唆行为或者帮助行为。就该案而言,由于不能认定胡维维等人的行为具有刑事违法性,违法的连带性说的结论,势必使被告人吴学友的教唆行为也不具有故意伤害罪的违法性,当然也不能构成故意伤害罪的教唆犯;反之,违法的相对性说则可以得出被告人的教唆行为具有故意伤害罪的违法性的结论。

第四,该案还涉及对《刑法》第29条第2款的理解。尽管对我国刑法就教唆犯的规定采取的是从属性说还是独立性说尚存争议,但至少仅就第2款本身而言,应该说采取的是教唆犯独立性说,也就是说,即便被教唆人"没有犯被教唆的罪",教唆人仍应构成所教唆之罪的教唆犯。该案判决显然采取的就是这种观点。暂且不论该款规定是否合理,但有一点是明确的,不能将"教唆的未遂"直接等同于"未遂犯"。

---

① 参见王昭武:《论共犯的最小从属性说——日本共犯从属性理论的发展与借鉴》,载《法学》2007年第11期。
② 注意不能将共同犯罪中的违法的相对性等同于法秩序统一性视野下的违法的相对性,前者所谓违法仅指刑事违法性,而后者讨论的是一般违法性(行政违法、民事违法等)与刑事违法性之间的关系。

案例 6-4　申宇盗窃案[①]

一、基本案情

2007年2月12日11时许,被告人申宇在北京市海淀区某公司库房内,作为库房管理员在与其他物流公司的送货员崔晓宝、李鹏办理货物交接手续的过程中,乘二人不备窃取二人负责运送的三星手机一箱,内有手机10部,价值人民币55 000元。二人发现手机丢失后报警,民警在库房内起获被盗手机。

二、诉讼过程及裁判理由

一审法院经审理认为,被告人申宇以非法占有为目的,秘密窃取他人财物,数额巨大,其行为已构成盗窃罪。申宇作为库房管理员,在没有他人在场的情况下将涉案手机藏于库房其他位置后,便已完成盗窃行为,实际控制了手机;而崔晓宝、李鹏作为物流公司的送货员,库房并非其控制范围,丢失手机后即丧失了对手机的控制,因此,被告人申宇窃取手机的行为已经实施完毕并实际控制了手机,属于犯罪既遂。最终判定被告人申宇犯盗窃罪,判处有期徒刑5年,罚金人民币5 000元。

被告人申宇以其行为是犯罪未遂,原判量刑过重为由提起上诉。对此,二审法院认为,崔晓宝、李鹏发现手机丢失后,确认手机不是在运输途中丢失,遂将寻找范围锁定在申宇看管的库房,并及时报警,在民警到来后,将被盗手机起获,客观上有效地阻止了申宇犯罪目的的实现,因而申宇并未完全取得对所窃财物的实际控制,应属于犯罪未遂。据此改判被告人申宇犯盗窃罪,判处有期徒刑3年,缓刑4年,并处罚金人民币3 000元。

三、关联法条

《中华人民共和国刑法》

第二百六十四条　盗窃公私财物,数额较大的,或者多次盗窃、入户盗窃、携带凶器盗窃、扒窃的,处三年以下有期徒刑、拘役或者管制,并处或者单处罚金;数额巨大或者有其他严重情节的,处三年以上十年以下有期徒刑,并处罚金;数额特别巨大或者有其他特别严重情节的,处十年以上有期徒刑或者无期徒刑,并处罚金或者没收财产。

[①] 参见陈兴良、张军、胡云腾主编:《人民法院刑事指导案例裁判要旨通纂》(下卷),北京大学出版社2013年版,第720页。

四、争议问题

正如一审判决与二审判决结论不一所体现的那样,关于盗窃罪等财产性犯罪的争议,多集中在既、未遂的认定上。亦即,认定既遂的标准是否必须是被害人丧失对财物的占有(失控)且行为人实际控制了财物(控制)?

五、简要评论

就如何认定盗窃罪的既遂,理论界主要存在失控说(被害人)与控制说(行为人)之间的对立(其他财产性犯罪原则上也是如此)。失控说认为,只要被害人丧失了对自己财物的控制,不管行为人是否实际控制了该财物,都应当认定为盗窃既遂;控制说则认为,只有行为人侵犯他人的占有而将财物移转至自己(或能评价为自己占有的第三人)的占有之下时才构成既遂。一般情况下,两说在结论上是一致的,但在被害人的"失控"与行为人的"控制"不一致的情况下,即财物的所有人或保管人虽失去了对财物的控制,而行为人尚未实际控制财物的情况下,就会出现结论上的不一致。例如,行为人以非法占有为目的,从火车上将他人财物扔到偏僻的轨道旁,打算下车后再捡回该财物,但被路人捡走,按照失控说的观点,不管行为人事后是否拾回了该财物,均应成立既遂;而按照控制说的观点,尽管被害人丧失了对财物的占有,但尚不能说行为人已经控制了该财物,势必应成立未遂。

事实上,两说之间的差别表面上体现的是认定既遂的时点存在先后之分,但实际上反映的则是刑罚理念的不同:控制说强调的是对行为人的保护,只要行为人尚未取得占有财物,就不能谓之为已经窃取了财物;而失控说更强调对被害人的保护,只要被害人丧失了对自己财物的控制,不论行为人是否已经控制财物,均为既遂。一般情况下,控制说是妥当的,只要行为人实际控制了财物,当然应成立既遂。但既然盗窃罪的保护法益是他人对财物的事实上的占有,逆言之,只要他人丧失了对财物的占有,就能谓之为已经侵犯了盗窃罪的保护法益。因而,失控说更有利于实现盗窃罪的立法目的。如该案判决所示,实务部门多采取的是"失控+控制说",但要谓之为行为人实际控制了财物,其前提当然是被害人丧失了对财物的控制,因而该观点与控制说并无根本不同。

该案中,被害人崔晓宝、李鹏显然已经丧失了对手机的占有,因而问题集中于,能否将被告人申宇藏匿所盗手机的行为认定为已经实际控制了该手机?正如一审判决所言,被告人申宇作为库房管理员,对于身为其他公司员工的被害人崔晓宝、李鹏而言,库房属于被告人申宇的控制范围①,只要承认被害人丧失了对手机的控制,就可以认定被告人实际控制了手

---

① 按照失控说的观点,即便被告人的藏匿财物的场所不在其控制范围之内而处于第三者的控制范围之内(甚至是,财物虽表面上仍处于被害人的控制范围之内,但被害人轻易无法找到该财物,而实质上不能谓之为正控制着财物的情形),亦可认定为盗窃罪既遂。例如,在他人经营的浴室内,窃取他人戒指并藏在不易被人发现的浴室某处,就属于盗窃既遂(参见日本大判 1923 年 7 月 3 日刑集 2 卷,第 624 页)。

机。被害人只有通过报警借助警察之力才得以重新取得对手机的控制,这一事实就已经反映了手机的占有已经发生转移,当时处于被告人的控制之下。因此,二审判决的结论存在疑问。二审判决之所以认定被告人尚未控制被盗手机,可能是过于看重被害人"及时报警,在民警到来后,将被盗手机起获"这一事实,而错误地将该事实等同于行为人窃得财物但在逃跑途中被抓获的情形(详见"沈传海等抢劫案")。

案例6-5　沈传海等抢劫案[①]

一、基本案情

2008年8月16日23时许,被告人沈传海、史秀纯伙同他人在山东省日照市祥龙宾馆附近,对王某义拳打脚踢,抢走了王某义的黑色挎包一个,但在逃跑过程中,王某义与路人追上持被抢挎包逃跑的沈传海,并夺回挎包。该挎包内有现金12 594元及价值200元的手机一部。史秀纯当晚被公安机关抓捕归案。

二、诉讼过程及裁判理由

一审法院经审理认为,被告人沈传海、史秀纯以非法占有为目的,采取暴力手段,劫取他人财物,侵犯了公民的财产权利和人身权利,其行为均构成抢劫罪,且二人共同故意实施抢劫犯罪,系共同犯罪。二被告人已经着手实行抢劫行为,由于意志以外的原因而未得逞,系犯罪未遂。考虑到被告人史秀纯属于累犯,最终判决被告人沈传海犯抢劫罪(未遂),判处有期徒刑3年,并处罚金人民币1万元;被告人史秀纯犯抢劫罪(未遂),判处有期徒刑3年零6个月,并处罚金人民币1万元。

三、关联法条

《中华人民共和国刑法》

第二百六十三条　以暴力、胁迫或者其他方法抢劫公私财物的,处三年以上十年以下有期徒刑,并处罚金;有下列情形之一的,处十年以上有期徒刑、无期徒刑或者死刑,并处罚金或者没收财产:

(一)入户抢劫的;

(二)在公共交通工具上抢劫的;

[①] 参见陈兴良、张军、胡云腾主编:《人民法院刑事指导案例裁判要旨通纂》(下卷),北京大学出版社2013年版,第606页。

（三）抢劫银行或者其他金融机构的；

（四）多次抢劫或者抢劫数额巨大的；

（五）抢劫致人重伤、死亡的；

（六）冒充军警人员抢劫的；

（七）持枪抢劫的；

（八）抢劫军用物资或者抢险、救灾、救济物资的。

四、争议问题

如前述"申宇盗窃案"，本案的争议或者关键点仍在于，如何认定财产犯罪的既遂与未遂？

五、简要评论

抢劫罪，是指以非法占有为目的，当场对公私财物的所有人、占有人、保管人或其他在场的人使用暴力、胁迫或者其他方法，强行劫取公私财物的行为。行为人是通过暴力、胁迫等手段压制被害人，使被害人处于不能抵抗（或者不知反抗、不敢反抗）的状态，行为人利用此种状况破坏既存持有（控制）状态，对财物建立新的持有（控制）关系。其中，暴力、胁迫或者其他强制方法，是抢劫罪的手段行为；劫取公私财物，是抢劫罪的目的行为。与盗窃罪相比，抢劫罪（以及诈骗罪、敲诈勒索罪等）更关注手段行为与目的行为之间是否存在因果关系。要成立抢劫罪的既遂，必须是手段行为与目的行为存在因果关系，否则只能认定为未遂。

对于该案，一审法院采取的仍然是"失控+控制说"。在该案中，被告人沈传海是在抢得财物之后为了控制财物而逃跑的过程中被抓获，不能说被告人已经实际控制了财物；而且，被害人王某义是在财物被抢之后马上追赶，尽管表面上被害人丧失了对财物的实际持有，但从本质上看，尚不能说被害人已经丧失了对财物的控制。也就是说，这种情形实质上可以被评价为"当场夺回财物"，因而应属于抢劫罪的未遂。这里有两个问题需要明确：一是何种情形能被实质性地评价为"当场夺回财物"；二是由于被告人沈传海、史秀纯是分头逃跑，对于并未携带所抢财物的被告人史秀纯，如何界定其既未遂。

除了在犯罪现场马上取回财物的情形之外，要实质性地评价为"当场夺回财物"，应该以是否仍处于抢劫（或者盗窃、诈骗等）机会的持续过程中夺回了财物作为评价标准，只要行为人仍处于"被害人一方"的持续追赶过程中，就应认定为"当场夺回财物"，至于离开犯罪现场的远近、距离抢劫行为的时间间隔长短以及实际夺回财物时被害人本身是否在场，这些并非问题的关键。反之，若行为人一旦成功摆脱被害人一方的追赶，后来又被被害人一方发现而抓获的，就应认定为犯罪既遂。

在共同犯罪的情形下,原则上共犯之间的犯罪停止形态是一致的(除非有共犯脱离、中止犯等特殊情形)。具体就抢劫罪等财产犯罪而言,判断是否构成犯罪既遂,应以携带财物逃跑的被告人沈传海是否实际控制了财物作为判断被害人是否丧失了对财物的控制的标准。因此,尽管被告人史秀纯是事后被抓捕,仍应认定为抢劫罪未遂。反之,如果是被告人史秀纯当场被抓捕,而被告人沈传海是成功逃脱之后事后被抓捕,就应认定二人构成抢劫罪既遂。

案例6-6 杨飞飞、徐某抢劫案①

一、基本案情

2007年11月17日21时许,被告人杨飞飞、徐某(当时未满18周岁)骑摩托车在上海南站轻轨出口的自行车停车场内,窃走一价值人民币150元的电动自行车电瓶,被社保队员吴桂林发现并拦截。二人为抗拒抓捕,分别用大力钳、拳头对吴桂林实施殴打,致吴桂林轻微伤。杨飞飞逃脱,徐某在逃跑途中被抓获,遗留在现场的摩托车与电瓶被公安机关扣押。

二、诉讼过程及裁判理由

一审法院经审理认为,被告人杨飞飞、徐某盗窃他人财物,为抗拒抓捕而当场使用暴力,其行为构成抢劫罪,考虑到二人赔偿了被害人的经济损失等因素,分别判处被告人杨飞飞有期徒刑3年,并处罚金人民币3 000元;被告人徐某有期徒刑1年零3个月,并处罚金人民币1 000元。

一审宣判后,二人提出上诉。

二审法院认为,原审法院对犯罪的定性与认定的从轻处罚情节并无不当,但未认定该案的抢劫犯罪系未遂,应予纠正,最终撤销原审法院对两名被告人量刑的判决,分别判处被告人杨飞飞有期徒刑2年零10个月,并处罚金人民币3 000元;被告人徐某有期徒刑1年,并处罚金人民币1 000元。

三、关联法条

《中华人民共和国刑法》

第二百六十九条 犯盗窃、诈骗、抢夺罪,为窝藏赃物、抗拒抓捕或者毁灭罪证而当场使

---

① 参见陈兴良、张军、胡云腾主编:《人民法院刑事指导案例裁判要旨通纂》(下卷),北京大学出版社2013年版,第674页。

用暴力或者以暴力相威胁的,依照本法第二百六十三条的规定定罪处罚。

四、争议问题

本案的争议点在于,成立事后抢劫罪的既遂,是否以先前行为已取得对财物的占有为标准?

五、简要评论

要成立事后抢劫罪(亦称转化型抢劫罪),必须是行为人实施了盗窃、诈骗、抢夺罪;当场使用暴力或者以暴力相威胁;使用暴力或者以暴力相威胁的目的是为了窝藏赃物、抗拒抓捕或者毁灭罪证。只要行为人以犯罪故意实施盗窃、诈骗、抢夺行为,且已经着手实行(不包括预备行为),不论是既遂还是未遂,不论所取得的财物数额大小,在共同犯罪中不论是实行犯还是教唆犯、帮助犯,都符合"犯盗窃、诈骗、抢夺罪"的条件。但就"窝藏赃物"而言,先前行为必须是已经取得财物。

事后抢劫罪并不是犯罪行为的简单累加或者犯罪结果的加重,而是犯罪行为性质的根本改变,是由盗窃等前行为与暴力、胁迫等后行为结合而成,前行为与后行为都是本罪的实行行为,因而存在究竟是以前行为还是后行为作为既遂认定标准的问题。由于事后抢劫罪是"依照本法第二百六十三条的规定定罪处罚",因而其既遂标准应与普通抢劫罪保持一致。对此,2005 年 6 月 8 日最高人民法院发布的《关于审理抢劫、抢夺刑事案件适用法律若干问题的意见》第 10 条规定:"抢劫罪侵犯的是复杂客体,既侵犯财产权利又侵犯人身权利,具备劫取财物或者造成他人轻伤以上后果两者之一的,均属抢劫既遂;既未劫取财物,又未造成他人人身伤害后果的,属抢劫未遂……"但学界的有力观点认为,由于事后抢劫罪终究属于侵犯财产罪,盗窃等前行为才是事后抢劫罪的重要构成要件,因而事后抢劫罪是既遂还是未遂,应取决于前行为是既遂还是未遂,而非取决于后行为是既遂还是未遂;而且,前行为已经达到既遂,但暴力、胁迫未能奏效,财物被追回的,仍应成立事后抢劫罪的既遂。①

在该案中,由于被告人杨飞飞、徐某的盗窃行为被当场发现,并未实际控制电瓶,且暴力手段并未造成吴桂林轻伤以上后果,因而无论采取司法解释的观点还是采取学界的有力观点,二人均只能构成事后抢劫罪的未遂。

另外需要注意的是,由于盗窃等前行为与暴力等后行为都是事后抢劫罪的实行行为,在认定共同犯罪时,不能简单地套用"部分行为全部责任"原则,仍应坚持个人责任原则,具体界定哪些行为可以归责于具体共犯人。例如,如果被告人杨飞飞、徐某一同实施盗窃,杨飞

---

① 参见〔日〕山口厚:《刑法各论》(第 2 版),王昭武译,中国人民大学出版社 2011 年版,第 269 页。另参见张明楷:《刑法学》(第 4 版),法律出版社 2011 年版,第 861 页。

飞被当场抓获,而徐某在逃跑过程中为抗拒抓捕而实施暴力的,只要不能证明二人事前就该暴力存在共谋,就应分别认定杨飞飞构成盗窃罪、徐某构成(事后)抢劫罪;又如,杨飞飞因盗窃被发现而实施暴力以抗拒抓捕,此时,路过此地的徐某知情参与的,就应对徐某按照承继的共犯来处理。

案例6-7 唐胜海等强奸案①

一、基本案情

2003年4月28日凌晨1时许,被告人唐胜海、杨勇从南京市某娱乐场所,将已经处于醉酒状态的女青年王某带至该市某浴室包房内,趁王某醉酒无知觉、无反抗能力之机,先后对其实施奸淫。唐胜海因饮酒过多而致奸淫行为未得逞,但杨勇奸淫得逞。

二、诉讼过程及裁判理由

一审法院经审理认为,被告人唐胜海、杨勇违背妇女意志,轮流奸淫妇女,其行为已构成强奸罪。考虑到唐胜海协助公安机关抓获同案犯,有立功表现,且其个人奸淫目的未得逞,可以对其减轻处罚,最终判处被告人唐胜海犯强奸罪,判处有期徒刑7年;被告人杨勇犯强奸罪,判处有期徒刑10年。

一审宣判后,二人不服判决提出上诉,但在二审法院审理过程中撤诉。

三、关联法条

《中华人民共和国刑法》

第二百三十六条 以暴力、胁迫或者其他手段强奸妇女的,处三年以上十年以下有期徒刑。

奸淫不满十四周岁的幼女的,以强奸论,从重处罚。

强奸妇女、奸淫幼女,有下列情形之一的,处十年以上有期徒刑、无期徒刑或者死刑:

(一)强奸妇女、奸淫幼女情节恶劣的;

(二)强奸妇女、奸淫幼女多人的;

(三)在公共场所当众强奸妇女的;

(四)二人以上轮奸的;

---

① 参见陈兴良、张军、胡云腾主编:《人民法院刑事指导案例裁判要旨通纂》(上卷),北京大学出版社2013年版,第478页。

（五）致使被害人重伤、死亡或者造成其他严重后果的。

四、争议问题

该案的争议问题有二：一是要认定为轮奸，是否以二人以上实际完成奸淫行为为必要？二是在强奸罪的共同犯罪中，奸淫行为"未得逞"的共犯是否成立强奸罪既遂？

五、简要评论

强奸罪以是否"插入"作为既遂标准，对幼女也是如此，不能以所谓"接触说"作为认定奸淫幼女既遂的标准。轮奸，是指两男以上出于共同的奸淫认识，在同一时间段内先后轮流强行奸淫同一妇女或者幼女的行为。① 轮奸只是强奸罪的法定加重处罚情节之一，是一种事实认定，不要求实际实施奸淫行为者均满足共同犯罪的主体要求。

首先，例如，甲与乙以轮奸犯意对 A 女实施暴力，甲奸淫后，乙放弃奸淫或者由于意志以外的原因未及实施奸淫行为的，甲、乙之间虽有轮奸的犯意，但两人并没有轮流实施奸淫行为，就不存在轮奸的事实，对甲、乙二人均只适用普通强奸（既遂）的法定刑。问题在于，甲完成奸淫之后，乙虽已着手实施奸淫行为，但未能"插入"或者自动放弃"插入"的，能否谓之为轮奸呢？对此，该案的"裁判要旨"认为，由于轮奸解决的是对行为人所要适用的法定刑档次和刑罚轻重问题，因而各行为人只要实施了轮奸行为，就应适用相应的法定刑。具体在该案中，尽管被告人唐胜海奸淫未得逞，但由于二人均实施了奸淫行为，因而应对二人以强奸罪既遂定罪并按轮奸情节予以处罚，但在具体量刑时可以区别对待。

然而，既然轮奸只是一个事实认定，要称之为轮奸，不仅要求至少两男以上已着手实施奸淫行为，还应该至少有两男实际完成了奸淫行为，即至少有两男均达到了"插入"的程度。只有一男完成"插入"的，只能说两男以上实现了强奸，强奸罪本身达到既遂，但尚不能说两男以上已构成轮奸，亦即可谓之为不存在轮奸这一情节。因而就本案而言，被告人唐胜海由于意志以外的原因（醉酒）未得逞，只有杨勇得逞，对此只能评价为，根据"部分实行全部责任"原则，作为强奸罪的共同犯罪已达到既遂，二人均应成立强奸罪既遂的罪责，但不能对二人适用轮奸的法定刑。反之，若按照上述"裁判要旨"的观点，甲、乙以轮奸犯意分别对 A 女实施奸淫行为，但均未完成"插入"行为的，就应对二人均适用轮奸的法定刑，但属于强奸罪未遂。这种做法是将轮奸简单地等同于"共同强奸"，不仅对轮奸的本质存在错误理解，更有仅看重刑法的法益保护功能，而忽视刑法的保障功能之嫌。②

---

① 为此，通奸后又帮助他人强奸该妇女的，就不能认定为轮奸。参见"滕开林等强奸案"，载陈兴良、张军、胡云腾主编：《人民法院刑事指导案例裁判要旨通纂》（上卷），北京大学出版社 2013 年版，第 476—478 页。

② 参见"林跃明强奸案"，载陈兴良、张军、胡云腾主编：《人民法院刑事指导案例裁判要旨通纂》（上卷），北京大学出版社 2013 年版，第 493—494 页。

其次,例如,甲、乙、丙 3 人商定轮奸 A 女,甲、乙完成奸淫行为之后,丙放弃奸淫或者由于意志以外的原因未得逞的,3 人的行为本身无疑属于轮奸,对甲、乙当然应适用轮奸的法定刑,但问题在于,对丙是否也应适用轮奸的法定刑?对此,一种观点认为,丙虽然没有实施奸淫行为,但由于 3 人成立共同正犯,丙应当对甲、乙的行为与结果承担罪责,故对丙也适用轮奸的法定刑(当然在具体量刑上应区别于甲、乙)①;另一种观点认为,对丙应认定为强奸罪的既遂,但在处罚上不适用轮奸的法定刑。② 如果严格遵循共犯理论,就应采取前一观点;但若将轮奸视为个别的加重处罚事由,则后一观点有其合理性。

案例 6-8　李官容抢劫、故意杀人案③

一、基本案情

2008 年 6 月上旬,被告人李官容预谋对相识的被害人潘荣秀实施抢劫后杀人灭口。当月 19 日 20 时许,李官容租赁轿车,携带绳子等作案工具,以出游为名诱骗潘荣秀上车,途中劫得手机、银行卡等物。20 日 4 时许,获取银行卡密码后,李官容勒昏潘荣秀,并用绳子捆绑后置于汽车后备箱。在回程途中,发现潘荣秀未死,遂打开后备箱,先用石头砸潘荣秀头部,后用小剪刀刺其喉部与手臂,致潘荣秀再度昏迷。20 日 6 时许,因担心潘荣秀未死,李官容又在路边购买水果刀一把,并将车开至某汽车训练场准备杀害潘荣秀。乘李官容如厕之际,潘荣秀挣脱绳索,逃至公路上向路人求救,该路人用手机报警。李官容见状即用水果刀刺潘荣秀腹部,因潘荣秀抵抗且其衣服较厚致刀柄折断而未得逞。李官容遂以"你的命真大,这样做都弄不死你,我送你上医院"为由劝潘荣秀上车。上车后李官容再次殴打潘荣秀。途中,潘荣秀跳下车向路人呼救,李官容假装夫妻吵架而搪塞过去,并将潘荣秀再次劝上车。李官容威胁潘荣秀不能报警否则继续杀她,在潘荣秀答应后将其送往医院。潘荣秀要回手机、银行卡等物后打电话叫朋友赶到医院。20 日 8 时许,李官容终将潘荣秀送至医院,并借钱支付了 4 000 元医疗费。经鉴定,潘荣秀的伤情为轻伤。

二、诉讼过程及裁判理由

一审法院经审理认为,被告人李官容以非法占有为目的,以暴力手段强行劫取他人财物,且实施抢劫后杀人灭口,故意非法剥夺他人生命,其行为已构成抢劫罪与故意杀人罪,但

---

① 参见张明楷:《刑法学》(第 4 版),法律出版社 2011 年版,第 783 页。
② 参见黎宏:《刑法学》,法律出版社 2012 年版,第 659 页。
③ 参见陈兴良、张军、胡云腾主编:《人民法院刑事指导案例裁判要旨通纂》(上卷),北京大学出版社 2013 年版,第 384 页。

因意志以外的原因而杀人未得逞,是犯罪未遂。最终判处被告人李官容犯抢劫罪与故意杀人罪,决定执行有期徒刑14年,剥夺政治权利两年,并处罚金人民币2 000元。李官容未提出上诉。

三、关联法条

《中华人民共和国刑法》

第二百三十二条　故意杀人的,处死刑、无期徒刑或者十年以上有期徒刑;情节较轻的,处三年以上十年以下有期徒刑。

四、争议问题

该案构成抢劫罪既遂,这不存在任何争议。同时,该案属于犯罪停止形态问题中非常具有代表性的案例,最大的争议在于,被告人李官容放弃继续杀害被害人,并将其送医救治的行为,能否认定为"中止行为",并认定其主观上具有"自动性"?

五、简要评论

中止犯的性质(亦称为中止犯的减免处罚根据或者立法理由)是基于立法目的对中止犯规定的解读,是中止犯问题的本相,更是中止犯成立要件的基础,而中止犯的成立要件属于中止犯问题的面相,只是中止犯性质的表征。只有在中止犯性质的指导与制约下,对中止犯成立要件的认定,才可能有助于实现立法目的。关于中止犯的性质,大致分为政策说与法律说(具体包括违法性减少说、责任减少说以及违法性·责任减少说)两种研究路径。政策说与法律说并非相互排斥,原则上应主张"综合说":以政策说作为法律说之基础,从政策性考量(为使法益免受侵害或者防止法益遭受进一步的侵犯,通过给犯罪人架设一条回归的"黄金之桥",以鼓励犯罪人放弃犯罪救助法益)、违法性减少、责任减少三个方面来说明中止犯的性质。①

中止犯的性质对成立要件的制约意义在于:其一,作为成立要件的认定顺序,应以"中止行为"作为第一顺位的要件,以"任意性"作为第二顺位的要件。其二,作为中止犯的第一顺位要件的"中止行为",必须是能减少预备犯或者未遂犯之违法性,值得政策性地予以奖励的行为。为此,就要求行为人是出于防止结果发生的中止意思而实施中止行为,且中止行为客观上足以防止既遂结果的发生,以消除实行行为所引起的既遂危险或者预备行为所引起的实行危险为内容,以既遂结果的未发生为终极状态。其三,作为第二顺位要件的"任意性"(自动性),也必须是值得褒奖的主观意思,而不仅仅是所谓"能犯而不欲"。为此,首先,放

---

① 参见王昭武:《论中止犯的性质及其对成立要件的制约》,载《清华法学》2013年第5期。

弃或者阻止犯罪必须是基于行为人的自由选择；其次，行为人还必须认识到，是通过自己的作为或者不作为消除既存危险。①

具体就该案而言，可按照以下顺序进行判断：

首先，之所以未能发生既遂结果，客观上确实是因为被告人李官容没有继续实施杀害行为，而是将潘荣秀送医。如果将中止行为理解为"足以阻止既遂结果发生的行为"或者"对既遂结果的发生做出了实质性贡献的行为"，进行纯客观的判断，被告人将被害人送医的行为就应属于中止行为。然而，在当时的情形下，由于已经是早晨，路人很多，且被害人虽经刀刺绳勒仍具有一定的反抗能力，且多次向路人求救，被告人客观上已难以继续实施杀人灭口的行为。尽管"将被害人送医"的行为客观上防止了"犯罪结果的发生"，但李官容只是在继续杀害无望的情况下为了防止被害人报警而采取的一种"交换性质"的措施，主观上并没有通过"将被害人送医"而"防止既遂结果发生"这种"中止意思"。若要求对中止行为存在"中止意思"，在此阶段即可否定该行为属于中止行为，不成立中止犯，无须再考虑是否具有任意性。

其次，倘若认为"中止意思"属于任意性的内容之一，该案的问题便在于，行为人的"送医行为"是否具有"任意性"？若采取客观说，站在事后第三人的角度进行客观判断，被告人"似乎"完全可以继续通过其他方法杀死被害人。但任意性的判断原则上应采取主观说，"你的命真大，这样做都弄不死你，我送你上医院"这一态度表明，被告人当时自以为力不从心，是"欲犯而不能"，因而不具有任意性。进一步而言，即便被告人当时自认为"能犯"，但因对方命大而服气，且是为了防止被害人报警才答应送被害人就医，主观上也不存在值得刑法予以褒奖、足以减少其责任的任意性。

因此，被告人的行为不值得必要性地减免其刑的褒奖，不能成立中止犯，"将被害人送医"的行为不过是成立未遂犯之时的量刑情节，一审法院判定被告人成立未遂犯的结论是正确的。

案例6-9 王元帅等抢劫、故意杀人案②

一、基本案情

2002年6月6日，被告人王元帅纠集被告人邵文喜预谋实施抢劫。当日10时许，二人携带作案工具在北京密云县某处骗租了杨某驾驶的小型客车。途中，经王元帅示意，邵文喜

---

① 参见王昭武：《论中止犯的性质及其对成立要件的制约》，载《清华法学》2013年第5期。
② 参见陈兴良、张军、胡云腾主编：《人民法院刑事指导案例裁判要旨通纂》（上卷），北京大学出版社2013年版，第351页。

用事前准备的橡胶锤猛击杨某头部数下,王元帅用手猛掐杨某颈部,致杨某昏迷,随后劫得杨某驾驶的汽车以及其他财物,共计价值人民币42 000元。二人见杨某昏迷不醒,遂谋划用挖坑掩埋的方法杀人灭口。杨某假装昏迷,趁王元帅寻找作案工具不在现场之际,哀求邵文喜放其逃走,邵文喜同意掩埋时挖浅坑少掩土,以便杨某事后逃走。王元帅返回后,邵文喜并未告知其杨某已清醒。当日23时许,二人将杨某运至掩埋地,邵文喜向王元帅说自己一个人埋即可,按照与杨某的约定挖坑埋土。二人离开后,杨某逃出,经鉴定,杨某为轻伤。

二、诉讼过程及裁判理由

一审法院经审理认为,被告人王元帅、邵文喜以非法占有为目的,使用暴力抢劫他人财物,均已构成抢劫罪;二人为杀人灭口共同实施了掩埋被害人的行为,均已构成故意杀人罪(未遂),考虑到二人均为累犯以及各自的犯罪情节等因素,决定对被告人王元帅执行死刑,剥夺政治权利终身,并处没收个人全部财产;对被告人邵文喜执行无期徒刑,剥夺政治权利终身,并处罚金人民币3万元。

一审宣判后,王元帅不服,提出上诉。

二审法院认为,原审被告人邵文喜构成故意杀人罪的中止犯,应对其减轻处罚,故改判邵文喜执行有期徒刑20年,剥夺政治权利4年,并处罚金人民币3万元;驳回王元帅的上诉请求,维持原判。

三、关联法条

《中华人民共和国刑法》

第二百三十二条 故意杀人的,处死刑、无期徒刑或者十年以上有期徒刑;情节较轻的,处三年以上十年以下有期徒刑。

四、争议问题

该案构成抢劫罪既遂,这不存在任何争议。问题在于,如何确定共同犯罪情形下各共犯人的犯罪停止形态?

五、简要评论

由于共同犯罪仍然坚守的是个人责任原则,各行为人仅对自己所参与的共同行为——自己的行为,以及虽然是其他共犯的行为但可以实质评价为自己行为的行为——及其结果承担罪责,因而虽成立共同犯罪,各行为人的具体担责范围未必相同,各行为人的犯罪停止形态也并非完全相同。尤其是,要成立犯罪中止,要求实施中止行为且具有任意性,而在犯罪过程中,各行为人对犯罪结果的主观态度可能有所不同,因而犯罪中止仅适用于满足了中止犯成立要件的部分行为人,未实施中止行为或者不具有任意性的行为人就不能成立犯罪中止。

该案中,在当时的环境与条件下,被告人邵文喜完全可以继续完成犯罪,但在被害人的哀求之下,自愿放弃犯罪,且采取"挖浅坑少掩土"的措施给被害人制造了脱逃的机会,因而其行为可以评价为"自动有效地防止了犯罪结果的发生",应成立故意杀人罪的犯罪中止;由于其先前实施的"用事前准备的橡胶锤猛击杨某头部数下"的行为已给被害人身体造成损害,因而不能就故意杀人罪免除其刑而只能减轻其刑。就被告人王元帅而言,其主观上并未放弃犯罪,而且,未发生被害人死亡这一故意杀人罪的犯罪结果,完全是因其意志以外的原因所造成,因而王元帅应成立故意杀人罪的犯罪未遂。因此,二审法院确定的故意杀人罪的犯罪停止形态是正确的。

案例 6-10 黄土保等故意伤害案[①]

一、基本案情

2000年6月初,刘汉标(另案处理)被免除珠海某公司总经理职务后,由朱环周接任。被告人黄土保找到刘汉标商量,提出找人利用女色教训朱环周,并随后找到被告人洪伟,商定由其负责具体实施。洪伟提出要人民币4万元的报酬,先付2万元,事成之后再付2万元。6月8日,黄土保与刘汉标商量后,刘汉标通过黄土保支付洪伟2万元。洪伟收钱后,因利用女色引诱朱环周的计划未能成功,向黄土保提出改为找人打朱环周一顿,黄土保表示同意。之后,洪伟以人民币1万元雇被告人林汉明去砍伤朱环周,后黄土保因害怕打伤朱环周可能造成的法律后果,两次打电话明确要求洪伟取消殴打朱环周的计划,同时商定先期支付的2万元冲抵其欠洪伟的餐费。但洪伟应承后却并未及时通知林汉明停止伤人计划。7月24日晚,林汉明找来的打手将朱环周砍成重伤。事后,洪伟向黄土保索要剩余的2万元,刘汉标再次通过黄土保向洪伟支付了2万元。

二、诉讼过程及裁判理由

对此,被告人黄土保辩称,自己没有参与打人,不构成故意伤害罪;其辩护人辩称,黄土保在犯罪预备阶段已自动放弃犯罪,是犯罪中止,应当免予刑事处罚。

[①] 参见陈兴良、张军、胡云腾主编:《人民法院刑事指导案例裁判要旨通纂》(上卷),北京大学出版社2013年版,第455页。

但一审法院经审理后认为,被告人黄土保等人共同故意伤害他人身体,致人重伤,均已构成故意伤害罪。被告人黄土保为帮人泄私愤,雇用被告人洪伟组织实施伤害犯罪,虽然其最终打消犯意,但未能采取有效措施阻止其他被告人实施犯罪,导致犯罪结果发生。考虑到其在共同犯罪中的教唆地位和作用,其个人放弃犯意的行为不能认定为犯罪中止。最终判定被告人黄土保犯故意伤害罪,判处有期徒刑3年(对于其他被告人的判决结果以及附带民事诉讼中的民事赔偿责任,本书省略)。

一审宣判后,被告人未提出上诉。

三、关联法条

《中华人民共和国刑法》

第二十九条第一款 教唆他人犯罪的,应当按照他在共同犯罪中所起的作用处罚。教唆不满十八周岁的人犯罪的,应当从重处罚。

第二百三十四条 故意伤害他人身体的,处三年以下有期徒刑、拘役或者管制。

犯前款罪,致人重伤的,处三年以上十年以下有期徒刑;致人死亡或者以特别残忍手段致人重伤造成严重残疾的,处十年以上有期徒刑、无期徒刑或者死刑。本法另有规定的,依照规定。

四、争议问题

该案涉及共犯关系的脱离与共犯的中止问题,争议点在于,对于被告人黄土保实施的"因害怕打伤朱环周可能会造成的法律后果,两次打电话明确要求洪伟取消殴打朱环周的计划"这一行为,能否认定为中止行为或者共犯脱离行为?

五、简要评论

所谓共犯关系的脱离,是指自共犯关系成立直至犯罪最终完成,尽管部分共犯已退出该共犯关系,但其他共犯仍继续实施犯罪,并达到既遂(在着手实行之前退出的,也可以是未遂)的情形。根据共犯类型,共犯关系的脱离可分为共同正犯的脱离与教唆犯的脱离、帮助犯的脱离;根据具体脱离时点,又可分为着手实行之前的脱离、着手实行之后既遂之前的脱离以及既遂之后的脱离。①

共犯脱离的问题多发生在剩余共犯继续实施犯罪并最终实现了既遂结果的情形下,根据《刑法》的明文规定,只要发生既遂结果,不可能就此结果成立中止犯,因而若按照传统观

---

① 参见王昭武:《共犯关系的脱离研究》,载陈兴良主编:《刑事法评论》(第32卷),北京大学出版社2013年版,第99页。

点(该案判决采取的也是这种观点),将共犯脱离作为中止犯成立与否的问题来处理,对于那些虽经积极努力仍未能防止结果发生的中途退出者而言,只能承担既遂罪责,这不仅过于严苛,更不利于实现刑法规定中止犯、刑法理论提出共犯脱离理论的宗旨:通过给予行为人以一定减免其刑的恩惠,防止法益遭受侵犯或者遭受进一步的侵害。就该案而言,按照传统处理方式,如该案"裁判要旨"所言,被告人黄土保要成立中止犯,"至少要确保中间人洪伟能及时有效地通知、说服、制止其他被雇用、教唆人彻底放弃犯罪意图,停止犯罪并有效地防止结果的发生"。但这无疑宣告,只要发生了所教唆之罪的犯罪结果,中途退出者就再无成立未遂犯乃至中止犯之可能。

事实上,共犯脱离理论与共犯中止理论虽存在重合部分,但性质并不相同,本属于不同理论层面的问题。共犯脱离理论的核心问题在于共犯脱离的成立要件及其法律效果。脱离者的刑事责任包括两个层次的内容:第一层次为,对脱离之后的行为及其结果不承担刑事责任,对脱离之前的行为及其结果承担相应的刑事责任;第二层次为,在脱离者须承担"预备"或者"未遂"罪责时,根据是否具有"任意性",判断是否成立中止犯。①

对于共犯脱离的认定标准,通说采取"因果关系切断说",要求脱离者必须切断此前的行为与其他共犯的行为及其结果之间的因果关系。然而,这样一来,在已经发生既遂结果的情况下,显然难以认定实际切断了因果关系(心理上的因果关系更是如此),会不当缩小共犯脱离的成立范围。具体就该案而言,被告人黄土保教唆洪伟伤害被害人,洪伟由此产生犯罪意图,尽管被告人电话要求取消原定犯罪计划,但洪伟所雇的打手仍完成了犯罪,显然难以谓之为已切断了先前教唆行为与伤害行为及其重伤结果之间的心理上的因果关系,黄土保仍需承担既遂罪责。

反之,在"共犯关系解消说"看来,共犯理论的核心问题是归责问题,研究共犯关系的脱离也是为了明确脱离者的罪责,按照责任主义的要求,行为人仅对自己所实际参与的共犯关系的行为及其结果承担罪责。行为人退出犯罪之后,其他共犯继续实施犯罪甚至最终完成了犯罪的,如果能评价为是由不包括脱离者在内的剩余共犯基于新的犯意所形成的、不同于此前的共犯关系的新的共犯关系所引起,退出者当然无须对此承担罪责。由此可见,是否成立脱离,关键在于脱离者是否因自己的退出行为而解消了既存的共犯关系,达到其他共犯要继续实施乃至最终完成犯罪,至少必须通过犯意的再确认而形成新的共犯关系的程度。也就是说,对退出者而言,属于共犯关系的脱离,而对于剩余共犯而言,则属于共犯关系的再生(新生)。具体就该案而言,被告人黄土保是犯意的发起者,要成立共犯关系的脱离,至少应通过自己的脱离行为使被告人洪伟打消犯罪意图放弃实施伤害行为。换言之,只要被告人

---

① 参见王昭武:《共犯关系的脱离研究》,载陈兴良主编:《刑事法评论》(第32卷),北京大学出版社2013年版,第119页。

洪伟打消犯罪意图并答应放弃实施所教唆之罪,就可以认为被告人黄土保与洪伟当初所形成的共犯关系已经不复存在,洪伟等其后所实施的行为,就属于洪伟等人基于自己的新的犯意所实施的犯罪,与黄土保先前的教唆行为不属于同一共犯关系,黄土保当然不应对与自己的教唆行为不处于同一共犯关系的其他人的行为承担罪责(否则,只要曾经教唆他人实施犯罪,无论经过多长时间或者只要非物理性地阻止其他共犯的犯罪行为,即便经过努力已使对方一度放弃犯意,仍不能成立共犯脱离,仍要追究既遂之责)。① 因此,黄土保可以成立共犯关系的脱离(对被害人的重伤结果不承担罪责),由于其是主动放弃犯罪(因害怕承担罪责而放弃,这并不影响对"任意性"的认定),应成立故意伤害罪教唆犯的预备阶段的中止犯。

究竟是采取一律按照中止犯处理的传统观点,还是采取共犯脱离理论这种处理路径,实质上取决于刑法价值观的选择:是为了严惩罪犯,还是为了追求刑法的特殊预防尤其是一般预防的功能,而不惜一定程度上相对"宽松地"认定共犯脱离乃至中止犯。

---

① 当然,即便是在着手实行之前,若黄土保未能成功让洪伟放弃犯意,就必须采取诸如通知被害人或者向司法机关告发等措施,物理性地阻止洪伟等人的行为。

第七章 不作为犯

案例 7-1 金云华拒不执行判决、裁定案①

一、基本案情

被告人金云华的儿子金仲刚因交通事故于 1998 年 3 月 28 日死亡。经永康市公安局交警大队处理,金仲刚亲属获得死亡赔偿费、抚养费、赡养费以及金仲刚的医药费、丧葬费等合计 119 489.07 元。该款由金云华女婿王志红等人领取后,交付被告人金云华夫妇。此后,被告人金云华与儿媳郑卫平为析产发生纠纷。同年 8 月 12 日,一审法院判令被告人金云华从其领取的赔偿款中析出补偿费、子女抚育费 42 360 元,给金仲刚之妻郑卫平及女儿金梦岚;婚前财产返还郑卫平;金云华及妻金梅菊提出的金仲刚生前所欠债务,因缺乏证据不予认定;判决书同时驳回了金云华夫妇要求抚养孙女金梦岚的诉讼请求。判决生效后,郑卫平向永康市人民法院申请执行。1999 年 2 月 5 日,永康市人民法院向金云华送达《执行通知书》,责令金云华于 1999 年 2 月 9 日前履行判决书确定的义务。逾期后,执行人员分别于 1999 年 2 月 13 日、3 月 15 日、4 月 7 日、6 月 3 日等,多次到金云华所在村,向其讲明拒不执行的法律后果,敦促其自觉履行,并邀请被告人金云华所在乡、村干部一同做其思想工作。但被告人金云华均以金梦岚应由其抚养及金仲刚生前借款未结清为由,声称"不满足要求就不履行",拒绝履行判决书确定的义务,并经法院多次合法传唤拒不到庭。1999 年 7 月 19 日,金云华被永康市人民法院处以司法拘留 15 日,并于 8 月 3 日、8 月 18 日因涉嫌拒不执行判决罪被刑事拘留、逮捕。期间,司法机关对金云华多次教育、规劝,金云华仍认识态度较差,拒不履行法律文书确定的义务。法院还同时查明:金云华向交警大队领取 119 489.07 元赔偿款后,曾因其妻金菊梅患病,从中提取部分支付医药费,但仍有 6 万余元经金菊梅之手存入银行。

---

① 参见国家法官学院、中国人民大学法学院编:《中国审判案例要览》(2000 年刑事审判案例卷),人民法院出版社、中国人民大学出版社 2002 年版,第 264 页。

二、诉讼过程及裁判理由

一审法院认为,按照刑法理论,拒不执行判决、裁定罪是指对人民法院已经发生效力的判决、裁定,有能力执行而拒不执行的行为。民事判决书生效后,义务人金云华理应自觉履行判决书确定的义务,且金云华在向交警队领取赔偿款项后,虽有部分支出,仍不至影响其执行能力,但金云华却将其中6万余元交付其妻金菊梅存入银行。虽经多次教育、采取强制措施,仍以对判决内容有抵触情绪、与郑卫平矛盾较深为由,将既得的赔偿款项隐匿。其对抗法院裁判文书、拒不执行的主观故意明显,客观上也导致了民事判决书无法执行,严重侵犯了人民法院的裁判权威,已构成拒不执行判决罪。

三、关联法条

《中华人民共和国刑法》

第三百一十三条①　对人民法院的判决、裁定有能力执行而拒不执行,情节严重的,处三年以下有期徒刑、拘役或者罚金。

《中华人民共和国民事诉讼法》(1991年)

第一百四十一条　最高人民法院的判决、裁定,以及依法不准上诉或者超过上诉期没有上诉的判决、裁定,是发生法律效力的判决、裁定。

第一百四十七条　当事人不服地方人民法院第一审判决的,有权在判决书送达之日起十五日内向上一级人民法院提起上诉。

当事人不服地方人民法院第一审裁定的,有权在裁定书送达之日起十日内向上一级人民法院提起上诉。

第一百零二条　诉讼参与人或者其他人有下列行为之一的,人民法院可以根据情节轻重予以罚款、拘留;构成犯罪的,依法追究刑事责任:

……

(六)拒不履行人民法院已经发生法律效力的判决、裁定的。

……

四、争议问题

本案的争议在于:第一,如何判断拒不执行判决、裁定罪中行为人的作为义务?第二,如

---

① 2015年8月29日通过的《中华人民共和国刑法修正案(九)》将《刑法》第313条修改为:"对人民法院的判决、裁定有能力执行而拒不执行,情节严重的,处三年以下有期徒刑、拘役或者罚金;情节特别严重的,处三年以上七年以下有期徒刑,并处罚金。单位犯前款罪的,对单位判处罚金,并对其直接负责的主管人员和其他直接责任人员,依照前款的规定处罚。"

何判断拒不执行判决、裁定罪中的"有能力执行而拒不执行,情节严重"?

五、简要评论

刑法理论通常将不作为犯区分为纯正的不作为犯与不纯正的不作为犯。所谓纯正的不作为犯,是指刑法明文将不作为规定为构成要件要素且只能以不作为的方式才能实施的犯罪;不纯正的不作为犯则是指《刑法》没有明文将不作为规定为构成要件要素,行为人以不作为的方式实施了通常由作为实施的犯罪。本案涉及的拒不执行判决、裁定罪就是我国《刑法》规定的一个典型的纯正不作为犯。所谓拒不执行判决、裁定罪,是指有能力执行生效的人民法院判决、裁定而拒不执行,情节严重的行为。

本案涉及的第一个问题是如何判断拒不执行判决、裁定罪中行为人的作为义务。由于拒不执行判决、裁定罪是纯正的不作为犯,因此只有负有作为义务的人才能成为行为主体。因此,在本案中,应当首先判断被告人金云华是否属于负有执行判决、裁定内容的义务主体。根据全国人民代表大会常务委员会《关于〈中华人民共和国刑法〉第三百一十三条的解释》的规定,"人民法院的判决、裁定"是指人民法院依法作出的具有执行内容并已发生法律效力的判决、裁定。人民法院为依法执行支付令、生效的调解书、仲裁裁决、公证债权文书等所作的裁定属于该条规定的裁定。根据1991年《中华人民共和国民事诉讼法》第147条的规定,本案中,一审法院于1998年8月12日作出判决,金云华并未在法定期间(15日)内提起上诉,因此,根据1991年《中华人民共和国民事诉讼法》第141条的规定,该判决已经发生法律效力,金云华负有执行该判决所确定之内容的义务。

本案涉及的第二个问题是如何判断拒不执行判决、裁定罪中的"有能力执行而拒不执行,情节严重"?被告人金云华负有执行判决、裁定确定之内容的义务,不足以认定其构成拒不执行判决、裁定罪,根据《刑法》第313条的规定,只有其"有能力执行而拒不执行,情节严重"的,才能构成该罪。根据全国人民代表大会常务委员会《关于〈中华人民共和国刑法〉第三百一十三条的解释》的规定,"有能力执行而拒不执行,情节严重的"情形主要包括下列五种:"(一)被执行人隐藏、转移、故意毁损财产或者无偿转让财产、以明显不合理的低价转让财产,致使判决、裁定无法执行的;(二)担保人或者被执行人隐藏、转移、故意毁损或者转让已向人民法院提供担保的财产,致使判决、裁定无法执行的;(三)协助执行义务人接到人民法院协助执行通知书后,拒不协助执行,致使判决、裁定无法执行的;(四)被执行人、担保人、协助执行义务人与国家机关工作人员通谋,利用国家机关工作人员的职权妨碍执行,致使判决、裁定无法执行的;(五)其他有能力执行而拒不执行,情节严重的情形。"此外,根据当时有效的最高人民法院《关于审理拒不执行判决、裁定案件具体应用法律若干问题的解释》(1998年)的规定,聚众哄闹、冲击执行现场,围困、扣押、殴打执行人员,致使执行工作无法执行的;毁损、抢夺执行案件材料、执行公务车辆和其他执行器械、执行人员服装、执行公务证件及其他妨害或者抗拒执行造成严重后果的,也属于本罪"情节严重"的情形。本案中,金云华向交警大队领取119 489.07元赔偿款后,曾因其妻金菊梅患病,从中提取部分支付医药费,但仍有6万余元经金菊梅之手存入银行。对于该笔存入银行的款项,金云华不仅享有实际支配的权利,而且不存在其他阻碍其履行上述义务的客观因素,因此,金云华具有执行永康市人民法院上述判决中确定的向郑卫平及女儿金梦岚支付42 360元赔偿款的能力。在该判决生效后,郑卫平向一审法院申请执行。1999年2月5日,一审法院向金云华送达《执行通知书》,责令金云华于1999年2月9日前履行判决书确定的义务。逾期后,执行人员分别于1999年2月13日、3月15日、4月7日、6月3日等,多次到金云华所在村,向其讲明拒不执行的法律后果,敦促其自觉履行,并邀请被告人金云华所在乡、村干部一同做其思想工作。但被告人金云华均以金梦岚应由其抚养及金仲刚生前借款未结清为由,声称"不满足要求就不履行",拒绝履行判决书确定的义务,并经法院多次合法传唤拒不到庭。而且,在人民法院对其采取司法拘留和刑事强制措施之后,经司法机关多次教育、规劝,认识态度仍然较差,拒不履行法律文书确定的义务,因此应当认定为上述立法解释和司法解释中的"其他有能力执行而拒不执行,情节严重的情形"。

案例7-2 乔秀云非法侵入住宅案①

一、基本案情

2002年6月21日早8时许,被告人乔秀云带着其儿媳张利红及同村村民阴艳花、乔建春等人,到附带民事诉讼原告人李爱枝家中,找李爱枝的丈夫赵文彪要账。乔秀云发现赵文彪不在家后,即向李爱枝要账,用沙发堵住门,不让其外出,并动手将李爱枝打伤。在李爱枝强烈要求其退出的情况下,乔秀云仍守候在李爱枝家中拒不退出,致使李爱枝无法正常生活。直至6月24日上午,在荥阳市京城办事处负责人及京城路派出所工作人员的劝说下,被告人乔秀云才离开现场。后经荥阳市公安局法医鉴定,被害人李爱枝的损伤程度为轻微伤。李爱枝受伤后在荥阳市人民医院住院治疗,花去医疗费、鉴定费等费用共计734.3元。

二、诉讼过程及裁判理由

一审法院经公开审理认为,被告人乔秀云进入李爱枝的住宅后,为要账与李爱枝发生纠

---

① 参见最高人民法院中国应用法学研究所编:《人民法院案例选》(2004年刑事专辑),人民法院出版社2005年版,第257页。

纷,乔秀云不让李爱枝外出,并将李爱枝打成轻微伤,李爱枝再三要求其退出而拒不退出,其行为已构成非法侵入住宅罪,应予惩处,其给附带民事诉讼原告人李爱枝造成的经济损失应予赔偿。据此,一审法院判决被告人乔秀云犯非法侵入住宅罪,判处有期徒刑8个月;被告人乔秀云赔偿附带民事诉讼原告人李爱枝医疗费、鉴定费等经济损失734.3元。

宣判后,在法定期限内被告人未提起上诉,检察机关也未提出抗诉,判决已发生法律效力。

三、关联法条

《中华人民共和国宪法》

第三十九条 中华人民共和国公民的住宅不受侵犯。禁止非法搜查或者非法侵入公民的住宅。

《中华人民共和国刑法》

第二百四十五条 非法搜查他人身体、住宅,或者非法侵入他人住宅的,处三年以下有期徒刑或者拘役。

司法工作人员滥用职权,犯前款罪的,从重处罚。

四、争议问题

在住宅的主人要求行为人退出其住宅的情况下不退出的,是否构成非法侵入住宅罪?

五、简要评论

我国《宪法》第39条禁止非法侵犯公民的住宅,《刑法》第245条据此规定了非法侵入住宅罪。根据我国刑法学界的通说,所谓非法侵入住宅罪,是指未经允许非法进入住宅或经要求退出无故拒不退出的行为。非法侵入住宅罪包括两种行为方式:其一,没有合法根据未经允许进入他人住宅;其二,虽经许可或者有正当理由进入他人住宅后,但经要求退出无故拒不退出。[①] 第一种行为方式是作为;第二种行为方式则为不作为,即行为人负有退出的义务而拒不退出。本案中,被告人乔秀云为了找李爱枝的丈夫赵文彪要账而带人进入李爱枝的住宅,因此不属于"没有合法根据未经允许进入他人住宅"的情形。法院之所以判决被告人乔秀云构成非法侵入住宅罪,理由在于其在进入李爱枝的住宅之后,经李爱枝再三要求其退出而拒不退出。由此可见,法院认为被告人乔秀云构成不作为的非法侵入住宅罪。但问题是,我国《刑法》第245条将非法侵入住宅罪的行为表述为"侵入",按照文义解释,"侵入"应

[①] 参见高铭暄、马克昌主编:《刑法学》(第4版),北京大学出版社、高等教育出版社2010年版,第537页;郎胜主编:《中华人民共和国刑法释义》(第5版),法律出版社2011年版,第444页。

当是指以一种积极的方式进入住宅内部,而不包括消极的不退出。从这个意义上说,将虽经许可或者有正当理由进入他人住宅后,但经要求退出无故拒不退出的行为解释为《刑法》第245条的"侵入",就是一种存在类推嫌疑的解释,因此存在违反罪刑法定原则之虞。① 按照这种理解,本案中的被告人乔秀云的行为应当被认定为无罪。

案例7-3 宋福祥故意杀人案②

一、基本案情

1994年6月30日晚,被告人宋福祥酒后回到自己家中,因琐事与其妻李霞发生争吵厮打。李霞说:"三天两头吵,活着还不如死了。"被告人宋福祥说:"那你就死去。"后李霞在寻找准备自缢用的凳子时,宋福祥喊来邻居叶宛生对李霞进行规劝。叶宛生走后,二人又发生吵骂厮打。在李霞寻找自缢用的绳索时,宋福祥采取放任态度不管不问,不加劝阻,致使李霞于当晚在其家门框上自缢身亡。经南阳市卧龙公安分局刑事技术鉴定:李霞系机械性窒息死亡(自缢)。

二、诉讼过程及裁判理由

一审法院经审理认为,被告人宋福祥目睹其妻李霞寻找工具准备自缢,应当预见李霞会发生自缢的后果而放任这种后果的发生,在家中只有夫妻二人这样的特定环境中,被告人宋福祥负有特定义务,其放任李霞自缢身亡的行为,已构成故意杀人罪(不作为),但情节较轻,故而判决宋福祥犯故意杀人罪,判处有期徒刑4年。

宋福祥不服一审判决,提出上诉称,没有放任李霞的死,根本想不到她这次会真的会自杀,她上吊我不知道。一审判决认定事实错误,处理不当,要求依法改判无罪。

二审法院经审理认为,被告人宋福祥与其妻李霞关系不和,在争吵厮打中用语言刺激李霞,致使其产生自缢轻生的决心。被告人宋福祥是负有特定义务的人,对李霞自缢采取放任态度,致使李霞在家中这种特定环境下自缢身亡,其行为已构成故意杀人罪(不作为)。原审判决定罪正确,量刑适当,审判程序合法,被告人宋福祥的上诉理由不成立,不予采纳,故而裁定驳回上诉,维持原判。

---

① 参见陈兴良:《教义刑法学》,中国人民大学出版社2010年版,第263页;张明楷:《刑法学》(第4版),法律出版社2011年版,第812页。

② 参见中国高级法官培训中心、中国人民大学法学院编:《中国审判案例要览》(1996年刑事审判卷),中国人民大学出版社1997年版,第34页。

三、关联法条

《中华人民共和国刑法》

第二百三十二条　故意杀人的,处死刑、无期徒刑或者十年以上有期徒刑;情节较轻的,处三年以上十年以下有期徒刑。

四、争议问题

被告人在其妻子自杀的情况下不予救助,是否构成不作为的故意杀人罪?

五、简要评论

我国刑法通说将不作为犯罪的作为义务分为以下四种来源:一是法律明文规定的作为义务;二是职务或者业务要求的作为义务;三是法律行为引起的作为义务;四是先行行为引起的作为义务。[①] 本案中,一审法院在论证被告人宋福祥的作为义务时,强调这种特定义务来自"在家中只有夫妻二人这样的特定环境"。但是,这种特定义务是法律明文规定的义务、职务或业务上的义务、法律行为引起的义务还是先行行为引起的义务,并不明确。因此,一审判决对作为义务的论证是极不充分的。二审判决强调李霞自缢轻生的决心是由宋福祥语言刺激而产生的,在此隐含着其特定义务来自先行行为的意思,但并未予以明确。同时,二审判决也强调了"李霞在家中这种特定环境下自缢身亡"对于本案成立的意义,但是,对于为什么这种特定环境会引起作为义务,二审判决同样语焉不详。应该说,二审判决对于作为义务的论证也是不充分的。那么,本案中,在妻子自杀的情况下,被告人宋福祥不予救助,是否构成不作为的故意杀人罪呢?

首先,被告人宋福祥是否负有法律明文规定的作为义务?本案被告人宋福祥和被害人李霞是夫妻关系。根据《中华人民共和国婚姻法》的规定,夫妻之间负有相互扶养的义务。那么,这里的扶养义务是否包含了一方自杀时另一方的救助义务呢?在这个问题上,理论上存在争议。笔者认为,"扶养"是内涵极为丰富的词语,它不仅包括了日常生活中的相互扶持,也包括在一方处于危险时的救助。因此,在妻子自杀的情况下不予救助,被告人宋福祥违反了法律明文规定的救助义务。但是,被告人宋福祥违反了这种救助义务,并不意味着其违反了不作为的故意杀人罪中的作为义务,因为这种救助义务是纯正不作为犯中的作为义务,而不是不作为的故意杀人罪这一不纯正不作为犯的作为义务。换言之,从由夫妻关系推导出的救助义务出发,被告人宋福祥不救助的行为符合的应当是不救助罪或者保护者遗弃罪等纯正不作为犯罪,而非故意杀人罪这一不纯正不作为犯罪。但是,由于我国《刑法》并没

---

① 参见高铭暄、马克昌主编:《刑法学》(第4版),北京大学出版社、高等教育出版社2010年版,第67—69页。

有规定不救助罪或者保护者遗弃罪,因此从被告人宋福祥违反救助义务的事实,并不能得出其构成不作为的故意杀人罪的结论。①

其次,从家庭这一特定的社会环境能否引申出被告人宋福祥的作为义务?本案一审和二审裁判理由中均强调了"在家中只有夫妻二人这样的特定环境中"这一因素,那么,能否从家庭这一特定社会环境引申出被告人宋福祥负有防止其妻子自杀的义务呢?对此应当作出否定的回答。这是因为,单纯的社会环境这一因素,与不作为犯罪的作为是没有必然联系的。某种作为义务更多是与主体的身份以及行为有关,而与一定的时间和地点无关。②

最后,本案中,被告人宋福祥的先行行为是否可以成为其作为义务的来源?在本案二审裁判理由中指出,"被告人宋福祥与其妻李霞关系不和,在争吵厮打中用语言刺激李霞,致使其产生自缢轻生的决心",这表明,法院认为被告人宋福祥和妻子争吵厮打的行为与其妻子自杀的结果之间具有一定的关联。但是,这一因素能否成为被告人宋福祥的作为义务来源呢?刑法理论一般认为,作为义务来源的先行行为通常必须是对他人法益造成现实、紧迫的危险的前行为。然而,在本案中,被告人宋福祥与其妻吵架并厮打是否为违反义务的、对他人法益造成迫切危险的前行为呢?这已不完全是一个法律问题,而是一个与宋福祥夫妻二人的日常生活经验密切相关的事实问题,遗憾的是,法院在审理案件的过程中,并未对这一事实予以清晰查明。按照"存疑时有利于被告"的原则,应当认定被告人宋福祥的先行行为不具有导致其妻自杀的现实危险性。

综上所述,在本案中,被告人宋福祥在其妻自杀的情况下不予救助,不构成不作为的故意杀人罪。

案例7-4　刘祖枝故意杀人案③

一、基本案情

被告人刘祖枝系被害人秦继明(男,殁年49岁)之妻。秦继明因患重病长年卧床,一直由刘祖枝扶养和照料。2010年11月8日3时许,刘祖枝在其暂住地北京市朝阳区十八里店乡西直河孔家井村1869号出租房内,不满秦继明病痛叫喊,影响他人休息,与秦继明发生争吵。后刘祖枝将存放在暂住地的敌敌畏倒入杯中提供给秦继明,由秦继明自行服下,造成秦继明服毒死亡。

---

① 参见陈兴良:《判例刑法学》(教学版),中国人民大学出版社2012年版,第38—39页。
② 同上书,第38页。
③ 参见陈兴良、张军、胡云腾主编:《人民法院刑事指导案例裁判要旨通纂》(上卷),北京大学出版社2013年版,第403页。

二、诉讼过程及裁判理由

一审法院认为,被告人刘祖枝与患重病长年卧床的丈夫秦继明因故发生争吵后,不能正确处理,明知敌敌畏系毒药,仍向秦继明提供,导致秦继明服毒死亡,其行为构成故意杀人罪,应依法惩处。鉴于本案系家庭纠纷引发,刘祖枝长年坚持扶养、照料患重病卧床的秦继明,秦继明因不堪忍受病痛折磨,曾多次有轻生念头,且刘祖枝将敌敌畏倒入杯中提供给秦继明,由秦继明自行服下,是在双方发生争吵时冲动所为,故刘祖枝故意杀人的主观恶性与人身危险性与普通故意杀人存在一定区别。据此,一审法院判决被告人刘祖枝犯故意杀人罪,判处有期徒刑7年,剥夺政治权利1年。

一审宣判后,被告人刘祖枝未提出上诉,检察机关亦未提出抗诉,判决已发生法律效力。

三、关联法条

《中华人民共和国刑法》

第二百三十二条 故意杀人的,处死刑、无期徒刑或者十年以上有期徒刑;情节较轻的,处三年以上十年以下有期徒刑。

四、争议问题

本案的争议问题在于:第一,教唆、帮助丈夫喝农药自杀的行为,是否构成故意杀人罪?第二,丈夫自行服下由妻子提供的农药后未采取任何救助措施,导致丈夫中毒身亡的,是否构成(不作为)故意杀人罪?

五、简要评论

对于本案被告人刘祖枝的行为,可以分为两个阶段加以分析。

第一阶段是刘祖枝向秦继明提供农药,并对秦继明进行言语刺激,导致秦继明喝下农药中毒身亡,是否构成故意杀人罪?对此,裁判意见指出,刘祖枝主观上明知秦继明有强烈的自杀倾向,并意识到将敌敌畏提供给秦继明会发生秦继明服毒身亡的后果,客观上仍向秦继明提供农药,并通过言语刺激进一步增强秦继明的自杀决意,最终导致秦继明服毒身亡。刘祖枝所实施的行为与秦继明的死亡后果之间具有刑法上的因果关系,应当认定其行为构成故意杀人罪。显然,这一观点与我国刑法通说是一致的,即认为教唆、帮助他人自杀的行为一般应当被认定为故意杀人罪。但是,这种通说近来受到了一些学者的质疑,主要原因在于:第一,由于教唆、帮助自杀行为与杀人行为不同,因此,教唆、帮助自杀行为,除了可以被评价为故意杀人罪的间接正犯的情形之外,并不符合《刑法》分则规定的故意杀人罪的构成要件,与瑞士、意大利、日本和我国台湾地区等不同,《刑法》分则并未规定诸如加功自杀罪这样的罪名,因此不能直接将教唆、帮助自杀行为评价为可罚的行为,当然也不能将其评价为故意杀人罪。第二,只有在被教唆或者被帮助的行为构成犯罪的前提下,教唆或者帮助行为才具有可罚性,可以按照共犯处理。但在教唆、帮助自杀的情况下,自杀本身并非犯罪,因此教唆、帮助自杀行为也无法依据共犯原理而构成故意杀人罪的共犯。① 据此,应当认为,在本案的第一阶段,被告人刘祖枝向其丈夫秦继明提供农药,并对秦继明进行言语刺激,导致秦继明喝下农药的行为并不构成故意杀人罪。

第二阶段是刘祖枝在秦继明喝下农药毒性发作后未采取任何救助措施,导致秦继明中毒身亡,是否构成(不作为)故意杀人罪。对此,裁判意见指出,刘祖枝的这一行为符合不作为故意杀人罪的特征。刘祖枝具有救助秦继明的义务,且当时能够履行而不履行,因此属于不作为的故意杀人。其中,刘祖枝的救助义务来源包括先行行为产生的义务、法律明文规定的义务和基于社会公共伦理而产生的道德义务。首先,刘祖枝具有先行行为产生的义务。刘祖枝向秦继明提供农药,并通过言语刺激进一步强化他人自杀的决意,刘祖枝的这一先行行为导致其负有防止秦继明死亡结果发生的义务。其次,刘祖枝具有法律规定的义务。刘祖枝是秦继明之妻,刘祖枝看到秦继明喝下农药毒性发作而不将其送往医院救治,违反了夫妻间互相救助的法律义务。最后,刘祖枝具有由社会道德伦理衍生的救助义务。如果秦继明的服毒地点是在人口较为密集的广场等公共场所,刘祖枝不实施救助,他人还可以实施救助。然而,本案发生在较为封闭的私人住所,不可能期待他人实施救助行为,因此刘祖枝具有由社会道德伦理衍生的救助义务。

对此,笔者认为,首先,正如宋福祥案的评论中所指出的那样,违反夫妻间相互救助的法律义务,并不能得出被告人刘祖枝违反故意杀人罪的作为义务的结论。其次,我国刑法通说认为,单纯的社会道德伦理不能构成救助义务的来源,否则就可能扩大处罚范围,违反罪刑法定原则。因此,裁判理由以这两点作为论证被告人刘祖枝的救助义务的来源,是不能成立的。当然,笔者赞同裁判意见关于被告人刘祖枝具有先行行为产生的义务这一观点。本案中,被告人刘祖枝向其丈夫秦继明提供农药,并通过言语刺激进一步强化他人自杀的决意,这一先行行为具有导致其丈夫秦继明死亡的现实、紧迫的危险。因此,在秦继明喝下农药、生命垂危的情况下,被告人刘祖枝就负有将秦继明送医抢救的义务,但其未能履行该义务,最终导致秦继明死亡。而且,从本案的案情来看,秦继明喝药的时间是在凌晨3时许,之后就开始吐白沫,并出现呼吸困难。在场的女儿秦丽华问刘祖枝怎么办,刘祖枝回答不知道。当秦丽华给其他亲戚打电话说秦继明"快不行了"时,刘祖枝不让说是其给秦继明提供了农药。后当秦丽华提出要打"120"急救电话将秦继明送去医院,刘祖枝又说秦继明快不行了就

---

① 参见陈兴良:《教唆或者帮助他人自杀行为之定性研究——邵建国案分析》,载《浙江社会科学》2004年第6期。

不用送了。从凌晨3时许秦继明喝药到凌晨4时许死亡,在长达一个多小时的时间内,刘祖枝一直待在家里,没有采取任何有效的救助措施,且阻止女儿秦丽华采取救助措施,这表明被告人刘祖枝完全具有履行救助义务的能力,因此构成不作为的故意杀人罪。

案例7-5 颜克于等故意杀人案①

一、基本案情

2007年5月25日11时许,被告人颜克于、廖红军、韩应龙与何洪林(另案处理),发现周家龙有盗窃自行车的嫌疑,遂尾随追赶至码头,廖红军与何洪林对周家龙用拳头打,颜克于、韩应龙分别手持石块、扳手击打周家龙的头部等,致使周家龙头皮裂创流血。周家龙挣脱后,颜克于、廖红军、韩应龙分头继续追赶。周家龙逃到0747货船,廖红军随颜克于紧追并将周家龙围堵在船尾,周家龙被迫跳入河中。颜克于、廖红军、韩应龙在船上看着周家龙向前游了数米后又往回游,但因体力不支而逐渐沉入水中,3人均未对周家龙实施任何救助行为,直到看不见周家龙的身影,才下船离开。接警的公安人员将周家龙打捞上来时,其已溺水死亡。被告人韩应龙与被害人周家龙的父母庭外达成和解,被害人周家龙的父母请求法院对被告人韩应龙从轻处罚。

二、诉讼过程及裁判理由

一审法院经审理认为,被告人颜克于、廖红军、韩应龙因周家龙"偷窃"自行车而殴打、追赶周家龙,从而迫使周家龙逃上货船并跳入河中,3被告人目睹周家龙在水中挣扎,明知此时周家龙有生命危险,却不采取救助措施,最终发生了周家龙溺水死亡的结果,其行为均已构成故意杀人罪。鉴于3被告人对周家龙死亡结果的发生持放任态度,而非积极追求该结果的发生,且周家龙系自己跳入河中,又会游泳,结合本案犯罪起因,3被告人犯罪的主观恶性较小,属情节较轻。被告人颜克于、廖红军、韩应龙归案后能如实交代自己的犯罪事实,庭审中自愿认罪,分别予以酌情从轻处罚。被告人韩应龙又能赔偿周家龙家属的经济损失,取得周家龙家属的谅解,对被告人韩应龙可适用缓刑。故而判决被告人颜克于犯故意杀人罪,判处有期徒刑3年零9个月;被告人廖红军犯故意杀人罪,判处有期徒刑3年零3个月;被告人韩应龙犯故意杀人罪,判处有期徒刑3年,缓刑4年。

一审宣判后,3被告人在法定期限内没有上诉,检察机关亦未抗诉,判决发生法律效力。

---

① 参见陈兴良、张军、胡云腾主编:《人民法院刑事指导案例裁判要旨通纂》(上卷),北京大学出版社2013年版,第337页。

三、关联法条

《中华人民共和国刑法》

第十四条 明知自己的行为会发生危害社会的结果,并且希望或者放任这种结果发生,因而构成犯罪的,是故意犯罪。

……

第二百三十二条 故意杀人的,处死刑、无期徒刑或者十年以上有期徒刑;情节较轻的,处三年以上十年以下有期徒刑。

四、争议问题

殴打、追赶他人,致他人跳河溺水而不予救助,最终导致他人死亡的,是否构成不作为的故意杀人罪?

五、简要评论

本案中,被告人颜克于等3人殴打、追赶被害人周家龙,致被害人周家龙跳河溺水,在这种情况下,3被告人站在船上袖手旁观而不予救助,最终导致被害人周家龙死亡。从客观方面看,要认定被告人颜克于等是否构成不作为的故意杀人罪,关键在于3被告人是否对在被迫情况下跳水而面临生命危险的被害人周家龙负有救助义务。从本案事实来看,应当肯定被告人颜克于等对被害人周家龙负有救助义务,而这种救助义务的来源是3被告人所实施的先行行为。如前所述,刑法理论一般认为,作为义务来源的先行行为通常必须是对他人法益造成现实、紧迫危险的前行为。本案中,虽然被害人周家龙具有偷窃自行车的嫌疑,但被告人颜克于等对其加以殴打、追赶,显然已经超过了法律允许的自救范围,而构成一种违法行为。在受到殴打、追赶的情况下,被害人周家龙逃上货船并跳入河中,在水中挣扎而逐渐体力不支。很显然,在这种情况下,被告人颜克于等3人的殴打、追赶行为对被害人周家龙的生命已经造成了现实、紧迫的危险。既然如此,被告人颜克于等3人就负有排除这一危险即对被害人周家龙予以救助的义务,但3被告人却不予施救,既没有跳河救人或扔橡皮圈、绳子等物给周家龙自救,也没有打电话报警寻求帮助,眼看着被害人周家龙沉入水中、不见踪影之后才离开现场,最终导致被害人周家龙溺水死亡的结果。从主观方面看,正如裁判理由所指出的那样,被告人颜克于等并没有利用溺水这一客观条件而要致周家龙死亡的直接故意,其对周家龙的死亡,仅仅是持放任态度,因此主观上是一种间接故意。由此可见,法院认定被告人颜克于等3人构成不作为的(间接)故意杀人罪是正确的。

案例 7-6　丁琳故意杀人案[①]

一、基本案情

2002年4月22日零时30分许,被告人丁琳驾驶苏D043××号出租车,沿红梅新村由东向西行驶至该新村88幢附近的一座小桥下坡处时,将醉倒在此的被害人李自成碾压于车下。肇事后,被告人丁琳下车查看,发现有一人躺在其车下,想将被害人从车底下拉出来,但没有拉动,被告人即用车上的千斤顶将车顶起,将被害人从车底拉出来丢弃在旁边,后驾车逃离现场。被害人李自成后被送至常州市第二人民医院,经抢救无效于当日死亡。后经法医鉴定系内脏损伤,创伤性失血性休克死亡。

二、诉讼过程及裁判理由

一审法院认为,被告人丁琳在发生交通事故后,作为驾驶员必须保护现场,抢救伤者,并迅速报告公安机关或执勤交通警察。而被告人丁琳在事故发生后,用千斤顶将车顶起,将被害人从车底拖出,弃在路边,驾车逃离现场,没有履行法定的救助义务。被告人丁琳明知自己的行为可能造成他人死亡,却不采取任何措施,避免死亡的发生,对死亡结果的发生抱着任其自然发展的心态,虽然丁琳不希望死亡结果的发生,但死亡结果的发生并不出乎其意料,也不违反其本意,属于间接故意杀人,故被告人丁琳的行为构成故意杀人罪。

三、关联法条

《中华人民共和国刑法》

第二百三十二条　故意杀人的,处死刑、无期徒刑或者十年以上有期徒刑;情节较轻的,处三年以上十年以下有期徒刑。

《中华人民共和国道路交通安全法》

第七十条　在道路上发生交通事故,车辆驾驶人应当立即停车,保护现场;造成人身伤亡的,车辆驾驶人应当立即抢救受伤人员,并迅速报告执勤的交通警察或者公安机关交通管理部门。因抢救受伤人员变动现场的,应当标明位置。乘车人、过往车辆驾驶人、过往行人应当予以协助。

[①] 参见国家法官学院、中国人民大学法学院编:《中国审判案例要览》(2003年刑事审判案例卷),人民法院出版社、中国人民大学出版社2004年版,第165页。

四、争议问题

在交通事故之后将被害人遗弃在路边不予救助,导致被害人死亡的,是否构成不作为的故意杀人罪?

五、简要评论

根据交警大队对本案事故现场的进行勘查,认定死者李自成是趴在桥下坡约5米(桥全长14米)处偏右位置,经开车实验,该位置在汽车上桥时是不能发现的,而在汽车从桥顶下坡时,如果是夜里,就较难发现,但即便发现肯定是近距离的,根本来不及采取措施。这说明,本案被告人丁琳对于碾压被害人并不存在过失,其所涉及的是一场交通事故(交通意外)而非交通肇事。因此,对于被告人丁琳不能按照交通肇事罪定罪。但是,被告人丁琳在交通事故之后将被害人遗弃在路边不予救助,导致被害人死亡,是否应当构成故意杀人罪呢?这个问题的关键在于,在发生交通事故之后,被告人丁琳是否负有救助被害人的义务。值得注意的是,在我国,近来有少数学者通过借鉴德国的理论[1],认为先行行为必须是违反义务的行为(即可归责的行为),或者说先行行为必须是一种风险创设行为,否则不能成为作为义务的来源。[2] 按照这种学说,在本案中,由于被告人丁琳之前的驾车行为并未违反交通法规,并不存在一个违反义务的先行行为,因此其并不负有救助事故被害人的义务。但是,我国刑法理论一般认为,对于作为义务来源的先行行为没有限制,只要是对他人的法益造成现实、紧迫危险的行为,都可以成为不作为犯罪的先行行为。[3] 按照这种理论,在本案中,虽然被告人丁琳的先行行为是一个交通事故(交通意外),但这一行为对被害人的生命造成了现实、紧迫的危险,因此被告人有义务对被害人进行救助。而且,《中华人民共和国道路交通安全法》(以下简称《道路交通安全法》)第70条明确规定了交通事故发生之后车辆驾驶人对受伤人员的抢救义务。因此,在本案中,被告人丁琳对被害人的救助义务不仅来自其先行行为,而且来自法律的明确规定。从这个意义上说,被告人丁琳不仅未履行救助义务,而且将被害人从车底拖出后遗弃在路边,并驾车逃离现场,最终导致被害人因得不到及时救治而死亡,因而符合不作为的故意杀人罪的客观构成要件。从主观方面看,被告人丁琳明知自己不救助被害人的行为可能发生其死亡的结果,但放任这一结果的发生,因此是一种间接故意的主观心态。由此可见,法院认定被告人丁琳构成不作为的(间接)故意杀人罪是正确的。

---

[1] Roxin, Strafrecht AT II, 2003, §10, Rn. 155-174.
[2] 参见王莹:《先行行为作为义务之理论谱系归整及其界定》,载《中外法学》2013年第2期;周光权:《客观归责方法论的中国实践》,载《法学家》2013年第6期。
[3] 参见陈兴良:《判例刑法学》(教学版),中国人民大学出版社2012年版,第36—37页;张明楷:《刑法学》(第4版),法律出版社2011年版,第156—157页。

案例7-7 韩正连故意杀人案[①]

一、基本案情

2005年10月26日晚21时许,被告人韩正连酒后驾驶货车行驶至连云港市连云区桃林社区岛山巷时,将在路边行走的妇女徐寿花撞倒。韩正连发现撞伤人后,为逃避法律追究,将徐寿花转移到岛山巷10号楼2单元道口藏匿,致使徐寿花无法得到救助而死亡。当夜,韩正连又借用另一辆货车,将徐寿花的尸体运至连云区板桥镇,将尸体捆绑在水泥板上沉入烧香河中。

二、诉讼过程及裁判理由

一审法院审理认为,被告人韩正连驾车撞伤人,又将被害人隐藏导致其死亡,其行为已构成故意杀人罪,判处被告人韩正连有期徒刑15年,剥夺政治权利5年。

一审宣判后,被告人韩正连不服,以被害人徐寿花是被当场撞死的,其没有杀人的主观故意为由提出上诉。

二审法院审理认为,韩正连酒后驾驶机动车辆,撞伤一人后为逃避法律制裁,将被害人拖离事故现场隐藏,致使被害人大量失血性休克死亡,具有放任被害人死亡的主观故意。原审判决认定的事实清楚,证据确实、充分,定性准确,量刑适当,审判程序合法,依法裁定:驳回上诉,维持原判。

三、关联法条

《中华人民共和国刑法》

第一百三十三条 违反交通运输管理法规,因而发生重大事故,致人重伤、死亡或者使公私财产遭受重大损失的,处三年以下有期徒刑或者拘役;交通运输肇事后逃逸或者有其他特别恶劣情节的,处三年以上七年以下有期徒刑;因逃逸致人死亡的,处七年以上有期徒刑。

最高人民法院《关于审理交通肇事刑事案件具体应用法律若干问题的解释》

第六条 行为人在交通肇事后为逃避法律追究,将被害人带离事故现场后隐藏或者遗弃,致使被害人无法得到救助而死亡或者严重残疾的,应当分别依照刑法第二百三十二条、第二百三十四条第二款的规定,以故意杀人罪或者故意伤害罪定罪处罚。

---

① 参见陈兴良、张军、胡云腾主编:《人民法院刑事指导案例裁判要旨通纂》(上卷),北京大学出版社2013年版,第42页。

四、争议问题

行为人在交通肇事后为逃避法律追究,将被害人带离事故现场后隐藏,导致被害人无法得到救助而死亡,是否构成不作为的故意杀人罪?

五、简要评论

最高人民法院《关于审理交通肇事刑事案件具体应用法律若干问题的解释》第6条规定:"行为人在交通肇事后为逃避法律追究,将被害人带离事故现场后隐藏或者遗弃,致使被害人无法得到救助而死亡或者严重残疾的,应当分别依照刑法第二百三十二条、第二百三十四条第二款的规定,以故意杀人罪或者故意伤害罪定罪处罚。"该司法解释的含义是:由于行为人的交通肇事行为,致使被害人的身体或生命面临现实、紧迫的危险,在这种情况下,法律要求其承担救助被害人的义务。但行为人不但不履行这一救助义务,而且将被害人带离事故现场后隐藏或者遗弃,致使被害人无法得到救助而死亡或者严重残疾。因此,该司法解释所指的故意杀人罪或者故意伤害罪,是指不作为的故意杀人罪或者不作为的故意伤害罪。从本案的事实来看,被告人韩正连酒后驾车交通肇事将被害人撞伤后,负有将被害人送医院抢救的义务,但为逃避法律追究,将被害人带离事故现场隐藏,主观上具有放任被害人死亡的犯罪故意,客观上导致被害人因无法得到救助而死亡的结果,因此符合上述司法解释中规定的不作为的故意杀人罪的构成要件。

案例 7-8 杨某某故意伤害案[①]

一、基本案情

被告人杨某某与被害人张某某因恋爱产生矛盾,杨某某即购买两瓶硫酸倒入水杯,随身携带。2004年10月23日21时40分许,杨某某与张某某相遇,再次发生激烈争执,杨某某手拿装有硫酸的水杯对张某某说:"真想泼到你脸上",并欲拧开水杯盖子,但未能打开。张某某认为水杯中系清水,为稳定自己的情绪,接过水杯将杯中硫酸倒在自己头上,致其头、面、颈、躯干以及四肢等部位被硫酸烧伤。法医鉴定伤情为重伤,伤残一级。张某某受伤后,花去医疗费等各种费用共计人民币259 471.58元。杨某某亲属先行支付张某某医疗费16 650元。张某某所在学校与其达成协议,一次性给付张某某人民币35 000元。

---

① 参见陈兴良、张军、胡云腾主编:《人民法院刑事指导案例裁判要旨通纂》(上卷),北京大学出版社2013年版,第442页。

二、诉讼过程及裁判理由

一审法院经审理认为,被告人杨某某明知自己的行为会造成他人身体伤害,仍放任危害结果的发生,致他人严重残疾,其行为已构成故意伤害罪。鉴于杨某某犯罪时未满18周岁,犯罪后其亲属能赔偿被害人部分经济损失,依法应当从轻处罚。故而判决被告人杨某某犯故意伤害罪,判处有期徒刑10年,被告人杨某某赔偿张某某259 471.58元。

被告人不服一审判决,上诉称:其主观上只想拿硫酸吓唬被害人无伤害故意,其在被害人受伤后追着让被害人去医院,被害人在案件起因上有过错,量刑过重。请求二审法院减轻处罚。

二审法院经审理认为,上诉人杨某某在恋爱过程中,因被害人提出分手而心怀恼恨,即购买危险品随时携带。当二人为恋爱发生争执,被害人误将上诉人预备的硫酸倒向本人身上时,上诉人明知该行为会造成被害人的人身伤害,仍放任伤害结果的发生,致被害人重伤并造成严重残疾,其行为已构成故意伤害罪。原判认定事实和适用法律正确,量刑适当,审判程序合法,对上诉人杨某某的上诉意见,不予采纳,故而裁定驳回上诉,维持原判。

三、关联法条

《中华人民共和国刑法》

第十四条第一款 明知自己的行为会发生危害社会的结果,并且希望或者放任这种结果发生,因而构成犯罪的,是故意犯罪。

第二百三十四条 故意伤害他人身体的,处三年以下有期徒刑、拘役或者管制。

犯前款罪,致人重伤的,处三年以上十年以下有期徒刑;致人死亡或者以特别残忍手段致人重伤造成严重残疾的,处十年以上有期徒刑、无期徒刑或者死刑。本法另有规定的,依照规定。

四、争议问题

被害人误将行为人随身携带的、打算用于伤害被害人的硫酸倒在自己身上,导致自身重伤并造成严重残疾的,行为人是否构成不作为的故意伤害罪?

五、简要评论

在本案中,虽然被告人杨某某手拿装有硫酸的水杯,并且有威胁被害人的语言(被告人杨某某对被害人说"真想泼到你脸上",至多只能算是一种犯意表示,而不能据此认定其具有伤害的故意),但并未直接亲自将硫酸泼向被害人,而是由于被害人误以为水杯中所装的是清水,为了稳定自己的情绪而泼向自己,从而导致严重的伤害后果。因此,被告人杨某某并不构成作为的故意伤害罪。但是,被告人杨某某是否构成不作为的故意伤害罪呢?笔者认为,被告人杨某某违反危险化学品安全管理方面的法律,擅自购买硫酸并携带装有硫酸的水杯与被害人进行争执,在这种情况下,被告人杨某某应当尽到适当保管该危险品的义务,确保该危险品不致危害他人。但是,在被害人不知道该水杯所盛的是硫酸而将该水杯夺过去的时候,被告人杨某某应当立即告知被害人水杯中是危险的硫酸并阻止被害人将水杯中的硫酸泼在自己身上,但被告人杨某某却没有采取任何行动。此外,从本案的事实来看,被告人杨某某在购买硫酸的同时又购买了碳酸钠,说明他明知碳酸钠具有防止或减少硫酸对人体伤害程度的作用,但在被害人向自己身上泼硫酸之后,被告人杨某某并未用事先准备的碳酸钠对其施救,也没有采取其他措施防止或减少被害人受伤害的程度。因此,被告人杨某某携带硫酸这一危险的先行行为对被害人的人身造成了现实、紧迫的危险,在危险转化为现实的伤害结果之后,被告人杨某某在完全可以施救的情况下又不予施救,因此符合不作为的故意伤害罪的客观构成要件。从主观方面看,被告人杨某某在被害人夺走装有硫酸的水杯之后不予阻止、在被害人受伤之后不予救助,虽然明知硫酸会对人体造成严重伤害,但放任被害人受伤害结果的发生,因此主观上具有伤害他人的间接故意。从这一分析来看,法院认定被告人杨某某构成故意伤害罪是正确的。

案例7-9　王仁兴故意破坏交通设施案[①]

一、基本案情

2003年7月28日16时许,被告人王仁兴驾驶机动渔船行至长江红花碛水域的"红花碛2号"航标船附近,见本村渔民王云等人下网后的"网爬子"挂住了固定该航标船的钢缆绳,王仁兴主动驾船帮忙时其船螺旋桨亦被该航标船的缆绳缠住。王仁兴持刀欲砍断缆绳未果后,又登上该航标船将缆绳解开,致使"红花碛2号"航标船漂流至下游2公里处的锦滩回水沱,造成直接经济损失人民币1555元。

二、诉讼过程及裁判理由

一审法院认为,被告人王仁兴的行为已构成破坏交通设施罪,依照《中华人民共和国刑法》第117条之规定,以被告人王仁兴犯破坏交通设施罪,判处有期徒刑3年。

---

① 参见陈兴良、张军、胡云腾主编:《人民法院刑事指导案例裁判要旨通纂》(上卷),北京大学出版社2013年版,第21页。

一审宣判后，被告人王仁兴及其辩护人提出，其行为属于紧急避险，不应负刑事责任，提出上诉。

二审法院认为，上诉人王仁兴在其渔船存在翻沉的现实危险下，不得已采取解开"红花碛2号"航标船钢缆绳，来保护自己与他人人身及渔船财产的行为系紧急避险。但王仁兴在自身危险消除后，明知"红花碛2号"航标船漂离会造成船舶发生倾覆、毁坏危险，其负有采取积极救济措施消除危险状态的义务，能够履行该义务而未履行，属于不作为行为，其行为构成了破坏交通设施罪。上诉人王仁兴解开航标船钢缆绳的先前行为属于紧急避险，但王仁兴在其危险解除后，明知航标船流失会造成船舶在通过该航标船流域时发生危险，其应负有立即向航道管理部门报告以防止危害的义务，王仁兴未履行该义务，其不作为的行为构成了破坏交通设施罪，应负刑事责任。对上诉人王仁兴及其辩护人提出王仁兴不负刑事责任的意见不予采纳。鉴于本案未发生严重后果，上诉人王仁兴认罪态度较好，对其适用缓刑不致再危害社会，可对其适用缓刑，因此维持原判，并对上诉人王仁兴宣告缓刑3年。

三、关联法条

《中华人民共和国刑法》

第二十一条第一款　为了使国家、公共利益、本人或者他人的人身、财产和其他权利免受正在发生的危险，不得已采取的紧急避险行为，造成损害的，不负刑事责任。

第一百一十七条　破坏轨道、桥梁、隧道、公路、机场、航道、灯塔、标志或者进行其他破坏活动，足以使火车、汽车、电车、船只、航空器发生倾覆、毁坏危险，尚未造成严重后果的，处三年以上十年以下有期徒刑。

四、争议问题

行为人因实施紧急避险行为造成交通设施被破坏，在紧急避险结束后，行为人是否有义务消除危险？如果行为人有能力履行而不履行该义务，是否构成不作为的破坏交通设施罪？

五、简要评论

本案中，被告人王仁兴在其渔船存在翻沉的现实危险下，不得已采取解开"红花碛2号"航标船钢缆绳，以便保护自己与他人人身及渔船财产的行为，构成《刑法》第21条规定的紧急避险。但被告人王仁兴在消除其自身危险的同时又造成了对交通安全设施的破坏，足以使其他船舶航行在该航段时发生倾覆、毁坏的危险，在这种情况下，被告人王仁兴负有采取积极的救济措施（例如立即向航道管理部门报告以防止危害）消除危险状态的作为义务。换言之,这一作为义务来自被告人王仁兴解开航标船钢缆绳以便保全其正当权益这一合法的先行行为。刑法理论一般也认为,虽然紧急避险是正当化事由,但避险行为仍然可以成为作为义务的来源。① 从本案事实来看,在被告人王仁兴紧急避险之后,其完全有能力及时向航道管理部门报告,但却没有履行这一义务,因此符合不作为的破坏交通设施罪的客观构成要件。从主观方面看,被告人王仁兴明知航标船流失会造成船舶在通过该航标船流域时发生危险,却不向航道管理部门报告,放任其他船舶可能发生的倾覆、毁坏危险,因此在主观上是间接故意。由此可见,法院判处被告人王仁兴构成不作为的破坏交通设施罪是正确的。

案例 7-10　李晓勇等盗窃案②

一、基本案情

被告人李晓勇、郭威、刘伟、李征于 2004 年 5 月底的一天,在北京邮政速递局市内分拣科天竺分拣班车间上班时,被告人郭威在分拣邮件、向微机输入条形码的过程中,发现多出一个邮件,李晓勇、刘伟、李征均目睹了这一情节。李晓勇当即在郭威的电脑上删除了该邮包的信息,并将该邮包拿走。邮包内装有诺基亚牌移动电话机 55 部,共计价值人民币 70 050 元。两天后,被告人李晓勇将变卖移动电话机的赃款分给被告人郭威、李征各人民币 3 000 元,分给被告人刘伟人民币 2 900 元。案发后,被告人郭威、刘伟、李征分别将所分得的赃款退交给公安机关。

二、诉讼过程及裁判理由

一审法院认为,被告人李晓勇、郭威、刘伟、李征作为邮政工作人员,在从事邮政速递工作期间,被告人李晓勇在提议拿走这件多出来的邮件,并将该邮件的信息从电脑上删除时,郭威、刘伟、李征均在场,且均对李晓勇的行为表示默许,上述行为,显然是利用了 4 名被告人共同的工作便利,共同实施盗窃行为并共同分赃,并在主观上已具有非法占有该财物的共同故意,故对辩护人的相关辩护意见,法院不予采纳。

---

① 关于德国通说,可以参见 Roxin, Strafrecht AT II, 2003, §10, Rn. 186-188;关于我国学说,可以参见张明楷:《刑法学》(第 4 版),法律出版社 2011 年版,第 156 页。
② 参见陈兴良、张军、胡云腾主编:《人民法院刑事指导案例裁判要旨通纂》(下卷),北京大学出版社 2013 年版,第 726 页。

三、关联法条

《中华人民共和国刑法》

第二十五条　共同犯罪是指二人以上共同故意犯罪。

二人以上共同过失犯罪，不以共同犯罪论处；应当负刑事责任的，按照他们所犯的罪分别处罚。

第二百五十三条　邮政工作人员私自开拆或者隐匿、毁弃邮件、电报的，处二年以下有期徒刑或者拘役。

犯前款罪而窃取财物的，依照本法第二百六十四条的规定定罪从重处罚。

第二百六十四条　盗窃公私财物，数额较大的，或者多次盗窃、入户盗窃、携带凶器盗窃、扒窃的，处三年以下有期徒刑、拘役或者管制，并处或者单处罚金；数额巨大或者有其他严重情节的，处三年以上十年以下有期徒刑，并处罚金；数额特别巨大或者有其他特别严重情节的，处十年以上有期徒刑或者无期徒刑，并处罚金或者没收财产。

四、争议问题

在邮政工作人员窃取邮件的情况下，在场亲眼目睹其窃取行为，但没有按照规定报告，或者没有加以阻止的其他同事，是否构成不作为的盗窃共犯？

五、简要评论

刑法理论一般认为，共同犯罪既可以由共同作为构成，也可以由共同不作为或者作为与不作为共同构成。共同不作为或者作为与不作为共同实施的犯罪，就是不作为的共同犯罪。本案中，被告人李晓勇在被告人郭威的电脑上删除了一个涉案邮包的信息，并将该邮包拿走，这显然是一种以作为形式实施的盗窃行为。但是，在场亲眼目睹其窃取行为，但没有按照规定报告，或者没有加以阻止的被告人郭威、刘伟、李征，是否与李晓勇构成不作为的盗窃共犯呢？对此，法院判决作出了肯定的回答。该案的裁判理由指出：

按照单位的规定及工作细则，操作电脑的郭威在发现电脑记录中出现多余的邮包记录后，应当及时报告值班班长并由班长处理。可当时郭威未及时报告，亦未阻止李晓勇的盗窃行为，存在明显的失职，该失职行为对李晓勇的盗窃行为起到了重要的帮助作用，加之郭威事后收取了李晓勇给予的销赃款，这些都表明郭威当时的帮助行为已超出了失职行为，具有应受刑罚惩罚程度的社会危害性。至于被告人刘伟和李征，虽然在具体事务上对多出来的邮包不负有什么职责，但作为北京邮政速递局分拣科的员工，他们在工作时对于工作场所内的所有邮包都应承担其力所能及的责任，即使出现的业务问题按照职责划分可能不归他们管,但邮包的安全是整个工作场所内所有员工都应负责的。简言之,因职务要求而产生的"防止结果发生的特别义务",不仅可以是职务对行为人具体的工作要求,还可以是职务甚或单位对工作人员一般的概括的要求。而且,由于本案中被告人郭威、刘伟和李征在现场目睹了盗窃行为,有义务有能力阻止却未加反对,应当认为是一种默示的共谋,因而可以认定三被告人构成不作为的盗窃共犯。

由此可见,法院之所以认定被告人郭威、刘伟和李征构成不作为的盗窃共犯,是因为他们在场亲眼目睹了被告人李晓勇的窃取行为,但没有按照规定报告,或者没有加以阻止,即他们的作为义务来源于其作为邮政速递局分拣人员的业务要求;同时,由于他们在场目睹了被告人李晓勇的行为,有义务有能力加以阻止却未加反对,因此在他们与被告人李晓勇之间就存在一种默示的共谋。但是,笔者认为,这一裁判理由是无法成立的。

首先,刑法理论一般认为,不作为犯罪的作为义务的来源包括由职业或者业务要求所产生的义务。被告人郭威、刘伟和李征作为邮政速递局的分拣人员,当然负有按照工作规程分拣邮件的职责,其中包括在出现特殊情况(例如出现多余的邮包)的时候向相关主管人员报告的义务。但是,这一职业或者业务是否要求在目睹自己的同事窃取邮包的时候负有加以阻止的义务呢?笔者认为,被告人郭威、刘伟和李征的确应当向主管人员报告,但并不负有阻止他人实施犯罪的一般性义务,因为我国《刑法》并未规定阻止他人实施犯罪这样的纯正不作为犯。更为重要的是,即使认为被告人郭威、刘伟和李征负有报告或阻止被告人李晓勇实施窃取邮包的义务,也不能据此认定他们构成不作为的盗窃共犯,至多是违反相关工作规程的行为而已。

其次,裁判理由认为被告人郭威、刘伟和李征在现场目睹被告人李晓勇窃取邮包,有义务有能力加以阻止却未加反对,由此认定他们与被告人李晓勇之间存在一种默示的共谋,这也是缺乏根据的。从其他案件事实来看,除了被指控构成这一共同盗窃以外,本案被告人李晓勇还单独实施了两次盗窃邮包的行为,而被告人郭威、刘伟和李征均未参与被告人李晓勇的两次单独盗窃行为。由此可见,被告人郭威、刘伟和李征与被告人李晓勇并不具有共同盗窃的经历,他们之间不可能存在盗窃邮包的默契。因此,在他们目睹被告人李晓勇盗窃邮包的时候,虽然没有表示反对,但并不能因此推定其存在一种默示的共谋,即一种默示的共同盗窃故意。此外,虽然被告人郭威、刘伟和李征在事后接受了被告人李晓勇的"封口费",但由于被告人李晓勇的犯罪已经既遂,因此也不能据此认定被告人郭威、刘伟和李征与被告人李晓勇之间存在事前共谋。

综上所述,法院认定被告人郭威、刘伟和李征构成不作为的盗窃共犯是缺乏根据的。

第八章 共同犯罪

案例8-1 岳仕群利用其不满14周岁的女儿投毒杀人案①

一、基本案情

1993年6月,被害人许桂祥前往贵州省纳雍县寨落乡将岳仕群带至江苏省海安县同居,许某某(女,5岁)亦随母至许桂祥家共同生活。岳仕群于1994年3月生一子许文春。1996年8月,岳仕群与许桂祥补办了结婚登记。2000年12月下旬,因许桂祥不愿意出资为女儿许某某上中学、办理户口等家庭经济问题,夫妻之间经常吵架,岳仕群并遭殴打。2001年3月,岳仕群提起离婚诉讼,但未获法院判决支持。其后,被告人岳仕群对许桂祥经常翻查其衣袋的钱物怀恨在心,其女儿许某某(现年13岁)也因为继父许桂祥对其歧视性言行及翻查其母岳仕群衣袋等事而积怨,两人合谋决定毒杀许桂祥。2001年12月初,岳仕群买回两包"毒鼠强",伺机作案。同月13日19时许,一家人一起用晚餐,趁许桂祥中途离桌到厨房之际,许某某征得岳仕群的同意,将两包"毒鼠强"当着被告人岳仕群的面掺入许桂祥吃面条的碗内,并用筷子在碗内搅拌了几下。许桂祥吃了该面条,即出现抽搐、呕吐症状。许桂祥在被告人岳仕群与邻居将其送往医院抢救的途中死亡。案发后,因许某某不满14周岁,公安机关依照《中华人民共和国刑法》第17条第4款的规定,对许某某作出收容教养3年的决定。

二、诉讼过程及裁判理由

一审法院经审理认为,被告人岳仕群因家庭矛盾激化,故意采用投毒的方法将丈夫许桂祥毒死,其行为已经构成故意杀人罪。被告人岳仕群犯罪后果严重,依法应予严惩。被告人岳仕群犯罪后有悔罪表现,积极参与抢救被害人,且认罪态度较好,依法可酌情从轻处罚。关于辩护人提出的本案为共同犯罪,被告人岳仕群在犯罪中不起主要作用的辩护意见,不予

---

① 参见北大法律信息网(http://vip.chinalawinfo.com/newlaw2002/SLC/SLC.asp?Db=fnl&Gid=117463609)。

采纳。依照我国《刑法》第 25 条第 1 款的规定,共同犯罪是指"二人以上共同故意犯罪",犯罪主体都是达到刑事责任年龄的人。许某某不满 14 周岁,未达到刑事责任年龄,故本案不构成共同犯罪。虽然投毒行为是岳仕群的女儿许某某所为,但许某某为不满 14 周岁的未成年人,对事物尚缺乏辨别能力,她的行为取决于其母是否准许。岳仕群亲眼目睹其女儿投毒至被害人食用的面条中,此时岳仕群有杀人的犯罪故意,且在犯罪过程中起主要作用,许某某的行为应视为受被告人岳仕群指使、利用而实施的行为,故被告人岳仕群对本案应负全部刑事责任。另外,本案起因是家庭矛盾激化,被害人许桂祥对案发负有过错责任,且被告人岳仕群犯罪后有悔罪表现,对辩护人建议从轻处罚的辩护意见予以采纳。故判决被告人岳仕群犯故意杀人罪,判处死刑,缓期两年执行,剥夺政治权利终身。

宣判后,被告人岳仕群没有提出上诉,检察机关也未提出抗诉。

三、关联法条

《中华人民共和国刑法》

第十七条第四款　因不满十六周岁不予刑事处罚的,责令他的家长或者监护人加以管教;在必要的时候,也可以由政府收容教养。

第二十五条第一款　共同犯罪是指二人以上共同故意犯罪。

第二百三十二条　故意杀人的,处死刑、无期徒刑或者十年以上有期徒刑;情节较轻的,处三年以上十年以下有期徒刑。

四、争议问题

本案的争议问题在于,被告人岳仕群参与不满 14 周岁的女儿许某某投毒杀人的行为,是成立故意杀人罪的间接正犯,还是成立故意杀人罪的共犯?

五、简要评论

本案的裁判要旨[①]与我国刑法通说关于共同犯罪的成立条件以及间接正犯和教唆犯之界限的理解是一致的。我国刑法通说认为,构成共同犯罪的参与人必须是两个以上达到刑事责任年龄,具有刑事责任能力的人。"一个达到刑事责任年龄的人和一个未达到刑事责任年龄的人,或者一个精神健全有刑事责任能力的人和一个由于精神障碍无刑事责任能力的

[①] 对于类似案件("刘某教唆不满 14 周岁的女儿毒杀其夫案"),最高人民法院审判长会议经讨论认为,本案被告人刘某教唆不满 14 周岁的人投毒杀人,由于被教唆人不具有刑事责任能力,所以,教唆人与被教唆人不能形成共犯关系,刘某不成立教唆犯,而成立间接正犯,故对刘某不能直接援引有关教唆犯的条款处理,而应按其女实行的故意杀人行为定罪处罚。参见最高人民法院刑事审判第一庭、第二庭:《刑事审判参考》(2001 年第 5 辑),法律出版社 2001 年版,第 74—75 页。

人共同实施危害行为,不构成共同犯罪。一个有刑事责任能力的人,教唆或者帮助一个幼年人或者精神病人,实施危害行为,不构成共同犯罪;教唆者或者帮助者作为实行犯罪处理,被教唆者或者被帮助者不构成犯罪。这种情况在西方理论上称为间接正犯,也就是间接实行犯。"[1]据此,我国刑法通说在共犯的要素从属性问题上,采取的是极端从属性说的立场。亦即,共犯的成立不仅要求正犯实施了符合构成要件的违法行为,而且还要求正犯具有责任能力。有基于此,教唆未成年人犯罪的,教唆人与被教唆人不构成共犯关系,教唆人不能成立教唆犯,而只能成立间接正犯。但是,极端从属性说不仅错误地对间接正犯予以定位,也有违个人责任原则。间接正犯作为正犯,其基本特征在于,幕后的教唆者,将他人当做如同动物或器具一样的工具加以利用或者支配,以达自己的犯罪目的。这种通过他人之手实现自己犯罪目的的间接正犯和行为人自己动手实施构成要件行为的直接正犯之间,并无本质上的差别,因而可以和直接正犯等同视之,并优先地加以判断,而并非是从极端从属性的立场出发,在不成立共犯的场合考虑成立间接正犯。诚然,未满14周岁的人规范意识比成年人低,但是,对于杀人、放火、强奸、盗窃等大是大非界限分明的犯罪,应当说是具有相当程度的规范意识的,因而,在其受他人指使实施侵犯法益的行为的场合,一般难以将之评价为犯罪工具;尤其是在未成年人完全基于自主的意思实行犯罪,他人只不过是为其提供了协力、帮助的场合,更是如此。另外,此种场合下,提供协力、帮助的人在犯罪的参与中所起的作用往往就较小,如若将之认定为间接正犯的话,也就使其不具有被认定为从犯而获得从宽处罚的根据,从而有违罪责刑相适应原则。

笔者认为,在共犯与正犯的关系上,限制从属性说更具妥当性。亦即,共犯的成立仅以正犯实施了符合构成要件的违法行为为前提,至于正犯是否有责任,并不影响共犯的成立,而仅影响正犯是否最终承担罪责的问题,这是责任个别性原则的基本要义。不过,例外的是,如果利用欠缺是非辨别能力的人,如无知的幼儿或者高度精神病患者实施犯罪的,背后者成立间接正犯。因此,在本案中,合理的结论是,岳仕群和其女儿许某某应在违法层面上成立共同犯罪,岳仕群构成故意杀人罪的教唆犯,许某某成立故意杀人罪的正犯,但因许某某未达刑事责任年龄,不负刑事责任。

案例 8-2 夏锡仁故意杀人案[2]

一、基本案情

被告人夏锡仁与被害人吴楷蓉系原配夫妻,夫妻关系一直融洽。2004 年 1 月的一天,吴

---

[1] 高铭暄、马克昌主编:《刑法学》(第 5 版),北京大学出版社、高等教育出版社 2011 年版,第 163 页。
[2] 参见陈兴良、张军、胡云腾主编:《人民法院刑事指导案例裁判要旨通纂》(上卷),北京大学出版社 2013 年版,第 310 页。

楷蓉在结冰的路上滑到,致一条腿折断。此后,吴楷蓉陷入伤痛之中,加之面临经济困难,产生自杀念头。被告人夏锡仁在劝说吴楷蓉无果后,在眼前艰难的压力下也产生不想活的念头,便与吴楷蓉商量两人一起上吊结束生命。同年5月12日晚,夏锡仁在租住的地下室准备了两张一高一矮的凳子,并准备了绳子,接着先将吴楷蓉扶到矮凳子上,又从矮凳子上扶到高凳子上,让吴楷蓉站立在凳子上,将绳子一端系在吴楷蓉的脖子上,另一端系在地下室的水管上,然后其将吴楷蓉脚下的凳子拿开,吴楷蓉动了几下即窒息而死。过了十几分钟,夏锡仁也准备上吊,但想到这样会连累房东,即打消自杀念头,于天明时到派出所自首。

二、诉讼过程及裁判理由

一审法院认为,根据本案的事实和证据,被害人吴楷蓉已有自杀意图,被告人夏锡仁帮助被害人自杀,其主观上明知会出现他人死亡的结果而仍然故意为之,客观上其积极主动地帮助被害人吴楷蓉自杀,导致吴楷蓉死亡结果的发生,其行为已构成故意杀人罪。鉴于被告人夏锡仁行为的社会危害性相对较小,犯罪情节较轻,且被告人夏锡仁有自首情节,可从轻处罚。依法判决被告人夏锡仁犯故意杀人罪,判处有期徒刑5年;作案工具绿色绳子没收。

三、关联法条

《中华人民共和国刑法》

第二百三十二条　故意杀人的,处死刑、无期徒刑或者十年以上有期徒刑;情节较轻的,处三年以上十年以下有期徒刑。

四、争议问题

本案的争议问题是,被告人夏锡仁的行为属于故意杀人罪的实行行为还是帮助行为?教唆、帮助他人自杀的,该如何处理?

五、简要评论

帮助自杀,不同于亲自动手、直接引起他人死亡结果的实行行为,它是指在他人已有自杀意图的情况下,为他人自杀提供帮助,间接引起他人死亡的结果,如提供用于他人自杀的枪支、绳索、毒药,或者向意欲自杀者传授自杀的方法、强化对方自杀的决意,等等,均属于对自杀的帮助。但需要注意的是,实践中,存在着形似帮助自杀,但实为直接杀人行为的情形。本案中,夏锡仁实施的"帮助"其妻自杀的行为就是典型。表面上看来,被告人夏锡仁似乎是在帮助妻子自杀,但由于夏锡仁不仅实施了准备绳子、凳子以及将妻子扶上凳子、将绳子套在妻子的脖子上等一系列的帮助行为,而且还将妻子脚下的凳子拿走,这正是致使其妻死亡的决定性原因。所以,该行为在性质上就不能说是为他人自杀提供协助或者方便,间接地引起他人死亡结果的帮助行为,而是故意杀人的实行行为。同样,经意欲自杀者的请求,将毒药喂到其口中或者注入其体内的也非一般意义上的自杀,而是杀人的实行行为。当然,考虑到这种场合下的被害人死亡系自己决定的结果,易言之,行为人的杀人行为在性质上属于同意杀人。所以,在量刑时,应与普通的杀人行为区别对待。在此意义上,法院认定夏锡仁构成故意杀人罪,并以犯罪较轻为由,判处 5 年有期徒刑可以说是适当的。

这里顺便讨论的一个问题是,真正意义上的帮助自杀行为该如何定罪?对此,我国有些学者认为,自杀是法益主体的自决权,亦即,个人有自主决定终结自己生命的权利,所以,帮助自杀的行为不构成犯罪,不具有可罚性。① 但是,生命是一切利益的本源或基础,是高于其他一切利益的法益,刑法应给予最为厚重的保护。正因为如此,世界绝大多数国家或者地区的刑法虽不处罚自杀,但都将参与(教唆、帮助)他人自杀的行为规定为犯罪(自杀关联罪)。我国刑法虽未专门规定自杀关联罪,但一般认为,教唆、帮助自杀的,并非属于共同犯罪中的教唆犯或者帮助犯,但由于行为人的教唆行为、帮助行为对自杀者的死亡提供了原因力,即具有因果关系,所以,应按故意杀人罪定罪处罚。②

笔者认为,从生命是最为重要的法益,刑法应对之给予最为厚重的立场来看,处罚教唆或者帮助自杀的行为的做法具有妥当性。但是,教唆或者帮助自杀的行为,与杀人的实行行为不能等同,除了教唆或者帮助自杀构成故意杀人罪的间接正犯以外,教唆或者帮助自杀无论如何也是不能等同于故意杀人的。在此意义上,将教唆、帮助自杀的行为径直认定成立故意杀人罪的做法是值得商榷的。由此看来,如何从刑法上寻找教唆、帮助自杀的处罚根据,仍是个难题。③

案例 8-3 谭荣财等强奸、抢劫、盗窃案④

一、基本案情

2003 年 5 月 23 日,被告人谭荣财、罗进东与赖洪鹏(另案处理)在阳春市春城镇东湖烈

---

① 参见王钢:《自杀违法性之否定——与钱叶六博士商榷》,载《中外法学》2013 年第 3 期。
② 参见高铭暄、马克昌:《刑法学》(第 5 版),北京大学出版社、高等教育出版社 2011 年版,第 462—463 页。
③ 或许可以为教唆、帮助自杀可罚性提供解释根据的是:与故意伤害罪、过失致人重伤、死亡罪的行为对象为"他人",故意杀人罪的行为对象是"人",因而包括本人,而不限于"他人"。所以,自杀行为具有违法性。但人一旦自杀既遂的话,当然无法追究其责任;在自杀未遂的场合,由于自杀者一方面是行为人,另一方面也是被害人,存在被害人同意而降低其社会危害性的情形,使自杀行为没有达到可罚的程度,因此,对自杀行为难以作为犯罪处理。教唆、帮助他人自杀,就是教唆、帮助他人实施符合构成要件的违法行为,根据限制从属性的原理,对教唆、帮助自杀者,以故意杀人罪的共犯论处。
④ 参见陈兴良、张军、胡云腾主编:《人民法院刑事指导案例裁判要旨通纂》(上卷),北京大学出版社 2013 年版,第 472 页。

士碑水库边,持刀对在此谈恋爱的蒙某某、瞿某某(女)实施抢劫,抢得蒙某某230元、瞿某某60元,谭荣财、罗进东各分得80元。抢劫后,谭荣财、罗进东、赖洪鹏用皮带反绑蒙某某双手,用黏胶粘住蒙某某的手腕,将蒙某某的上衣脱至手腕处,然后威逼瞿某某脱光衣服,脱去蒙某某的内裤,强迫二人进行性交供其观看。蒙某某因害怕,无法进行。谭荣财等人又令瞿某某用口含住蒙的生殖器进行口交。在口交过程中,蒙某某趁谭荣财等人不备,挣脱皮带跳进水库并呼叫救命,方才逃脱。

2003年5月期间,被告人谭荣财、罗进东伙同他人先后在阳春市春城镇三桥等处先后5次持刀抢劫现金、手机等财物共计价值人民币5 879元。2000年9月19日凌晨3时40分,谭荣财在阳春市圭岗镇明景游戏室,从屋顶揭瓦入室,将严仕章的一辆价值3 750元的轻骑Qm100/6摩托车骑走。

二、诉讼过程及裁判理由①

一审法院经审理认为,被告人谭荣财、罗进东等人以非法占有为目的,使用暴力、胁迫手段劫取他人财物,其行为已构成抢劫罪;二被告人在抢劫蒙某某、瞿某某财物的过程中,违背妇女意志,使用暴力、胁迫的手段,强迫他人与妇女发生性关系,其行为已构成强奸罪。被告人谭荣财入室窃取他人财物,数额较大,构成盗窃罪。

被告人谭荣财、罗进东上诉称,其强迫蒙某某与瞿某某发生性关系的目的是寻求精神上的刺激,调戏取乐,只是观看,没有强奸的故意和目的,原审法院定强奸罪有误,请求撤销原审法院的定罪量刑。

二审法院经审理认为,被告人谭荣财、罗进东以非法占有为目的,以暴力、胁迫的手段劫取他人财物,其行为已构成抢劫罪;被告人谭荣财采用秘密窃取的方法,入室窃取他人财物,数额较大,其行为构成盗窃罪。被告人谭荣财、罗进东持刀胁迫蒙某某、瞿某某二人性交,后又强迫瞿某某口含蒙某某生殖器进行口交,其主观上是寻求精神上的刺激,调戏取乐,没有强奸的目的,客观上没有强奸行为,原审法院认定该行为构成强奸罪不当,应以强制猥亵妇女罪论处,故谭荣财、罗进东的行为均已构成强制猥亵妇女罪。谭荣财、罗进东的上述上诉理由成立,应予采纳。被告人谭荣财、罗进东在本案中犯数罪,依法数罪并罚。原审法院认定事实清楚,证据确实、充分,审判程序合法,但适用法律部分错误,应予纠正,即谭荣财、罗进东强迫蒙某某和瞿某某进行性交以及强迫瞿某某对蒙某某生殖器进行口交的行为不应成立强奸罪,而应成立强制猥亵妇女罪。

---

① 囿于篇幅的限制,基本案情介绍部分略去关于本罪量刑的内容。

三、关联法条

《中华人民共和国刑法》

第二十五条第一款　共同犯罪是指二人以上共同故意犯罪。

第二百三十六条第一款　以暴力、胁迫或者其他手段强奸妇女的,处三年以上十年以下有期徒刑。

第二百三十七条第一款①　以暴力、胁迫或者其他方法强制猥亵妇女或者侮辱妇女的,处五年以下有期徒刑或者拘役。

四、争议问题

本案主要争议问题有两个:一是谭荣财、罗进东二被告为了寻求刺激,持刀胁迫蒙某某与瞿某某进行性交,成立强奸罪的间接正犯还是成立强制猥亵妇女罪?二是在蒙某某因害怕而无法与瞿某某进行性交之后,二被告人又强迫瞿某某为蒙某某口交,是否另行成立犯罪?

五、简要评论

本案中,对于谭荣财、罗进东二被告构成抢劫罪的共犯以及谭荣财单独构成盗窃罪这一点,不存在争议。但对于二被告人为了寻求刺激,强迫蒙某某、瞿某某二人当场进行性交和猥亵供其观看,如何处理。该问题首先与间接正犯理论有关。我国《刑法》虽然没有明文规定间接正犯的概念,但理论界和实务界一般认为,刑法中的正犯(实行犯)类型除直接正犯、共同正犯之外,还包括间接正犯这一类型。直接正犯是指行为人亲自实行犯罪,惹起法益侵害结果的正犯类型。间接正犯,与直接正犯相对,其并非亲自实行犯罪,而是利用他人为犯罪工具,支配犯罪的进程,间接地惹起法益侵害结果。就强奸罪而言,通常都是行为人直接对被害人实施强奸行为,但也不排除行为人利用他人来实施。如唆使严重精神病患者强奸妇女的,便是如此。本案中,被告人谭荣财、罗进东为了寻求刺激,持刀胁迫蒙某某与瞿某某发生性关系,属于将他人当做工具加以利用的间接正犯。尽管本案一审判决中未提及间接正犯的概念,但认定二被告人构成强奸罪的判旨中便体现了对间接正犯的理论的应用。

接下来需要讨论的是,二被告人为了寻求刺激,采用持刀胁迫的手段,强迫蒙某某现场奸淫瞿某某(未遂)后,又强迫瞿某某为蒙某某实施口交的行为的性质认定问题。对此,一审

---

① 2015年8月29日通过的《中华人民共和国刑法修正案(九)》将《刑法》第237条修改为:"以暴力、胁迫或者其他方法强制猥亵他人或者侮辱妇女的,处五年以下有期徒刑或者拘役。聚众或者在公共场所当众犯前款罪的,或者有其他恶劣情节的,处五年以上有期徒刑。猥亵儿童的,依照前两款的规定从重处罚。"

法院认定二被告人的行为构成强奸罪,而二审法院则以二被告人仅有寻求刺激的动机而不具有强奸的主观故意否定强奸罪的成立。笔者认为,两审判决均有失偏颇。首先,强奸罪的本质在于侵犯妇女的性的自己决定权或者幼女的身心健康,因而,只要行为人违背了妇女的意志,强制与其发生性关系的,就是对妇女性的自己决定权的侵犯,进而就能认定成立强奸罪。至于行为人的动机是发泄性欲、报复或者寻求刺激,调戏取乐,等等,对强奸罪的成立均不发生影响。在此意义上,二审法院判旨错误地解读了强奸罪的本质和构成要件。其次,本案中,二被告在强迫蒙某某现场奸淫瞿某某(未遂)后,又强迫瞿某某为蒙某某实施口交,属于在强奸未遂之后另起犯意而实施的新的犯罪行为,可单独成立强制猥亵妇女罪,应与强奸罪(未遂)实行并罚。

最后,需要指出的是,蒙某某是在受到他人暴力强制、生命面临现实威胁的紧急情况下,而不得已与瞿某某性交,属于为了保全较大合法权益(生命)而侵犯了他人较小的合法权益(妇女性的自己决定权)的行为,构成紧急避险,不成立犯罪。

案例 8-4 陈卫国等故意杀人案[①]

一、基本案情

被告人余建华案发前在浙江省温州市瓯海区娄桥镇娄南街某鞋业有限公司务工。2005年9月29日,余建华怀疑同宿舍工友王东义窃取其洗涤用品而与王东义发生纠纷,遂打电话给亦在温州市务工的被告人陈卫国,要陈卫国来"教训"王东义。次日晚上8时许,陈卫国携带尖刀伙同同乡吕裕双(另案处理)来到某鞋业有限公司门口与余建华会合,此时王东义与被害人胡恒旺及武沛刚从门口经过,经余建华指认,陈卫国即上前责问并殴打胡恒旺,余建华、吕裕双也上前分别与武沛刚、王东义对打。期间,陈卫国持尖刀朝胡恒旺的胸部、大腿等处连刺三刀,致被害人胡恒旺左肺破裂、左股动静脉离断,急性失血性休克死亡。

二、诉讼过程及裁判理由

一审法院经审理认为,被告人陈卫国、余建华因琐事纠纷而共同故意报复杀人,其行为均已构成故意杀人罪。判决陈卫国犯故意杀人罪,判处死刑,剥夺政治权利终身;余建华犯故意杀人罪,判处有期徒刑15年,剥夺政治权利5年。

宣判后,陈卫国、余建华以没有杀人的故意、定性不准、量刑过重为由提起上诉。

[①] 参见陈兴良、张军、胡云腾主编:《人民法院刑事指导案例裁判要旨通纂》(上卷),北京大学出版社2013年版,第342页。

二审法院经审理认为,上诉人陈卫国事先携带尖刀,在与被害人的争吵中,连刺被害人3刀,其中左胸部、左大腿两处创伤均为致命伤,足以证明陈卫国对被害人的死亡后果持放任心态,原审据此对陈卫国定故意杀人罪并无不当。上诉人余建华仅要求陈卫国前去"教训"被害人,没有要求陈卫国携带凶器;在现场斗殴时,余建华未与陈卫国商议,且没有证据证明其知道陈卫国带着凶器前往;余建华也没有直接协助陈卫国殴打被害人。原判认定余建华有杀人故意的依据不足,应对其以故意伤害罪判处(量刑部分不变)。进而判决驳回上诉人陈卫国的上诉;撤销一审判决中对上诉人余建华的定罪量刑部分;上诉人余建华犯故意伤害罪,判处有期徒刑15年,剥夺政治权利5年。

三、关联法条

《中华人民共和国刑法》

第二十五条第一款　共同犯罪是指二人以上共同故意犯罪。

第二百三十二条　故意杀人的,处死刑、无期徒刑或者十年以上有期徒刑;情节较轻的,处三年以上十年以下有期徒刑。

第二百三十四条　故意伤害他人身体的,处三年以下有期徒刑、拘役或者管制。

犯前款罪,致人重伤的,处三年以上十年以下有期徒刑;致人死亡或者以特别残忍手段致人重伤造成严重残疾的,处十年以上有期徒刑、无期徒刑或者死刑。本法另有规定的,依照规定。

四、争议问题

本案争议的问题在于,在共同犯罪中,当部分参与人实施的犯罪行为超出共同犯罪故意的内容(共犯过限)时,该如何处理?

五、简要评论

共犯的过限,亦称共犯的过剩,是指行为人实行了与其他参与人的意思联络之外的犯罪事实的情形。共犯过限的处理,涉及对共同犯罪的本质的理解问题。对此,学界存在完全共同犯罪说(二人以上共同故意实施同一种犯罪)、部分犯罪共同说(二人以上的犯罪行为在犯罪构成要件重合的范围内成立共犯,超出重合的部分由超出者单独承担刑事责任)和行为共同说(二人以上只要具有共同的行为、因果关系即可,不以犯罪的共同为必要)的理论分野;实务上,一般采纳的是部分犯罪共同说。① 笔者以为,不论是完全共同犯罪说还是部分犯

---

① 代表性的案例有,"蒋晓敏故意致人死亡案"[一审(2007)杭刑初字第76号、二审(2007)浙刑三终字第134号],参见聂昭伟:《犯罪故意与行为不完全相同亦能成立共同犯罪》,载《人民司法》2010年第4期;"张某某抢劫、李某某盗窃案",参见最高人民法院刑事审判第一、二、三、四、五庭主办:《中国刑事审判指导案例》(1),法律出版社2010年版,第348—350页。

罪共同说,都是基于"共同故意犯罪"必须是指共同故意实施一罪之认识而衍生的学说。但是,一方面,这种要求将不具有同一故意的参与人认定为同一犯罪之共犯的分析方法,明显有违责任主义。另一方面,混淆了共犯的成立条件和共犯罪责的界限。笔者认为,从共犯是违法形态及共同犯罪的立法和理论旨在解决参与人的客观归责问题的立场出发,只要数个参与人之间共同实施了违法行为,或者说共同惹起了侵犯法益的结果(因果共犯论),便可肯定共同犯罪的成立,并将该结果归责于全部行为人。至于责任问题,诸如各参与人是否已达责任年龄、是否具有责任能力、是故意还是过失或者是否具有期待可能性等,则具有个别性,不可能连带、不可能共同,应在解决客观违法归责之后根据参与人的固有情况个别地加以判断(责任的个别性)。所以说,主张共同犯罪的成立仅仅要求二人以上共同地实施了违法行为之"行为共同说"的立场是妥当的。有基于此,我国《刑法》第 25 条第 1 款关于"二人以上共同故意犯罪"的规定,宜理解为二人以上共同"故意犯罪"(既可以是共同故意实施相同的犯罪,也可以是共同实施不同的犯罪),而不宜理解为二人以上基于"共同的故意"实施犯罪。①

具体到本案来说,被告人余建华仅有唆使陈卫国"教训"他人的意思,同时,也不能查证余建华当时知道陈建国带着凶器前往,因而不能认为余建华与陈卫国具有共同杀人的故意。从这一点来看,一审法院将仅有伤害(轻罪)故意的余建华与具有重罪(杀人)故意的陈卫国认定成立故意杀人罪的共同犯罪的做法,明显有违责任主义,从而容易导致量刑的失当,实不可取。二审法院分别定罪的做法虽符合责任原则,但是,在本案的分析过程上,由于二审判决未提及二人共同实施犯罪的事实,从而也就不能对余建华就被害人死亡结果承担责任这一点提供法理上的根据。② 笔者认为,本案中,被害人的死亡虽由陈卫国的杀人行为所直接引起,但陈卫国杀人行为的犯意的引起及其杀人的行为的实施,则起因于余建华的教唆行为。这样说来,被害人胡恒旺死亡的结果系由余建华和陈卫国二被告人共同惹起。立足于"行为共同说"的立场,应认定被告人余建华和陈卫国之间成立共同犯罪,并将该结果归责于二人。然后,基于"责任个别作用"的原理,对应于各参与人的主观故意内容,认定余建华和陈卫国二被告分别成立故意伤害(致死)罪和故意杀人罪。由此看来,余建华之所以不成立故意杀人罪,不是因为被害人的死亡结果与其教唆行为毫无关系,而仅仅是因为余建华不存在杀人的故意。基于同样的逻辑,在甲教唆乙盗窃,结果乙实施了抢劫,并导致被害人重伤的场合,由于"占有财物"这一违法事实由甲、乙联合协作、共同完成,从而应认定二人成立共同犯罪。尔后,基于责任个别作用的原则,分别认定甲构成盗窃罪(既遂)的教唆犯,乙构成

---

① 关于犯罪共同说所存在的问题及行为共同说合理性的详尽分析,参见钱叶六:《共犯论的基础及其展开》,中国政法大学出版社 2014 年版,第 72 页以下。

② 从二审判决对被告人余建华适用 15 年有期徒刑的量刑结果来看,二审法院实际上是将陈卫国故意杀害被害人这一结果归责于余建华。

抢劫（致人重伤）罪（既遂）的正犯。

案例 8-5　郭玉林等抢劫案①

一、基本案情

2001年6月3日晚，被告人郭玉林、王林、李建伏和陈世英在上海一家招待所内合谋，欲行抢劫，王林、李建伏各携带一把尖刀，目标锁定在住在光林旅馆的赵某。次日，陈世英按约定将赵某骗到他们在附近的长城旅馆开好的房间，王林即掏出尖刀威胁赵某，不许赵某反抗，李建伏、郭玉林分别对赵某捆绑、封嘴，从赵某身上劫得人民币50元和一块光林旅馆的财物寄存牌。李建伏、陈世英持该寄存牌前往光林旅馆取财，郭玉林、王林则留在现场负责看管赵某。李建伏、陈世英离开后，赵某挣脱了捆绑欲逃跑，被郭玉林、王林发觉，郭玉林立即抱住赵某，王林则取出尖刀朝赵某的胸部等处连刺数刀，继而郭玉林接过王林的尖刀也刺赵某数刀。赵某被制服，并再次被捆绑。李建伏、陈世英因没有赵某的身份证而取财不成返回长城旅馆，得知了赵某被害的情况，随即拿了赵某的身份证，再次前去光林旅馆取财，但仍未得逞，遂一起逃逸。赵某因大量失血死亡。此外，被告人郭玉林、王林和李建伏还结伙流窜持刀抢劫4次，劫得人民币2 000余元和手机、照相机、传真机等财物。

二、诉讼过程及裁判理由

一审法院认为，被告人郭玉林、王林、李建伏和陈世英分别结伙采用持刀行凶、绳索捆绑和胶带封嘴等手段，多次强行劫取财物，并致一人死亡，其行为均构成抢劫罪。李建伏、陈世英对郭玉林、王林二人为制止被害人反抗、脱逃而持刀行凶应有预见，故应承担抢劫致人死亡的罪责。另陈世英因形迹可疑被公安机关盘问后，即如实供述了罪行，可认定为自首。据此法院判决被告人郭玉林犯抢劫罪，判处死刑，剥夺政治权利终身，并处没收财产人民币5万元；被告人王林犯抢劫罪，判处死刑，剥夺政治权利终身，并处没收财产人民币5万元；被告人李建伏犯抢劫罪，判处有期徒刑15年，剥夺政治权利4年，并处罚金人民币2万元；被告人陈世英犯抢劫罪，判处有期徒刑11年，剥夺政治权利3年，并处罚金人民币1万元；犯罪工具单刃折叠刀两把及尼龙绳等予以没收，违法所得予以追缴。

一审宣判后，郭玉林和王林分别以未持刀加害被害人和有自首、立功情节提起上诉；被告人陈世英、李建伏服判，未上诉。

---

① 参见陈兴良、张军、胡云腾主编：《人民法院刑事指导案例裁判要旨通纂》（下卷），北京大学出版社2013年版，第576页。

二审法院审理认为,原判决认定被告人郭玉林、王林、李建伏、陈世英抢劫犯罪的事实清楚,证据确实、充分,定罪量刑均无不当,审判程序合法,依法裁定驳回上诉,维持原判。

三、关联法条

《中华人民共和国刑法》

第二十五条第一款　共同犯罪是指二人以上共同故意犯罪。

第二百六十三条　以暴力、胁迫或者其他方法抢劫公私财物的,处三年以上十年以下有期徒刑,并处罚金;有下列情形之一的,处十年以上有期徒刑、无期徒刑或者死刑,并处罚金或者没收财产:

……

(四)多次抢劫或者抢劫数额巨大的;

(五)抢劫致人重伤、死亡的;

……

四、争议问题

本案的争议问题在于,被告人李建伏、陈世英应否对被害人赵某死亡结果承担刑事责任?

在审理过程中,存在两种不同的意见:否定性意见认为,从郭玉林、王林、李建伏、陈世英4被告人共谋的内容来看,仅约定了采取捆绑、封嘴这类较轻的暴力手段进行抢劫,而没有约定如何对付被害人的反抗,更没有商量要对被害人行凶。最后出现的被害人的死亡结果,是超出4名被告人预谋范围的。从当时的客观情况来看,在郭玉林、王林对被害人实施加害时,李建伏、陈世英并不在现场,从而谈不上对郭玉林、王林的行为有协力、帮助作用,亦即,二人的行为与被害人死亡的结果之间不存在物理上的因果关系。肯定性意见认为,郭玉林、王林持刀加害被害人并没有超出李建伏、陈世英的认识范围,易言之,被害人的死亡没有超出4名被告人的共谋射程。因此,尽管郭玉林、王林二人在加害被害人时,李建伏、陈世英二人不在现场,但也要对该结果负责。

五、简要评论

本案中,在4名被告人对赵某实施抢劫的过程中,李建伏、陈世英二人并未直接实施加害被害人的行为,同时,在郭玉林、王林对被害人实施加害行为时,李建伏、陈世英二人也未在现场,从而应否定二人的行为与被害人死亡结果之间的物理上的因果关系。所以,李建伏、陈世英二人是否要对被害人死亡结果承担罪责,主要看二人的行为与该结果之间是否存在心理上的因果关系,而这则取决于被害人死亡的结果是否超出了4名被告人的共谋的射程。实践中,基于共谋而实施犯罪之时,实行行为人实际实施的行为及其惹起的结果有时会与共谋的内容不一致。例如,甲与乙就用刀伤害丙达成共谋,由乙分担实行行为,由于遭到丙的抵抗,乙一怒之下产生杀人犯意,杀害了丙。这种场合,由于难以排除共同伤害过程中,可能会出现被害人死亡的结果,所以,就不能认为该结果超出了共谋人共谋的范围,共谋人因此也要对该死亡结果负责。但是,基于责任个别性的原则,共犯人的罪责的认定不能脱离共犯人的主观故意的内容。所以,甲应承担故意伤害致死的罪责,乙承担故意杀人罪的罪责。在此需要指出的是,甲之所以不成立故意杀人罪的罪责,不是因为丙的死亡结果的发生与甲、乙之间的共谋毫无关系,而仅仅是因为甲不具有杀人的故意。①

具体到本案而言,也应认为赵某死亡的结果没有超出共谋的射程,即没有超出李建伏、陈世英二人的认识范围,并且,二人对可能发生的这种结果实际上是持认可态度的。这是因为,首先,李建伏、陈世英二被告人主观上对被告人郭玉林、王林事前身上携带尖刀具有明知;其次,案发时,王林拿出尖刀对被害人进行威胁,李建伏、陈世英二被告人当时也在场。至于郭玉林、王林二被告人拿刀捅、刺被害人时,虽然李建伏、陈世英二被告人不在现场,但在二被告人第一次取财不成返回现场后,已知悉被害人因逃跑、反抗而遭郭玉林、王林加害,但李建伏、陈世英二被告人此时并未采取救助措施,这表明,二被告人对被害人的死亡主观上抱持放任的态度。

总而言之,李建伏、陈世英二被告人在与郭玉林、王林二被告人共同实施抢劫的犯罪中,对于郭玉林、王林携带尖刀存在认识,对他们在抢劫中可能使用暴力(致人死亡)应当有预见,并予以认可。同时,鉴于4被告人在共谋中没有明确不要杀人,有鉴于此,对于部分共犯人为了制服被害人反抗而杀害被害人的结果没有超出共谋的射程,李建伏、陈世英二被告人的共谋行为与被害人死亡结果之间的心理上的因果性不能被否定,所以,他们也应承担(抢劫致人死亡)的罪责。

案例8-6 冉国成等故意杀人、包庇案②

一、基本案情

2001年4月10日,被告人冉国成(系重庆市黔江区金洞乡人民政府林业站站长)与本乡杨家村村民何玉均因赌博纠纷发生斗殴,冉国成被何玉均打伤,遂怀恨在心,伺机报复。

---

① 参见〔日〕桥爪隆:《共谋的射程与共犯的错误》,王昭武译,载《苏州大学学报》(法学版)2014年第2期。
② 参见陈兴良、张军、胡云腾主编:《人民法院刑事指导案例裁判要旨通纂》(下卷),北京大学出版社2013年版,第928页。

案发前,冉国成曾先后3次对其同胞兄弟冉儒超流露出要"搞"(指报复)何玉均的意思,冉儒超一直未置可否。同年9月11日23时许,冉国成与冉儒超、冉鸿雁在其家中喝酒时,接到有人非法贩运木材的电话,便要求冉国成立即前往查处。当时,冉国成突发杀害何玉均的念头,便携带一把砍刀,邀约冉儒超、冉鸿雁陪同执行查处任务。冉儒超询问其为何带刀,其含糊搪塞。执行完任务后,3人到乡政府外小吃摊吃夜宵时,冉国成借故离开,潜入在附近居住的何玉均的卧室,持随身携带的砍刀向熟睡中的何玉均猛砍20余刀,致其当场死亡。

与此同时,金洞乡政府干部罗军出来看见冉国成的摩托车后,向冉儒超和冉鸿雁打听冉国成的去向,冉儒超便安排冉鸿雁和罗军在附近寻找冉国成。不一会儿,3人听见从何玉均住房传来的砍杀动静时,冉儒超当即意识到可能是冉国成在砍杀何玉均,遂叫冉鸿雁和罗军到何玉均的卧室去"看一下"。待二人赶到现场时,发现何玉均已被冉国成砍死。随后,冉国成安排冉鸿雁用摩托车将冉儒超和其本人送回家。之后,冉国成指使冉儒超和冉鸿雁将其所使用的作案工具即砍刀藏匿起来。同时,冉儒超授意冉国成将作案时所穿的血衣和鞋子等物烧毁,并安排冉鸿雁用乙醇将冉国成杀人所用的砍刀上的血迹烧掉,但冉鸿雁还未来得及行动,公安人员已闻讯赶来抓捕。冉儒超藏好砍刀之后,逃回家中与冉国成共商对策,并表示冉国成是"国家干部,还有前途",决定由自己代为顶罪,并和冉国成订立攻守同盟后外逃。当日,3被告人均被抓获。

二、诉讼过程及裁判理由

一审法院审理认为,被告人冉国成因赌博与被害人何玉均发生纠纷,蓄意报复杀人,其行为构成故意杀人罪。被告人冉儒超明知被告人冉国成杀死何玉均后,仍受其指使,与冉鸿雁一起转移、隐匿冉国成的杀人凶器,并与冉国成共谋逃避处罚的对策,故意制造是其本人杀人后畏罪潜逃的假象,转移侦查视线,同时,授意被告人冉鸿雁及冉国成本人毁灭冉国成杀人的罪证,其行为已构成包庇罪。被告人冉鸿雁明知被告人冉国成是犯罪的人而帮助其逃离犯罪现场,并在冉国成的指使下,转移其作案工具,其行为亦构成包庇罪。被告人冉儒超、冉鸿雁是包庇罪行特别严重的犯罪分子,情节严重。在共同包庇犯罪中,被告人冉儒超起主要作用,是主犯;被告人冉鸿雁起次要作用,是从犯,应当从轻处罚。鉴于被告人冉鸿雁在包庇犯罪中系受冉国成及冉儒超的指使、安排,且归案后认罪态度好,有悔罪表现,对其适用缓刑不致再危害社会,决定对其适用缓刑。一审法院判决被告人冉国成犯故意杀人罪,判处死刑,剥夺政治权利终身;被告人冉儒超犯包庇罪,判处有期徒刑4年;被告人冉鸿雁犯包庇罪,判处有期徒刑3年,缓刑4年。

三、关联法条

《中华人民共和国刑法》

第二百三十二条 故意杀人的,处死刑、无期徒刑或者十年以上有期徒刑;情节较轻的,处三年以上十年以下有期徒刑。

第三百一十条 明知是犯罪的人而为其提供隐藏处所、财物,帮助其逃匿或者作假证明包庇的,处三年以下有期徒刑、拘役或者管制;情节严重的,处三年以上十年以下有期徒刑。

犯前款罪,事前通谋的,以共同犯罪论处。

四、争议问题

本案的争议问题主要有两个:一是冉儒超是否构成故意杀人罪的共犯?二是冉儒超在明知冉国成实施了杀人行为的情况下帮助其逃离现场、协助转移杀人凶器,并代为冉国成顶罪,是否构成包庇罪?

五、简要评论

根据因果共犯论,共犯受处罚的根据在于其行为惹起了违法结果,或者说其所实施的行为与危害结果存在因果关系。由此,要认定某一行为人成立共犯并加以处罚,必须能够肯定该行为人的行为与违法结果之间具有因果性。这种因果性具体包括物理上的因果性和心理上的因果性。例如,教唆他人实施犯罪的,应肯定教唆行为与正犯违法结果之间的心理上的因果性;与他人共谋并由他人实施犯罪的,也应肯定其参与共谋的行为与正犯违法结果之间的心理上的因果性;在他人实施杀人行为时,为其提供杀人凶器的,提供凶器的行为人对杀人行为的实施既有物理上的因果性,也有心理上的因果性(犯罪决意的强化)。

从本案的事实来看,不能认定冉儒超和冉国成就杀人的犯罪事实形成共同犯罪关系。

首先,在冉国成向冉儒超流露其将报复被害人的念头之时,不能仅凭冉儒超当时所表现出的"未置可否"的态度,认定其在同意或者支持冉国成杀人。因为,这种未置可否的态度,除了可能是同意、支持之外,也完全可能是不同意、不支持。① 在尚无其他证据证实冉儒超具有与冉国成共同杀人的主观犯意的情形下,应根据"存疑有利于被告人"的原则进行解释,即应认为冉儒超主观上欠缺与冉国成共同杀人的故意。

其次,案发当晚,冉儒超虽然知晓冉国成携带砍刀的事实,但其并不知道冉国成带刀是为了去杀人。至于冉国成在加害何工均之时,冉儒超从何玉均住处传来的砍杀声判断出冉

---

① 参见陈兴良、张军、胡云腾主编:《人民法院刑事指导案例裁判要旨通纂》(下卷),北京大学出版社2013年版,第929页。

国成可能正在杀人,但其本人只是叫冉鸿雁和罗军"去看一下",而并未实际参与冉国成的杀人行为。

基于上述分析,冉儒超的行为同冉国成杀人行为所引起的被害人死亡结果之间,既不具有物理上的因果性,也不具有心理上的因果性。在此意义上,法院没有认定冉儒超成立故意杀人罪的共犯这一点是妥当的。

需要探讨的是,冉儒超和冉鸿雁共同包庇犯罪人冉国成的刑事责任问题。本案中,冉儒超和冉鸿雁明知冉国成杀死被害人何玉均后,在冉国成的指使下为其转移、隐匿罪证,帮助其逃避刑事法律的追究,共同地妨害了司法机关的正常活动,由此,可以认定二人构成包庇罪的共犯,并根据冉儒超、冉鸿雁在共同犯罪中所起的作用大小不同而分别认定成立主犯、从犯。但共同犯罪的成立,并不意味各参与人都要承担刑事责任。是否要承担刑事责任,需要进一步考察责任的有无问题,这需要因人而异地加以判断。考虑到冉儒超和冉国成系同胞兄弟的关系,难以期待冉儒超当时不去实施旨在使冉国成逃避刑事法律追究的包庇行为,亦即,冉儒超在行为时不具有适法行为的期待可能性,因而,阻却责任,不予追究刑事责任;但对于冉鸿雁来说,则不能认为其不具有适法行为的期待可能性,所以,应认定其成立包庇罪,并按照从犯加以处罚。

案例 8-7　包胜芹等故意伤害、抢劫案[①]

一、基本案情

被告人包胜芹与妻陈女于 1989 年结婚,次年育有一女,夫妻感情一般。自 1997 年始,陈女就外出打工,每年只在春节期间回家。2000 年 1 月 26 日,陈女从苏州打工回家后,表示要与被告人包胜芹离婚。包胜芹为了打消陈女的离婚念头,且使其不能外出打工,即于次日上午找到被告人程健(系包胜芹义侄)。唆使程健找人将陈女手指剁下两个或割下陈女一只耳朵,并嘱咐将陈女带回的值钱物品抢走,以制造抢劫的假象。同时许诺以其抢劫的财产作为报酬。程健于当天找到被告人严善辉,告知详情。严善辉答应与其一同作案。当日晚,程健携带作案工具与严善辉一同前往包胜芹家附近潜伏,并于次日凌晨 1 时许,在包胜芹家院墙上挖开一个洞,进入包胜芹与陈女居住的卧室。严善辉按住陈女头部,程健向陈女要钱,陈女告知钱放在衣橱里。程健抢得陈女外出打工带回的人民币 700 元,以及手机一部和充电器一只,后又抢得陈女的金项链一条、金戒指一枚,价值人民币 4 000 余元。之后,程健又

[①] 参见陈兴良、张军、胡云腾主编:《人民法院刑事指导案例裁判要旨通纂》(下卷),北京大学出版社 2013 年版,第 628 页。

持其携带的杀猪刀将陈女左耳朵上部割下(经法医鉴定,构成重伤),随即逃离现场。

二、诉讼过程及裁判理由

一审法院认为,被告人包胜芹唆使他人故意非法损害他人身体健康,抢劫他人财物;被告人程健、严善辉受包胜芹唆使,共同故意非法损害他人身体健康,致人重伤,并入户抢劫他人财物,3被告人的行为均已构成故意伤害罪、抢劫罪,应数罪并罚。在共同犯罪中,包胜芹、程健系主犯;严善辉系从犯,可减轻处罚。检察机关指控3被告人犯故意伤害罪、抢劫罪的事实清楚,证据确实、充分。一审法院对3被告人判决了不等的刑罚。

一审宣判后,被告人包胜芹、严善辉均以自己的行为不构成抢劫罪为由提出上诉。

二审法院经审理认为,上诉人包胜芹主观上具有教唆原审被告人程健、上诉人严善辉伤害、抢劫陈女的故意,客观上实施了教唆行为;上诉人严善辉在程健的教唆下,主观上有伤害、抢劫之故意,客观上实施了伤害、抢劫行为,因此,二上诉人的行为均已构成故意伤害罪、抢劫罪,其上诉理由不能成立,应予驳回。

三、关联法条

《中华人民共和国刑法》

第二百三十四条　故意伤害他人身体的,处三年以下有期徒刑、拘役或者管制。

犯前款罪,致人重伤的,处三年以上十年以下有期徒刑;致人死亡或者以特别残忍手段致人重伤造成严重残疾的,处十年以上有期徒刑、无期徒刑或者死刑。本法另有规定的,依照规定。

第二百六十三条　以暴力、胁迫或者其他方法抢劫公私财物的,处三年以上十年以下有期徒刑,并处罚金;有下列情形之一的,处十年以上有期徒刑、无期徒刑或者死刑,并处罚金或者没收财产:

(一)入户抢劫的;

……

四、争议问题

本案中,包胜芹和程健、严善辉3人构成故意伤害罪的共同犯罪,并无争议。存在争议的是,丈夫教唆他人抢劫夫妻共同财产的行为是否构成抢劫罪?如果构成抢劫罪,其数额应如何认定?

五、简要评论

本案的特殊性在于,案发时被告人包胜芹与被害人陈女仍属夫妻关系,因而本案被抢财物应属于被告人与被害人(夫妻)的共同财产。对于正犯程健、严善辉来说,二人成立抢劫罪的共同犯罪,不存在争议。问题是,教唆他人抢劫与妻子共有财产的包胜芹是否成立抢劫罪的教唆犯?对此,可以从以下两个方面加以分析。

首先,夫妻共同财产,是指男女双方从结婚登记确立夫妻关系开始,到双方离婚或者一方死亡时为止的期间内,双方或者一方和其他合法所得财产。夫妻共同财产,不同于夫妻个人财产各为个人所有,而应由夫妻双方平等占有、使用和处分。夫妻任何一方,未经与他方协商或同意都无权擅自占有或者处分夫妻共同财产。共有人因无权处分共同财产,造成其他共有人损失的,负赔偿责任;构成犯罪的,依法追究刑事责任。本案被告人包胜芹教唆他人抢劫自己与妻子的共同财产,许诺以其作为被教唆人(正犯)实施被教唆之罪的报酬,这已不再属于一般情况下夫妻一方擅自占有、处分夫妻共同财产的民事侵权行为,而是属于暴力劫取他人财物的刑事犯罪行为。①

其次,从因果共犯论的角度来分析,程健、严善辉二人共同实施的抢劫行为,系包胜芹的教唆行为所引起,即二者之间存在因果关系。

综上,包胜芹教唆他人以暴力手段非法占有夫妻共同财产,这种行为在实质上已不仅仅是民法意义上"处分夫妻共同财产"的行为,超出了民事侵权的界限,因而应构成抢劫罪。由此,法院认定包胜芹构成抢劫罪的教唆犯的做法是正确的。事实上,这一处理结论也有法律根据。1998年3月17日起施行的最高人民法院《关于审理盗窃案件具体应用法律若干问题的解释》(已失效)第1条第(四)项规定:"偷拿自己家的财物或者近亲属的财物,一般可不按犯罪处理;对确有追究刑事责任必要的,处罚时也应与在社会上作案的有所区别。"②根据以上解释,盗窃家庭共同财产可以构成犯罪。那么,抢劫夫妻共同财产,从性质和危害程度来看,比盗窃家庭共同财产要严重得多,理所当然也可以构成犯罪。

接下来需要讨论的是,对于包胜芹的抢劫罪的数额的认定问题。就此,笔者认为,夫妻共同财产是共同共有,而不是按份共有。在析产前是无法分割的,不能简单地认为夫妻各占一半。事实上,对夫妻共同财产进行析产的过程是十分复杂的,其结果往往不是平均分配,因而,要确切认定夫妻各方在共同财产中的份额是十分困难的。具体到本案来说,包胜芹等人实施的抢劫的数额应按照实际抢得的数额认定。当然,考虑到抢劫夫妻共同财产的行为本身的特殊性,应参照相关司法解释关于盗窃家庭共同财产行为的处理方式,量刑时应适当结合具体情况,予以酌情从轻处罚。

---

① 参见陈兴良、张军、胡云腾主编:《人民法院刑事指导案例裁判要旨通纂》(下卷),北京大学出版社2013年版,第629页。

② 2013年4月4日起施行的最高人民法院、最高人民检察院《关于办理盗窃刑事案件适用法律若干问题的解释》第8条亦规定:"偷拿家庭成员或者近亲属的财物,获得谅解的,一般可不认为是犯罪;追究刑事责任的,应当酌情从宽。"

案例 8-8　高金有盗窃案[①]

一、基本案情

申玉生(在逃)系中国人民银行陕西省铜川市分行业务部出纳,1998年7月,其多次找被告人高金有(个体户)并成功说服高金有盗窃申玉生与另一出纳共同管理的保险柜内的现金,此后,申玉生将高金有带至铜川市分行业务部熟悉地形,暗示存放现金的保险柜和开启保险柜的另一把钥匙的存放地点,并告知高金有作案的时间、步骤、开启保险柜的方法及进出路线等。高金有依计行事,一日,在申玉生告知其银行工作人员都出去吃午饭之际,撬开另一出纳员的办公桌抽屉,取出钥匙,并用该钥匙和申玉生交给其的钥匙,窃走柜内存放的现金30万元,逃离现场。事后,申玉生分给高金有3万元,携其余赃款潜逃。

二、诉讼过程及裁判理由

一审法院经审理认为,高金有潜入金融机构盗窃,情节特别严重,数额特别巨大,其行为已构成盗窃罪,铜川市人民检察院指控其犯罪的事实清楚,证据充分,但指控的罪名(贪污罪)不当。一审判决高金有犯盗窃罪,判处死刑,剥夺政治权利终身,并处没收财产。

一审宣判后,高金有以自己不是主犯,应以申的身份定贪污罪,原判量刑过重为由,提出上诉。检察机关亦以定性不当,提出抗诉。二审期间,上级检察机关认为抗诉不当,撤回抗诉。二审法院准予撤回抗诉,并继续审理本案。

二审法院经审理认为,本案中的窃取行为都是高金有单独实施的,也是造成30万元现金脱离存放地点,失去该款保管人控制的直接原因,因而高金有属于主犯。申玉生虽为业务部出纳,利用职务之便为高金有实施盗窃提供和创造条件,但仅以其个人职务便利尚不足以与高金有共同侵吞这笔巨额公款,因而不能以其的身份和其的行为确定本案的性质。鉴于另一案犯申玉生在逃,高金有归案后能如实坦白交代自己的罪行,认罪态度较好,有悔罪表现,故对其判处死刑,但不应立即执行,故判决高金有犯盗窃罪,判处死刑,缓期两年执行,剥夺政治权利终身,并处没收财产人民币1 200元。

[①] 参见陈兴良、张军、胡云腾主编:《人民法院刑事指导案例裁判要旨通纂》(下卷),北京大学出版社2013年版,第715页。

三、关联法条

《中华人民共和国刑法》

第二百六十四条　盗窃公私财物,数额较大的,或者多次盗窃、入户盗窃、携带凶器盗窃、扒窃的,处三年以下有期徒刑、拘役或者管制,并处或者单处罚金;数额巨大或者有其他严重情节的,处三年以上十年以下有期徒刑,并处罚金;数额特别巨大或者有其他特别严重情节的,处十年以上有期徒刑或者无期徒刑,并处罚金或者没收财产。

第三百八十二条　国家工作人员利用职务上的便利,侵吞、窃取、骗取或者以其他手段非法占有公共财物的,是贪污罪。

受国家机关、国有公司、企业、事业单位、人民团体委托管理、经营国有财产的人员,利用职务上的便利,侵吞、窃取、骗取或者以其他手段非法占有国有财物的,以贪污论。

前两款所列人员勾结,伙同贪污的,以共犯论处。

四、争议问题

本案是一起典型的有身份者和无身份者内外勾结窃取公共财产的案件。本案中,高金有是非国家工作人员,在逃的申玉生是国家工作人员。从诉讼经过来看,检察院以贪污罪起诉,而法院以盗窃罪判处,因而存在到底是定贪污罪还是定盗窃罪的争议?

五、简要评论

实践中,有身份者和无身份者内外勾结,共同实施犯罪的情形较为常见,涉及的是有身份者和无身份者共同犯罪如何处理的问题。就此,无论是1979年《刑法》还是1997年《刑法》,都无关于身份与共犯的一般规定,但在相关司法解释中涉及有某些个罪,主要是贪污罪的规定。

首次涉及内外勾结共同犯罪定性问题的司法解释是1985年7月18日颁布的最高人民法院、最高人民检察院《关于当前办理经济犯罪案件中具体应用法律的若干问题的解答(试行)》(已失效),该解答第2条对内外勾结,共同贪污或者盗窃公共财产的案件如何定罪问题作了明确规定:"内外勾结进行贪污或者盗窃活动的共同犯罪(包括一般犯罪和集团犯罪)应按其共同犯罪的基本特征定罪。共同犯罪的基本特征一般是由主犯犯罪的基本特征决定的……"应当说,该司法解释所确立的以主犯的犯罪性质定罪的司法原则,对于内外勾结,共同实施犯罪案件的统一定性起到了一定的作用。但是,该司法原则缺乏正确的法理根据和可操作性。

首先,主犯、从犯的功能在于确定参与人在共同犯罪中的作用的大小,并依此来确定他们的刑事责任的轻重。在此意义上说,以主犯的性质认定整个共同犯罪的性质的做法,实际上是以量刑的概念解决定罪的问题,有悖于事物的基本逻辑关系。

其次,不容否认,在主犯仅有一人的场合,适用主犯决定说并无问题。然而,现实生活中的共同犯罪现象并非都这么简单,亦即,在无身份者和有身份者共同实施犯罪的场合,完全可能存在两个以上的主犯,且有的是有身份者,有的是无身份者,此种场合,究竟该如何定性,便陷入困境。

2000年7月8日起施行的最高人民法院《关于审理贪污、职务侵占案件如何认定共同犯罪几个问题的解释》就无身份者和有身份者以及不同身份者实施共同犯罪的案件定性问题进行了明确,其中第1条规定:"行为人与国家工作人员勾结,利用国家工作人员的职务便利,共同侵吞、窃取、骗取或者以其他手段非法占有公共财物的,以贪污罪共犯论处。"第2条规定:"行为人与公司、企业或者其他单位的人员勾结,利用公司、企业或者其他单位人员的职务便利,共同将该单位财物非法占为己有,数额较大的,以职务侵占罪共犯论处。"第3条规定:"公司、企业或者其他单位中,不具有国家工作人员身份的人与国家工作人员勾结,分别利用各自的职务便利,共同将本单位财物非法占为己有的,按照主犯的犯罪性质定罪。"①

的确,在无身份者与有身份者相互勾结,利用有身份者的职务便利,共同非法占有单位财物或者公共财物的场合,虽然存在无身份者的犯罪行为的参与,但整个犯罪的实施和完成主要还是得益于有身份者的职责义务的违反或者说职务便利的提供,这就决定了该行为应整体评价为身份犯的共同犯罪。鉴于违法身份的连带性和限制从属性原理,无身份者应成立身份犯的共犯。由此看来,《关于审理贪污、职务侵占案件如何认定共同犯罪几个问题的解释》第1条、第2条的规定是妥当的,也与《刑法》第382条第3款关于"与前两款所列人员勾结,伙同贪污的,以共犯论处"的旨趣相符合。当然,在无身份者与有身份者相互勾结,共同实施犯罪,而没有利用有身份者的职务上的便利的场合,由于有身份者的身份在共同犯罪中没有发挥作用,不涉及职责上的特别义务的违背问题,因而只需以普通犯罪的共同犯罪论处。

按照上述共犯与身份的一般原理,对于无身份者与有身份者内外勾结,共同实施犯罪的案件的定性,不存在难题。本案定性之所以发生争议,就在于本案的案情有其特殊性。具体言之,本案高金有的窃取行为的实施和完成,并非仅仅依赖于高金有提供的那把钥匙及其职务上的其他方便;而是同时使用了从另一出纳办公桌抽屉里窃取的钥匙。可见,无身份者高金有窃取银行保险柜里的保险金的行为,虽利用了申玉生的职务之便,却又并未完全利用身

---

① 《关于审理贪污、职务侵占案件如何认定共同犯罪几个问题的解释》第3条针对不同身份者的共同犯罪的定性所确立的"按照主犯的犯罪性质定罪"的原则,同样混同了共犯的定性和量刑问题,同时,也欠缺可操作性,并不妥当。笔者认为,对于此种情形,张明楷教授所主张的"应运用想象竞合犯的原理来解决"的方案具有可取性。参见张明楷:《刑法学》(第4版),法律出版社2011年版,第398页。

为国家工作人员的申玉生的职务便利。所以,难以认定本案成立贪污罪的共同犯罪,而应成立盗窃罪的共同犯罪。事实上,在此种情况下,即便申玉生本人实施上述行为,也并不构成贪污罪而构成盗窃罪。因此,本案对贪污罪的利用职务上的便利确认了以下规则:国家工作人员与其他国家工作人员共同保管财物的情况下,利用本人职务上的便利但未利用他人职务上的便利,窃取其所共同保管财物的,构成盗窃罪而非贪污罪。①

---

① 参见陈兴良:《判例刑法学》(教学版),中国人民大学出版社2012年版,第144页。

第九章　单位犯罪

案例9-1　上海新客派信息技术有限公司、王志强虚开增值税专用发票案[①]

一、基本案情

2008年1月8日,被告人王志强注册成立以其一人为股东的上海新客派信息技术有限公司(以下简称新客派公司),王志强系法定代表人。2008年9月23日、10月28日,王志强以支付开票费的方式,让某投资有限公司先后为新客派公司虚开增值税专用发票各一份,价税合计分别为人民币221 000元、350 000元,其中,税款分别为32 111.11元、50 854.70元,并分别于开票当月向税务局申报抵扣,骗取税款共计82 965.81元。案发后,被骗税款被全部追缴。

二、诉讼过程及裁判理由

一审法院认为,被告单位新客派公司让他人为自己虚开增值税专用发票,致使国家税款被骗8.2万余元,被告人王志强系直接负责的主管人员,其与单位均构成虚开增值税专用发票罪。判处上海新客派信息技术有限公司罚金3万元;判处王志强有期徒刑1年,缓刑1年。

一审判决后,被告单位、被告人没有上诉,检察机关亦没有抗诉,判决发生法律效力。

三、关联法条

《中华人民共和国刑法》

第三十条　公司、企业、事业单位、机关、团体实施的危害社会的行为,法律规定为单位犯罪的,应当负刑事责任。

[①] 参见陈兴良、张军、胡云腾主编:《人民法院刑事指导案例裁判要旨通纂》(上卷),北京大学出版社2013年版,第201页。

最高人民法院《关于审理单位犯罪案件具体应用法律有关问题的解释》

第一条 刑法第三十条规定的"公司、企业、事业单位",既包括国有、集体所有的公司、企业、事业单位,也包括依法设立的合资经营、合作经营企业和具有法人资格的独资、私营等公司、企业、事业单位。

四、争议问题

依法成立的一人公司能否成为单位犯罪的主体?

五、简要评论

在2005年10月《中华人民共和国公司法》(以下简称《公司法》)修订之前,刑法理论与司法实践一般对一人公司的单位犯罪主体资格均持否定态度,主要有以下两点:其一,一人公司不具有单位意志的整体性特征。一人公司的股东一人控制着公司的经营活动,公司的意志和股东的意志无法区分,公司成为股东的另一个自我,甚至成为股东实施违法犯罪行为的工具。其二,一人公司不具有利益归属的团体性特征。一人公司只有单一股东,公司的利益就是单一股东的个人利益,犯罪利益均为股东个人所得,利益归属不具有团体性特征。但随着新《公司法》对一人公司法人地位的确认,刑法就不得不重新面对一人公司是否具备单位犯罪主体资格的问题。对此,笔者认为,一人公司在依法成立的情况下,可以成为单位犯罪的主体,主要理由如下:

第一,股东的多少对单位犯罪意志的整体性认定没有决定性作用。按照《公司法》的规定,公司的经营管理主要由公司董事会、经理层甚至公司职工等负责,公司股东并不直接从事经营管理,公司犯罪实施的主体主要不是体现在公司的股东层面,而是在公司的管理者层面。即使公司的股东身份和管理者的身份产生竞合,如股东同时是公司的董事或者经理,作为公司犯罪行为的决策和实施者的身份主体一般是公司的董事或者经理身份而不是股东身份,因为其实施犯罪的职务基础是体现其管理者身份的董事或者经理。而且,公司犯罪意志的整体性不一定要体现管理者和作出决策者人数的复数性,并不是只有经过管理层集体研究作出的决策才能视为单位的整体意志,一人作出的决策就不是公司的整体意志。例如,公司的总经理或者董事长一个人在其职权范围内为了公司的利益而作出实施犯罪的决策,犯罪的利益亦归属于公司,在这种情况下,决策者一人的意志也应当视为公司的整体意志,犯罪行为应当视为公司行为而不是自然人的个人行为。

第二,利益归属的团体性并不一定体现为股东的复数性。一方面,即使是一人公司,其管理者、职工一般不止一人。事实上,随一人公司的发展壮大,并不排除职工几百名、上千名甚至上万名职工的一人公司的可能性。公司的利益与公司所有这些成员的利益息息相关。按照《公司法》的规定,公司的税后利润应当提取一部分作为公司法定公积金,在提取法定公积金之前还应当先弥补公司亏损,在提取法定公积金之后还可以提取任意公积金。另外,公司的经营效益决定公司成员包括一般职工的工资、奖金等物质待遇,所以,公司犯罪的收益与公司所有成员的利益均密切相关。从这个意义上说,一人公司实施犯罪,也具有利益归属的团体性。另一方面,利益归属的团体性的本质不在于享受利益主体的复数性,而在于利益归属主体的独立性,即利益直接而完整地归公司所有的,这种利益就是公司的而不是自然人个人的利益。这种利益归属的直接性和完整性主要体现在,公司作为一个整体概括、全部承受犯罪带来的利益,如犯罪所得的收益直接进入公司的账户,作为公司的收入予以记载,或者直接抵偿公司债务,用于公司的开支。至于公司承受这些利益后将利益进行再分配,甚至唯一的股东分得其中的绝大多数,这是公司对自己财产的处分,不影响利益初始归属的属性。

第三,一人公司作为单位犯罪主体具有法律依据。2005年《公司法》明确赋予一人公司以法人地位。《刑法》第30条规定:"公司、企业、事业单位、机关、团体实施的危害社会的行为,法律规定为单位犯罪的,应当负刑事责任。"根据最高人民法院《关于审理单位犯罪案件具体应用法律有关问题的解释》的规定,具有法人资格的独资、私营公司、企业可以成为单位犯罪的主体。虽然《刑法》修订和最高人民法院关于单位犯罪的司法解释出台的时间均在《公司法》承认一人公司的法人地位之前,但《刑法》和司法解释并没有排除一人公司单位犯罪的主体资格。

案例9-2 南京陆港实业发展有限公司等走私案[①]

一、基本案情

1994年底至1995年初,原南京陆港实业发展有限公司(以下简称陆港公司)董事长兼总经理张豪(另案处理)与被告人姚臻宇、王海民共谋利用进料加工方式保税进口铝锭后在国内倒卖牟利,后被告人姚臻宇从国外订购了487.322吨铝锭。被告人张锁龙在明知被告单位陆港公司"进料加工"的实质和具体操作方法的情况下,为使单位获取1%的代理费,接受陆港公司的委托,代理这笔"进料加工"业务,并以江苏省东星进出口集团股份有限公司(以下简称东星公司)的名义对外签订进口协议,同时在无明确加工单位及加工项目的情况下,为领取加工手册、通关又签订了出口协议,还安排该公司机电部借用人员被告人许红梅

[①] 参见国家法官学院、中国人民大学法学院编:《中国审判案例要览》(2003年刑事审判案例卷),人民法院出版社、中国人民大学出版社2004年版,第13—19页。

具体办理此项业务。被告人王海民、许红梅分别受张豪、被告人张锁龙的指派,于1995年4月14日以被告单位陆港公司名义与南通电子铝材厂签订了铝锭买卖协议,同时又从南通海关骗领了进料加工手册。1995年4月下旬,被告单位陆港公司凭骗领的加工手册从海关免税进口铝锭487.322吨,并出售给海门铝材厂,从中获利100余万元,海门铝材厂从中获利30余万元,被告单位陆港公司获利120万余元。

二、诉讼过程及裁判理由

一审法院审理后认为,被告单位陆港公司的行为构成走私罪;被告人姚臻宇、王海民系被告单位陆港公司直接负责的主管人员和直接责任人员,应承担相应的刑事责任;被告人张锁龙是东星公司机电部的负责人,擅自以东星公司机电部的名义帮助他人走私,且约定的违法所得代理费归其单位所有,据此,被告单位东星公司机电部构成走私罪。判决陆港公司犯走私罪,判处罚金人民币50万元;被告单位东星进出口集团股份有限公司机电部犯走私罪,判处罚金人民币20万元;被告人姚臻宇犯走私罪,判处有期徒刑两年零6个月;被告人王海民犯走私罪,判处有期徒刑两年;被告人张锁龙犯走私罪,判处有期徒刑1年零6个月;被告人许红梅犯走私罪,免予刑事处罚……

一审宣判后,被告单位与被告人不服,提出上诉。

二审法院经审理后认为,原审判决对上诉人的定罪准确,量刑适当,且审判程序合法,依法裁定驳回上诉,维持原判。

三、关联法条

最高人民法院《全国法院审理金融犯罪案件工作座谈会纪要》

以单位的分支机构或者内设机构、部门的名义实施犯罪,违法所得亦归分支机构或者内设机构、部门所有的,应认定为单位犯罪。不能因为单位的分支机构或者内设机构、部门没有可供执行罚金的财产,就不将其认定为单位犯罪,而按照个人犯罪处理。

四、争议问题

东星公司机电部作为公司的一个职能部门,能否成为单位犯罪的主体?

五、简要评论

一般来说,单位的附属机构可以分为两类:第一类是单位的分支机构,如母公司下属的子公司、总厂下属的分厂、银行等金融单位的分支机构等;第二类是单位内部的职能部门,如机关的科室、公司的营业部、学校的学院等。对于单位的附属机构能否成为单位犯罪的主体,我国《刑法》没有明文规定,对此一直存在争议。

我国《刑法》主要是根据是否具有独立人格为标准来判断一个单位是否属于适格的犯罪主体的。一个单位虽然不具有法人资格,甚至不能对外独立承担民事责任,但如果它在从事业务活动中具有相对的独立性,既能够形成相对独立的意志又能够获得相对独立的利益,就可以成为单位犯罪的主体。根据这个标准,单位的分支机构一般有相对独立的经费可供支配,在业务决策上具有一定的自主性,能够形成相对独立于单位的整体意志,其利益归属和单位之间也能够相对分离,所以,单位的分支机构能够成为单位犯罪的主体基本没有疑问;而单位的职能部门,一般情况下没有独立的资金,不能独立决策经营,必须以单位名义进行对外活动,没有独立的利益归属,所以,一般不能成为单位犯罪的主体。

但是,并不排除有的单位职能部门与单位之间相对独立,在业务范围内具有相对独立的经营决策权,能够以职能部门本身的名义对外独立进行活动并将其谋取的利益归本部门支配。在这种情况下,其行为可以认为是该职能部门的行为,该职能部门可以成为单位犯罪的主体。最高人民法院《全国法院审理金融犯罪案件工作座谈会纪要》指出:"以单位的分支机构或者内设机构、部门的名义实施犯罪,违法所得亦归分支机构或者内设机构、部门所有的,应认定为单位犯罪。不能因为单位的分支机构或者内设机构、部门没有可供执行罚金的财产,就不将其认定为单位犯罪,而按照个人犯罪处理。"本案中,东星公司机电部虽为东星公司的职能部门,但能以自己的名义对外独立进行活动,具有相对的独立性,且约定的违法所得代理费归其自己部门所有和支配,因而该部门可以成为走私犯罪的犯罪主体。

案例9-3 张贞练虚开增值税专用发票案[①]

一、基本案情

被告人张贞练系原湛江市贸易开发公司经理。湛江市贸易开发公司于1993年底停止营业。1994年3月,潮阳市成田镇居民马陈晓找到张贞练,二人合谋以已停业的湛江市贸易开发公司的名义,为他人虚开增值税专用发票牟取非法利益。同年4月,张贞练到湛江市工商行政管理局、湛江市税务部门分别办理了湛江市贸易开发公司的营业执照年检和税务登记证并购领了增值税专用发票。同年6月,张贞练经马陈晓、张署光介绍,先后为揭阳市南方集团公司虚开增值税专用发票51份,价款人民币149 562 423.3元,税额人民币25 425 612.11元。张贞练共收取手续费人民币1.24万元。上述51份增值税专用发票已有

---

① 参见陈兴良、张军、胡云腾主编:《人民法院刑事指导案例裁判要旨通纂》(上卷),北京大学出版社2013年版,第190页。

48份被抵扣税款,抵扣税款总额人民币21 325 200元。当年,张贞练为四个单位虚开增值税专用发票共72份,收取开票"手续费"计人民币129万元,其中数千元用于支付本公司租赁房屋及职工开支等费用,余款用于个人经商及挥霍。

二、诉讼过程及裁判理由

一审法院审理后认为,被告人张贞练的行为已构成虚开增值税专用发票罪,判处死刑,剥夺政治权利终身,并处没收个人财产。

一审宣判后,张贞练对判决认定其虚开增值税专用发票的事实无异议,但上诉提出:其虚开增值税专用发票行为不是个人犯罪而应是单位犯罪。

二审法院审理后认为,根据最高人民法院《关于审理单位犯罪案件具体应用法律有关问题的解释》第2条的规定,上诉人张贞练的行为应以个人犯罪论处。一审判决认定事实清楚,定罪准确,量刑适当,程序合法。故裁定驳回上诉,维持原判。

最高人民法院复核认为,一审判决、二审裁定认定事实清楚,证据确实、充分,定罪准确,量刑适当,程序合法。故核准二审法院对张贞练的死刑裁定。

三、关联法条

最高人民法院《关于审理单位犯罪案件具体应用法律有关问题的解释》

第三条 盗用单位名义实施犯罪,违法所得由实施犯罪的个人私分的,依照刑法有关自然人犯罪的规定定罪处罚。

四、争议问题

张贞练以湛江市贸易开发公司名义为他人虚开增值税专用发票,但大部分违法所得用于个人经商及挥霍,是应该认定为单位犯罪还是个人犯罪?

五、简要评论

单位成员实施的犯罪行为要认定为单位犯罪,需符合两个基本条件:其一,犯罪是在单位意志支配下以单位名义实施的;其二,违法所得归单位所有。尤其是在谋利型犯罪中,必须是为了单位利益,违法所得归单位所有,才能认定为单位犯罪。对于虽然是以单位名义实施犯罪,但最终违法所得由个人占有或私分的,不能认定为单位犯罪。最高人民法院《关于审理单位犯罪案件具体应用法律有关问题的解释》第3条规定:"盗用单位名义实施犯罪,违法所得由实施犯罪的个人私分的,依照刑法有关自然人犯罪的规定定罪处罚。"本案中,张贞练为4家单位虚开增值税专用发票,本罪的特殊性决定了此类案件不以单位名义将难以实施。虽然,张贞练是湛江市贸易开发公司的经理,所以,他的犯罪行为可以视为是"在单位意志支配下以单位名义实施"的。但是,本案证据表明,张贞练为他人虚开增值税专用发票的违法所得除了有数千元用于支付本公司租赁房屋及职工开支等费用之外,绝大部分均用于个人经商及挥霍,属于违法所得被其个人占有。因此,张贞练虚开增值税专用发票的行为应被认定为其个人犯罪而不是单位犯罪,法院的判决是正确的。

案例9-4 王红梅、王宏斌、陈一平走私普通货物案①

一、基本案情

湖南省银发公司和香港威润科技有限公司于1993年5月10日共同成立湖南通华电子实业有限公司(以下简称通华公司),唐孝葵任董事长,王红梅任总经理。1995年7月至1998年1月,王红梅以通华公司名义先后与长沙市烟草专卖局、湖南省移动通信局、重庆市电信局等单位签订代理进口合同6份,自己或通过王宏斌、陈一平等人采用伪报、瞒报等手段,将上述单位购买的锅炉、GSM蜂窝系统等设备走私进口,共计偷逃税款人民币1亿多元。有关单位支付给通华公司的款项,除去由王红梅决定支付卖方货款,以湖南省移动通信局、重庆市电信局等单位名义补交关税及运输、提货、通关、购买虚开的增值税专用发票以及公司运转、向有关人员行贿等各种成本费用外,一部分偿还了通华公司在走私犯罪之前就已形成的欠款,一部分缴纳了通华公司应缴的税款,剩下的走私所得去向不明。

二、诉讼过程及裁判理由

一审法院审理后认为,被告人王红梅、王宏斌、陈一平以通华公司名义走私,偷逃应缴税额人民币1亿多元,其行为已构成走私普通货物罪。由于通华公司账目资料不全,无法对犯罪所得进行全面的司法会计鉴定,对其犯罪所得数额及其去向不能作出准确认定,故对王红梅、王宏斌辩护人提出的本案系通华公司犯罪而非个人犯罪的辩护意见不予采纳。判处王红梅死刑,缓期两年执行,剥夺政治权利终身,并处没收个人全部财产;判处王宏斌有期徒刑13年,剥夺政治权利3年,并处没收财产100万元;判处陈一平有期徒刑3年,缓刑3年,并处没收财产60万元。

一审宣判后,王红梅、王宏斌均不服,提出上诉。两上诉人及其辩护人认为,本案应属于单位犯罪。

---

① 参见陈兴良、张军、胡云腾主编:《人民法院刑事指导案例裁判要旨通纂》(上卷),北京大学出版社2013年版,第89页。

二审法院审理后认为,原审法院以通华公司账目资料不全,对其犯罪所得不能作出准确认定为由认定本案系自然人犯罪而非单位犯罪的理由,不符合最高人民法院《关于审理单位犯罪案件具体应用法律有关问题的解释》的有关规定,本案应属于单位犯罪,对王红梅、王宏斌应分别以单位犯罪中直接负责的主管人员和其他直接责任人员追究刑事责任,改判王红梅15年有期徒刑,剥夺政治权利3年;改判王宏斌10年有期徒刑。

三、关联法条

最高人民法院《关于审理单位犯罪案件具体应用法律有关问题的解释》

第三条　盗用单位名义实施犯罪,违法所得由实施犯罪的个人私分的,依照刑法有关自然人犯罪的规定定罪处罚。

四、争议问题

王红梅、王宏斌以通华公司名义实施走私行为,但大部分违法所得去向不明,应该认定为单位犯罪还是个人犯罪?

五、简要评论

最高人民法院《关于审理单位犯罪案件具体应用法律有关问题的解释》第3条明确规定:"盗用单位名义实施犯罪,违法所得由实施犯罪的个人私分的,依照刑法有关自然人犯罪的规定定罪处罚。"本案中,王红梅在自己业务范围内决定的走私行为属于单位犯罪还是个人犯罪的关键,在于走私犯罪所得是否为王红梅、王宏斌所占有。从走私犯罪所得的去向看,相关单位付给通华公司的款项都进入了通华公司的账户,这些款项,除去由王红梅决定支付卖方货款,以相关单位名义补交关税及运输、提货、通关、购买虚开的增值税专用发票以及公司运转、向有关人员行贿等各种成本费用外,一部分偿还了通华公司在走私犯罪之前就已形成的欠款,一部分缴纳了通华公司应缴的税款,剩下的大部分走私所得去向不明,没有证据证明王红梅、王宏斌等被告人加以私分而占为己有。考虑到我国《刑法》在罪名相同的情况下,对自然人犯罪的处罚总体上要重于认定为单位犯罪情况下对其直接负责的主管人员和其他直接责任人员的处罚,在无法查证单位犯罪所得的去向时,应当作出有利于被告人的事实认定。因此,本案中,不应认定王红梅、王宏斌等人私分了通华公司的走私犯罪所得,而应推定通华公司占有了违法所得。所以,本案应属于是通华公司单位犯罪,而非王红梅、王宏斌等个人犯罪,王红梅、王宏斌只应分别承担单位犯罪中直接负责的主管人员和其他直接责任人员的刑事责任。二审法院的改判是合理的。

案例 9-5　陈宗纬等非法经营案[①]

一、基本案情

2003年12月,被告人陈宗纬、王文泽、郑淳中为从事非上市股份有限公司股票代理销售业务,注册设立利百代公司,分别担任该公司的总经理、董事长、副总经理。该公司经工商管理部门核准的经营范围为:实业项目投资策划、咨询,会计业务咨询,企业管理咨询,企业股份制改造,企业转制策划、咨询。自2003年12月起,陈宗纬、王文泽、郑淳中指令该公司业务员推销未上市股份有限公司的股票,并谎称所推销的股票短期内即可上市并可获得高额的原始股回报,非法从事未上市股份有限公司的股票销售业务。至2004年11月底,利百代公司总计销售未上市股份有限公司股票达188.85万股,销售总金额达人民币657万余元。利百代公司自设立后未从事其他业务。公诉机关指控,利百代公司为牟取非法利益,未经国家有关主管部门批准非法经营证券业务,其行为已构成非法经营罪,且系单位犯罪;陈宗纬、王文泽、郑淳中作为利百代公司单位犯罪行为直接负责的主管人员和直接责任人员,其行为亦构成非法经营罪。

二、诉讼过程及裁判理由

一审法院审理后认为,被告人陈宗纬、王文泽、郑淳中在利百代公司经营中超越工商行政管理部门核准登记的经营范围,在未经法定机关批准的情况下,擅自公开向不特定的社会公众代理转让非上市股份有限公司的股票,扰乱国家证券市场,情节严重,其行为均已构成非法经营罪。3被告人为非法经营证券业务而设立利百代公司,且利百代公司成立后也仅仅从事非法经营活动,故本案不能以单位犯罪论处,应当认定为自然人共同犯罪。判处陈宗纬有期徒刑5年零6个月,并处罚金人民币250万元;判处王文泽有期徒刑5年零6个月,并处罚金人民币250万元;判处郑淳中有期徒刑5年,并处罚金人民币250万元。

一审宣判后,3被告人均不服一审判决,提出上诉。

二审法院审理后认为,一审判决认定事实清楚,证据确实、充分,适用法律正确。故驳回上诉,维持原判。

[①] 参见陈兴良、张军、胡云腾主编:《人民法院刑事指导案例裁判要旨通纂》(上卷),北京大学出版社2013年版,第283页。

三、关联法条

最高人民法院《关于审理单位犯罪案件具体应用法律有关问题的解释》

第二条 个人为进行违法犯罪活动而设立的公司、企业、事业单位实施犯罪的,或者公司、企业、事业单位设立后,以实施犯罪为主要活动的,不以单位犯罪论处。

四、争议问题

3 被告人在利百代公司成立后,除从事涉案非法经营犯罪行为外,再无其他任何经营行为,属于单位犯罪还是自然人共同犯罪?

五、简要评论

根据最高人民法院《关于审理单位犯罪案件具体应用法律有关问题的解释》第 2 条的规定,个人为进行违法犯罪活动而设立的公司、企业、事业单位实施犯罪的,或者公司、企业、事业单位设立后,以实施犯罪为主要活动的,不以单位犯罪论处。本案中,被告人陈宗纬、王文泽、郑淳中在成立利百代公司之后,超越工商行政管理部门核准登记的经营范围,在未经法定机关批准的情况下,擅自公开向不特定的社会公众代理转让非上市股份有限公司的股票,在因超范围经营被工商行政管理部门处罚后,又以增加"代办产权交易申请手续"的经营范围为由,继续超范围非法经营证券业务,在有关行政执法部门指出其无权经营证券业务后,仍不停止该非法经营活动,扰乱了国家的证券市场,情节严重。且在利百代公司成立后,除从事涉案非法经营犯罪行为外,再无其他任何经营行为。主观上明显属于为实施非法经营犯罪而成立利百代公司,不应被认定为单位犯罪,而应当认定为 3 被告人的共同犯罪。

案例 9-6 刘恺基合同诈骗案[①]

一、基本案情

2005 年,被告人刘恺基购买周宜昌名下的 3 700 亩防护林的林权(合同约定为 150 万元,刘恺基仅支付了大约 20 万元),通过林权变更将该片林地的绝大部分林权转至自己名下,控制了该片林地。在其委托评估机构对该片林地进行评估时,擅自改变林地的公益性质,指使评估人员按商品经济林进行评估,并要求按 8 000 万元到 1 亿元评估。评估机构应

---

① 参见陈兴良、张军、胡云腾主编:《人民法院刑事指导案例裁判要旨通纂》(上卷),北京大学出版社 2013 年版,第 264 页。

刘恺基的要求出具了与事实严重不符的评估报告。刘恺基持评估报告申请成立天陟公司，企图以林权证为担保向银行申请贷款，但其贷款申请屡被拒绝。在天陟公司并无资金来源的情况下，刘恺基仍然以投资为名，到叶集试验区商谈投资合同。在商谈合同时谎称自己在其他地方还有林地，并且无视自己名下的林地属于防护林，依法只能进行抚育和更新性质的采伐、不能进行大规模商业采伐的事实，在先前签订的150万元的购林合同都无力履行的情况下，又签订了其根本无法履行的年产18万立方米的木材加工投资协议，以及6 000万元的工程施工合同，共取得履约保证金300万元。

二、诉讼过程及裁判理由

一审法院认为，被告人刘恺基在天陟公司设立后，以非法占有为目的，在签订合同过程中，采取欺骗方法，骗取300万元履约保证金，其行为构成合同诈骗罪，犯罪数额特别巨大，且应认定为其个人犯罪。判处被告人刘恺基有期徒刑12年，并处罚金人民币5万元。

一审宣判后，被告人刘恺基不服，提出上诉。

二审法院审理后认为，原判认定事实清楚，证据确实、充分，定罪准确，量刑适当，审判程序合法。依法裁定驳回上诉，维持原判。

三、关联法条

最高人民法院《关于审理单位犯罪案件具体应用法律有关问题的解释》

第二条　个人为进行违法犯罪活动而设立的公司、企业、事业单位实施犯罪的，或者公司、企业、事业单位设立后，以实施犯罪为主要活动的，不以单位犯罪论处。

四、争议问题

刘恺基以其所成立的天陟公司的名义签订合同骗取履约保证金，且该公司并未开展其他合法业务，应认定为单位犯罪还是自然人犯罪？

五、简要评论

最高人民法院《关于审理单位犯罪案件具体应用法律有关问题的解释》第2条规定："……公司、企业、事业单位设立后，以实施犯罪为主要活动的，不以单位犯罪论处。"本案中，被告人刘恺基在成立天陟公司之后，除了以公司的名义签订合同骗取履约保证金之外，并未开展任何其他合法业务，属于"公司设立后，以实施犯罪为主要活动"的情形，应当认定本案为个人犯罪。

案例 9-7　马汝方等贷款诈骗案[①]

一、基本案情

被告人马汝方,原中国明华有限公司(以下简称明华公司)法定代表人、总经理;被告人马凤仙,无业;被告人徐光,原明华公司财务负责人。

1997 年 9 月,马汝方在明知明华公司所属子公司北京影视兄弟商务有限责任公司(以下简称影视兄弟公司)、北京影视多媒体开发制作有限公司(以下简称影视多媒体公司)不具备高额贷款和提供担保的条件,在无保证还贷能力的情况下,为获取银行高额贷款,指使明华公司财务负责人徐光采取变造、虚构影视兄弟公司、影视多媒体公司的营业执照、财务报表等贷款证明文件的手段,将影视兄弟公司的注册资金由人民币 30 万元变造为人民币 330 万元,将影视多媒体公司的注册资金 28 万美元变造为 128 万美元,法定代表人由马汝方变造为张爽,并将两公司的财务报表做大,以影视兄弟公司为借款人,以影视多媒体公司为保证人,从中国民生银行北京中关村支行(以下简称民生银行中关村支行)骗取贷款人民币 500 万元,其中,100 万元被转至明华公司,其余款项均用于明华公司的债务及其他事务。

1997 年 11 月,马汝方又指使徐光对马凤仙提供的北京市西城区明珠制衣厂(以下简称明珠制衣厂)、北京市今捷易通经贸公司(以下简称今捷易通公司)的营业执照进行变造,将明珠制衣厂的注册资金由人民币 40 万元变造为 1 000 万元,将今捷易通公司的注册资金由人民币 20 万元变造为 1 200 万元,并对两单位的财务报表等贷款证明文件进行变造,以明珠制衣厂为借款人、以今捷易通公司为保证人,分两次从民生银行中关村支行骗取贷款人民币 800 万元。该贷款入到马汝方等人以明珠制衣厂的名义在民生银行中关村支行开设的账户上,其中,650 万余元被转至明华公司账上,其余 150 万余元用于明华公司的债务及其他事务支出。

1998 年 1 月,马汝方伙同徐光、马凤仙采取变造北京华视通广告公司(以下简称华视通公司)、北京燕智忠经贸有限责任公司(以下简称燕智忠公司)的营业执照、财务报表等贷款证明文件的手段,将华视通公司的注册资金由人民币 150 万元变造为人民币 600 万元,法定代表人由马汝方变造为马凤仙,将燕智忠公司的注册资金由 50 万元变造为人民币 1 000 万元,以华视通公司为借款人、以燕智忠公司为保证人,从民生银行中关村支行骗取贷款计人民币 500 万元,该贷款大部分被明华公司使用。

[①] 参见陈兴良、张军、胡云腾主编:《人民法院刑事指导案例裁判要旨通纂》(上卷),北京大学出版社 2013 年版,第 258 页。

二、诉讼过程及裁判理由

一审法院审理后认为,被告人马汝方、马凤仙、徐光,以非法占有为目的,冒用他人名义,利用虚假的贷款证明文件签订借款合同,为明华公司的利益而骗取银行贷款,3被告人的行为均已构成合同诈骗罪。判处马汝方无期徒刑,剥夺政治权利终身,并处没收个人全部财产;判处马凤仙有期徒刑12年,剥夺政治权利3年,并处罚金人民币8万元;判处徐光有期徒刑10年,剥夺政治权利两年,并处罚金人民币5万元。

一审宣判后,3被告人均不服,分别提起上诉。

二审法院审理后认为,原判认定事实清楚,证据确实、充分,定罪及适用法律正确,量刑适当,裁定驳回上诉,维持原判。

三、关联法条

《中华人民共和国刑法》

第三十条 公司、企业、事业单位、机关、团体实施的危害社会的行为,法律规定为单位犯罪的,应当负刑事责任。

四、争议问题

被告人马汝方身为明华公司的法定代表人兼总经理,为明华公司的利益骗取银行贷款,且所骗贷款大部分均被其任职的明华公司使用,应认定明华公司实施了贷款诈骗犯罪。但是,我国《刑法》没有规定单位可以成为贷款诈骗罪的主体,那么,对单位实施了《刑法》没有规定单位可以成为犯罪主体的犯罪的情形,该如何处理?

五、简要评论

对单位实施了《刑法》没有规定单位可以成为犯罪主体的犯罪的情形,该如何处理,刑法理论和司法实务一直以来存在争论,形成了三种不同观点:

第一种观点认为,单位中的直接负责的主管人员和直接责任人员的刑事责任是以单位构成犯罪为前提的,因此,在法律没有规定单位可以构成犯罪的情况下,对于单位中的直接负责的主管人员和直接责任人员不能追究刑事责任。这种在法律没有规定单位可以成为某种犯罪的主体的情况下,不仅不能追究单位的刑事责任,而且对单位中直接负责的主管人员和直接责任人员也不能追究刑事责任。

第二种观点认为,某种犯罪行为"由单位实施",但《刑法》没有将单位规定为行为主体时,应当而且只能对自然人定罪量刑。对于单位实施的贷款诈骗行为,只能对单位犯罪中的直接责任人员以贷款诈骗罪论处。2002年7月8日通过的最高人民检察院《关于单位有关人员组织实施盗窃行为如何适用法律问题的批复》也采取了类似观点："单位有关人员为谋取单位利益组织实施盗窃行为,情节严重的,应当依照刑法第二百六十四条的规定以盗窃罪追究直接责任人员的刑事责任。"

第三种观点认为,对单位贷款诈骗的行为应当认定为合同诈骗罪。理由是,根据《贷款通则》第29条的规定,所有贷款应当由贷款人与借款人签订借款合同。因此,单位要获得贷款须与金融机构签订借款合同,可以认为单位诈骗金融机构贷款的是利用特殊合同——借款合同骗取对方当事人的财物,所以,对单位骗贷的行为依合同诈骗罪定罪处罚符合罪刑法定原则。2001年1月21日最高人民法院发布的《全国法院审理金融犯罪案件工作座谈会纪要》对有关单位贷款诈骗行为的处理采纳了第三种观点,规定："根据刑法第三十条和第一百九十三条的规定,单位不构成贷款诈骗罪。对于单位实施的贷款诈骗行为,不能以贷款诈骗罪定罪处罚,也不能以贷款诈骗罪追究直接负责的主管人员和其他直接责任人员的刑事责任。但是,在司法实践中,对于单位十分明显地以非法占有为目的,利用签订、履行借款合同诈骗银行或其他金融机构贷款,符合刑法第二百二十四条规定的合同诈骗罪构成要件的,应当以合同诈骗罪定罪处罚。"

《全国法院审理金融犯罪案件工作座谈会纪要》之所以作如此规定,是因为根据中国人民银行1996年6月28日发布的《贷款通则》第29条的规定,所有贷款应当由贷款人与借款人签订借款合同。因此,单位十分明显地以非法占有为目的获得金融机构的贷款,就必须与金融机构签订借款合同,这种行为符合贷款诈骗罪的构成特征。因此,对单位实施的贷款诈骗行为,虽然不能以贷款诈骗罪追究其刑事责任,但可以以合同诈骗罪追究其刑事责任。此外,根据《刑法》第31条、第231条的规定,对于单位贷款诈骗行为,除了对单位定合同诈骗罪之外,对其直接负责的主管人员和其他直接责任人员也应当以合同诈骗罪论处。

本案判决显然采纳了《全国法院审理金融犯罪案件工作座谈会纪要》的观点,但由于公诉机关并未起诉明华公司,所以,法院只判处3被告人构成合同诈骗罪。

案例9-8 河南省三星实业公司集资诈骗案[①]

一、基本案情

被告人李国法,原系河南省三星实业公司(以下简称三星公司)法定代表人;被告人冻建

---

① 参见陈兴良、张军、胡云腾主编:《人民法院刑事指导案例裁判要旨通纂》(上卷),北京大学出版社2013年版,第135页。

国,原系三星公司副总经理;被告人杨玉仙,原系三星公司总经理兼财务部经理;被告人刘献伟,原系三星公司常务副总经理;被告人潘建中,原系三星公司副总经理。

1992年10月,三星公司为解决资金紧张,未经中国人民银行批准,由被告人李国法擅自决定,并指使被告人冻建国、杨玉仙直接负责、会计人员具体经办,分别通过该公司财务部、融资部,以高利率(月息1.5%~5%)作诱饵,采取对公司员工拉集资提成2‰作为奖励等办法,向社会公众非法集资。到1998年5月8日案发时,该公司共有4203人次和13个单位参与集资,集资金额达1 866 462 253.1元,用新吸收的集资款兑付先前的集资款本金及利息共计1 385 978 574元,无法返还的集资款共计48 048 367.91元。1995年10月,在被告人李国法的直接领导下,被告人冻建国、杨玉仙、刘献伟、潘建中等人参与研究、策划,该公司又出台了"弹性营销"经营章程:以招收"名誉员工"、收取"商品抵押金"(金卡2万元、银卡1万元)的名义进行变相集资,以"工资""保险""福利"等形式给付利息,集资年利率为28.896%(金卡)和31.2%(银卡)。为了吸引更多的人成为三星公司的"名誉员工",该公司在郑州成立了"弹性营销"管理中心,设立了东西两个营销大厅,后又在全国各地设立了40多个营销分公司,并采取内部职工拉一张金卡奖励1 000元、拉一张银卡奖励500元等措施扩大集资。在被告人李国法组织、指挥和被告人冻建国、刘献伟、杨玉仙、潘建中等协助、管理下,三星公司自1995年10月至1998年5月共办理金卡入网5 804个,银卡入网50 174个,总计以"弹性营销"的名义集资6 178 200 000元。案发前退还集资款共计74 518 263元,尚有5 433 017 370元集资款无法返还。

1998年8月6日,三星公司被河南省工商行政管理局吊销企业法人营业执照。

二、诉讼过程及裁判理由

一审法院审理后认为,三星公司作为企业法人,已于1998年8月6日被河南省工商行政管理局吊销企业法人营业执照,其作为法人的资格已终止,行为能力和权利能力均已丧失。依照1998年9月2日发布的最高人民法院《关于执行〈中华人民共和国刑事诉讼法〉若干问题的解释》第215条之规定,三星公司虽已不能再作为本案的诉讼主体,但对该公司直接负责的主管人员和其他直接责任人员仍应作为单位犯罪案件被告人依法追究刑事责任。三星公司未经中国人民银行批准,于1995年6月至1998年5月,采取流动吸资、以新还旧、虚构集资用途、以高回报率为诱饵等诈骗方法,向社会公众募集资金,骗取社会公众集资款。其骗得的集资款,除一小部分被用于返还集资者的本金和高息外,大部分被用于挥霍性投资或被非法随意处分,5被告人均构成集资诈骗罪。判处李国法无期徒刑,剥夺政治权利终身;判处冻建国有期徒刑15年,剥夺政治权利3年;判处杨玉仙有期徒刑15年,剥夺政治权利3年;判处刘献伟有期徒刑14年,剥夺政治权利3年;判处潘建中有期徒刑12年,剥夺政治权利 2 年。

一审宣判后,李国法、冻建国、杨玉仙、刘献伟、潘建中不服,分别提出上诉。

二审法院审理后认为,三星公司已于 1998 年 8 月 6 日被河南省工商行政管理局吊销企业法人营业执照,其不再是本案的诉讼主体。作为单位犯罪,上诉人李国法系三星公司犯罪活动直接负责的主管人员;上诉人冻建国、杨玉仙、刘献伟、潘建中系三星公司犯罪活动的其他直接责任人员,均应依法惩处。一审判决定罪准确,量刑适当,审判程序合法。故驳回上诉,维持原判。

三、关联法条

《中华人民共和国刑事诉讼法》(1996 年)

第十五条 有下列情形之一的,不追究刑事责任,已经追究的,应当撤销案件,或者不起诉,或者终止审理,或者宣告无罪:

(一) 情节显著轻微、危害不大,不认为是犯罪的;

(二) 犯罪已过追诉时效期限的;

(三) 经特赦令免除刑罚的;

(四) 依照刑法告诉才处理的犯罪,没有告诉或者撤回告诉的;

(五) 犯罪嫌疑人、被告人死亡的;

(六) 其他法律规定免予追究刑事责任的。

最高人民法院《关于执行〈中华人民共和国刑事诉讼法〉若干问题的解释》(1998 年)

第二百一十五条 人民法院审理单位犯罪案件,被告单位被注销或者宣告破产,但单位犯罪直接负责的主管人员和其他直接责任人员应当负刑事责任的,应当继续审理。

最高人民检察院《关于涉嫌犯罪单位被撤销、注销、吊销营业执照或者宣告破产的应如何进行追诉问题的批复》

涉嫌犯罪的单位被撤销、注销、吊销营业执照或者宣告破产的,应当根据刑法关于单位犯罪的相关规定,对实施犯罪行为的该单位直接负责的主管人员和其他直接责任人员追究刑事责任,对该单位不再追诉。

四、争议问题

被告人李国法、冻建国、杨玉仙、刘献伟、潘建中均是三星公司的负责人,他们以三星公司的名义实施集资诈骗犯罪,违法所得也归三星公司所有,本案属于单位犯罪是没有疑义的。但是,本案在诉讼过程中,三星公司已被河南省工商行政管理局依法吊销营业执照,其诉讼能力已经丧失,那么,本案如何处理,存在以下问题:其一,单位被依法吊销营业执照后,能否追究单位的刑事责任？其二，单位被依法吊销营业执照后，如何处理对单位犯罪负有直接责任的主管人员和其他直接责任人员的刑事责任？

五、简要评论

三星公司作为企业法人，已于1998年8月6日被河南省工商行政管理局吊销企业法人营业执照，其作为法人的资格已经终止，行为能力和权利能力均已丧失，依照1996年《刑事诉讼法》第15条第（五）项的规定，不能再追究三星公司的刑事责任。依照1998年最高人民法院《关于执行〈中华人民共和国刑事诉讼法〉若干问题的解释》①第215条的规定："人民法院审理单位犯罪案件，被告单位被注销或者宣告破产，但单位犯罪直接负责的主管人员和其他直接责任人员应当负刑事责任的，应当继续审理。"司法机关应当依法追究对三星公司集资诈骗犯罪行为负有直接责任的主管人员和其他人员的刑事责任。亦即，单位犯罪案件，因单位被注销或宣告破产，检察机关只起诉有关责任人员的，人民法院认为被告人的行为已构成犯罪，且系单位犯罪的责任人员的，应以单位犯罪的有关规定，追究其相应的刑事责任。2002年7月9日发布的最高人民检察院《关于涉嫌犯罪单位被撤销、注销、吊销营业执照或者宣告破产的应如何进行追诉问题的批复》也规定："涉嫌犯罪的单位被撤销、注销、吊销营业执照或者宣告破产的，应当根据刑法关于单位犯罪的相关规定，对实施犯罪行为的该单位直接负责的主管人员和其他直接责任人员追究刑事责任，对该单位不再追诉。"

案例9-9 北京匡达制药厂偷税案②

一、基本案情

被告单位北京匡达制药厂；被告人王璐林，系被告单位北京匡达制药厂的法定代表人。北京匡达制药厂于1998年2月6日至1998年12月23日间，共生产健骨生丸566 600盒。总经理王彦霖指令保管员肖春霞将其中358 313盒登记在药厂正式账上，其余208 287盒采用不登记入库的方法，另作记录，药厂销售科人员可以打白条形式将药品领走。被告人王璐林在任北京匡达制药厂法定代表人期间，于1998年1月至1999年1月，为北京针灸骨伤学院坏死性骨病医疗中心共打白条领出5 123大盒健骨生丸，销售后的金额人民币4 508 240元（出厂价每大盒人民币880元），既没有在北京匡达制药厂登记入账，亦未向延庆县国税局申报纳税，致北京匡达制药厂偷逃增值税税款人民币655 043.42元，占同期应纳税款额的52.97%。

---

① 该解释已被最高人民法院《关于适用〈中华人民共和国刑事诉讼法〉的解释》废止。
② 参见陈兴良、张军、胡云腾主编：《人民法院刑事指导案例裁判要旨通纂》（上卷），北京大学出版社2013年版，第181页。

二、诉讼过程及裁判理由

一审法院认为,被告单位北京匡达制药厂及其直接责任人王璐林为企业获取非法利益,违反税收法规,采取生产的产品不入账、用白条出库、收款不入账的手段,通过在"坏死性骨病医疗中心"销售本厂生产的药品,偷逃税款人民币 655 043.42 元,占同期应纳税额的 52.97%,破坏了税收征管制度,扰乱了社会市场经济秩序,均已构成偷税罪。判处北京匡达制药厂罚金人民币 140 万元;判处王璐林有期徒刑 3 年,缓刑 3 年,并判处罚金人民币 70 万元。

一审宣判后,被告单位北京匡达制药厂及被告人王璐林不服,提出上诉。

二审法院经审理认为,被告单位北京匡达制药厂构成偷税罪,依法应予惩处。被告人王璐林虽为匡达制药厂的法定代表人,但经法庭质证确认的证据证明,北京匡达制药厂由总经理王彦霖负责,将其中 358 313 盒登记在药厂正式账上,其余 208 287 盒采用不登记入库的方法,另作记录,可由药厂销售科人员以打白条形式领走,系王彦霖授意为之,无证据证明王璐林具有决定、批准、授意、指挥企业人员不列或少列收入从而偷税的行为。故认定王璐林系匡达制药厂偷税犯罪直接负责的主管人员,应追究偷税罪的刑事责任证据不足,故判决被告人王璐林无罪。

三、关联法条

最高人民法院《全国法院审理金融犯罪案件工作座谈会纪要》

直接负责的主管人员,是在单位实施的犯罪中起决定、批准、授意、纵容、指挥等作用的人员,一般是单位的主管负责人,包括法定代表人。

四、争议问题

被告人王璐林作为北京匡达制药厂的法定代表人,在本案中能否被作为北京匡达制药厂偷税罪直接负责的主管人员追究刑事责任?

五、简要评论

在单位犯罪中,作为直接负责的主管人员应当同时符合以下两个要件:一是身份要件,即作为单位直接负责的主管人员,应当是单位中实际行使管理职权的负责人员。具体来说,单位的主管人员,应当是在单位中对单位事务具有一定的决策、管理、领导、指挥、监督职权的领导人员,一般可以包括单位的法定代表人、主要负责人、部门负责人等主管人员,这是确定单位犯罪直接负责的主管人员的身份要件。二是责任要件,即作为单位犯罪直接负责的主管人员,应当是对单位犯罪负直接责任的人员。直接责任,是指主管人员的行为是引发单位实施犯罪的直接原因,没有主管人员的行为,就不会有单位犯罪的发生。换言之,直接负责的主管人员是单位的发动者、批准者或者支持者,这是确定单位犯罪直接负责的主管人员的责任条件。

上述两个要件缺一不可,只有同时符合这两个要件,才能成为单位犯罪直接负责的主管人员。如非单位的管理人员,就谈不上主管人员;如与单位犯罪没有直接关系,就不能说对单位犯罪负有直接责任。因此,单位的主管人员并非在任何情况下都要对单位犯罪承担刑事责任,只有当其在单位犯罪中起决定、批准、授意、纵容、指挥等作用时,才能成为单位犯罪的直接负责的主管人员。在由单位其他主管人员决定、指挥、组织实施单位犯罪,本人并不知情的情况下,则不应因其为单位的主管人员而追究其刑事责任。2001年最高人民法院《全国法院审理金融犯罪案件工作座谈会纪要》的相关规定也体现了这样的含义,其中指出,直接负责的主管人员,是在单位实施的犯罪中起决定、批准、授意、纵容、指挥等作用的人员,一般是单位的主管负责人,包括法定代表人。

本案中,被告人王璐林虽为北京匡达制药厂的法定代表人,但经法庭质证确定的证据不能证明王某具有决定、批准、授意、纵容、指挥企业人员将生产的部分产品隐匿、销售后不入账、偷逃增值税的行为。相反,相关证据证明决定、批准、授意、纵容、指挥企业人员在账簿上不列或少列收入,以偷逃税款的行为为制药厂总经理王彦霖所为。所以,一审法院判决认定王璐林系北京匡达制药厂偷税罪直接负责的主管人员,应追究偷税罪刑事责任的证据不足,二审法院依法改判王璐林无罪是正确的。

案例9-10　吴彩森等虚开增值税专用发票案[①]

一、基本案情

被告人吴彩森,原系霍山县国家税务局西城税务分局(以下简称西城税务分局)局长;被告人纪昌德,原系西城税务分局副局长;被告人汪祥林,原系西城税务分局票管员。1996年2月至2000年3月,吴彩森、纪昌德为给本单位谋取不正当利益,以诸佛庵竹木综合厂等单位的名义,为他人虚开增值税专用发票。所虚开的增值税专用发票中,经吴彩森、纪昌德等审批后,安排汪祥林填开416份,虚开税款数额达184万元。

[①] 参见陈兴良、张军、胡云腾主编:《人民法院刑事指导案例裁判要旨通纂》(上卷),北京大学出版社2013年版,第192页。

二、诉讼过程及裁判理由

一审法院审理后认为,被告人汪祥林作为西城税务分局的票管员,盲目服从单位领导的决定,为他人代填增值税专用发票参与犯罪,但其是根据吴彩森、纪昌德等单位领导的审批手续,并受吴彩森指派代为他人填开,犯罪情节显著轻微,对其行为不宜以犯罪论,应宣告其无罪。

一审宣判后,其他被告人不服,分别提起上诉;检察机关亦提出抗诉。检察机关抗诉认为,原审被告人汪祥林受单位指派,为他人虚开增值税专用发票,税款数额巨大,其行为应构成虚开增值税专用发票罪。

二审法院审理后认为,原审被告人汪祥林在参与西城税务分局虚开增值税专用发票的犯罪过程中,经手开票 416 份,虚开税款数额达 184 万元,在单位犯罪中起到较大作用。因此,原判认定其犯罪情节显著轻微不当,对汪祥林应作为其他直接责任人员追究刑事责任。判决被告人汪祥林犯虚开增值税专用发票罪,判处有期徒刑 1 年,缓刑 3 年。

三、关联法条

最高人民法院《全国法院审理金融犯罪案件工作座谈会纪要》

其他直接责任人员,是在单位犯罪中具体实施犯罪并起较大作用的人员,既可以是单位的经营管理人员,也可以是单位的职工,包括聘任、雇佣的人员。应当注意的是,在单位犯罪中,对于受单位领导指派或奉命而参与实施了一定犯罪行为的人员,一般不宜作为直接责任人员追究刑事责任。

四、争议问题

被告人汪祥林作为税务机关的票管员,受单位领导指派,为他人虚开增值税专用发票,是否单位虚开增值税专用发票犯罪的直接责任人员?

五、简要评论

对于单位犯罪中的直接责任人员的认定,最高人民法院《全国法院审理金融犯罪案件工作座谈会纪要》中指出:"其他直接责任人员,是在单位犯罪中具体实施犯罪并起较大作用的人员,既可以是单位的经营管理人员,也可以是单位的职工,包括聘任、雇佣的人员。应当注意的是,在单位犯罪中,对于受单位领导指派或奉命而参与实施了一定犯罪行为的人员,一般不宜作为直接责任人员追究刑事责任。"据此,单位犯罪的直接责任人员,必须具备以下三个条件:首先,必须是单位内部的工作人员。如果实施单位犯罪的自然人不是单位内部的人员,而是单位外部人员,则属于单位和自然人共同犯罪,对自然人不能认定为单位犯罪的直接责任人员。其次,必须参与实施了单位犯罪行为。没有实施犯罪的单位内部人员,自然不可能成为单位犯罪的直接责任人员。最后,也是尤其要注意的,必须是对单位犯罪负直接责任的人员。鉴于单位犯罪特殊的行为结构,单位犯罪通常是由多数参与人在单位犯罪意志的支配下分工协力完成的。但不同的参与人在单位犯罪中所起的作用并不完全相同,有的参与人在单位犯罪中特别积极,对于单位犯罪的完成起到了较大的推动作用,而有的参与人则表现一般,在单位犯罪中所起的作用很小。所谓对单位犯罪负直接责任的人员,是指在单位犯罪中起较大作用,对单位犯罪的实行和完成具有重要作用的骨干分子和积极分子。因此,并不是所有参与实行单位犯罪的人员,都可以被视为单位犯罪的直接责任人员,只有积极参与实施单位犯罪并在其中起较大作用的人员才能被认定为单位犯罪的直接责任人员。

本案中,被告人汪祥林为税务分局的票管员,受领导指派为他人虚开增值税专用发票,但汪祥林多次参与犯罪活动,而且持续时间长,虚开增值税专用发票的份数多、数额巨大,在西城税务分局的犯罪活动中起到了重要作用,应以单位犯罪的直接责任人员追究刑事责任。

第十章 竞合论

案例 10-1　李志远招摇撞骗、诈骗案[①]

一、基本案情

1995年,被告人李志远因犯诈骗罪、招摇撞骗罪被判处有期徒刑3年零6个月,1997年8月刑满释放。1999年4月至1999年9月间,被告人李志远冒充国家机关工作人员,谎称自己系陕西省高级人民法院法官,能够帮人安排工作、申诉经济案件等,先后骗得郭某某等5名被害人的信任后,骗取被害人财物共计4 000余元以及其他非法利益。

二、诉讼过程及裁判理由

一审法院经审理认为,被告人李志远冒充人民法院法官,骗得他人信任后,多次骗取他人钱财以及其他非法利益,情节严重,其行为已经构成招摇撞骗罪。其中,被告人李志远骗取他人钱财的行为又触犯了《刑法》关于诈骗罪的规定,但属于法条竞合,应从一重处罚。因被告人李志远骗取的财物数额相对较小,以诈骗罪处刑较轻,应以招摇撞骗罪一罪进行处罚,而不适用数罪并罚。被告人李志远曾因犯诈骗罪、招摇撞骗罪被判处有期徒刑3年零6个月,刑满释放后5年内又犯应该判处有期徒刑刑罚之罪,属累犯,应从重处罚。故而,判决被告人李志远犯招摇撞骗罪,判处有期徒刑4年。

一审宣判后,被告人李志远未提出上诉,检察机关未提出抗诉,判决发生法律效力。

三、关联法条

《中华人民共和国刑法》

第二百六十六条　诈骗公私财物,数额较大的,处三年以下有期徒刑、拘役或者管制,并处或者单处罚金;数额巨大或者有其他严重情节的,处三年以上十年以下有期徒刑,并处罚

[①] 参见陈兴良、张军、胡云腾主编:《人民法院刑事指导案例裁判要旨通纂》(下卷),北京大学出版社2013年版,第860页。

金;数额特别巨大或者有其他特别严重情节的,处十年以上有期徒刑或者无期徒刑,并处罚金或者没收财产。本法另有规定的,依照规定。

第二百七十九条 冒充国家机关工作人员招摇撞骗的,处三年以下有期徒刑、拘役、管制或者剥夺政治权利;情节严重的,处三年以上十年以下有期徒刑。

冒充人民警察招摇撞骗的,依照前款的规定从重处罚。

四、争议问题

本案的争议焦点是,被告人李志远冒充国家机关工作人员,骗取他人财物4 000余元以及其他非法利益,其行为既触犯了《刑法》第279条规定的招摇撞骗罪,又触犯了《刑法》第266条规定的诈骗罪,对于李志远应该如何定罪处罚?

五、简要评论

本案中被告人李志远冒充国家机关工作人员,谎称能够帮人安排工作或申诉经济案件等,骗得被害人的信任后多次骗取他人财物及非法利益,李志远的行为符合《刑法》分则中有关招摇撞骗罪和诈骗罪的规定。

对于冒充国家机关工作人员骗取财物的行为应该如何认定,在刑法理论中存在三种不同的观点:

第一种观点认为,招摇撞骗罪与诈骗罪所侵犯的法益不同,招摇撞骗罪侵犯的是国民对于国家机关的信赖,而诈骗罪侵犯的是财产,在冒充国家机关工作人员招摇撞骗的过程中,偶然骗取少量财物的,不影响招摇撞骗罪的认定;冒充国家机关工作人员骗取数额较大、巨大或者特别巨大财物的,则是招摇撞骗罪与诈骗罪的想象竞合犯,应从一重论处。①

第二种观点认为,在招摇撞骗罪中包括骗取财物的情形,当行为人冒充国家机关工作人员骗取财物时,属于招摇撞骗罪与诈骗罪的法条竞合。对此,应该按照刑法理论上处理法条竞合犯的原则来解决行为人的定罪与量刑问题,也就是说,在一般情况下应认定成立招摇撞骗罪,但如果所骗取的财物数额特别巨大或者有其他特别严重情节的,应该以处罚较重的诈骗罪论处。②

第三种观点认为,行为人冒充国家机关工作人员骗得财物的,属于择一关系的法条竞合,应该适用重法优于轻法的原则。③

从《刑法》第266条和第279条的规定来看,在犯罪手段上,诈骗罪可以采取任何一种虚

---

① 参见张明楷:《刑法学》,法律出版社2011年版,第920页。
② 参见高铭暄、马克昌主编:《刑法学》,北京大学出版社、高等教育出版社2011年版,第530—531页。
③ 参见陈兴良:《判例刑法学》(上卷),中国人民大学出版社2009年版,第510页。

构事实或者隐瞒真相的方法,当然可以涵盖招摇撞骗罪中冒充国家机关工作人员这一特殊手段。而在犯罪目的上,招摇撞骗罪的目的可以是骗取多种类型的非法利益,法条中对行为人所骗取的非法利益的类型并无明确、特别的限制,因而,自然也可以包含诈骗罪中骗取公私财物目的在内。当行为人以冒充国家机关工作人员身份的手段,骗得他人的信任,非法占有他人数额较大的财物时,就会出现既符合诈骗罪又符合招摇撞骗罪的情形,这就是刑法理论上所讲的法条竞合。对于法条竞合,理论上认为应该择一重处断。

根据2011年3月11日最高人民法院、最高人民检察院发布的《关于办理诈骗刑事案件具体应用法律若干问题的解释》第1条的规定,诈骗公私财物价值3 000元至1万元以上、3万元至10万元以上、50万元以上的,应当分别认定为《刑法》第266条规定的"数额较大""数额巨大""数额特别巨大"。本案中,李志远冒充国家机关工作人员骗得财物为4 000余元,在诈骗所得数额上符合诈骗公私财物"数额较大"的规定。如果按照诈骗罪论处,应该处3年以下有期徒刑、拘役或者管制,并处或者单处罚金;如果按照招摇撞骗罪论处,李志远的行为属于情节严重的情形,应该处3年以上10年以下有期徒刑。两罪相权取其重,应该认定被告人李志远的行为构成招摇撞骗罪。

案例10-2　孟祥国等侵犯著作权案①

一、基本案情

2000年3月至2001年2月间,被告人孟祥国、李桂英、金利杰为谋取非法利益,在明知自己无复制、发行等权利的情况下,未经权利人许可,复制发行外语教育出版社享有专有出版权的《大学英语》系列教材,高等教育出版社享有出版权的《中专英语综合教程》《高等数学》等教材共计22万余册,非法经营数额达人民币272万余元。

二、诉讼过程及裁判理由

一审法院经审理认为,被告人孟祥国等无视国家法律,以营利为目的,出版上海外语教育出版社、高等教育出版社享有专有出版权的《大学英语》《高等数学》《中专英语综合教程》等教材,在明知无图书印制委托书等相关手续的情况下,为牟取非法利益,未经许可印刷、装订上述教材,非法经营数额达人民币272万余元,孟祥国等人的行为均侵犯了他人的专有出版权和国家的著作权管理制度,构成侵犯著作权罪。被告人孟祥国犯罪情节特别严重,在共

---

① 参见陈兴良、张军、胡云腾主编:《人民法院刑事指导案例裁判要旨通纂》(上卷),北京大学出版社2013年版,第214页。

同犯罪中系主犯,故而,判决孟祥国犯侵犯著作权罪,判处有期徒刑5年,并处罚金人民币5万元。

一审宣判后,被告人孟祥国未提出上诉,检察机关未提出抗诉,判决发生法律效力。

三、关联法条

《中华人民共和国刑法》

第二百一十七条 以营利为目的,有下列侵犯著作权情形之一,违法所得数额较大或者有其他严重情节的,处三年以下有期徒刑或者拘役,并处或者单处罚金;违法所得数额巨大或者有其他特别严重情节的,处三年以上七年以下有期徒刑,并处罚金:

(一)未经著作权人许可,复制发行其文字作品、音乐、电影、电视、录像作品、计算机软件及其他作品的;

(二)出版他人享有专有出版权的图书的;

(三)未经录音录像制作者许可,复制发行其制作的录音录像的;

(四)制作、出售假冒他人署名的美术作品的。

第二百二十五条 违反国家规定,有下列非法经营行为之一,扰乱市场秩序,情节严重的,处五年以下有期徒刑或者拘役,并处或者单处违法所得一倍以上五倍以下罚金;情节特别严重的,处五年以上有期徒刑,并处违法所得一倍以上五倍以下罚金或者没收财产:

(一)未经许可经营法律、行政法规规定的专营、专卖物品或者其他限制买卖的物品的;

(二)买卖进出口许可证、进出口原产地证明以及其他法律、行政法规规定的经营许可证或者批准文件的;

(三)未经国家有关主管部门批准非法经营证券、期货、保险业务的,或者非法从事资金支付结算业务的;

(四)其他严重扰乱市场秩序的非法经营行为。

四、争议问题

本案中的争议焦点是,被告人孟祥国以营利为目的,在明知无图书印制委托书等相关手续的情况下,未经许可盗印各种教材,非法经营数额达人民币272万余元,孟祥国的行为既符合《刑法》第217条规定的侵犯著作权罪,又符合《刑法》第225条规定的非法经营罪,对此,应该如何定罪处罚?

五、简要评论

根据1998年12月17日最高人民法院发布的《关于审理非法出版物刑事案件具体应用

法律若干问题的解释》第 11 条的规定,违反国家规定,出版、印刷、复制、发行严重危害社会秩序和扰乱市场秩序的非法出版物(构成其他较重犯罪的除外),或者非法从事出版物的出版、印刷、复制、发行业务,严重扰乱市场秩序,情节严重的,以非法经营罪论处。据此,应认定孟祥国等人的行为成立非法经营罪。可是,2007 年 4 月 5 日最高人民法院、最高人民检察院发布的《关于办理侵犯知识产权刑事案件具体应用法律若干问题的解释(二)》第 2 条第 3 款规定:"非法出版、复制、发行他人作品,侵犯著作权构成犯罪的,按照侵犯著作权罪定罪处罚。"这意味着孟祥国等人的行为应被认定为侵犯著作权罪。

既然孟祥国等人非法出版、发行出版物的行为既可以被评价为非法经营罪,又可以被评价为侵犯著作权罪,那么,孟祥国等人的行为定性需要通过考察非法经营罪与侵犯著作权罪之间的关系来确定。本案中,孟祥国等人实施了一个行为触犯了两个罪名,两个罪名之间具有包容关系,这是典型的法条竞合。

所谓法条竞合,是指一个行为同属符合数个法条规定的犯罪构成,但从数个法条之间的逻辑关系来看,只能适用其中一个法条,当然排除适用其他法条的情况。换言之,法条竞合是指法条之间具有竞合(重合)关系,而不是犯罪之间具有竞合关系。显然,法条竞合关系不同于法条关系,只有当两个法条之间存在包容关系(如特别关系)或者交叉关系时,才能认定为法条竞合关系。[①]

由上可知,法条竞合具有以下特征:

第一,行为人只实施了一个犯罪行为。行为人实施的是一个犯罪行为,这是构成法条竞合的客观基础与必要条件。所谓一个犯罪行为,是指行为人在一定犯意的支配下,一次实施的该当某种犯罪构成要件的行为。

第二,触犯了数法条规定的数个罪名。行为人所实施的一个犯罪行为触犯《刑法》分则条文规定的数个罪名,这一特征是法条竞合的法律表现。一是数个罪名必须是《刑法》分则条文规定的;二是法条竞合是数罪名的竞合而不包括刑罚的竞合。

第三,数个罪名概念之间存在着从属或者交叉的逻辑关系。行为人实施的一个犯罪行为涉及刑法分则规定的数罪名概念之间有着从属或者交叉的逻辑关系,这是构成法条竞合的充分必要条件,也是法条竞合产生的逻辑根源。[②]

对于行为人实施一个犯罪行为同时触犯数个法律条文的法条竞合,原则上仅选择适用一个法条定罪处罚。在普通法条与特别法条发生竞合的情况下,适用特别法条对行为人定罪处罚是法律适用的一般原则,因为特别法条的规定已被包含于普通法条之中,触犯特别法条的行为必然同时触犯普通法条,如果立法机关在已经规定了普通法条,因而能够对行为人

[①] 参见张明楷:《刑法学》,法律出版社 2011 年版,第 418 页。
[②] 参见陈兴良:《刑法适用总论》(上),法律出版社 1999 年版,第 719—729 页。

的犯罪行为进行刑法评价的情况下,又规定了特别法条,这就说明,立法者认为适用普通法条不足以对行为人的犯罪行为进行全面、恰当的评价,因而需要适用特别法条对行为人的行为进行特别的评价,所以,一般应当适用特别法条对行为人定罪处罚,否则,将使特别法条的规定虚置,这也不符合立法本意。当然,特别法条优于普通法条的原则也有例外,当立法机关认为适用特别法条不能对某一行为作出全面、恰当的评价时,其可以在立法中特别规定普通法条与特别法条发生竞合的适用普通法条。

案例 10-3　彭佳升贩卖、运输毒品案[①]

一、基本案情

2007年4月至6月中旬,被告人彭佳升先后两次从广东省广州市的毒贩手中购买毒品氯胺酮共计2800克,分别贩卖至湖南省长沙市,获利7000元。2007年6月15日,被告人彭佳升接受杜润龙等的雇请,同意从广东省广州市运送甲基苯丙胺和咖啡因至河南省,彭佳升收取报酬16000元。6月20日,当彭佳升等驾车行驶至京珠高速湖南省境内羊楼司收费站时,被公安民警拦截检查,当场从车尾箱内查获甲基苯丙胺6包,净重6000克;咖啡因13包,净重37000克。

二、诉讼过程及裁判理由

一审法院经审理认为,被告人彭佳升违反国家毒品管理法规,为获取非法利益,贩卖氯胺酮2800克,运输甲基苯丙胺6000克、咖啡因37000克的行为构成贩卖、运输毒品罪。其贩卖、运输毒品数量巨大,应依法惩处。故而,判决彭佳升犯贩卖、运输毒品罪,判处死刑,剥夺政治权利终身,并处没收个人全部财产。

一审宣判后,被告人彭佳升提出上诉。

二审法院经审理认为,原判认定事实清楚,证据确实、充分,定罪准确,量刑适当,审判程序合法。故而裁定驳回上诉,维持原判,并依法报请最高人民法院核准。

最高人民法院经复核认为,被告人彭佳升贩卖氯胺酮、运输甲基苯丙胺和咖啡因,其行为构成贩卖、运输毒品罪。核准二审法院维持一审法院判决的刑事裁定。

[①] 参见陈兴良、张军、胡云腾主编:《人民法院刑事指导案例裁判要旨通纂》(下卷),北京大学出版社2013年版,第1006页。

三、关联法条

《中华人民共和国刑法》

第三百四十七条 走私、贩卖、运输、制造毒品，无论数量多少，都应当追究刑事责任，予以刑事处罚。

走私、贩卖、运输、制造毒品，有下列情形之一的，处十五年有期徒刑、无期徒刑或者死刑，并处没收财产：

（一）走私、贩卖、运输、制造鸦片一千克以上、海洛因或者甲基苯丙胺五十克以上或者其他毒品数量大的；

（二）走私、贩卖、运输、制造毒品集团的首要分子；

（三）武装掩护走私、贩卖、运输、制造毒品的；

（四）以暴力抗拒检查、拘留、逮捕，情节严重的；

（五）参与有组织的国际贩毒活动的。

走私、贩卖、运输、制造鸦片二百克以上不满一千克、海洛因或者甲基苯丙胺十克以上不满五十克或者其他毒品数量较大的，处七年以上有期徒刑，并处罚金。

走私、贩卖、运输、制造鸦片不满二百克、海洛因或者甲基苯丙胺不满十克或者其他少量毒品的，处三年以下有期徒刑、拘役或者管制，并处罚金；情节严重的，处三年以上七年以下有期徒刑，并处罚金。

单位犯第二款、第三款、第四款罪的，对单位判处罚金，并对其直接负责的主管人员和其他直接责任人员，依照各该款的规定处罚。

利用、教唆未成年人走私、贩卖、运输、制造毒品，或者向未成年人出售毒品的，从重处罚。

对多次走私、贩卖、运输、制造毒品，未经处理的，毒品数量累计计算。

四、争议问题

本案的争议问题主要是，被告人彭佳升分别实施了贩卖毒品、运输不同种类毒品的行为，这些行为都可以单独构成犯罪，但贩卖毒品、运输毒品的行为又都同属于《刑法》第347条规定的选择性罪名，对于彭佳升的行为应该如何定罪处罚？

五、简要评论

本案中，被告人彭佳升分别实施了贩卖毒品氯胺酮、运输毒品甲基苯丙胺和咖啡因的行为，2008年12月1日最高人民法院发布的《全国部分法院审理毒品犯罪案件工作座谈会纪要》规定,"对不同宗毒品分别实施了不同种犯罪行为的,应对不同行为并列确定罪名,累计毒品数量,不实行数罪并罚。对被告人一人走私、贩卖、运输、制造两种以上毒品的,不实行数罪并罚"。被告人彭佳升实施的贩卖、运输毒品的行为,不论其贩卖、运输的是否为同一宗毒品,只定一个罪名,即贩卖、运输毒品罪,在量刑上只适用一个法定刑,不实行数罪并罚。也就是说,我国《刑法》第347条规定的走私、贩卖、运输、制造毒品罪是选择性罪名。

所谓选择性罪名,又称选择的一罪,指《刑法》条文规定了若干独立的犯罪构成,既可以由一个犯罪构成成立一罪,也可以由数个犯罪构成成立一罪。[①] 在司法实践中,对于选择性罪名,应当以行为人实际实施的行为确定罪名,不应将行为人没有实施的行为在罪名中罗列,也不能因行为人实施了选择性罪名中的数个行为而对其数罪并罚。

在刑法理论上,如果一个犯罪构成的各个要件中具有一定的选择范围,每个选择项都是并列的,只要行为人的行为符合选择范围内的任何一项,就可以构成犯罪,这就是犯罪构成理论上的择一构成。择一构成的选择事项可以是行为方式、行为对象、危害结果或犯罪主体等,但不论该种犯罪的构成要件有多大的选择范围,实际只是一个犯罪构成。基于此,选择性罪名具有以下特征:第一,各选择性罪名之间罪质相同。一种是行为方式相似,相互之间存在紧密联系,行为的危害性相当,例如,走私、贩卖、运输、制造毒品罪中的走私、贩卖、运输、制造四种行为方式,反映的都是使毒品向社会扩散的一些手段,行为的性质非常相似;另一种是犯罪客体同一,即行为对象类似,属于同一客体范畴。第二,各选择性罪名之间量刑幅度同一。基于相同的罪质,不同行为方式的社会危害程度大体相当,因而要求在处罚上采用同样的尺度。

我国《刑法》分则在许多同一条款中规定了数个犯罪构成及相对应的数个罪名,有的属于并列罪名,有的属于选择性罪名。对于并列罪名,行为人实施该条款中的两个以上犯罪行为,就构成数罪,应实行数罪并罚,而不能合并为一罪;而对于选择性罪名则不然,数个罪名既可分解单独定罪,也可以合并组合为一罪,后者的情形事实上是两个以上的罪行,根据《刑法》规定按一罪判处,而不定数罪。刑法之所以赋予选择性罪名如此灵活的处理方式,是因为选择性罪名所规定的数个犯罪行为是有内在联系、互为条件的,实践中经常交错实施,且对社会的危害程度是相同的。实践中,行为人对于同一宗毒品既可能连续实施以上全部行为,也可能有选择性地参与实施其中一种行为,还可能有选择性地参与不同宗毒品犯罪的某一阶段或全部的行为。为使这些在行为、方式上具有选择性的犯罪受到相应的处罚,刑法也简便、概括地规定了选择性罪名,同时也规定不论实施了几种犯罪行为,对行为人在法律上都按一罪处理,不存在数罪并罚的情况。这也符合《刑法》规定同一罪名中的数个罪行属于同种罪行的立法本意。

---

① 参见阮齐林:《刑法学》,中国政法大学出版社2010年版,第275页。

案例10-4　冯留民破坏电力设备、盗窃案①

一、基本案情

2002年11月至2003年3月间,被告人冯留民多次伙同范某等人,在北京市怀柔区等地,盗剪正在使用中的光铝线6700余米,造成直接经济损失2万余元。同期,冯留民还伙同范某等人在北京市密云县等地,盗窃电脑、变压器铜芯、铜板、烟花爆竹、轮胎、花生、大米、生猪等物,总价值29万余元。

二、诉讼过程及裁判理由

一审法院经审理认为,被告人冯留民以非法占有为目的,结伙盗窃正在使用中的电力设备,危害公共安全,其行为已构成破坏电力设备罪;被告人冯留民还以非法占有为目的,结伙秘密窃取公私财物,数额特别巨大,其行为已构成盗窃罪,应与破坏电力设备罪并罚。被告人冯留民曾因犯罪受过刑事处罚,刑罚执行完毕5年内,又犯应当判处有期徒刑以上刑罚之罪,是累犯,应当从重处罚。依照《中华人民共和国刑法》第118条、第264条、第52条、第53条②、第55条第1款、第56条第1款、第25条第1款、第65条第1款、第69条③、第64条的规定,判决被告人冯留民犯破坏电力设备罪,判处有期徒刑7年,剥夺政治权利1年;犯盗窃罪,判处有期徒刑13年,剥夺政治权利3年,罚金13 000元,决定执行有期徒刑19年,剥夺政治权利4年,罚金13 000元。

被告人冯留民不服一审判决,提出上诉称:其只参与了部分盗窃事实,本案事实不清,证据不足。

二审法院经审理认为,上诉人冯留民以非法占有为目的,结伙盗窃正在使用中的电力设备,危害了公共安全,其行为已构成破坏电力设备罪,根据最高人民法院有关司法解释,应当以破坏电力设备罪追究其刑事责任;冯留民还结伙采用秘密窃取的手段盗窃公私财物,其行为又构成盗窃罪,依法应予数罪并罚。原审判决定罪及适用法律正确,量刑适当,审判程序合法,被告人冯留民的上诉理由不能成立,不予采纳。故而,裁定驳回上诉,维持原判。

---

①　参见陈兴良、张军、胡云腾主编:《人民法院刑事指导案例裁判要旨通纂》(上卷),北京大学出版社2013年版,第23页。

②　2015年8月29日通过的《中华人民共和国刑法修正案(九)》将《刑法》第53条修改为:"罚金在判决指定的期限内一次或者分期缴纳。期满不缴纳的,强制缴纳。对于不能全部缴纳罚金的,人民法院在任何时候发现被执行人有可以执行的财产,应当随时追缴。由于遭遇不能抗拒的灾祸等原因缴纳确实有困难的,经人民法院裁定,可以延期缴纳、酌情减少或者免除。"

③　2015年8月29日通过的《中华人民共和国刑法修正案(九)》在《刑法》第69条中增加一款作为第2款:"数罪中有判处有期徒刑和拘役的,执行有期徒刑。数罪中有判处有期徒刑和管制,或者拘役和管制的,有期徒刑、拘役执行完毕后,管制仍须执行。"原第2款作为第3款。

三、关联法条

《中华人民共和国刑法》

第一百一十八条 破坏电力、燃气或者其他易燃易爆设备,危害公共安全,尚未造成严重后果的,处三年以上十年以下有期徒刑。

第二百六十四条 盗窃公私财物,数额较大的,或者多次盗窃、入户盗窃、携带凶器盗窃、扒窃的,处三年以下有期徒刑、拘役或者管制,并处或者单处罚金;数额巨大或者有其他严重情节的,处三年以上十年以下有期徒刑,并处罚金;数额特别巨大或者有其他特别严重情节的,处十年以上有期徒刑或者无期徒刑,并处罚金或者没收财产。

四、争议问题

本案中,被告人冯留民伙同他人基于非法占有的目的盗割正在使用中的光铝线,该行为既符合《刑法》第264条规定的盗窃罪,又符合《刑法》第118条规定的破坏电力设备罪,对于冯留民的行为应该如何定罪处罚?

五、简要评论

本案中,被告人冯留民盗剪正在使用中的光铝线,其行为同时触犯了《刑法》第118条规定的破坏电力设备罪和《刑法》第264条规定的盗窃罪,一审与二审法院都认为被告人冯留民以非法占有为目的,结伙盗窃正在使用中的电力设备,危害了公共安全,其行为已构成破坏电力设备罪。很显然,两审法院都认为冯留民所实施的行为产生了破坏电力设备罪与盗窃罪的想象竞合问题,根据想象竞合犯的处断原则,择一重罪处罚,最终认定冯留民的行为构成破坏电力设备罪。

所谓想象竞合犯,又称为想象并合犯或想象的数罪,是指一个犯罪行为触犯数个罪名的情形,也就是以一个故意或过失,实施了一个行为,侵害了数个刑法所保护的客体,数次符合犯罪构成要件的情况。[①] 虽然我国刑法没有明文规定想象竞合犯,但刑法理论对此研究不少。

想象竞合犯具有以下构成特征:第一,行为人只实施了一个危害行为。这是想象竞合犯区别于实质数罪及牵连犯等犯罪形态的根本点。想象竞合犯中,只要行为人实施了一个危害行为,无论其行为是作为还是不作为、其犯罪心理是故意还是过失抑或故意与过失混合,均不影响想象竞合犯的成立。第二,行为人的行为同时触犯数个罪名所代表的数个性质不同的犯罪构成。这是想象竞合犯区别于实质一罪的根本特征。想象竞合犯不应包括同种罪

---

① 参见陈兴良:《刑法适用总论》(上卷),法律出版社1999年版,第655页。

名的情况,只有当罪名相异,犯罪构成性质不同时,才存在想象竞合的可能性与必要性。第三,行为所触犯的数个罪名均无法全面评价该行为,即行为所触犯的各犯罪构成之间应无重合之关系。这是想象竞合犯区别于法条竞合犯的根本特征。

想象竞合犯的处罚原则是在犯罪行为所触犯的各罪中从一重处断。所谓从一重处断的轻重,是指将行为归入各罪中该行为应处的量刑档次,在此基础上对各罪的法定刑进行比较,按照主刑重于附加刑,主刑中按死刑、无期徒刑、有期徒刑、拘役、管制的顺序确定重刑。对于想象竞合犯从一重处断的原因有二:其一,想象竞合犯中行为人实施了一个犯罪行为却侵犯了数个客体,任何一个犯罪构成都无法完全评价行为人的行为,因而其社会危害性显然大于单纯一罪,根据罪责刑相适应的原则,其所承担的刑罚也应当较单纯一罪为重。其二,想象竞合犯中行为人只实施了一个危害行为,其危害性较实施数行为触犯数罪名的实质数罪为轻,因此,其所受刑罚处罚应较实质数罪要轻。

案例 10-5　姜继红等抢劫、盗窃案①

一、基本案情

2004年6月17日至19日,被告人姜继红等人结伙在娄底火车站货场先后两次抢劫货车上的模子铁630公斤,价值人民币1260元,抢劫货车押运员3人,抢得手机两部、现金人民币1820元。2004年6月4日至6月12日,被告人姜继红等先后5次在娄底火车站货场的火车上盗得豆粕、模子铁、面粉等物,价值共计人民币6865元。

二、诉讼过程及裁判理由

一审法院经审理认为,被告人姜继红等目无国法,以非法占有为目的,采取暴力和以暴力相威胁的手段,抢劫公私财物,其行为已经构成抢劫罪。被告人姜继红等共同秘密窃取铁路运输物资,数额较大,其行为均已构成盗窃罪。为严明国法,维护社会治安和铁路站车秩序,确保公民的人身权利和公民的财产权利不受侵犯,惩罚犯罪,故而判决被告人姜继红犯抢劫罪,判处有期徒刑7年,并处罚金人民币5000元;犯盗窃罪,判处有期徒刑两年,并处罚金人民币5000元。数罪并罚,决定执行有期徒刑8年,并处罚金人民币1万元。

一审宣判后,被告人姜继红不服,提出上诉。

二审法院经审理认为,上诉人姜继红等人结伙以非法占有为目的,采取暴力和以暴力相

---

① 参见陈兴良、张军、胡云腾主编:《人民法院刑事指导案例裁判要旨通纂》(下卷),北京大学出版社2013年版,第596页。

威胁的手段,抢劫公私财物,均已构成抢劫罪。上诉人姜继红等人结伙,以非法占有为目的,秘密窃取铁路运输物资,数额较大,均已构成盗窃罪。对姜继红等人应按抢劫罪、盗窃罪数罪并罚。原审判决定罪正确,量刑适当,审判程序合法,被告人姜继红的上诉理由不能成立,不予采纳,故而裁定驳回上诉,维持原判。

三、关联法条

《中华人民共和国刑法》

第二百六十四条 盗窃公私财物,数额较大的,或者多次盗窃、入户盗窃、携带凶器盗窃、扒窃的,处三年以下有期徒刑、拘役或者管制,并处或者单处罚金;数额巨大或者有其他严重情节的,处三年以上十年以下有期徒刑,并处罚金;数额特别巨大或有其他特别严重情节的,处十年以上有期徒刑或者无期徒刑,并处罚金或者没收财产。

第二百六十三条 以暴力、胁迫或者其他方法抢劫公私财物的,处三年以上十年以下有期徒刑,并处罚金;有下列情形之一的,处十年以上有期徒刑、无期徒刑或者死刑,并处罚金或者没收财产:

(一)入户抢劫的;

(二)在公共交通工具上抢劫的;

(三)抢劫银行或者其他金融机构的;

(四)多次抢劫或者抢劫数额巨大的;

(五)抢劫致人重伤、死亡的;

(六)冒充军警人员抢劫的;

(七)持枪抢劫的;

(八)抢劫军用物资或者抢险、救灾、救济物资的。

四、争议问题

本案的争议焦点是,被告人姜继红伙同他人在湖南娄底火车站货场连续盗窃、抢劫公私财物,其行为已经多次构成盗窃罪与抢劫罪,对于姜继红等人的多次盗窃、抢劫行为应该如何认定和处罚?

五、简要评论

根据 2005 年 6 月 8 日最高人民法院发布的《关于审理抢劫、抢夺刑事案件适用法律若干问题的意见》第 3 条的规定,对于"多次"的认定,应以行为人实施的每一次抢劫行为均已构成犯罪为前提,综合考虑犯罪故意的产生、犯罪行为实施的时间、地点等因素,客观分析、认定。对于行为人基于一个犯意实施犯罪的,如在同一地点同时对在场的多人实施抢劫的;或基于同一犯意在同一地点实施连续抢劫犯罪的,如在同一地点连续地对途经此地的多人进行抢劫的;或在一次犯罪中对一栋居民楼中的几户居民连续实施入户抢劫的,一般应认定为一次犯罪。

本案中,被告人姜继红等人在娄底火车站的货场连续抢劫多人的抢劫行为也应从他们犯罪故意的单复数、犯罪时间的连续性和地点的相近性等三个因素进行综合判断,姜继红等人在同一地点连续对多人同时实施抢劫,虽属于抢劫多人,但由于是基于同一犯意,不仅具有犯罪时间的连续性,还具有犯罪地点的相近性,不属于多次抢劫,应认定成立一个抢劫罪,这就是所谓的连续犯。

连续犯,是指基于同一的或者概括的犯罪故意,连续实施性质相同的数个行为,触犯同一罪名的犯罪。其基本构成特征如下:

第一,连续犯必须是行为基于同一或者概括的犯罪故意。同一的犯罪故意,是指行为人具有数次实施同一犯罪的故意;概括的犯罪故意,是指行为人主观上具备只要有条件就实施特定犯罪的故意。这两种心理状态没有本质区别。

第二,必须是实施性质相同的数个行为。只实施一次行为的,不可能成立连续犯。数个行为是指两个以上的行为。通说认为,连续犯仅限于每次行为能独立构成犯罪的情形。如果连续实施同一种行为,但每次都不能独立构成犯罪,只是这些行为的总和才构成犯罪,则可以称为徐行犯。但从我国《刑法》的规定来看,连续犯的数次行为,应包括数次行为都独立构成犯罪、数次行为都不独立构成犯罪、数次行为中有的独立构成犯罪有的不独立构成犯罪三种情况。

第三,数次行为具有连续性。是否具有连续性,应从主客观两个方面进行判断。既要通过分析客观行为的性质、对象、方式、环境、结果等来判断是否具有连续性,又要看行为人有无连续实施某种犯罪行为的故意。

第四,数次行为必须触犯同一罪名。触犯同一罪名,是指数次行为触犯同一具体罪名,而不包括触犯同类罪名的情况。对于连续犯应以一罪论处。①

案例 10-6 杨聪慧等倒卖机动车号牌案②

一、基本案情

2008 年 3 月 16 日至 20 日期间,被告人杨聪慧等以盗取他人汽车号牌后敲诈号牌所有

---

① 参见张明楷:《刑法学》(第 4 版),法律出版社 2011 年版,第 430—431 页。
② 参见陈兴良、张军、胡云腾主编:《人民法院刑事指导案例裁判要旨通纂》(下卷),北京大学出版社 2013 年版,第 755 页。

人的钱财为目的,先后在江苏省昆山市、苏州市等地,采取强掰车牌的方式多次盗窃汽车号牌。被告人杨聪慧盗窃作案13起,窃得汽车号牌14副。被害人补办车牌所需的费用为人民币105元/副,被告人杨聪慧盗窃机动车号牌补办费用共计人民币1470元。

二、诉讼过程及裁判理由

一审法院经审理认为,被告人杨聪慧以非法占有为目的,采用秘密手段窃取他人财物,数额计人民币1470元,属盗窃数额较大,其行为已构成盗窃罪,故而判决杨聪慧犯盗窃罪,判处有期徒刑9个月,并处罚金人民币1000元。

一审宣判后,被告人没有提出上诉,检察机关亦未抗诉。

三、关联法条

《中华人民共和国刑法》

第二百六十四条 盗窃公私财物,数额较大的,或者多次盗窃、入户盗窃、携带凶器盗窃、扒窃的,处三年以下有期徒刑、拘役或者管制,并处或者单处罚金;数额巨大或者有其他严重情节的,处三年以上十年以下有期徒刑,并处罚金;数额特别巨大或者有其他特别严重情节的,处十年以上有期徒刑或者无期徒刑,并处罚金或者没收财产。

第二百七十四条 敲诈勒索公私财物,数额较大或者多次敲诈勒索的,处三年以下有期徒刑、拘役或者管制,并处或者单处罚金;数额巨大或者有其他严重情节的,处三年以上十年以下有期徒刑,并处罚金;数额特别巨大或者有其他特别严重情节的,处十年以上有期徒刑,并处罚金。

四、争议问题

本案的争议焦点是,被告人杨聪慧等人以勒索钱财为目的结伙盗窃机动车号牌的行为既触犯了盗窃罪又触犯了敲诈勒索罪,对于杨聪慧等人的行为应该如何定罪处罚?

五、简要评论

本案中,杨聪慧等人实施的盗窃机动车号牌的行为,从其后续行为来看,系其为实现敲诈勒索的手段行为,即杨聪慧盗窃他人机动车号牌真正的目的不在于非法占有这些机动车号牌,而是以所盗取的机动车号牌为对价,换取号牌所有人的现金,即犯罪人的真实意图在于敲诈机动车号牌所有人的现金。从整个犯罪过程来看,盗窃机动车号牌的目的是为了敲诈,盗窃只是手段行为,在盗窃行为与敲诈行为之间存在着手段和目的的关系,构成牵连犯,应从一重罪处断,认定杨聪慧等人构成盗窃罪。

所谓牵连犯,是指以实施某一犯罪为目的,而其犯罪的手段行为或者结果行为又触犯了其他罪名的情形。牵连犯是实质的数罪,处断上的一罪,其具有以下三个方面的构成特征:

第一,必须具有两个以上的犯罪行为,这是构成牵连犯的前提条件。行为人只有实施了数个行为才有可能构成牵连犯。如果只实施了一个行为,无法形成行为之间的牵连关系。

第二,数个犯罪行为之间必须具有牵连关系。这里所谓的牵连关系,是指行为人实施的数个行为之间具有手段与目的或者原因与结果的关系,也就是说,行为人的数个行为分别表现为手段行为或原因行为、目的行为或结果行为,并相互依存形成一个有机的整体。对于牵连关系的认定,理论上认为应该坚持主观和客观相统一的原则,即牵连关系以牵连意图为主观形式,以因果关系为客观内容的有机统一。所谓主观上的牵连意图,是指行为人对实现一个犯罪目的的数个犯罪行为之间所具有的手段与目的或原因与结果关系的认识。牵连意图又可以分解为两层内涵:首先,行为人只追求一个犯罪目的,这是形成牵连意图的前提;其次,在此基础上,行为人将自己实施的数个行为分别确定为手段行为或原因行为、目的行为或结果行为,这是牵连意图的核心内容。所谓客观上的因果关系,是指在牵连犯中行为人自觉地利用因果关系的规律支配自己的数个行为,实现所追求的犯罪目的。一行为之所以能够成为本罪行为的手段或者结果行为,归根结底是因为这种行为与本罪行为之间具有一致的内在特性,牵连关系不外是数个行为之间合乎因果规律的联系。

第三,数个行为必须触犯不同的罪名,这是牵连犯的法律特征,也是确定牵连犯的标志。牵连犯具有两个以上的犯罪行为,是事实上的关系;牵连犯触犯两个以上的罪名,是法律上的关系。如果行为人的行为只触犯一个罪名,那就不是牵连犯。这里的不同罪名,是指牵连犯的目的行为与手段行为、原因行为与结果行为各自具备不同性质的犯罪构成。如果不是触犯不同罪名,而是数次触犯同一罪名,就不是牵连犯,而可能是连续犯或同种数罪。[1]

在我国刑法中,牵连犯应当按照三个原则来处理:第一,法律规定对牵连犯从一重罪处断的,按照法律规定从一重罪处断;第二,法律规定对牵连犯数罪并罚的,按照法律规定数罪并罚;第三,法律没有规定的,也就是法律既没有规定数罪并罚也没有规定从一重罪处断的,应当按照刑法理论从一重罪处断。

案例 10-7　张敏贩卖毒品案[2]

一、基本案情

1999 年 10 月 25 日至 26 日,被告人张敏在常州市清潭新村陈玉燕暂住处附近先后 3 次

---

[1] 参见陈兴良:《刑法适用总论》(上卷),法律出版社 1999 年版,第 698—700 页。
[2] 参见陈兴良、张军、胡云腾主编:《人民法院刑事指导案例裁判要旨通纂》(下卷),北京大学出版社 2013 年版,第 1015 页。

卖给陈玉燕海洛因50克、在清潭新村菜场附近卖给向红海洛因5克。10月28日上午,张敏携带海洛因13.5克欲外出贩卖时,在常州市马公桥附近被公安人员抓获。随后,公安人员在张敏暂住地常州市花园西村3幢甲单元401室搜缴海洛因62包,重310.5克。

二、诉讼过程及裁判理由

一审法院经审理认为,被告人张敏贩卖毒品的事实清楚,证据充分,应依法惩处。故而判决张敏犯贩卖毒品罪,判处死刑,剥夺政治权利终身,并处没收财产人民币5万元。

一审宣判后,张敏不服,提出上诉认为,没有贩卖毒品的故意和行为,随身携带并在暂住地藏匿毒品的行为属于非法持有毒品而非贩卖毒品。

二审法院经审理认为,上诉人张敏明知是毒品而非法销售给他人,事实清楚,证据确实、充分,其行为已构成贩卖毒品罪,且贩卖毒品数量大,应依法惩处。张敏随身携带的海洛因及在其暂住地查获的海洛因已分装成小包,且其本人又不吸毒,用于贩卖的故意明显,其辩护人所提非法持有毒品罪的意见没有法律依据,不予采纳,故而裁定驳回上诉,维持原判。

三、关联法条

《中华人民共和国刑法》

第三百四十八条 非法持有鸦片一千克以上、海洛因或者甲基苯丙胺五十克以上或者其他毒品数量大的,处七年以上有期徒刑或者无期徒刑,并处罚金;非法持有鸦片二百克以上不满一千克、海洛因或者甲基苯丙胺十克以上不满五十克或者其他毒品数量较大的,处三年以下有期徒刑、拘役或者管制,并处罚金;情节严重的,处三年以上七年以下有期徒刑,并处罚金。

第三百四十七条 走私、贩卖、运输、制造毒品,无论数量多少,都应当追究刑事责任,予以刑事处罚。

走私、贩卖、运输、制造毒品,有下列情形之一的,处十五年有期徒刑、无期徒刑或者死刑,并处没收财产:

(一)走私、贩卖、运输、制造鸦片一千克以上、海洛因或者甲基苯丙胺五十克以上或者其他毒品数量大的;

(二)走私、贩卖、运输、制造毒品集团的首要分子;

(三)武装掩护走私、贩卖、运输、制造毒品的;

(四)以暴力抗拒检查、拘留、逮捕,情节严重的;

(五)参与有组织的国际贩毒活动的。

走私、贩卖、运输、制造鸦片二百克以上不满一千克、海洛因或者甲基苯丙胺十克以上不满五十克或者其他毒品数量较大的,处七年以上有期徒刑,并处罚金。

走私、贩卖、运输、制造鸦片不满二百克、海洛因或者甲基苯丙胺不满十克或者其他少量毒品的,处三年以下有期徒刑、拘役或者管制,并处罚金;情节严重的,处三年以上七年以下有期徒刑,并处罚金。

单位犯第二款、第三款、第四款罪的,对单位判处罚金,并对其直接负责的主管人员和其他直接责任人员,依照各该款的规定处罚。

利用、教唆未成年人走私、贩卖、运输、制造毒品,或者向未成年人出售毒品的,从重处罚。

对多次走私、贩卖、运输、制造毒品,未经处理的,毒品数量累计计算。

四、争议问题

本案中,被告人张敏既有贩卖毒品的行为,又有为贩卖毒品而非法持有毒品的行为,按照我国《刑法》的规定,贩卖毒品的行为与非法持有毒品的行为分别触犯了贩卖毒品罪和非法持有毒品罪,也就是说,被告人张敏的贩卖毒品与非法持有毒品在刑法上是两个相互独立的犯罪行为,那么,针对被告人张敏的这两种行为是应该分别定罪处罚还是从一重罪处断呢?

五、简要评论

在我国司法实践中,如果被告人有贩卖毒品的行为,那么,对于从被告人处所查获的尚未交易的毒品,应该看做是被告人犯罪事实的一部分。如果行为人主观上有贩卖毒品的故意,客观上有贩卖毒品的经历,并且行为人本人不吸毒或虽吸毒但藏匿或储存的毒品数量明显超出自己吸食所需数量的,非法持有毒品的行为应该视为为贩卖毒品所做的准备,是贩卖毒品行为的组成部分。①

与司法实践中这种做法相对应的是刑法学中的吸收犯理论。所谓吸收犯,是指一个犯罪行为为另一个犯罪行为所吸收,而失去独立存在的意义,仅以吸收的那个行为论罪,对被吸收的行为不再予以论罪的情形。② 吸收犯有以下三个方面的构成特征:

第一,存在数个相互独立的犯罪行为,这是吸收犯成立的前提条件和基础。首先,吸收犯必须存在数个犯罪行为,如果只有一个犯罪行为,便无吸收的必要;其次,数个犯罪行为之间必须是相互独立的关系,否则吸收也就无从谈起;最后,各个犯罪的犯罪构成在规范领域

---

① 参见陈兴良、张军、胡云腾主编:《人民法院刑事指导案例裁判要旨通纂》(下卷),北京大学出版社2013年版,第1016页。
② 陈兴良:《刑法适用总论》(上卷),法律出版社1999年版,第704页。

中存在着自然的发展关系,前行为是后行为发展的必经阶段,后行为是前行为的当然结果。

第二,数个犯罪行为在主观上是基于一个确定的犯罪故意,这是吸收犯成立的主观要件。行为人所实施的数个行为都是为了实现同一个犯罪意图,它们共同由一个犯罪故意所支配,即吸收犯只能发生在一个犯罪过程中。

第三,事实上的数个犯罪行为必须侵犯同一或相同的直接客体,即数个犯罪行为属于同一罪质,这是吸收犯的法律特征。

根据吸收犯的构成特征,其存在形式主要有以下几种:

第一,既遂犯吸收预备犯或未遂犯。

第二,未遂犯吸收预备犯。

第三,实行阶段的中止犯吸收预备犯。

第四,符合主犯条件的实行犯构成之罪,吸收教唆犯、帮助犯、次要实行犯构成之罪。

第五,主犯构成之罪吸收从犯、胁从犯构成之罪。

第六,加重犯罪构成之罪吸收普通犯罪构成之罪,或者普通犯罪构成之罪吸收减轻犯罪构成之罪。

对于吸收犯而言,其实质为数罪,但在处断上被作为一罪。也就是说,虽然存在着两个犯罪行为,但由于其中的一个犯罪行为已经被另外一个犯罪行为所吸收,因此,只以吸收之罪来论处。

案例 10-8　龚世义等故意杀人、包庇案[①]

一、基本案情

自 2001 年 6 月起,被害人冯世刚经常到被告人龚世义经营的饭店滋事,致该店生意冷淡。2001 年 12 月 26 日晚,冯世刚再次至该饭店滋事,提出各种无理要求,龚世义欲离开饭店躲避,被冯世刚拽回按倒殴打。被告人胡长青见状,持铁管对冯世刚头部猛击一下,将冯世刚打倒在地,被告人龚世义起身后亦持铁管击打冯世刚的头部,并与胡长青一同用铁丝勒冯世刚颈部,致冯世刚死亡。龚世义、胡长青二人于当晚伙同被告人解海兵、吴小利用车将冯世刚的尸体运离餐厅焚烧后抛于上庄乡上庄水库附近河中。被告人张二红目击龚世义等人作案全过程,并在龚世义等人离开餐厅抛尸时打扫作案现场,清扫血迹,帮助掩盖罪行。

[①] 参见陈兴良、张军、胡云腾主编:《人民法院刑事指导案例裁判要旨通纂》(上卷),北京大学出版社 2013 年版,第306 页。

二、诉讼过程及裁判理由

一审法院经审理认为,被告人龚世义在遭受被害人冯世刚殴打时,被告人胡长青持铁管猛击冯世刚头部将其打倒,被告人龚世义在冯世刚已无实际侵害能力的情况下,仍持铁管连续击打冯世刚的头部,后又与被告人胡长青使用铁丝勒冯世刚的颈部,致冯世刚死亡,二被告人的行为均已构成故意杀人罪,应予惩处。被告人解海兵、吴小利、张二红目睹被告人龚世义、胡长青杀人行为后,解海兵、吴小利帮助被告人龚世义、胡长青焚尸、抛尸,张二红帮助打扫血迹、清理现场,此3被告人的行为均已构成包庇罪,应予惩处。判决被告人龚世义犯故意杀人罪,判处有期徒刑5年;被告人胡长青犯故意杀人罪,判处有期徒刑5年;被告人解海兵犯包庇罪,判处有期徒刑7个月;被告人吴小利犯包庇罪,判处有期徒刑6个月;被告人张二红犯包庇罪,判处有期徒刑6个月。

一审宣判后,5名被告人均未上诉,检察机关亦未抗诉,判决发生法律效力。

三、关联法条

《中华人民共和国刑法》

第二百三十二条　故意杀人的,处死刑、无期徒刑或者十年以上有期徒刑;情节较轻的,处三年以上十年以下有期徒刑。

第三百零二条①　盗窃、侮辱尸体的,处三年以下有期徒刑、拘役或者管制。

四、争议问题

本案中,被告人龚世义等在杀害冯世刚后又焚尸灭迹的行为符合《刑法》第302条规定的盗窃、侮辱尸体罪,对于龚世义等人的故意杀人以及毁尸灭迹的行为应该如何定罪处罚?

五、简要评论

抛尸、焚尸行为,实际上是对尸体的处分行为。这种行为被视为对死者的亵渎,是对风俗习惯的侵犯。不仅严重伤害社会风化,而且容易引起群众之间的矛盾,具有较大的社会危害性。因此,我国《刑法》专门规定了盗窃、侮辱尸体罪。但是,故意杀人后为毁灭罪证、掩盖罪迹而毁坏、抛弃尸体的,其行为已为故意杀人行为所吸收,仍只认定故意杀人一个罪。因此,故意杀人中的抛尸、焚尸行为,应该作为量刑时的一个重要的酌定情节予以考虑,而不再

---

① 2015年8月29日通过的《中华人民共和国刑法修正案(九)》将《刑法》第302条修改为:"盗窃、侮辱、故意毁坏尸体、尸骨、骨灰的,处三年以下有期徒刑、拘役或者管制。"

单独评价。①

本案中被告人龚世义等人在故意杀害被害人冯世刚之后焚尸灭迹的行为是否可以评价为刑法理论中的不可罚的事后行为呢？所谓不可罚的事后行为②，也称为共罚的事后行为，是指在状态犯的场合，利用该犯罪行为的结果的行为，如果孤立地看，符合其他犯罪的犯罪构成，具有可罚性，但由于被综合评价在该状态犯中，故没有必要另认定为其他犯罪。③ 由此可见，不可罚的事后行为具有以下特征：首先，不可罚的事后行为主要存在于状态犯中。其次，事后行为本身是犯罪行为，但是由于被前犯罪行为所吸收，才不作为独立的犯罪进行评价。最后，事后行为之所以不可罚，是因为事后行为被包括在对现行的状态犯的评价中。在此意义上说，后行为是否属于该状态犯的构成要件所预想的违法状态的范围，亦即是否侵害了新的法益、危害结果是否超出了前行为已经造成的结果程度，便是区别不可罚事后行为与可罚事后行为的标准。

在刑法理论中，一般认为，故意杀人罪属于即成犯。所谓即成犯，是指犯罪行为实施完毕后，犯罪即告结束的犯罪，既不存在犯罪行为的继续，也不存在不法状态的继续。④ 与即成犯相对的是继续犯。所谓继续犯，是指行为从着手实行到终止以前，一直处于持续状态的犯罪。继续犯中实行行为与不法状态同时继续并在一定时间内持续。介于即成犯和继续犯中间的是状态犯。所谓状态犯，是指发生侵害一定法益的事实同时，犯罪行为虽然结束，但在其后侵害法益的状态可能依然存在。当这种存续的侵害法益的状态还受构成要件评价时，不另成立他罪。比如盗窃罪，行为人犯盗窃罪窃取财物后，盗窃行为已经结束，但是非法占用他人财物的状态一直在持续，对所窃物品的占有意味着被害人的财产权利遭受侵害的不法状态存在。这种不法状态虽然存在，但盗窃的犯罪行为却已经结束了。

问题是，本案中龚世义等人触犯的是故意杀人罪，而故意杀人罪一般被认为是典型的即成犯，在即成犯中能否承认不可罚的事后行为呢？这里就牵涉即成犯与状态犯的关系问题，有学者认为即成犯与状态犯的区别只是观念上的不同，并不会影响到罪数的认定问题，换而言之，即便是在作为典型即成犯的故意杀人罪中仍然有可能承认不可罚的事后行为的存在。⑤

---

① 参见陈兴良、张军、胡云腾主编：《人民法院刑事指导案例裁判要旨通纂》（上卷），北京大学出版社2013年版，第308页。
② 即不独立定罪的事后行为。仅针对实施了前行为的人而言，故仅参与事后行为的人，依然可能成立犯罪。
③ 参见张明楷：《刑法学》（第4版），法律出版社2011年版，第432页。
④ 参见陈兴良：《刑法适用总论》（上卷），法律出版社1999年版，第651页。
⑤ 参见陈洪兵：《区分即成犯、状态犯与继续犯的再审视》，载《中南大学学报》（社会科学版）2012年第3期。

案例 10-9 冯安华等挪用公款案[①]

一、基本案情

1997年9月,冯安华、张高祥协议合伙成立"钟山区祥华汽车配件经营部",二人在无固定资产和经营所需资金的情况下,冯安华利用自己系贵州省六盘水市农业银行信用卡业务部综合科工作人员的职务之便,擅自授权张高祥用信用卡透支资金进行经营汽车配件的业务活动,自1997年8月至1998年2月,冯安华、张高祥二人多次利用信用卡透支的方式挪用公款共计1 150 860元。

二、诉讼过程及裁判理由

一审法院经审理认为,被告人冯安华、张高祥合谋,利用冯安华职务上的便利,擅自授权透支巨额资金供二人进行营利活动,其行为均已构成了挪用公款罪。其中,冯安华系本案主犯,挪用公款数额巨大且有部分未退还,情节严重,应依法严惩;张高祥系本案从犯,应当从轻处罚。故而判决冯安华犯挪用公款罪,判处有期徒刑14年,剥夺政治权利3年;被告人张高祥犯挪用公款罪,判处有期徒刑12年,剥夺政治权利两年。

一审判决后,被告人张高祥以一审法院对其量刑过重为由提起上诉。

二审法院经审理认为,上诉人张高祥、原审被告人冯安华内外勾结,利用冯安华职务上的便利,共同挪用公款进行营利活动,均已构成了挪用公款罪。一审判决认定事实清楚,定性准确,量刑适当,审判程序合法,应予维持。故而裁定驳回上诉,维持原判。

三、关联法条

《中华人民共和国刑法》

第三百八十四条 国家工作人员利用职务上的便利,挪用公款归个人使用,进行非法活动的,或者挪用公款数额较大、进行营利活动的,或者挪用公款数额较大、超过三个月未还的,是挪用公款罪,处五年以下有期徒刑或者拘役;情节严重的,处五年以上有期徒刑。挪用公款数额巨大不退还的,处十年以上有期徒刑或者无期徒刑。

挪用用于救灾、抢险、防汛、优抚、扶贫、移民、救济款物归个人使用的,从重处罚。

[①] 参见陈兴良、张军、胡云腾主编:《人民法院刑事指导案例裁判要旨通纂》(下卷),北京大学出版社2013年版,第1113页。

四、争议问题

本案的争议焦点是，被告人冯安华利用职务上的便利，多次挪用公款，构成数个挪用公款罪，对冯安华的行为应该如何定罪处罚？

五、简要评论

1998年4月29日最高人民法院发布的《关于审理挪用公款案件具体应用法律若干问题的解释》第4条规定："多次挪用公款不还，挪用公款数额累计计算；多次挪用公款，并以后次挪用的公款归还前次挪用的公款，挪用公款数额以案发时未还的实际数额认定。"根据该条规定，本案中冯安华等人多次挪用公款的行为虽然构成数个挪用公款罪，但不适用数罪并罚。

数罪，是与一罪相对的罪数形态，也就是行为人的数个行为符合数个犯罪构成。按照行为符合数个犯罪构成的性质是否相同，数罪可以分为同种数罪和异种数罪。数罪还可以按照是否并罚分为并罚数罪与非并罚数罪。

所谓同种数罪，一般认为，是指行为人的犯罪事实符合数个性质相同的犯罪构成的情形。广义的同种数罪，就是指犯罪的性质之间具有相同或相似情形，主要指侵害方式相同，而且犯罪客体之间具有相同或者包括关系的犯罪，例如故意杀人罪和故意伤害罪之间就往往被认为具有包括关系，是同种性质的犯罪。而狭义的同种数罪，则是指行为人实施的数个行为所触犯的罪名必须相同。异种数罪，是指行为人的犯罪事实符合数个性质不同的犯罪构成的情形。异种数罪也有广义与狭义的区分。我国刑法中所讨论的数罪，都是着眼于对刑罚发生影响，主要关注罪名的确定和选择，所以，将同种数罪和异种数罪理解为是否具有相同的罪名。从犯罪客体和犯罪本质的角度分析，任何犯罪都是不同的。所以，只要实施数个行为，无论其性质是否相同，都应当确定为数个犯罪。但各种因素的作用导致我国刑法的立法者和司法者都不习惯数罪并罚制度。所以，目前通行的做法是对于没有联系的异种数罪，均需并罚；而对于同种数罪，原则上不并罚，只有出现了特殊的情形才会采用数罪并罚的方法。例外情形根据其原因可以分成主动适用与被动采用两类。主动适用是源于立法的规定，如果刑法所确定的犯罪构成明显排斥数罪并罚，不并罚时刑罚后果明显不公的，只能采用并罚的方法；被动采用则源于刑事诉讼制度的要求，数个同种数罪本应在判决中同时进行一并处理，但是，由于个别漏罪是在判决生效以后才被发现，而此时已经生效的判决不具有失去效力的根据，无法对原判决进行改判，只能以增加判决的方法对犯罪人的犯罪行为进行补充性评价，才被动地适用数罪并罚方法。

以对行为人所构成的数个犯罪是否并罚为标准，可以将数罪分成并罚数罪与非并罚数罪。行为人基于数个罪过,实施数个行为,构成数个独立的犯罪,依照法律的规定或精神应当实行数罪并罚的,是并罚数罪。一般说来,没有联系的异种数罪,都是并罚的数罪。而同种数罪有时也可以进行并罚处理。非并罚数罪,是指行为人虽然实施数个行为,符合数个犯罪构成,触犯数个罪名,但由于特定事由或者法律的规定不实行数罪并罚,只能按照一个犯罪处理的情形。

并罚数罪与非并罚数罪的前提都是构成数个犯罪,但是构成数罪与数罪并罚之间仍然有一定的距离。数罪与使用并罚方法的数罪之间,并不具有直接的对应关系,仍然需要进行仔细的分析。确定并罚数罪是适用数罪并罚的前提和基础。①

案例 10-10　黄德林滥用职权、受贿案②

一、基本案情

2000 年至 2005 年间,黄德林利用自己担任洞头县民政局福利中心主任之便,在福利企业年审过程中,不履行自身职责,以企业虚报的材料为准进行检查,致使本不应享受退税优惠政策的浙江恒博电气制造有限公司于 1999 年至 2004 年间享受退税政策,造成国家税收损失共计人民币 7 513 284.9 元。1999 年至 2006 年间,黄德林利用职务便利为浙江恒博电气制造有限公司设立和骗取退税提供帮助,先后 6 次收受该公司董事长郑西平的贿赂 10 万元。

二、诉讼过程及裁判理由

一审法院经审理认为,被告人黄德林利用职务之便非法收受他人 10 万元,为他人谋取利益;同时,黄德林身为国家机关工作人员,在履行职责过程中滥用职权,造成国家税收损失 7 513 284.9 元,情节特别严重。其行为分别构成受贿罪、滥用职权罪,应予数罪并罚。鉴于其受贿部分系自首,可对其所犯受贿罪减轻处罚。故而,判决黄德林犯受贿罪,判处有期徒刑 6 年;犯滥用职权罪,判处有期徒刑 3 年。决定执行有期徒刑 7 年。

一审宣判后,黄德林没有上诉,检察机关也未提出抗诉,判决发生法律效力。

三、关联法条

《中华人民共和国刑法》

第三百八十五条　国家工作人员利用职务上的便利,索取他人财物的,或者非法收受他

---

① 参见冯军、肖中华主编:《刑法总论》,中国人民大学出版社 2008 年版,第 467—469 页。
② 参见陈兴良、张军、胡云腾主编:《人民法院刑事指导案例裁判要旨通纂》(下卷),北京大学出版社 2013 年版,第 1195 页。

人财物,为他人谋取利益的,是受贿罪。

国家工作人员在经济往来中,违反国家规定,收受各种名义的回扣、手续费,归个人所有的,以受贿论处。

第三百九十七条　国家机关工作人员滥用职权或者玩忽职守,致使公共财产、国家和人民利益遭受重大损失的,处三年以下有期徒刑或者拘役;情节特别严重的,处三年以上七年以下有期徒刑。本法另有规定的,依照规定。

国家机关工作人员徇私舞弊,犯前款罪的,处五年以下有期徒刑或者拘役;情节特别严重的,处五年以上十年以下有期徒刑。本法另有规定的,依照规定。

四、争议问题

本案中主要的争议问题是,黄德林利用担任洞头县民政局福利中心主任的职务之便收受浙江恒博电气制造有限公司董事长郑西平的贿赂,滥用职权为浙江恒博电气制造有限公司设立福利企业和骗取退税优惠提供帮助,黄德林收受他人贿赂的同时又滥用职权为他人谋取利益的行为,是按照受贿罪一罪处罚还是按照受贿罪与滥用职权罪数罪并罚?

五、简要评论

根据我国《刑法》第385条的规定,所谓受贿罪是指国家工作人员利用职务上的便利,索取他人财物的,或者非法收受他人财物,为他人谋取利益的行为。那么,如何把握非法收受他人财物后的为他人谋取利益呢?

刑法理论上对"为他人谋取利益"的理解存在四种不同的看法:

第一种观点认为,"为他人谋取利益"只是行贿人与受贿人之间货币与权力互相交换达成的一种默契。就行贿人来说,是对受贿人的一种要求;就受贿人来说,是对行贿人的一种许诺或答应。因此,为他人谋取利益只是受贿人的一种心理态度,属于主观要件的范畴。[①]

第二种观点认为,"为他人谋取利益"虽然是收受型受贿罪客观方面的必备条件,但也并非只能理解为实施了"为他人谋取利益"的实行行为。因为刑法上的故意行为大多有一个从开始准备、着手实行到最终完成的过程,为他人谋取利益的行为也不例外。[②]

第三种观点认为,"为他人谋取利益"是收受型受贿罪的客观要件,不论谋取的利益是合法还是非法,或为他人谋取的利益是否实现,均不影响受贿罪的成立,但至少必须要有为行

---

① 参见王作富、陈兴良:《受贿罪若干要件之研讨》,载杨敦先等编:《廉政建设与刑法功能》,法律出版社1991年版,第136页。
② 参见刘明祥:《也谈受贿中的"为他人谋取利益"》,载《华中科技大学学报》(社会科学版)2004年第1期。

贿人谋取利益的行为,无此种行为即便是非法收受了他人财物,也不能构成受贿罪。①

第四种观点认为,"为他人谋取利益"虽然是收受型受贿罪客观方面的必备条件,但并非是必须要有为他人谋取利益的行为,更不能理解为要求实现谋取的利益,实际上,为他人谋取利益的内容是许诺为他人谋取利益。②

与理论上的争议相对应,司法实践中,对黄德林在非法收受他人财物后的滥用职权行为的认定存在两种不同的观点:

一种观点认为,滥用职权的行为与收受贿赂的行为具有手段行为和目的行为的关系,两者系牵连关系,应按照牵连犯的从一重罪处断原则加以处理。本案被告人滥用职权罪应在3年以上7年以下量刑,而受贿罪应在5年以上10年以下量刑,故对本案应以受贿罪一罪处理。

另一种观点认为,滥用职权是独立于受贿行为之外的犯罪行为,两者没有必然的联系。受贿罪中的"为他人谋取利益"仅是一个主观要件,并不要求客观上实际实施了为他人谋取利益的行为。本案被告人滥用职权与受贿之间不存在牵连关系,对被告人应该实行数罪并罚。

2012年12月27日最高人民法院、最高人民检察院发布的《关于办理渎职刑事案件适用法律若干问题的解释(一)》第3条规定:"国家机关工作人员实施渎职犯罪并收受贿赂,同时构成受贿罪的,除刑法另有规定外,以渎职犯罪和受贿罪数罪并罚。"这样认定的原因在于:首先,判断罪数应以犯罪构成为基准。行为具备一个犯罪构成要件的,认定一罪;行为之间相互独立,具备数个犯罪构成要件的,原则上应认定为数罪。本案中,被告人黄德林的行为符合两个独立的犯罪构成特征。其次,认定罪数应当遵循罪刑相适应基本原则。从现有的一些调研成果分析,受贿型渎职犯罪高发、频发,一定程度上与司法机关对此类犯罪惩治过轻、打击不力有关。对此类案件除《刑法》有特别规定的以外,原则上实行数罪并罚,有利于实现量刑上的均衡。最后,牵连犯理论难以有效解决受贿型渎职案件的罪数认定问题。受贿与滥用职权之间并不必然存在牵连关系。受贿罪可分为索取型受贿和收受型受贿,索贿型犯罪并不要求"为他人谋取利益",只要行为人利用职权索贿,即构成受贿既遂。

据此,本案中黄德林的行为应该认定成立受贿罪与滥用职权罪两罪,实行并罚。

---

① 参见1989年11月6日最高人民法院、最高人民检察院发布的《关于执行〈关于惩治贪污罪贿赂罪的补充规定〉若干问题的解答》。需要注意的是,该解答已于2013年1月4日被最高人民法院、最高人民检察院发布的《关于废止1980年1月1日至1997年6月30日期间制发的部分司法解释和司法解释性质文件的决定》宣告废止,自2013年1月18日起不再具有法律效力。

② 参见张明楷:《刑法学》,法律出版社2011年版,第1069页。

第十一章 死刑

案例 11-1 龙世成、吴正跃故意杀人、抢劫案[①]

一、基本案情

2006年11月28日22时许,被告人龙世成、吴正跃经预谋,携带匕首、塑料胶带、尼龙绳等作案工具,在云南省个旧市租乘被害人李波驾驶的奇瑞牌出租车(价值人民币2万元,以下所涉币种均为人民币)至红河州财校附近公路边时,持匕首戳刺李波,劫得现金100余元和价值400元的NEC N620型手机1部。后龙世成驾车至个旧市锡城镇戈贾森林公园,将李波拖至公路旁猴子山树林里,二人分别用匕首朝李波颈、胸、背部连捅数十刀,致李波当场死亡。同月24日22时30分许,被告人龙世成、吴正跃经预谋,携带水果刀、塑料胶带等工具,在昆明市租乘被害人保佑文驾驶的桑塔纳出租车至昆明卷烟厂附近龙泉路"友缘"招待所门口时,二人持刀威胁并用塑料胶带捆绑保佑文,劫得现金420元、价值661元的小灵通手机1部、交通银行卡和农业银行卡各1张,并逼迫保佑文说出银行卡密码,后将保佑文捆绑弃于一废弃防空洞内。二人驾车逃离途中,将车丢弃,从保佑文交通银行卡上取走1 800元。

二、诉讼过程及裁判理由

一审法院认为,被告人龙世成、吴正跃以非法占有为目的,以暴力手段抢劫他人财物,其行为构成抢劫罪;二人在抢劫完毕后,为灭口而故意非法剥夺他人生命,其行为又构成故意杀人罪,依法应数罪并罚。二被告人犯罪情节特别恶劣,手段特别残忍,后果和罪行极其严重,依法均应判处死刑。

宣判后,被告人龙世成、吴正跃提出上诉。龙世成上诉称,原判未认定其在共同犯罪中的作用小于吴正跃,量刑失当,请求改判。吴正跃上诉称,其与龙世成在共同犯罪中的作用可以分清;其归案后如实交代了两次犯罪的详细情况;其亲属愿赔偿附带民事诉讼原告人一

[①] 参见陈兴良、张军、胡云腾主编:《人民法院刑事指导案例裁判要旨通纂》(上卷),北京大学出版社2013年版,第390页。

定经济损失;其有认罪、悔罪表现。

二审法院认为,原判定罪准确,量刑适当,审判程序合法,裁定驳回上诉,维持原判。

最高人民法院经复核后,对被告人吴正跃犯故意杀人罪判处死刑,缓期两年执行,剥夺政治权利终身,与原判以抢劫罪判处的有期徒刑15年,并处罚金2万元并罚。决定执行死刑,缓期两年执行,剥夺政治权利终身,并处罚金2万元。

三、关联法条

《中华人民共和国刑法》

第四十八条第一款　死刑只适用于罪行极其严重的犯罪分子。对于应当判处死刑的犯罪分子,如果不是必须立即执行的,可以判处死刑同时宣告缓期二年执行。

四、争议问题

共同抢劫杀人致1人死亡案件,如何准确区分主犯的罪责大小,准确适用死刑?

五、简要评论

共同犯罪主犯的地位看似相当,但根据各人犯罪的具体情节,仍有进一步区分罪责的必要,这不仅是贯彻宽严相济刑事政策的需要,也是罪责刑相适应原则的基本要求。司法判决不可以均以主犯为由,不考虑罪责之大小,而一律对主犯判处死刑。

从实践情况看,应综合考虑各被告人在共同犯罪中的具体作用及主观恶性、人身危险性等因素,准确确定罪责大小。一方面,可以从各被告人在犯罪中的具体行为来分析其地位、作用。在犯罪预备阶段,通常包括提起犯意、选择犯罪对象、准备犯罪工具等环节。区分各被告人在这一阶段的具体作用,原则上以确定提起犯意者为主。另一方面,区分各被告人在主观恶性、人身危险性等方面的差异,是确定各被告人罪责的重要依据。如果通过比较犯罪中的具体作用无法准确区分被告人罪责大小,还应当考察各被告人的自身情况、犯罪前后的表现等因素,确定各被告人的罪责。

本案是一起二人共同抢劫杀人致1人死亡的案件。二被告人共同预谋,共同购买作案工具和踩点,均持刀威胁、捅刺并捆绑被害人,共同实施杀人行为造成1人死亡,在共同犯罪中均起主要作用,均系主犯。但经综合分析,二人在共同犯罪中的罪责仍可进一步区别。

首先,在犯罪预备阶段,二人均供述一起购买了作案工具、进行了踩点,但对于谁是抢劫杀人犯意的提起者,二人相互推诿,据现有证据,难以区分二人在该阶段的具体作用。

其次,在犯罪实行阶段,二被告人两次作案实施的具体行为不尽相同。在第一次作案中,二人均实施了暴力行为,抢劫后共同杀害了被害人,尸体检验鉴定未能区分系谁的行为直接致死被害人,但二被告人的供述均证实系龙世成首先持刀捅刺了被害人,龙世成首先实施的暴力行为不仅为抢劫罪的完成提供了条件,也为后来故意杀人罪的实施奠定了基础,其作用大于吴正跃。在第二次作案中,二人按照事先分工,一起持刀胁迫被害人、捆绑被害人并将被害人弃于山洞内,二人作用大体相当。综合两次作案情况,可以认定龙世成在犯罪实行阶段的作用大于吴正跃。

最后,在犯罪后续阶段,据在案证据,龙世成丢弃、毁灭了大部分罪证,占有赃物也比吴正跃多,可以认定其在该阶段的作用大于吴正跃。因此,综合本案共同犯罪的具体情节,可以认定龙世成的罪责大于吴正跃。在本案只造成 1 人死亡,二被告人均无法定从重、从轻处罚情节的情况下,应只判处 1 人死刑。

本案存在的问题是,被告人吴正跃在犯罪中虽然所起的作用较小,但却实施了故意杀人罪与抢劫罪数罪,这类案件的死刑缓期执行适用需要特别慎重。

案例 11-2 王志才故意杀人案①

一、基本案情

被告人王志才与被害人赵某某(女,殁年 26 岁)在山东省潍坊市科技职业学院同学期间建立恋爱关系。2005 年,王志才毕业后参加工作,赵某某考入山东省曲阜师范大学继续专升本学习。2007 年,赵某某毕业参加工作后,王志才与赵某某商议结婚事宜,因赵某某家人不同意,赵某某多次提出分手,但在王志才的坚持下二人继续保持联系。2008 年 10 月 9 日中午,王志才在赵某某的集体宿舍再次谈及婚恋问题,因赵某某明确表示二人不可能在一起,王志才感到绝望,愤而产生杀死赵某某然后自杀的念头,即持赵某某宿舍内的一把单刃尖刀,朝赵某某的颈部、胸腹部、背部连续捅刺,致其失血性休克死亡。次日 8 时 30 分许,王志才服农药自杀未遂,被公安机关抓获归案。王志才平时表现较好,归案后如实供述自己的罪行,并与其亲属积极赔偿,但未与被害人亲属达成赔偿协议。

二、诉讼过程及裁判理由

一审法院经审理认为,被告人因失恋,持单刃尖刀,朝赵某某的颈部、胸腹部、背部连续捅刺,致被害人失血性休克死亡。遂对王志才犯故意杀人罪,判处死刑,剥夺政治权利终身。

宣判后,王志才提出上诉,上诉理由是:一审判刑过重,本案属于恋爱纠纷,自己平时表

---

① 参见陈兴良、张军、胡云腾主编:《人民法院刑事指导案例裁判要旨通纂》(上卷),北京大学出版社 2013 年版,第 402 页。

现较好,归案后如实供述自己的罪行,并与其亲属积极赔偿。

二审法院经审理认为,原审判决认定事实清楚,证据确凿、充分,法律适用正确,遂驳回上诉,维持原判。

最高人民法院根据复核确认的事实,不核准被告人王志才死刑,发回山东省高级人民法院重新审判。

二审法院经依法重新审理认为,被告人王志才的行为已构成故意杀人罪,罪行极其严重,论罪应当判处死刑。鉴于本案系因婚恋纠纷引发,王志才求婚不成,恼怒并起意杀人,归案后坦白悔罪,积极赔偿被害方的经济损失,且平时表现较好,故对其判处死刑,可不立即执行。同时,考虑到王志才故意杀人手段特别残忍,被害人亲属不予谅解,要求依法从严惩处,为有效化解社会矛盾,遂判处被告人王志才死刑,缓期两年执行,同时决定对其限制减刑。

三、关联法条

《中华人民共和国刑法》

第五十条第二款 对被判处死刑缓期执行的累犯以及因故意杀人、强奸、抢劫、绑架、放火、爆炸、投放危险物质或者有组织的暴力性犯罪被判处死刑缓期执行的犯罪分子,人民法院根据犯罪情节等情况可以同时决定对其限制减刑。

四、争议问题

因婚恋纠纷引发的故意杀人案件,被告人犯罪手段残忍,被害人家属要求严惩,但同时被告人又具有积极赔偿、坦白悔罪情节的,可否综合考虑其社会危害性与人身危险性,依法对被告人判处死刑,缓期两年执行,并限制减刑?

五、简要评论

为了矫正被判处死刑缓期执行、无期徒刑罪犯的实际执行期过短,与死刑立即执行"生死两重天"的局面,以更好地体现罪刑相适应原则,2011年2月25日通过的《刑法修正案(八)》建构了限制减刑制度。

本案中最大争议因素是本案起因——婚恋纠纷,到底是应当认定为加重王志才杀人动机的因素,还是应当作为予以从轻处罚的因素。婚恋纠纷引发的故意杀人有临时突发性,在社会危害性上不同于其他严重危害社会治安和群众安全感的故意杀人案件,在死刑适用上也应当有所区别。一方面,这种裁决具有规范依据。2010年2月8日最高人民法院发布的《关于贯彻宽严相济刑事政策的若干意见》第22条再次强调:"对于因恋爱、婚姻、家庭、邻里纠纷等民间矛盾激化引发的犯罪,因劳动纠纷、管理失当等原因引发、犯罪动机不属恶劣的犯罪,因被害方过错或者基于义愤引发的或者具有防卫因素的突发性犯罪,应酌情从宽处罚。"另一方面,也具有理论依据。婚恋关系的当事人之间已经建立起了在法律基础之上的感情、经济乃至人身的互相融合关系,在这种你中有我,我中有你的关系中,任何一方的伤害都可能同时是对另一方的伤害。在这种婚恋关系中,透过当事人双方的婚恋关系,双方当事人的亲属之间也形成了广大而普遍的亲属关系网络,已经不仅是两个人之间的简单关系。因此,在婚恋关系中,因为矛盾激化发生的伤害、杀人案件,有着十分复杂的亲属关系,从维护亲属之间的和谐关系出发,在具备一定条件的情形之下可予从轻处罚,判处死刑,缓期两年执行,并限制减刑。

本案中,因恋爱、婚姻矛盾激化引发的故意杀人案件,被告人犯罪手段残忍,论罪应当判处死刑,但被告人具有坦白悔罪、积极赔偿等从轻处罚情节,同时,被害人亲属要求严惩的,人民法院根据案件性质、犯罪情节、危害后果和被告人的主观恶性及人身危险性,可以依法判处被告人死刑,缓期两年执行,同时决定限制减刑,以有效化解社会矛盾,促进社会和谐。其一,本案是因恋爱矛盾激化引发的故意杀人案件,被告人因多年的恋情受阻感到绝望而杀人,主观恶性较之其他严重影响群众安全感的暴力犯罪有所不同。其二,被告人王志才系临时起意,激情杀人,与其他有计划、有预谋的犯罪有所区别。其三,被告人王志才认罪态度好,坦白悔罪,其亲属有赔偿被害方经济损失的愿望和行动。其四,被告人王志才平时表现较好,没有前科劣迹。王志才所在单位同事普遍认为,王志才工作任劳任怨,对女朋友非常痴情,听说杀人,都倍感痛惜,请求给其一个改过自新的机会。其五,被告人王志才犯罪手段残忍,系酌定从重处罚的情节。

本案判决存在的问题是:对 2011 年 4 月 30 日以前的王志才故意杀人行为应当判处死刑缓期两年执行,二审重审时适用死刑缓期执行限制减刑,反而加重了对其的惩罚强度,沦为了重法溯及既往,违背了罪刑法定原则。

案例 11-3 林明龙强奸案①

一、基本案情

2002 年 10 月 25 日零时许,被告人林明龙(系累犯)尾随被害人刘某(女,殁年 16 岁)至温州市鹿城区黄龙住宅区登峰组团 11 幢 2 楼至 3 楼楼梯转弯的平台时,欲与刘某发生性关系,遭拒绝,即采用手臂勒颈等手段,致刘某昏迷。在刘某昏迷期间,林明龙对刘某实施了奸

---

① 参见陈兴良、张军、胡云腾主编:《人民法院刑事指导案例裁判要旨通纂》(上卷),北京大学出版社 2013 年版,第 494 页。

淫,且窃取刘某手机一部(价值765元)和现金300元后逃离现场。案发后,经鉴定,刘某因钝性外力作用致机械性窒息死亡。在法院审理过程中,被告人林明龙家属私下找被害人家属协商,达成书面谅解协议,被害人家属同意对被告人不判处死刑,被告人家属赔偿被害人家属45万元。

二、诉讼过程及裁判理由

一审法院经审理认为,被告人林明龙构成强奸罪,犯罪情节特别恶劣,罪行极其严重,社会危害极大,且系累犯。遂对被告人林明龙犯强奸罪,判处死刑,剥夺政治权利终身。

一审宣判后,被告人林明龙提出上诉。林明龙及其辩护人提出,林明龙系主动供认强奸事实,应认定自首;其系醉酒后的无意识作案,强奸属临时起意,归案后认罪态度好,家属积极赔偿,被害人家属已谅解,请求法院从轻改判为死刑缓期执行。

二审法院经审理认为,原判定罪和适用法律正确,量刑适当,审判程序合法。遂裁定驳回上诉,维持原判。

最高人民法院经复核认为,第一审判决、第二审裁定认定的事实清楚,证据确实、充分,定罪准确,量刑适当,审判程序合法。遂依法核准二审法院以强奸罪判处被告人林明龙死刑,剥夺政治权利终身的刑事裁定。

三、关联法条

《中华人民共和国刑法》

第四十八条第一款 死刑只适用于罪行极其严重的犯罪分子。对于应当判处死刑的犯罪分子,如果不是必须立即执行的,可以判处死刑同时宣告缓期二年执行。

四、争议问题

在死刑案件中,被告人具有累犯、多次违法行为等从重处罚情节,又具有被告人亲属积极赔偿,取得被害方谅解等酌定从轻处罚情节,是否可以因积极赔偿被害人损失而不判处死刑立即执行?

五、简要评论

如何处理民事赔偿与量刑之间的关系,是刑事审判中一个重要而敏感的问题。最高人民法院《关于贯彻宽严相济刑事政策的若干意见》第23条规定:"被告人案发后对被害人积极进行赔偿,并认罪、悔罪的,依法可以作为酌定量刑情节予以考虑。因婚姻家庭等民间纠纷激化引发的犯罪,被害人及其家属对被告人表示谅解的,应当作为酌定量刑情节予以考虑。犯罪情节轻微,取得被害人谅解的,可以依法从宽处理,不需判处刑罚的,可以免予刑事处罚。"这一规定是当前人民法院处理这一关系的基本政策法律依据。

然而,量刑是一个综合衡量的过程,各种量刑情节,包括从重、从轻的情节,法定、酌定的情节都需要权衡。因民间纠纷激化引发的犯罪,因为发生在特定的当事人之间,其社会危害性与严重危害社会治安的犯罪有区别,在处理时,如果被害方对被告人表示谅解,原则上应从轻处罚,一般都不考虑判处死刑立即执行。但是,对于那些严重危害社会治安、严重影响人民群众安全感的案件,犯罪情节特别恶劣、犯罪后果特别严重的案件,以及犯罪分子的主观恶性极深、人身危险性极大的案件,即使被告人积极赔偿,获得被害方谅解,但论罪应当判处死刑的,还是应依法判处死刑。

强奸致人死亡是严重危害社会治安的犯罪,与因婚恋、家庭、邻里矛盾等民间纠纷引发的故意杀人、伤害犯罪存在明显区别,这类犯罪针对的对象往往不特定,严重损害人民群众的安全感,属于宽严相济刑事政策中从严惩处的重点对象。本案中,林明龙深夜尾随未成年被害人到住处,在居民楼的通道上将被害人强奸致死,其犯罪性质特别严重,情节特别恶劣,犯罪后果特别严重,并在当地造成了恶劣的社会影响,属于罪行极其严重的犯罪分子,应当依法严惩。对于这类犯罪,不宜像对待民间纠纷引发的案件那样积极主动进行调解,对于私下达成协议的,要充分考虑被告人是否真诚认罪、悔罪,尤其要注意审查协议的过程和内容是否合法,被害方的谅解意愿是否真实,即便认定具有积极赔偿和被害方谅解的情节,考虑从轻时也应当从严把握。

联系本案,被告人林明龙多次犯罪,不堪改造。林明龙不满18岁就因犯盗窃罪被判刑6年,释放不久又犯盗窃罪被判刑2年零2个月,直到2002年10月18日才刑满释放。出狱只有7天就犯下本案,构成累犯。林明龙每次都是时隔不久又再犯案,可谓屡教不改,主观恶性极深,人身危险性极大。对如此恶劣的犯罪分子,如果仅因被告人家庭有钱赔偿就可以从轻处罚,实质上意味着有钱可以买命,如此不但会严重破坏法律的平等和公正,而且会损害人民法院的司法权威。因此,本案核准被告人林明龙死刑,没有因被告人家属积极赔偿、被害方谅解而对被告人从轻处罚是正确的。

当然,在《刑法修正案(八)》增加死刑缓期执行限制减刑制度之后,此类人身危险性大的案件也可以考虑判处死刑缓期执行,并限制减刑。

案例 11-4　古计明等投放危险物质案[①]

一、基本案情

1997年6月28日,被告人古计明与刘春利在内部管理和奖金发放、经济效益等问题上产生矛盾,古计明对刘春利怀恨在心,伺机报复。2002年3月,古计明了解到采用放射性物质照射人体造成伤害的信息,产生了采用这一方法伤害刘春利的犯意。2002年5月9日下午,古计明到辽宁省丹东射线仪器集团公司核仪器厂,使用伪造的准购证和介绍信,以5.5万元购买了一台铱射线工业探伤机,并于次日携带该探伤机到北京市中国原子能科学研究院反应堆工程研究设计所安装了铱放射源(源强为95居里)。2002年5月中旬至7月19日期间,古计明、方振华多次共同或单独趁被害人刘春利在办公室工作及中午休息之机,在古计明办公室内的暗室通过驱动探伤机施源器,将铅罐内的铱放射源输送到刘春利的办公室天花板,使用铱源直接对刘春利的身体进行照射,致使刘春利及在该中心工作的70多名医护人员受到放射源的辐射伤害。经法医鉴定,被害人刘春利的损伤构成重伤;被害人江萨、曾东等13人的损伤构成轻伤;被害人李玉莲等61人的损伤构成轻微伤。同时,两人的行为给被害人及广州军区广州总医院造成一定的经济损失。

二、诉讼过程及裁判理由

一审法院经审理认为,被告人古计明、方振华构成投放危险物质罪。其中,古计明起策划、指挥作用,是主犯;方振华起次要作用,是从犯。遂对被告人古计明犯投放危险物质罪,判处死刑,缓期两年执行,剥夺政治权利终身;被告人方振华犯投放危险物质罪,判处有期徒刑15年,剥夺政治权利5年。

一审宣判后,检察机关以被告人古计明的犯罪行为社会危害性极大,犯罪后果极其严重,依法应当判处其死刑立即执行为由,提起抗诉。

二审法院经审理认为,被告人古计明、方振华的犯罪事实清楚,证据确实、充分,一审判决适用法律正确,定罪准确,量刑适当,审判程序合法。裁定驳回抗诉,维持原判。

[①] 参见陈兴良、张军、胡云腾主编:《人民法院刑事指导案例裁判要旨通纂》(上卷),北京大学出版社2013年版,第7页。

三、关联法条

《中华人民共和国刑法》

第四十八条第一款　死刑只适用于罪行极其严重的犯罪分子。对于应当判处死刑的犯罪分子,如果不是必须立即执行的,可以判处死刑同时宣告缓期二年执行。

四、争议问题

在危害公共安全案件中,对没有造成1人以上死亡或多人以上重伤结果的,可否对被告人适用死刑缓期执行?

五、简要评论

被告人古计明是解剖和影像专业毕业的硕士研究生,利用其学到的专业知识实施新型犯罪,犯罪手段隐蔽,"杀人于无形"。古计明的犯罪行为的危害结果极其严重,致1人重伤、13人轻伤、61人轻微伤。其中,两名女性被害人在怀孕期间受照射。此外,核辐射损伤还有远后效应和遗传效应两大显著特点,受害群体历经若干年后一部分人会出现癌症等恶性疾病。案中受害人大部分是未婚未育者,案发后部分被害人体检出现染色体异常,他们的生育能力受到破坏,他们的下一代出现畸形、智障、白血病的几率远高于常人。因此,对这种严重危害社会公共安全的犯罪行为应予以严厉的刑罚制裁。

核辐射损伤确有远后效应和遗传效应两大显著特点。对被辐射的群体而言,远后效应和遗传效应必然在某些人身上出现。但对于被辐射的某个人而言,远后效应和遗传效应未必会出现。这既与被照射的剂量有关,也与个体身体差异有关。就现在的医疗水平而言,放射性损伤可以引起致畸、致癌、致突变等远后效应,尚无法对此进行确切评价。另外,《人体重伤鉴定标准》《人体轻微伤的鉴定》①没有将放射性造成的器官损伤列入其中,只有原则性规定,尚不能解决本案的重伤、轻伤标准问题。被害人刘春利临床诊断为外照射亚急性放射病,受照射后出现多系统、多器官功能严重损伤,属重伤;被害人江萨等74人受到放射性照射后肌体造血系统、免疫系统、生殖系统等分别出现不同程度的损害,其中,江萨等13人的损伤为轻伤,李玉莲等61人的损伤为轻微伤。对被害人刘春利之所以鉴定为重伤,专家组主要是根据放射性专家的鉴定意见及相关医院的病历,被害人刘春利染色体畸变数多,且变化大,其造血系统、凝血系统、微循环、免疫系统、生殖系统等多系统受损,同时专家注明:该疾病远后效应潜在危险要比其他类型放射病严重,尤其是今后发生再生障碍性贫血、白血病或恶性肿瘤等可能性比较大,应该长期密切随访。故认定刘春利为重伤。白血病、癌症等疾

---

① 两个标准已被2014年1月1日实施的《人体损伤程度鉴定标准》废止。

病现在尚不能攻克,但也不是都不能治愈,随着科学技术的进步,医疗水平也将逐步提高,因被辐射所引起的白血病、癌症等疾病被治愈或将成为可能。

此外,《刑法》第 115 条第 1 款规定:"放火、决水、爆炸以及投放毒害性、放射性、传染病病原体等物质或者以其他危险方法致人重伤、死亡或者使公私财产遭受重大损失的,处十年以上有期徒刑、无期徒刑或者死刑。"根据该条款,古计明用工业探伤机对人照射,致 1 人重伤、13 人轻伤、61 人轻微伤,量刑应为 10 年以上有期徒刑、无期徒刑或者死刑。根据罪刑法定原则,也不应首选死刑立即执行。

鉴于本案目前尚无人死亡,放射性损伤可以引起致畸、致癌、致突变等远后效应,目前医学科学水平尚无法对此进行确切评价,量刑应留有余地。两审法院以投放危险物质罪判处被告人古计明死刑,缓期两年执行,剥夺政治权利终身的刑事判决是正确的。

案例 11-5 杜益忠故意伤害致人死亡案[①]

一、基本案情

2000 年 11 月 12 日凌晨 0 时许,温州市鹿城区青年叶建敏(在逃)及顾胜连、徐驰、朱一成等人一起在温州市鹿城区民航路"阿武大排档"吃夜宵。在喝酒过程中,叶建敏与顾胜连因琐事发生口角。叶建敏因此怀恨在心而离开,继而纠集了被告人杜益忠及洪波、李曙荣(均系同案被告人,分别于 2001 年、2002 年以故意伤害罪被判处有期徒刑)等人,并分发凶器准备报复顾胜连。当日凌晨 1 时许,叶建敏伙同杜益忠及洪波、李曙荣分别携带凶器,到达温州市鹿城区民航路阿武大排档。由李曙荣等人持尖刀守住排档门口,叶建敏伙同杜益忠及洪波分别持西瓜刀、尖刀、土制火药枪等凶器,冲入阿武大排档内,洪波持土制火药枪威胁在场的徐驰、朱一成等人不许帮忙,叶建敏即持西瓜刀砍击顾胜连的手臂、手掌各一刀,杜益忠持尖刀朝顾胜连左大腿猛刺一刀,逃离现场。经鉴定,被害人顾胜连全身多处刀伤,因左下肢股动、静脉断裂,失血性休克而死亡。

二、诉讼过程及裁判理由

一审法院经审理认为,被告人杜益忠构成故意伤害罪,系致被害人死亡的直接行为人,又系累犯,应予严惩。遂对被告人杜益忠犯故意伤害罪,判处死刑,剥夺政治权利终身。

一审宣判后,被告人杜益忠不服,提出上诉。

[①] 参见陈兴良、张军、胡云腾主编:《人民法院刑事指导案例裁判要旨通纂》(上卷),北京大学出版社 2013 年版,第 465 页。

二审审理期间,被告人杜益忠的亲属代其履行了一审判决确定的民事赔偿义务24.8万元。

二审法院经审理认为,被告人杜益忠构成故意伤害罪,杜益忠系致被害人死亡的直接行为人,又系累犯,应予严惩。但鉴于杜益忠主动交代关键犯罪情节,认罪态度好,其亲属在本案二审期间代为赔偿了一审判决确定的全部款项,取得了被害人亲属的谅解,对杜益忠判处死刑,可不立即执行。遂对被告人杜益忠犯故意伤害罪,判处死刑,缓期两年执行,剥夺政治权利终身。

三、关联法条

《中华人民共和国刑法》

第四十八条第一款　死刑只适用于罪行极其严重的犯罪分子。对于应当判处死刑的犯罪分子,如果不是必须立即执行的,可以判处死刑同时宣告缓期二年执行。

四、争议问题

犯罪人罪该处死,但具有归案后如实供述自己的犯罪事实,且其亲属代为履行了一审判决确定的附带民事赔偿义务等多个从宽量刑情节,能否适用死刑缓期执行?

五、简要评论

死缓制度的设立,是对死刑在实际执行上的特殊规定,从而使一部分罪该判处死刑但不是必须立即执行的犯罪分子有一个改过自新的机会,同时减少了死刑立即执行的实际适用,是我国严格限制死刑适用政策的具体体现。从司法实践看,所谓"不是必须立即执行"死刑的,在大部分情况下,是因为犯罪的社会危害性同必须立即执行死刑的社会危害性有程度上的差别,少数情况属于存在一定的特殊量刑情节应当在量刑时予以考虑,这是贯彻宽严相济刑事政策的基本要求。

两审法院的判决考量的量刑情节不同。本案一审法院对被告人杜益忠适用死刑,主要是从其犯罪行为对被害人人身权利造成特别严重后果角度考虑的,即其在与他人共同实施故意伤害行为过程中造成了被害人死亡的严重后果,且系累犯,人身危险性较高,依法应予从重处罚。二审法院审理认为,案发后,被告人杜益忠逃匿多年,在杜益忠归案前,公安机关只知道杜益忠参与了此案,并不知致命伤是杜益忠造成的。被告人杜益忠归案后即供认,被害人大腿上的一刀系其用尖刀所捅刺,一审庭审及二审提审时均作稳定供述。杜益忠的供认,对认定致命伤是谁形成的这一关键事实有重要作用,其归案后如实供述自己犯罪事实的行为,应属于认罪态度好,在一定程度上反映了其悔罪心理及人身危险性的降低。

死刑案件中的加害方与被害方,作为死刑案件结构中一对相互对立的矛盾关系体,在死刑案件的裁判过程中一直都居于被"关注"的首位。在决定是否对行为人判处死刑时,除了考虑"规范与事实"之外,还必须考虑被害方的态度,这导致被害方的态度在一些案件的裁判过程中直接影响着对加害方"从宽情节"的认定与适用。被害方对加害方是否具有宽容谅解的态度,在一定程度上直接影响到案件的具体裁判结果,而这又主要取决于"附带民事赔偿部分是否达成调解协议或被告人是否积极赔偿被害人经济损失"。如果是肯定的,对加害方适用"从宽情节"的可能性就大;如果是否定的,对加害方适用"从宽情节"的可能性就小。即便是具有累犯这样的法定从重处罚情节,而无任何法定的从轻处罚情节,只要"获得了被害人家属的谅解并达成了和解协议",也可以从轻处罚,由死到生。

在二审期间,杜益忠的亲属积极代为承担了全部附带民事诉讼的赔偿责任,附带民事诉讼原告人表示愿意接受这笔赔偿,并对杜益忠表示了一定的谅解。参照最高人民法院《关于刑事附带民事诉讼范围问题的规定》①第 4 条的规定,对此可作为酌定量刑情节予以考虑。因此,虽然被告人杜益忠所犯罪行极其严重,论罪应对其判处死刑立即执行,但其如实供认公安机关没有掌握的致人死亡的关键情节,且其家属积极赔偿了附带民事诉讼原告人的经济损失,可以酌情从轻处罚,二审对其改判死刑缓期执行,既合理地减少了死刑的适用,又起到了最大限度地弥补被害人家庭损失的作用,取得了良好的法律效果与社会效果。

案例 11-6　刘加奎故意杀人案②

一、基本案情

被告人刘加奎和被害人马立未同在随州市五眼桥农贸市场相邻摊位卖肉。1997 年 10 月 22 日上午 11 时许,被告人刘加奎之妻胡坤芳与被害人马立未之妻徐翠萍因卖肉发生纠纷,继而发生争执厮打,二人均受轻微伤,被群众拉开后,徐翠萍又把胡坤芳摊位上价值 300 多元的猪肉甩到地上。市场治安科明确各自看各自的伤,最后凭法医鉴定结果再行处理。但是,马立未夫妇拒绝市场治安管理人员的调解,在事发当日和次日多次强迫被告人刘加奎拿出 360 元钱给徐翠萍看病,并殴打了刘加奎夫妇。被告人刘加奎在矛盾发生后,多次找市场治安科和随州市公安巡警大队等要求组织解决,并反映马立未方人多势众纠缠不休,请有关组织对自己给予保护。被害人马立未以刘加奎要向其妻赔礼道歉、承认错误为条件,托人

---

① 该规定已被 2015 年 1 月 19 日起施行的最高人民法院《关于废止部分司法解释和司法解释性质文件(第十一批)的决定》废止。
② 参见陈兴良、张军、胡云腾主编:《人民法院刑事指导案例裁判要旨通纂》(上卷),北京大学出版社 2013 年版,第 368 页。

给刘加奎捎话要求私了,刘加奎拒绝并托亲属找公安机关要求解决。马立未知道后威胁说:"黑道白道都不怕,不给我媳妇看好病绝不罢休。"11月24日下午3时许,刘加奎被迫雇车同马立未一起到随州市第一医院放射科给徐翠萍拍片检查,结果无异常。马立未仍继续纠缠,刘加奎十分恼怒,掏出随身携带的剔骨刀朝马立未背部刺一刀,马立未、徐翠萍见状迅速跑开,徐翠萍跑动时摔倒在地,刘加奎朝徐翠萍的胸、背、腹部连刺数刀,又追上马立未,朝其胸、腹、背部等处猛刺十余刀,然后持刀自杀未遂(致肝破裂),被群众当场抓获。马立未因被刺破肺脏致大出血死亡,徐翠萍的损伤属于重伤。

二、诉讼过程及裁判理由

一审法院经审理认为,被告人刘加奎构成故意杀人罪,且杀人情节恶劣,手段残忍,但本案被害人对案件的发生和矛盾的激化有一定过错,被告人归案后,认罪态度尚好,有悔罪表现。遂对被告人刘加奎犯故意杀人罪判处死刑,缓期两年执行,剥夺政治权利终身。

检察机关以被告人刘加奎在公共场所预谋杀人,手段残忍,后果严重,社会影响极坏,依法应当判处其死刑立即执行为由,提出抗诉。

二审法院经审理认为,该案被害一方虽有一定过错,但被告人刘加奎用剥夺他人生命的犯罪手段报复被害人在民事纠纷中的过错,手段残忍,情节恶劣,后果特别严重,应依法严惩。遂对被告人刘加奎犯故意杀人罪,判处死刑,剥夺政治权利终身。

最高人民法院经复核认为,一审判决根据被害人一方在本案的起因及矛盾发展上有一定过错的具体情节,对被告人刘加奎判处死刑,缓期两年执行,剥夺政治权利终身,并无不当。

三、关联法条

《中华人民共和国刑法》

第四十八条第一款 死刑只适用于罪行极其严重的犯罪分子。对于应当判处死刑的犯罪分子,如果不是必须立即执行的,可以判处死刑同时宣告缓期二年执行。

四、争议问题

因民间矛盾激化引发且被害人具有明显过错或对矛盾激化具有直接责任,可否判处被告人死刑缓期两年执行?

五、简要评论

犯罪人与被害人作为犯罪中的两造,对犯罪事件的发生具有重要的作用。在司法实践中,被告人或辩护人往往提出被害人具有过错要求对被告人从轻或者减轻处罚,而公诉人则提出不是刑法意义上的被害人过错,因而不能据此对被告人从轻或者减轻处罚。被害人过错行为与加害人侵害行为是一个对立的统一体,具有互动性。其中,被害人过错是指在刑事事件的发生及过程中,基于被害人与加害人之间的互动关系,对刑事事件的发生或恶化所起负面作用的被害人行为或表现。被害人在犯罪中的角色分为主动与被动两种角色,并认为如果处于主动角色应该承担一定的责任。其中,最为典型的主动角色,莫过于基于被害人承诺的加害行为,视为具有刑法上的违法阻却事由,不认为构成犯罪。而对于被害人实施的诱发犯罪行为人产生犯罪意识或激化犯罪行为的不当行为,理论界与实务界也大都主张可以基于过错相抵原则,而降低被告人的责任程度。比如,1999 年 10 月 27 日最高人民法院发布的《全国法院维护农村稳定刑事审判工作座谈会纪要》中对故意杀人的处刑问题明确规定:"对于被害人一方有明显过错或对矛盾激化负有直接责任,或者被告人有法定从轻处罚情节的,一般不应判处死刑立即执行。"

本案纯属因生产生活、邻里纠纷等民间矛盾激化引发的故意杀人刑事犯罪案件。被告人刘加奎与被害人之间平素并无矛盾,只是因为一点纠纷没有及时处理好而使矛盾激化,被告人在被害人马立未、徐翠萍夫妇没有任何对其人身加害的情况下,又是在医院内的公共场所用剔骨刀刺向被害人夫妇,致马立未大出血死亡,造成徐翠萍重伤,其杀人手段残忍,后果极其严重,依法应予惩处。但是,综观全案的发展过程,被害人一方在案件起因及矛盾激化发展上有明显过错。被告人刘加奎提出,从事发到对马立未夫妇行凶前,曾多次找工商局和公安局巡警大队反映,要求解决。在有关部门各自先治伤,然后再双方协商解决的情况下,被害人马立未再三无理相逼,刘加奎自己妻子的伤得不到治疗还要被逼迫给人家治伤,已产生一定的恐惧心理。被告人在 11 月 23 日曾向其妻流露过要与马立未同归于尽的想法。被告人行凶杀人后立即自杀,未遂(致肝破裂),归案后认罪态度尚好。

本案被告人刘加奎杀人,与被害方苦逼而被告人寻求组织解决未果有直接关系。一审判决认定刘加奎犯故意杀人罪,判处死刑,缓期两年执行,并无不当。

案例 11-7 练永伟等贩卖毒品案[①]

一、基本案情

2004 年 3 月至 10 月,被告人练永明先后纠集被告人吴兵、练永伟、刘宏伟、苏楚文和杨

---

① 参见陈兴良、张军、胡云腾主编:《人民法院刑事指导案例裁判要旨通纂》(下卷),北京大学出版社 2013 年版,第 995 页。

宗明、鲜报、涂强及陈民福(在逃)等人,组成了集购买、运输、储藏、贩卖于一体的贩毒网络。其中,被告人练永明纠集他人共同贩卖、运输海洛因10次共计20 284.01克,此外还单独或伙同他人贩卖海洛因9次计1 402克;被告人吴兵直接运输或者安排人员接收海洛因8次计16 317克,并亲自贩卖或指使苏楚文、杨宗明贩卖,此外还单独贩卖海洛因1次100克;被告人练永伟在练永明指使下参与运输及贩卖海洛因11次计20 784.01克;被告人刘宏伟参与运输海洛因5次计10 825克;被告人苏楚文受吴兵的指使,4次在无锡市接收海洛因计8 817克,并贩卖海洛因1 436克。

二、诉讼过程及裁判理由

一审法院经审理认为,被告人练永明不满足于零星贩卖海洛因而纠集被告人吴兵、练永伟、刘宏伟、苏楚文、鲜报、杨宗明、涂强等人均已构成贩卖毒品罪;被告人吴兵、练永伟、刘宏伟、苏楚文、鲜报、杨宗明均系积极实施的主犯,均应对各自实施的全部犯罪承担刑事责任;被告人涂强起次要作用,系从犯。被告人练永明、刘宏伟、苏楚文、杨宗明、吴兵、涂强均系累犯,应当从重处罚。遂对被告人练永明、吴兵、练永伟、刘宏伟、苏楚文、鲜报、杨宗明犯贩卖、运输毒品罪,判处死刑,剥夺政治权利终身,并处没收全部财产;对被告人涂强犯运输毒品罪,判处死刑,缓期两年执行,剥夺政治权利终身。

宣判后,被告人练永明、吴兵、涂强服判,未提出上诉,其余被告人均提出上诉,认为量刑过重。

二审法院经审理认为,原审判决认定本案被告人为犯罪集团不当,原审判决对杨宗明、鲜报、涂强量刑不当,应予改判。遂对被告人杨宗明改判为死刑,缓期两年执行,对被告人鲜报、涂强改判为无期徒刑。

最高人民法院复核认为,练永伟在练永明的指使和安排下,送出练永明购得的海洛因,参与运输、贩卖,其犯罪行为带有一定的被动性。根据其在共同犯罪中实际所起的作用,以及主观恶性程度,对其判处死刑,可不立即执行。

三、关联法条

《中华人民共和国刑法》

第四十八条第一款 死刑只适用于罪行极其严重的犯罪分子。对于应当判处死刑的犯罪分子,如果不是必须立即执行的,可以判处死刑同时宣告缓期二年执行。

四、争议问题

家庭成员参与共同犯罪,依法均可判处死刑的,是否可对其中作用相对较小的不适用死刑立即执行?

五、简要评论

在法律和道德、宗教等混合在一起时,刑罚就成为体现伦理的基本途径,伦理道德也成为评价刑罚是否有效的标准之一。刑罚总是会以某种方式波及或连累罪案的另一类受害人——罪犯的家人。因此,法官有必要考虑在刑事量刑上如何调整和限制"殃及效果",无论是在政策层面还是在实践层面,都应力求避免给社会和刑罚自身追求带来重大的不可欲后果。死刑之适用于成年子女给其亲属造成的精神痛苦与生活困难,只是死刑众多的消极效果之一。刑法禁止对孕妇适用死刑,即是这种后果考察的结论。

本案被告人练永明与练永伟系同胞兄弟。练永伟参与运输及贩卖海洛因11次共计20 784.01 克,在共同犯罪中行为积极,作用也较大,一、二审法院均认定练永伟为主犯,并对练永伟判处死刑。最高人民法院复核后改判练永伟死刑,缓期两年执行,主要是基于两个原因:一是练永伟在练永明指使、安排下积极参与运输、贩卖海洛因,取回和送出练永明购得的海洛因,虽然也属于共同犯罪的主犯,但从地位、作用上,与练永明还是有区别的,其犯罪行为带有一定的被动性,应当说其在共同犯罪中的作用低于练永明。二是对于一个家庭中有数名成员参与犯罪的死刑适用,已不单纯是法律问题,还涉及伦理问题,即家庭成员参与共同犯罪,依法均可判处死刑的,一般不宜对所有参与犯罪的家庭成员适用死刑立即执行。

虽然《刑法》及司法解释中没有对数名家庭成员共同犯罪,且罪行均极其严重的,对各被告人不宜均判处极刑作出相应的规定,但从法律效果和社会效果的有机统一出发,判处死刑不能不考虑我国社会的传统人情伦理观念,基于人道主义,在司法实践中,对于家庭成员共同犯罪的,可以根据各成员的地位、作用及对社会的危害程度,尽量有所区别,一般情况下不宜全部适用死刑立即执行。本案中,对共同实施犯罪的练氏兄弟中地位相对较低、作用相对较小的练永伟判处死刑,缓期两年执行,既严惩了犯罪不会出现轻纵罪犯的不良后果,体现了法律的威严,也容易得到广大群众对于法院判决的理解和支持,有利于达到法院裁判的法律效果和社会效果的有机统一。

案例 11-8　李飞故意杀人案[①]

一、基本案情

2006年4月14日,被告人李飞因犯盗窃罪被判处有期徒刑2年,2008年1月2日刑满

[①] 参见陈兴良、张军、胡云腾主编:《人民法院刑事指导案例裁判要旨通纂》(上卷),北京大学出版社2013年版,第408页。

释放。2008年4月,经他人介绍,李飞与被害人徐某某(女,殁年26岁)建立恋爱关系。同年8月,二人因经常吵架而分手。8月24日,当地公安机关到李飞的工作单位给李飞建立重点人档案时,其单位得知李飞曾因犯罪被判刑一事,并以此为由停止了李飞的工作。李飞认为其被停止工作与徐某某有关。同年9月12日21时许,被告人李飞拨打徐某某的手机,因徐某某外出,其表妹王某某(被害人,时年16岁)接听了李飞打来的电话,并告知李飞徐某某已外出。后李飞又多次拨打徐某某的手机,均未接通。当日23时许,李飞到哈尔滨市呼兰区徐某某开设的"小天使形象设计室"附近,再次拨打徐某某的手机,与徐某某在电话中发生吵骂。后李飞破门进入徐某某在"小天使形象设计室"内的卧室,持室内的铁锤多次击打徐某某的头部,击打徐某某表妹王某某头部、双手数下。稍后,李飞又持铁锤先后再次击打徐某某、王某某的头部,致徐某某当场死亡、王某某轻伤。为防止在场的"小天使形象设计室"学徒工佟某报警,李飞将徐某某、王某某及佟某的手机带离现场抛弃后潜逃。同月23日22时许,李飞到其姑母李某某家中,委托其姑母转告其母亲梁某某送钱。梁某某得知此情后,及时报告公安机关,并于次日晚协助公安机关将来姑母家取钱的李飞抓获。在本案审理期间,李飞的母亲梁某某代为赔偿被害人亲属4万元。

二、诉讼过程及裁判理由

一审法院经审理认为,被告人李飞犯故意杀人罪,判处死刑,剥夺政治权利终身。

宣判后,李飞以量刑过重为由提出上诉。

二审法院经审理认为,原判决认定事实清楚,证据确凿、充分,适用法律正确,遂驳回上诉,维持原判。

最高人民法院复核决定,不核准被告人李飞死刑,发回二审法院重新审判。

二审法院经依法重新审理,以故意杀人罪改判被告人李飞死刑,缓期两年执行,剥夺政治权利终身,同时决定对其限制减刑。

三、关联法条

《中华人民共和国刑法》

第五十条第二款 对被判处死刑缓期执行的累犯以及因故意杀人、强奸、抢劫、绑架、放火、爆炸、投放危险物质或者有组织的暴力性犯罪被判处死刑缓期执行的犯罪分子,人民法院根据犯罪情节等情况可以同时决定对其限制减刑。

四、争议问题

对于因民间矛盾引发的故意杀人案件,被告人犯罪手段残忍,且系累犯,论罪应当判处死刑,但被告人亲属主动协助公安机关将其抓捕归案,并积极赔偿的,人民法院根据案件具体情节,从尽量化解社会矛盾角度考虑,是否可以依法判处被告人死刑,缓期两年执行,同时决定限制减刑?

五、简要评论

《刑法修正案(八)》规定的死刑缓期执行限制减刑制度着眼于贯彻落实宽严相济刑事政策和死刑政策,体现既依法严惩严重刑事罪犯,又有效限制死刑立即执行的适用,可以更好地做到罚当其罪,实现刑罚法律效果和社会效果的有机统一,这不仅体现了死缓刑罚的严厉性,有利于更好地发挥刑罚惩治和预防犯罪的功能,而且有利于严格控制和慎重适用死刑,彰显对死刑被告人生命权的尊重和保障。

从立法目的来看,对判处死刑缓期执行的被告人限制减刑,并不是为了单纯加重死刑缓期执行的严厉性,而是通过延长部分死刑缓期执行犯的实际服刑期,充分体现死刑缓期执行的严厉性,改变过去"死刑过重、生刑过轻"的刑罚执行不平衡现象。为贯彻落实死刑缓期执行限制减刑规定,最高人民法院于2011年4月25日颁布了《关于死刑缓期执行限制减刑案件审理程序若干问题的规定》,其第1条规定,"人民法院根据犯罪情节、人身危险性等情况",作出是否限制减刑的决定。这表明,一方面,适用死刑缓期执行限制减刑,须坚持罪责刑相适应原则,注意防止"该杀的不杀"和"该死缓的不死缓"等适用不当现象;另一方面,应当根据被告人的犯罪情节、人身危险性等情况,综合分析决定。司法实践中,一些案件被告人往往同时具有法定、酌定的从严和从宽处罚情节,对此,应当根据宽严相济刑事政策的要求,在全面考察犯罪的性质、情节和对社会危害程度的基础上,综合考虑犯罪的性质、犯罪的起因、动机、目的、手段等情节,犯罪危害后果,结合被告人的主观恶性和人身危险性等因素,决定总体上从严,或者总体上从宽,依法作出罚当其罪、效果良好的裁判。

本案中,被告人李飞的行为已构成故意杀人罪,罪行极其严重,论罪应当判处死刑。但本案系因民间矛盾引发的犯罪;案发后,李飞的母亲梁某某在得知李飞杀人后的行踪时,主动、及时到公安机关反映情况,并积极配合公安机关将李飞抓获归案;李飞在公安机关对其进行抓捕时,顺从归案,没有反抗行为,并在归案后始终如实供述自己的犯罪事实,认罪态度好;在本案审理期间,李飞的母亲代为赔偿被害方的经济损失;李飞虽系累犯,但此前所犯盗窃罪的情节较轻。综合考虑上述情节,可以对李飞酌情从宽处罚,对其可不判处死刑立即执行。同时,鉴于其故意杀人手段残忍,又系累犯,且被害人亲属不予谅解,故依法判处被告人李飞死刑,缓期两年执行,同时决定对其限制减刑。

案例 11-9 刘群、李国才抢劫、诈骗案①

一、基本案情

1996年3月21日晚8时许,被告人刘群与古玉斤(在逃)预谋后,到事先踩好点的内蒙古自治区呼和浩特市地矿局南街7号院金宇集团股份有限公司宿舍楼处,当被害人温彦祯开车返回车库时,刘群、古玉斤用事先准备好的匕首将温彦祯杀死,后将尸体装入温彦祯驾驶的奔驰300sel轿车(价值77.43万元)后备箱内,并将该车开到河北省无极县李破角(在逃)家等处藏匿,途中将温彦祯的尸体扔至山西省大同市同丰路雁皇岭公路桥下防渗渠内。案发后,轿车被提取发还给呼和浩特市中保财产公司。被害方因寻找、丧葬温彦祯,遭受经济损失29 352元。

1997年6月初,被告人刘群、李国才伙同古玉斤、李破角预谋抢劫,并事先在河北省深泽县石油招待所做了抢劫演练。同年6月6日上午,刘群、古玉斤来到安国市欲抢劫汽车,李国才也按约定单独开车到安国市南马村北军警皮鞋厂附近接应,因未找到适当的目标,抢劫未遂。次日下午1时许,刘群、古玉斤骗租薛小年驾驶的桑塔纳出租车(价值8万元)至军警皮鞋厂附近时,刘群、古玉斤用匕首将薛小年杀死,后将薛小年拖进附近麦地里,当二人驾驶抢劫的桑塔纳出租车行至深泽县段庄村南公路上时,与一辆小拖拉机相撞,二人弃车逃跑。当日,刘群被抓获。被告人李国才于1997年6月8日到公安机关投案。

另查明,被告人刘群还参与诈骗4次,诈骗物品总价值691 159.68元;被告人李国才参与诈骗5次,诈骗物品总价值1 057 246.21元。

被告人刘群归案后,先后两次揭发宋仝成拐卖妇女多人的犯罪事实,宋仝成被判处无期徒刑;刘群被公安机关抓获以后,主动供述了公安机关尚未掌握的诈骗犯罪事实和第一次伙同古玉斤在呼和浩特市抢劫杀人的犯罪事实。李国才向深泽县公安机关投案自首。

二、诉讼过程及裁判理由

一审法院经审理认为,被告人刘群和李国才构成抢劫罪。对被告人刘群犯抢劫罪,判处死刑,剥夺政治权利终身;犯诈骗罪,判处有期徒刑8年,剥夺政治权利1年,并处罚金4万元。决定执行死刑,剥夺政治权利终身。被告人李国才犯诈骗罪,判处有期徒刑14年,剥夺政治权利两年,并处罚金8万元;犯抢劫罪(预备),判处有期徒刑3年,并处罚金2 000元。

---

① 参见陈兴良、张军、胡云腾主编:《人民法院刑事指导案例裁判要旨通纂》(下卷),北京大学出版社2013年版,第588页。

决定执行有期徒刑16年,剥夺政治权利两年,并处罚金82 000元。

一审宣判后,被告人刘群以有自首情节、系从犯、有重大立功表现为由提出上诉;被告人李国才以有自首情节、系从犯为由提出上诉。

二审法院经审理认为,被告人刘群所犯抢劫罪情节特别恶劣,后果特别严重,依法应当判处死刑,但考虑到刘群有重大立功表现和坦白等应当考虑从轻处罚的情节,可不立即执行。遂作出改判,对被告人刘群犯抢劫罪,判处死刑,缓期两年执行,剥夺政治权利终身,并处没收个人全部财产;犯诈骗罪,判处有期徒刑8年,剥夺政治权利1年,并处罚金4万元。决定适用死刑,缓期两年执行,剥夺政治权利终身,没收个人全部财产。

三、关联法条

《中华人民共和国刑法》

第四十八条第一款　死刑只适用于罪行极其严重的犯罪分子。对于应当判处死刑的犯罪分子,如果不是必须立即执行的,可以判处死刑同时宣告缓期二年执行。

四、争议问题

具有坦白、重大立功等法定从轻、减轻情节的,被告人是否不应适用死刑立即执行?

五、简要评论

如何切实减少和严格限制死刑的适用,根据相关司法实践及研究,量刑情节就是最为关键的突破口和切入点。刑法学理论上一般认为,量刑的根据是社会危害性、人身危险性与主观恶性的统一。在司法实践中,对于具有法定可以从轻、减轻处罚情节的被告人,如果认为罪行极其严重,对其可以不予以减轻、从轻处罚,仍然应当对其依法判处死刑的,在决定是否必须立即执行死刑的时候,应当充分考虑这些法定从轻、减轻处罚情节。因为自首、立功特别是重大立功表现,在一定程度上表明了犯罪人具有悔过之意,愿意接受法律的制裁,或者以实际行动弥补了自己对社会带来的伤害,其人身危险性也有所降低,通过刑罚复归社会的可能性增大。因此,对已具有法定从轻特别是减轻处罚情节的犯罪分子,一般不应适用死刑立即执行。

本案中,被告人刘群以非法占有为目的,伙同他人采用暴力手段劫取他人财物,其行为构成抢劫罪。刘群抢劫中致2人死亡,抢劫数额特别巨大。被告人李国才与刘群等预谋抢劫,并按约定到指定地点开车接应,因未找到合适的作案对象而未得逞,其行为构成抢劫罪(预备)。被告人刘群、李国才以非法占有为目的,伙同他人采用欺骗手段,骗取他人财物,其行为构成诈骗罪,二人诈骗数额特别巨大。被告人刘群因抢劫被采取强制措施后,如实供述司法机关尚未掌握的诈骗罪行;被告人李国才自动投案后,如实供述其所犯诈骗罪事实,二被告人对诈骗部分事实,有自首情节。同时,被告人刘群归案以后,主动供述其伙同古玉斤等在呼和浩特市抢劫杀人的事实属实;检举揭发他人重大犯罪行为,经查属实,应认定为有重大立功表现。被告人刘群参与诈骗他人财物,有自首情节,并有重大立功表现,可以减轻处罚。

二审法院以被告人刘群所犯抢劫罪情节特别恶劣,后果特别严重,依法应当判处死刑,但考虑到刘群有重大立功表现和坦白等应当考虑从轻处罚的情节,可不立即执行,该判决是正确的。

本案存在的问题是,《刑法修正案(八)》已经把自首且有重大立功表现的被告人,改为可以减轻而不是应当减轻处罚,且重大立功并不表明被告人人身危险性的降低,对于那些屡次犯重罪的被告人,即使有自首和重大立功表现,在判处死刑缓期执行时也需要特别慎重,可以考虑死刑缓期执行并限制减刑。

案例 11-10 张红亮等抢劫、盗窃案[①]

一、基本案情

2007年5月初,被告人张红亮向被告人徐小四提议以卖给被害人常东山毒品为由,让常东山准备现金到禹州进行交易,到禹州后将常东山杀死并抢劫其财物,徐小四表示同意。两人把常东山骗至禹州市顺店镇庄头村东头徐小四承包的饲养室门口时,持铁锤朝常东山头部猛砸数下,将常东山当场砸死,二被告人抢走常东山现金1.4万元和摩托罗拉手机1部。二被告人作案后,决定将常东山的尸体进行分割、掩埋。2007年8月初,被告人张红亮、程要军、万水朋、陈西信决定冒充警察共同抢劫被害人孔令臣。同年8月13日上午,被告人把孔令臣骗上车,陈西信用裤子蒙住孔令臣的头部,并威胁其不准乱动。万水朋驾车接上张红亮,"小上海"给孔令臣戴上手铐,又和陈西信一起用张红亮买来的风湿膏、白纱布将孔令臣眼睛蒙上。此后,张红亮驾车与其他被告人一起将孔令臣挟持到禹州市顺店镇庄头村东头一饲养室内,威胁孔令臣让其向家属索要现金4万元,孔令臣被迫以炒股为名向家人索要现金,其家属将4万元分两次汇到张红亮提供的户名为"曹正伟"的账户上。2007年4月中旬,被告人张红亮、徐小四、杜占钦、贺建燕共同抢劫徐小四之妻的表姐姜要彩,劫取姜要彩随身携带的现金5400元及摩托罗拉手机1部后,将姜要彩放走。

---

① 参见陈兴良、张军、胡云腾主编:《人民法院刑事指导案例裁判要旨通纂》(下卷),北京大学出版社2013年版,第664页。

此外,2005年11月13日晚上11时许,被告人张红亮伙同张红帅盗窃3092型东风自卸车1辆,经鉴定,被盗车辆的价值为1.62万元。2006年11月15日,被告人张红亮、杜占钦二人预谋盗窃杨树,后二被告人窜至禹州市顺店镇庄头村盗窃两棵大杨树。经鉴定,被盗杨树的价值为4000元。

二、诉讼过程及裁判理由

一审法院经审理认为,被告人张红亮、徐小四在抢劫致人死亡这一犯罪中,犯罪性质严重,手段特别残忍,情节特别恶劣,且作用相当,没有主从之分,均应判处死刑。

一审宣判后,被告人张红亮、徐小四等提起上诉。张红亮上诉称,在第一起抢劫中,其没有动手打人,没有分赃;第二、三起抢劫犯罪定性错误,应定绑架罪;其有自首、立功情节,且愿意积极赔偿被害人,对其应当从轻处罚,原判量刑过重。徐小四上诉称,在第一起抢劫中其作用小于张红亮,砸被害人系受张红亮的指使;其未参与第三起抢劫,仅指认了被害人;其有立功情节,应当从轻处罚。

二审法院经审理认为,第一审判决事实清楚,证据确实、充分,定罪准确,量刑适当,审判程序合法。遂作出驳回上诉,维持原判的裁定。

最高人民法院死刑复核认为,徐小四实施共同抢劫犯罪,手段残忍,情节恶劣,罪行极其严重,鉴于其在共同抢劫致死常东山的犯罪中地位、作用相对次于张红亮,且能如实供述犯罪事实,有悔罪表现,对其判处死刑,可不立即执行。

三、关联法条

《中华人民共和国刑法》

第四十八条第一款 死刑只适用于罪行极其严重的犯罪分子。对于应当判处死刑的犯罪分子,如果不是必须立即执行的,可以判处死刑同时宣告缓期二年执行。

四、争议问题

两名被告人共同犯罪致死1名被害人的案件,可否在确定罪责及准确量刑的基础上,只对其中罪责最大的被告人判处死刑立即执行?

五、简要评论

本案分歧的焦点主要是被告人张红亮与徐小四共同抢劫致死被害人常东山的罪责如何确定,应否判处二被告人死刑?

2010年2月8日最高人民法院发布的《关于贯彻宽严相济刑事政策的若干意见》第31

条规定:"……对于多名被告人共同致死一名被害人的案件,要进一步分清各被告人的作用,准确确定各被告人的罪责,以做到区别对待;不能以分不清主次为由,简单地一律判处重刑。"这表明,人民法院对主犯应该进一步仔细区分,不仅应从各被告人在犯罪中的具体行为(如犯意的提起、分工的安排、具体的实施和分赃的主持等)来分析其地位、作用,而且区分各被告人在主观恶性、人身危险性等方面的差异,从而综合判定各被告人在共同犯罪中的地位、作用,尽可能区分各被告人罪责的大小,只应对其中地位、作用最突出,罪责最严重者判处死刑,而对其他被告人适用死刑缓期执行。

本案中,被告人张红亮与徐小四共同抢劫致被害人常东山死亡,根据前述处理原则,是否应判处二被告人死刑,关键在于二被告人的地位和作用能否作出区分,而地位和作用的区分,必须结合犯意的提起、犯罪的准备、犯罪的实施以及事后表现等方面具体分析。一、二审法院和最高人民法院对张红亮系犯意的提起者、犯罪工具的准备等方面事实的认定是一致的,徐小四在这方面的作用小于张红亮。当然,二被告人地位和作用的主次,关键取决于犯罪的具体实施情况。而恰恰在这一点上,一、二审法院和最高人民法院的认定存在差异。

二审法院认定,常东山刚进屋,张红亮、徐小四先后持铁锤朝被害人常东山头部猛砸数下,将常东山当场砸死。最高人民法院则认定,张红亮扶常东山进入饲养室屋内,持铁锤猛砸常东山头部,致常东山当场倒地后,继续用铁锤砸常东山头部,并让随后进屋的徐小四也用铁锤砸了常东山头部。常东山因颅脑严重损伤而死亡。可见,在砸死被害人这一关键问题上,一、二审法院认定二被告人只是先后砸,作用难以区分,而最高人民法院则区分了主次,认定徐小四作用明显小于张红亮。

综上,在共同抢劫杀害常东山的犯罪中,从提起犯意、准备作案工具到具体实施犯罪,被告人张红亮的作用明显要大于被告人徐小四。而且,张红亮和徐小四的供述相印证,证实徐小四的行为均是在张红亮的指使下实施的。因此,最高人民法院认定一、二审法院对张红亮的量刑适当,依法核准张红亮死刑,改判徐小四死刑,缓期两年执行。

第十二章 刑罚适用

案例 12-1 杜祖斌等抢劫案[①]

一、基本案情

2002年3月31日晚8时许,被告人杜祖斌、周起才骗乘刘建光驾驶的出租车共谋抢劫,行至一酒店门前时,司机刘建光借故将车停在路边,杜祖斌即掏出已备匕首威逼刘建光继续往前开。刘建光见状敞开车门欲脱身时,杜祖斌揪住刘建光的衣服,周起才抓住刘建光的头发,将其拽回到车座上,二被告人遂用匕首朝刘建光腹部、背部等处连捅数刀,抢走其爱立信T18手机一部,价值人民币458元。刘建光因多处创伤、开放性胸腹外伤、血气胸,导致失血性休克与血气胸窒息而死亡。案发后,二被告人逃离现场。2002年4月1日凌晨,被告人杜祖斌在一电话亭拨打"110"投案,并在此等候公安人员将其抓获。在公安机关接受讯问时,杜祖斌交代了犯罪经过,但谎称同案犯是一东北青年。

二、诉讼过程及裁判理由

一审法院经审理认为,被告人杜祖斌、周起才以非法占有为目的,采用暴力手段抢劫他人财物,致人死亡,其行为均已构成抢劫罪。二被告人流窜作案,手段特别残忍,后果特别严重,社会危害性极大,均应依法予以严惩。鉴于被告人杜祖斌作案后能主动投案,有悔罪表现,故而判决其犯抢劫罪,判处死刑,缓期两年执行,剥夺政治权利终身,并处没收个人全部财产;判决周起才犯抢劫罪,判处死刑,剥夺政治权利终身,并处没收个人全部财产。

杜祖斌服判不上诉,周起才不服一审判决,提出上诉称:整个作案过程均由杜祖斌提议策划,周起才本人系从犯;作案时年龄小,阅历浅,系初犯;一审判决量刑过重,要求依法改判。

二审法院经审理认为,原审被告人杜祖斌主动投案,有悔罪表现,可以判处死刑,缓期两

[①] 参见陈兴良、张军、胡云腾主编:《人民法院刑事指导案例裁判要旨通纂》(下卷),北京大学出版社2013年版,第581页。

年执行。上诉人周起才尽管没有首先提议抢劫,但共同策划,积极参与犯罪,并在抢劫过程中持刀行凶,亦起主要作用,应为主犯;上诉人周起才尽管系初犯,但犯罪时已满18周岁,且犯罪手段特别残忍,后果特别严重。原审判决定罪准确,量刑适当,审判程序合法,上诉人周起才的上诉理由不能成立,不予采纳,故而裁定驳回上诉,维持原判。

三、关联法条

《中华人民共和国刑法》

第六十七条 犯罪以后自动投案,如实供述自己的罪行的,是自首。对于自首的犯罪分子,可以从轻或者减轻处罚。其中,犯罪较轻的,可以免除处罚。

被采取强制措施的犯罪嫌疑人、被告人和正在服刑的罪犯,如实供述司法机关还未掌握的本人其他罪行的,以自首论。

犯罪嫌疑人虽不具有前两款规定的自首情节,但是如实供述自己罪行的,可以从轻处罚;因其如实供述自己罪行,避免特别严重后果发生的,可以减轻处罚。

四、争议问题

本案的刑罚适用上主要存在两个争议问题:其一,杜祖斌打电话报案并等候公安人员将其抓获能否认定为自动投案?其二,杜祖斌的行为能否认定为自首?这一问题关系到杜祖斌的量刑轻重。

五、简要评论

为了鼓励犯罪人自动投案、悔过自新,并及时侦破案件,节约刑事司法资源,我国《刑法》规定了自首制度,对于自首的犯罪人在量刑上给予一定宽宥。在本案一审中,被告人杜祖斌及其律师提出了"案发后被告人杜祖斌已主动投案,应认定为自首"的辩护意见。根据《刑法》第67条的规定,自首分为一般自首和以自首论,前者的成立需要满足两个条件:一是自动投案;二是如实供述自己的罪行。因此,对于被告人杜祖斌是否构成自首的认定,关键问题是杜祖斌是否自动投案并如实供述了自己的罪行。

关于《刑法》第67条第1款中规定的"自动投案",1998年4月6日最高人民法院发布的《关于处理自首和立功具体应用法律若干问题的解释》第1条中进一步规定,"自动投案,是指犯罪事实或者犯罪嫌疑人未被司法机关发觉,或者虽被发觉,但犯罪嫌疑人尚未受到讯问、未被采取强制措施时,主动、直接向公安机关、人民检察院或者人民法院投案"。该条文还列举了7种属于自动投案的情形:其一,犯罪嫌疑人向其所在单位、城乡基层组织或者其他有关负责人员投案的;其二,犯罪嫌疑人因病、伤或者为了减轻犯罪后果,委托他人先代为投案,或者先以信电投案的;其三,罪行未被司法机关发觉,仅因形迹可疑被有关组织或者司法机关盘问、教育后,主动交代自己的罪行的;其四,犯罪后逃跑,在被通缉、追捕过程中,主动投案的;其五,经查实确已准备去投案,或者正在投案途中,被公安机关捕获的,应当视为自动投案;其六,并非出于犯罪嫌疑人主动,而是经亲友规劝、陪同投案的;其七,公安机关通知犯罪嫌疑人的亲友,或者亲友主动报案后,将犯罪嫌疑人送去投案的,也应当视为自动投案。本案中,被告人杜祖斌在作案后并未隐匿或逃跑,而是在公安机关未掌握其犯罪事实的情形下,通过打电话的方式向公安机关投案,并等候公安人员将其抓获。根据上述司法解释的规定,被告人杜祖斌的行为属于"自动投案"。

关于《刑法》第67条第1款中规定的"如实供述自己的罪行",最高人民法院《关于处理自首和立功具体应用法律若干问题的解释》第1条中进一步规定,"如实供述自己的罪行,是指犯罪嫌疑人自动投案后,如实交代自己的主要犯罪事实……共同犯罪案件中的犯罪嫌疑人,除如实供述自己的罪行,还应当供述所知的同案犯,主犯则应当供述所知其他同案犯的共同犯罪事实,才能认定为自首"。根据上述法律规定,被告人杜祖斌、周起才共同策划并共同实施了抢劫犯罪,被告人杜祖斌在自动投案后,在如实供述中不仅应当如实供述自己的犯罪行为,还应当如实供述同案犯周起才的犯罪行为。但被告人杜祖斌在自动投案后,刻意隐瞒、包庇周起才,"谎称同案犯是一东北青年",因此,这种行为不属于如实供述自己的罪行。综上,杜祖斌的行为不能被认定为自首。

案例12-2 秋立新盗窃案①

一、基本案情

被告人秋立新,39岁,北京人,曾因犯盗窃罪于1995年6月8日被判处有期徒刑8年,服刑期间因犯脱逃罪判处有期徒刑3年、犯盗窃罪判处有期徒刑1年,与原判刑期残刑6年零14天,剥夺政治权利1年并罚,决定执行有期徒刑9年,剥夺政治权利1年;经减刑于2004年12月6日释放;于2005年5月27日因本案被捕。

2005年5月20日9时50分许,被告人秋立新在北京市朝阳区垡头乡陶庄早市的20号摊位内,趁无人之机,窃得摊主李洪芳(女,20岁,吉林省人)的挎包1个,内有人民币2 142元,托普牌ZTC318型移动电话1部、UTS700-U型小灵通电话1部以及"三达牌"烟斗两个(上述物品共计价值人民币630元)。被告人秋立新被当场抓获。

---

① 参见陈兴良、张军、胡云腾主编:《人民法院刑事指导案例裁判要旨通纂》(下卷),北京大学出版社2013年版,第731页。

二、诉讼过程及裁判理由

一审法院经审理认为,被告人秋立新无视国法,以非法占有为目的,采用秘密手段窃取他人财物,数额较大,其行为触犯了刑律,已构成盗窃罪,应予惩处。检察机关指控被告人秋立新犯盗窃罪的事实清楚,证据确实、充分,罪名成立。被告人秋立新曾因犯盗窃罪被判处有期徒刑以上刑罚,但仍不思悔改,此次刑罚执行完毕后5年内再次犯应判处有期徒刑以上刑罚之罪,系累犯,依法应予从重处罚;根据最高人民法院《关于审理盗窃案件具体应用法律若干问题的解释》①第6条第(三)项第4目之规定,属于具有其他严重情节,鉴于其此次犯罪系未遂,且当庭自愿认罪,具有一定悔罪表现,未给被害人造成财产损失,故对其所犯盗窃罪依法予以减轻处罚。

一审法院认定被告人秋立新犯盗窃罪,判处有期徒刑两年,罚金人民币2 000元,与前罪未执行完毕的附加刑剥夺政治权利6个月零17天,决定执行有期徒刑两年,剥夺政治权利6个月零17天,罚金人民币2 000元。

一审宣判后,被告人未上诉,检察机关未抗诉,判决已经发生法律效力。

三、关联法条

《中华人民共和国刑法》

第六十九条② 判决宣告以前一人犯数罪的,除判处死刑和无期徒刑的以外,应当在总和刑期以下、数刑中最高刑期以上,酌情决定执行的刑期,但是管制最高不能超过3年,拘役最高不能超过一年,有期徒刑最高不能超过二十年。

如果数罪中有判处附加刑的,附加刑仍须执行。

第七十条 判决宣告以后,刑罚执行完毕以前,发现被判刑的犯罪分子在判决宣告以前还有其他罪没有判决的,应当对新发现的罪作出判决,把前后两个判决所判处的刑罚,依照本法第六十九条的规定,决定执行的刑罚。已经执行的刑期,应当计算在新判决决定的刑期以内。

第七十一条 判决宣告以后,刑罚执行完毕以前,被判刑的犯罪分子又犯罪的,应当对

---

① 该解释已被2013年4月4日施行的最高人民法院、最高人民检察院《关于办理盗窃刑事案件适用法律若干问题的解释》废止。

② 2011年2月25日发布的《刑法修正案(八)》将《刑法》第69条修改为:"判决宣告以前一人犯数罪的,除判处死刑和无期徒刑的以外,应当在总和刑期以下、数刑中最高刑期以上,酌情决定执行的刑期,但是管制最高不能超过三年,拘役最高不能超过一年,有期徒刑总和刑期不满三十五年的,最高不能超过二十年,总和刑期在三十五年以上的,最高不能超过二十五年。数罪中有判处附加刑的,附加刑仍须执行,其中附加刑种类相同的,合并执行,种类不同的,分别执行。"2015年8月29日通过的《中华人民共和国刑法修正案(九)》在《刑法》第69条中增加一款作为第2款:"数罪中有判处有期徒刑和拘役的,执行有期徒刑。数罪中有判处有期徒刑和管制,或者拘役和管制的,有期徒刑、拘役执行完毕后,管制仍须执行。"原第2款作为第3款。

新犯的罪作出判决,把前罪没有执行的刑罚和后罪所判处的刑罚,依照本法第六十九条的规定,决定执行的刑罚。

四、争议问题

本案刑罚适用中的主要争议问题是,对于被告人秋立新所犯前罪主刑已执行完毕,附加刑执行完毕之前又犯新罪的情况,对于前罪未执行完毕的附加刑与新罪判处的刑罚,应否实行数罪并罚?

五、简要评论

为了贯彻罪责刑相适应原则和实现刑法的目的,我国《刑法》规定了数罪并罚原则,即对于犯有数个罪行的犯罪人按照一定的原则,判决宣告执行的刑罚。本案中,被告人秋立新所犯前罪主刑执行完毕,附加刑执行完毕前又犯新罪,应否实行数罪并罚应当根据我国《刑法》的规定进行分析。

我国《刑法》第71条规定,判决宣告以后,刑罚执行完毕以前,被判刑的犯罪分子又犯罪的,应当对新犯的罪作出判决,把前罪没有执行的刑罚和后罪所判处的刑罚,依照本法第69条的规定,决定执行的刑罚。1994年5月16日最高人民法院发布的《关于在附加剥夺政治权利执行期间重新犯罪的被告人是否适用数罪并罚问题的批复》[①]中指出:对被判处有期徒刑的罪犯,主刑已执行完毕,在执行附加刑剥夺政治权利期间又重新犯罪,如果所犯新罪无须判处附加刑剥夺政治权利的,应当按照《刑法》第64条第2款、第66条(指1997年《刑法》第69条第2款[②]、第71条)的规定,在对被告人所犯新罪作出判决时,将新罪所判处的刑罚和前罪没有执行完毕的附加刑剥夺政治权利,按照数罪并罚原则,决定执行的刑罚,即在新罪所判处的刑罚执行完毕以后,继续执行前罪没有执行完毕的附加刑剥夺政治权利。根据条文内容和最高人民法院批复的精神,《刑法》第71条规定的"刑罚执行完毕以前",既指主刑执行完毕,也指附加刑执行完毕。

本案中,被告人秋立新的宣告刑是有期徒刑9年,剥夺政治权利1年,其主刑经减刑于2004年12月6日已经执行完毕。根据《刑法》第58条的规定,附加剥夺政治权利的刑期,从徒刑、拘役执行完毕之日或者从假释之日起计算。因此,自2004年12月7日起,开始对秋立新执行1年的剥夺政治权利。在2005年5月20日,秋立新前罪的附加刑尚未执行完毕,其又实施了新罪。根据《刑法》第71条的规定,应当对秋立新的前罪和后罪按照《刑法》第

[①] 该答复已被2013年1月18日起施行的最高人民法院《关于废止1980年1月1日至1997年6月30日期间发布的部分司法解释和司法解释性质文件(第九批)的决定》废止。

[②] 经2015年8月29日通过的《中华人民共和国刑法修正案(九)》修正,原《刑法》第69条第2款改为第3款。

69 条的规定,实行数罪并罚。

综上,对于被告人秋立新所犯前罪主刑已执行完毕,附加刑执行完毕前又犯新罪,对于前罪未执行完毕的附加刑与新罪判处的刑罚,应当实行数罪并罚。

案例 12-3　吴江、李晓光挪用公款案[①]

一、基本案情

被告人吴江自1996年3月至2003年7月间,曾任中国农业银行天津新技术产业园区支行(以下简称园区支行)外汇代理部主任、国际业务部经理等职务,任职期间主管国际业务工作。被告人李晓光自2004年1月任园区支行国际业务部经理。1996年12月至2004年年初,吴江伙同李晓光,利用职务之便,挪用公款人民币(以下币种均为人民币)970余万元归个人使用,部分借贷他人用于经营活动。2007年6月,吴江、李晓光为掩饰挪用公款970余万元的事实,制作了金额为120万美元的虚假信用证材料,在银行账目上作了虚假信用证贴现贷款记录。2009年2月,园区支行在业务检查中发现该笔金额为120万美元的外汇贴现业务手续资料不齐,经询问当时的业务负责人李晓光,李晓光承认是自己制作的虚假信用证贴现记录,用于掩盖原国际业务部经理吴江挪用公款的事实。园区支行报案后,李晓光通过电话指引侦查机关将吴江抓获归案。李晓光到案后,进一步交代了其参与挪用部分公款的犯罪事实。

二、诉讼过程及裁判理由

一审法院经审理认为,被告人吴江、李晓光身为国家工作人员,利用职务上的便利,单独或结伙以虚假结汇的手段挪用公款,用于个人使用,超过3个月未予归还,其行为均已构成挪用公款罪。被告人吴江在共同犯罪中起主要作用,系主犯,挪用公款数额巨大且不退还,应按其参与的全部犯罪予以处罚。被告人李晓光在共同犯罪中起次要作用,系从犯,且有自首和重大立功表现,并主动退还全部赃款,应依法对其减轻处罚。综合全案情节,判决吴江犯挪用公款罪,判处无期徒刑,剥夺政治权利终身;判决李晓光犯挪用公款罪,判处有期徒刑3年,缓刑5年。

检察机关对一审判决提出抗诉称:对吴江、李晓光定罪不准及不应认定李晓光有自首、重大立功等。吴江不服一审判决提出上诉称:一审判决对其量刑过重,要求依法予以改判。

---

① 参见陈兴良、张军、胡云腾主编:《人民法院刑事指导案例裁判要旨通纂》(下卷),北京大学出版社2013年版,第1116页。

二审法院经审理认为,原审法院认定的犯罪事实清楚,证据确实、充分,定罪准确、量刑适当,审判程序合法,检察机关的抗诉理由以及吴江的上诉理由均不能成立,不予采纳,裁定驳回抗诉、上诉,维持原判。

三、关联法条

《中华人民共和国刑法》

第六十八条　犯罪分子有揭发他人犯罪行为,查证属实的,或者提供重要线索,从而得以侦破其他案件等立功表现的,可以从轻或者减轻处罚;有重大立功表现的,可以减轻或者免除处罚。

第三百八十四条第一款　国家工作人员利用职务上的便利,挪用公款归个人使用,进行非法活动的,或者挪用公款数额较大、进行营利活动的,或者挪用公款数额较大、超过三个月未还的,是挪用公款罪,处五年以下有期徒刑或者拘役;情节严重的,处五年以上有期徒刑。挪用公款数额巨大不退还的,处十年以上有期徒刑或者无期徒刑。

四、争议问题

本案的刑罚适用中存在两个争议问题:其一,李晓光协助侦查人员抓获同案犯吴江的行为能否被认定为立功行为?其二,李晓光协助侦查人员抓获同案犯吴江的行为能否被认定为重大立功?

五、简要评论

为了分化、瓦解犯罪分子,并及时侦办案件、惩罚犯罪,我国《刑法》规定了立功制度。《刑法》第68条规定:"犯罪分子有揭发他人犯罪行为,查证属实的,或者提供重要线索,从而得以侦破其他案件等立功表现的,可以从轻或者减轻处罚;有重大立功表现的,可以减轻或者免除处罚。"在本案侦查过程中,李晓光在归案后,不仅如实供述了自己的罪行,还通过电话指引侦查机关将同案犯吴江抓获,因此,应当着重讨论李晓光协助侦查人员抓获同案犯吴江的法律性质。

本案中,被告人李晓光、吴江共同实施了挪用公款的犯罪行为,被告人李晓光在纪检监察部门采取明确的调查措施之前,主动投案并如实供述了自己的犯罪事实及共同犯罪中的主犯吴江,并被一审法院认定构成自首。最高人民法院《关于处理自首和立功具体应用法律若干问题的解释》第1条规定:"如实供述自己的罪行,是指犯罪嫌疑人自动投案后,如实交代自己的主要犯罪事实……共同犯罪案件中的犯罪嫌疑人,除如实供述自己的罪行,还应当供述所知的同案犯,主犯则应当供述所知其他同案犯的共同犯罪事实,才能认定为自首……"本案中,被告人李晓光在供述了同案犯吴江后,通过电话指引侦查机关将同案犯吴江抓获的行为已经超出了一般自首的成立条件。

关于共同犯罪中协助司法机关抓捕同案犯的法律性质,最高人民法院《关于处理自首和立功具体应用法律若干问题的解释》第 5 条规定:"根据刑法第六十八条第一款的规定,犯罪分子到案后有检举、揭发他人犯罪行为,包括共同犯罪案件中的犯罪分子揭发同案犯共同犯罪以外的其他犯罪,经查证属实;提供侦破其他案件的重要线索,经查证属实;阻止他人犯罪活动;协助司法机关抓捕其他犯罪嫌疑人(包括同案犯);具有其他有利于国家和社会的突出表现的,应当认定为有立功表现。"因此,李晓光协助侦查人员抓获同案犯吴江的行为属于立功行为。

关于一般立功和重大立功的区别,最高人民法院《关于处理自首和立功具体应用法律若干问题的解释》第 7 条提出了明确标准,协助司法机关抓捕其他重大犯罪嫌疑人(包括同案犯),应当被认定为有重大立功表现。所谓的"重大犯罪嫌疑人",一般是指犯罪嫌疑人、被告人可能被判处无期徒刑以上刑罚或者案件在本省、自治区、直辖市或者全国范围内有较大影响等情形。在本案中,李晓光协助侦查机关抓获了同案犯吴江,而吴江挪用公款的数额达 970 余万元,数额巨大且未退还,法定刑应为 10 年以上有期徒刑或无期徒刑,其最终也被法院判处无期徒刑,因此,吴江属于"重大犯罪嫌疑人"。综上,李晓光协助侦查人员抓获同案犯吴江的行为属于重大立功表现。

案例 12-4　张志信故意杀人案[①]

一、基本案情

2003 年 1 月 14 日夜 11 时许,被害人张黎明酒后持刀闯入其母的卧室,其母与小孙子已睡觉,张黎明威逼母亲给钱,其母害怕给其 30 元,张黎明嫌少,仍用刀相逼,并将床上蚊帐一角砍掉,又要砍其母,其母吓得没穿衣服跑到门外喊人,邻居听到喊声赶来。其母见来人即上前求救。这时在另一间房屋休息的张志信气愤之极,在门口顺手掂把抓钩赶到西屋朝准备睡觉的张黎明头部猛击致死,并连夜将张黎明掩埋。

自张志信于 2003 年 1 月 14 日打死其子,至 2004 年 2 月 24 日案发,1 年多时间内,群众对张黎明被打死已有所耳闻,但均无人报案。2004 年 2 月份,张黎明之妻师某与他人谈及此事,被告发。

[①] 参见陈兴良、张军、胡云腾主编:《人民法院刑事指导案例裁判要旨通纂》(上卷),北京大学出版社 2013 年版,第 327 页。

案发后,张志信所在行政村群众到县委政法委上访,强烈要求对张志信从轻处理。在法院审理期间,上百户村民联名上书,再次强烈要求从轻判处。

二、诉讼过程及裁判理由

一审法院经审理认为,被告人张志信因不堪忍受其子张黎明长期的打骂、侮辱、滋扰,出于义愤而将其子打死,其行为构成故意杀人罪。综合全案事实情节,案发时被害人持刀逼母、砍母、劫掠财物,致其母赤裸下身而抱住他人求救,被害人有重大过错,张志信故意杀人属于情节较轻,故而判决被告人张志信犯故意杀人罪,判处有期徒刑3年,缓刑5年。

宣判后,被告人没有上诉,检察机关也没有抗诉,判决发生法律效力。

三、关联法条

《中华人民共和国刑法》

第七十二条第一款 对于被判处拘役、三年以下有期徒刑的犯罪分子,同时符合下列条件的,可以宣告缓刑,对其中不满十八周岁的人、怀孕的妇女和已满七十五周岁的人,应当宣告缓刑:

(一) 犯罪情节较轻;

(二) 有悔罪表现;

(三) 没有再犯罪的危险;

(四) 宣告缓刑对所居住社区没有重大不良影响。

第七十三条第二款 有期徒刑的缓刑考验期限为原判刑期以上五年以下,但是不能少于一年。

第七十四条 对于累犯和犯罪集团的首要分子,不适用缓刑。

四、争议问题

本案主要的争议问题是,法院对于被告人张志信的故意杀人行为能否适用缓刑?

五、简要评论

缓刑制度是一种刑罚执行制度,是指对于被判处一定刑罚的犯罪人,根据其犯罪情节和悔罪表现,如果暂缓执行不至于危害社会,就规定一定的考验期进行考察,附条件地不执行所判处的刑罚。本案中的争议问题是,对被告人张志信的故意杀人行为能否适用缓刑?

根据《刑法》第72条第1款的规定,缓刑的适用条件包括:其一,刑期条件:缓刑只适用于被判处拘役、3年以下有期徒刑的犯罪分子;其二,实质条件:同时符合以下条件的,可以宣告缓刑:犯罪情节较轻;有悔罪表现;没有再犯罪的危险;宣告缓刑对所居住的社区没有重大不良影响。同时,《刑法》第74条还规定,累犯和犯罪集团的首要分子,不适用缓刑。因此,判断被告人张志信的故意杀人行为能否适用缓刑应当从上述几个条件出发。

本案中,被告人张志信因不堪忍受其子张黎明长期的打骂、侮辱、滋扰,出于义愤而将其子打死。其在主观上明知持抓钩猛击其子头部会发生死亡的结果,并希望或放任了这一结果的发生,客观上实施了致其子死亡的行为,依法构成了故意杀人罪。但被害人平时经常打骂其父母、持刀砍其父母;案发时被害人持刀逼母、砍母、劫掠财物,致其母赤裸下身而抱住他人求救,被害人有重大过错;在案发后,被告人所在行政村群众又联名上书县委机关、司法机关,痛陈被害人的种种劣迹,强烈要求对被告人张志信从轻处理。因此,人民法院认定被告人张志信的故意杀人行为属于情节较轻是符合法律规定的,判处其3年有期徒刑也是适当的,符合缓刑适用的刑期条件。同时,在该案从作案到案发的1年多时间里,虽然群众对张志信打死张黎明的事情已有所耳闻,但均无人报案,可见被告人张志信与邻里之间和睦相处、表现较好。通过上述事实可知,对被告人张志信适用缓刑,不存在再犯罪的危险,也不会对其所居住的社区产生重大的不良影响。因此符合缓刑适用的实质条件。此外,被告人张志信也不属于累犯和犯罪集团的首要分子。

综上,被告人张志信的故意杀人行为情节较轻,并且符合《刑法》第72条规定的缓刑适用的刑期条件和实质条件,法院对被告人张志信的故意杀人行为可以适用缓刑。

案例12-5 韩雅利贩卖毒品、韩镇平窝藏毒品案[①]

一、基本案情

被告人韩雅利于1993年10月间,先后从犯罪嫌疑人赵红(在逃)、"小六六"处购得大量海洛因,藏匿于被告人韩镇平家中,并贩卖给张某某、曹某某、朱某某等吸毒人员。1993年12月15日,韩雅利在贩卖毒品时被抓获。韩镇平得知韩雅利被抓,便将藏匿在其家中的毒品转移他处。同年12月16日,韩雅利脱逃,韩镇平又将毒品藏匿于杨伟家中。1994年1月6日,公安机关从杨伟家查获海洛因717克。韩雅利于1994年4月再次被抓获,因怀孕,做人工流产手术后再次脱逃,被长期通缉达8年之久,直至2001年4月被抓获。

---

① 参见陈兴良、张军、胡云腾主编:《人民法院刑事指导案例裁判要旨通纂》(下卷),北京大学出版社2013年版,第981页。

二、诉讼过程及裁判理由

一审法院经审理认为,被告人韩雅利贩卖毒品,其行为已构成贩卖毒品罪。被告人韩镇平明知是毒品而予以转移、窝藏,情节严重,其行为构成窝藏毒品罪。韩雅利于1993年12月15日因贩卖毒品第一次被抓获后第二天即脱逃。1994年4月被再次抓获,因怀孕,做人工流产手术后再次脱逃,被长期通缉,长达8年之久,直至2001年4月被抓获。此时,其原本具有的法定的"不适用死刑"的条件早已灭失。综合全案情节,判决被告人韩雅利犯贩卖毒品罪,判处死刑,剥夺政治权利终身,并处没收个人全部财产;判决被告人韩镇平犯窝藏毒品罪,判处有期徒刑4年,并处罚金人民币1万元。

韩雅利不服一审判决,提出上诉称:其在1994年4月被公安机关收审期间强行做了人工流产,后又因同一事实被起诉交付审判,依法不适用死刑;且其犯罪情节和社会危害性均非特别严重,又是初犯,有悔罪表现,一审判决认定事实和适用法律不当,要求依法予以改判。韩镇平也提出了上诉。

二审法院经审理认为,上诉人韩雅利为非法获利贩卖毒品海洛因数量大,抓捕后多次脱逃,罪行极为严重,依法应严惩。但韩雅利因涉嫌贩卖毒品罪被抓获,在做人工流产后脱逃至2001年4月被再次抓获并交付审判,其贩卖毒品的行为均系脱逃前的犯罪事实,对其仍应视为审判时怀孕的妇女,不适用死刑。对韩雅利不适用死刑的理由和意见应予采纳。上诉人韩镇平所提的其具有重大立功表现的理由和意见,经查属实,予以采纳。原判定罪准确,审判程序合法。对二上诉人适用法律不当,依法予以改判。判决撤销一审法院对被告人韩雅利、韩镇平刑事判决之处刑部分;判决上诉人韩雅利犯贩卖毒品罪,判处无期徒刑,剥夺政治权利终身,并处没收个人全部财产;判决上诉人韩镇平犯窝藏毒品罪,判处有期徒刑两年零9个月。

三、关联法条

《中华人民共和国刑法》(1997年)

第十二条 中华人民共和国成立以后本法施行以前的行为,如果当时的法律不认为是犯罪的,适用当时的法律;如果当时的法律认为是犯罪的,依照本法总则第四章第八节的规定应当追诉的,按照当时的法律追究刑事责任,但是如果本法不认为是犯罪或者处刑较轻的,适用本法。

本法施行以前,依照当时的法律已经作出的生效判决,继续有效。

《中华人民共和国刑法》(1979年)

第四十四条 犯罪的时候不满十八岁的人和审判的时候怀孕的妇女,不适用死刑。已满十六岁不满十八岁的,如果所犯罪行特别严重,可以判处死刑缓期二年执行。

第五十三条第一款 对于被判处死刑、无期徒刑的犯罪分子,应当剥夺政治权利终身。

四、争议问题

本案的争议问题主要是,韩雅利在脱逃 8 年之后被抓获并交付审判,能否被认定为审判时怀孕的妇女?这一问题直接关系到对韩雅利是否适用死刑。

五、简要评论

死刑又被称为极刑、生命刑,是刑罚中最严厉、最残酷的刑种之一。我国属于保留死刑的国家,为了贯彻"少杀、慎杀"的刑事司法政策,死刑只适用于极少数罪行极其严重的犯罪分子。同时,立法者还通过严格规定死刑适用的实体条件和程序条件的方式限制和减少死刑的适用。本案中,一个争议的问题是,被告人韩雅利于 1994 年 4 月被抓获,因怀孕,做人工流产手术后再次脱逃,2001 年被抓获并交付审判时能否被认定为审判时怀孕的妇女?

本案中,被告人韩雅利贩卖毒品的犯罪行为发生在 1993 年 10 月份到 1994 年 4 月份,在被公安机关抓获后两次脱逃,直至 2001 年 4 月被再次抓获。1997 年《刑法》第 12 条规定:"中华人民共和国成立以后本法施行以前的行为,如果当时的法律不认为是犯罪的,适用当时的法律;如果当时的法律认为是犯罪的,依照本法总则第四章第八节的规定应当追诉的,按照当时的法律追究刑事责任,但是如果本法不认为是犯罪或者处刑较轻的,适用本法。"因此,被告人韩雅利贩卖毒品的行为应当适用 1979 年《刑法》的规定。根据 1979 年《刑法》第 44 条的规定,犯罪的时候不满 18 岁的人和审判时怀孕的妇女,不适用死刑。对于如何理解"审判时怀孕的妇女",1983 年 9 月 20 日最高人民法院发布的《关于人民法院审判严重刑事犯罪案件中具体应用法律的若干问题的答复》[①]第 3 条规定:"无论是在关押期间,或者是在法院审判的时候,对怀孕的妇女,都不应当为了要判处死刑,而给进行人工流产;已经人工流产的,仍应视同怀孕的妇女,不适用死刑。"1998 年 8 月 7 日最高人民法院发布的《关于对怀孕妇女在羁押期间自然流产审判时是否可以适用死刑问题的批复》中也指出:"怀孕妇女因涉嫌犯罪在羁押期间自然流产后,又因同一事实被起诉、交付审判的,应当视为'审判的时候怀孕的妇女',依法不适用死刑。"根据上述批复内容,"审判时怀孕的妇女",不仅包括审判时正在怀孕的妇女,也包括因犯罪而羁押时已经怀孕,但在审判前因某种原因自然流产或人工流产的妇女。

综上,本案被告人韩雅利虽然在犯罪后脱逃 8 年,但审判的仍然是其脱逃前的同一犯罪

---

① 该答复已被 2013 年 1 月 18 日起施行的最高人民法院《关于废止 1980 年 1 月 1 日至 1997 年 6 月 30 日期间发布的部分司法解释和司法解释性质文件(第九批)的决定》废止。

事实,应当认定为"审判时怀孕的妇女",二审法院改判其无期徒刑,符合《刑法》的相关规定。

案例12-6 严庭杰非法经营案①

一、基本案情

2004年下半年至2005年底,被告人卢海棠利用"六合彩"进行赌博,先后向陈泽斌(已另案判决)投注共四五十期,金额达995.8万元,后陈泽斌又将其中的186.3万元再次投注给充当"六合彩"庄家的被告人严庭杰。2005年8月,被告人卢海棠利用工作之便,为陈泽斌伪造一张编号252的某地政法委员会工作证,冒充该政法委员会的驾驶员,后由陈泽斌随身携带。2006年6月12日,陈泽斌被抓获,公安人员从其身上扣押了该工作证。

二、诉讼过程及裁判理由

一审法院经审理认为,被告人严庭杰以营利为目的,坐庄贩卖"六合彩"彩票,接受他人投注,金额达186.3万元,情节特别严重,故判决严庭杰犯非法经营罪,判处有期徒刑6年零6个月,并处罚金40万元。被告人卢海棠以赌"六合彩"为常业,投注次数多,金额多达995.8万元,其行为已构成赌博罪,又为他人伪造国家机关证件,影响该机关的正常管理活动,损害其名誉,从而破坏了社会管理秩序,其行为构成伪造国家机关证件罪,鉴于卢海棠案发后如实交代犯罪事实,认罪态度较好,故而判决卢海棠犯赌博罪,判处有期徒刑3年,并处罚金60万元;犯伪造国家机关证件罪,判处有期徒刑1年;决定执行有期徒刑3年零6个月,并处罚金60万元。

严庭杰不服一审判决,提出上诉称,其能主动交代公安机关尚未掌握的犯罪事实,检举他人违法犯罪线索,依法应当减轻处罚。卢海棠上诉称:其行为情节轻微,不应认为是犯罪,要求依法改判无罪。

二审法院查明的事实和证据与一审相同,认为原判认定事实清楚,证据确实、充分,定性准确,适用法律正确,量刑适当,审判程序合法,二上诉人的上诉理由不能成立,不予采纳,因此,裁定驳回上诉,维持原判。

二审裁定生效后,严庭杰转至监狱服刑,期间其向二审法院提出申诉称,其具有立功表现,原判不予认定,处理不当,请求撤销一审判决和二审裁定,重新审理,并出具相关证明

---

① 参见陈兴良、张军、胡云腾主编:《人民法院刑事指导案例裁判要旨通纂》(下卷),北京大学出版社2013年版,第923页。

材料。

二审法院依法组成合议庭复查认为,严庭杰检举他人犯罪行为属实,具有立功表现。经与监狱联系,由监狱依相关规定办理减刑手续。

严庭杰同时申请撤回申诉。

三、关联法条

《中华人民共和国刑法》

第七十八条第一款　被判处管制、拘役、有期徒刑、无期徒刑的犯罪分子,在执行期间,如果认真遵守监规,接受教育改造,确有悔改表现的,或者有立功表现的,可以减刑;有下列重大立功表现之一的,应当减刑:

（一）阻止他人重大犯罪活动的;

（二）检举监狱内外重大犯罪活动,经查证属实的;

（三）有发明创造或者重大技术革新的;

（四）在日常生产、生活中舍己救人的;

（五）在抗御自然灾害或者排除重大事故中,有突出表现的;

（六）对国家和社会有其他重大贡献的。

四、争议问题

本案的争议问题主要是,严庭杰检举揭发他人违法犯罪线索是否属实,应依法提请再审程序,还是由所在服刑单位直接启动提请减刑程序?

五、简要评论

为了有效实现刑法预防犯罪的目的,使犯罪人早日回归社会,根据《刑法》第78条的规定,对于被判处管制、拘役、有期徒刑、无期徒刑的犯罪分子,在刑罚执行期间如果认真改造、确有悔改表现或立功表现,可以减轻原判刑罚。本案中,争议的问题是,严庭杰检举揭发他人违法犯罪线索是否属实,应当通过何种程序对其减刑?

根据《刑法》第78条第1款的规定,减刑的适用条件包括:一是刑期条件:被判处管制、拘役、有期徒刑、无期徒刑的犯罪分子;二是实质条件:在执行期间,如果认真遵守监规,接受教育改造,确有悔改表现的,或者有立功表现的,可以减刑;检举监狱内外重大犯罪活动,经查证属实的应当减刑。本案中,法院认定严庭杰犯非法经营罪,判处有期徒刑6年零6个月,并处罚金40万元,符合减刑的刑期条件;另外,在本案的一、二审中,严庭杰都提出了其有检举揭发他人违法犯罪的行为,但并未提出相应的立功证据,其具体检举揭发的他人违法犯罪行为也有待进一步查实,因此,一、二审中并未认定严庭杰有立功表现。在严庭杰转至监狱服刑期间,其向二审法院提出申诉,请求撤销一审判决和二审裁定,重新审理,并出具了二审裁定生效后公安机关出具的其检举他人犯罪行为属实的证明材料。二审法院依法核实了严庭杰提供的证明材料,同时向相关部门调取严庭杰所检举揭发的被检举人被定罪量刑的相关材料,确认严庭杰检举他人犯罪行为属实,认定其具有立功表现。根据1997年10月29日最高人民法院发布的《关于办理减刑、假释案件具体应用法律若干问题的规定》①第1条第(二)项的规定,检举、揭发监狱内外犯罪活动,或者提供重要的破案线索,经查证属实的,具有立功表现。虽然上述法律规定中,并未规定犯罪嫌疑人在侦查阶段检举、揭发犯罪行为,到判决生效后服刑期间才予以认定应当如何处理,但是从维护生效判决既判力、诉讼经济的角度出发,应当认定严庭杰有立功表现,符合减刑的实质条件,由监狱依相关规定办理减刑手续,更为适当。

综上,在刑事诉讼过程中,犯罪嫌疑人或被告人检举揭发他人违法犯罪线索,未提供证据证明或未能查实,而在判决生效后罪犯服刑期间立功表现被证实的,应当由所在服刑单位按照相关规定启动减刑程序。

案例12-7 代海业盗窃案②

一、基本案情

2008年8月26日,被告人代海业因犯滥伐林木罪被判处有期徒刑1年,缓刑1年,并处罚金人民币5000元。2009年5月13日,被告人代海业在一电话亭旁盗走一辆价值2688元的红色三菱125摩托车,于2009年9月5日被依法逮捕。

二、诉讼过程及裁判理由

一审法院经审理认为,被告人代海业秘密窃取他人财物的行为已构成盗窃罪,其在缓刑考验期内又犯新罪,依法应当撤销缓刑。判决代海业犯盗窃罪,判处有期徒刑7个月,并处罚金人民币2000元;犯滥伐林木罪,判处有期徒刑1年,缓刑1年,并处罚金人民币5000元,现予以撤销缓刑,余刑10个月零3天;数罪并罚,决定执行有期徒刑11个月,并处罚金人民币7000元。

---

① 该规定已被2013年4月8日起施行的最高人民法院《关于废止1997年7月1日至2011年12月31日期间发布的部分司法解释和司法解释性质文件(第十批)的决定》废止。

② 参见陈兴良、张军、胡云腾主编:《人民法院刑事指导案例裁判要旨通纂》(下卷),北京大学出版社2013年版,第757页。

一审宣判后,检察机关提出抗诉称,一审判决适用法律错误,量刑不当,要求依法予以改判。

二审法院经审理认为,原审被告人代海业秘密窃取他人财物的行为已构成盗窃罪,原审法院定罪准确,量刑适当,审判程序合法。但与所犯滥伐林木罪数罪并罚,决定执行刑罚时,适用法律错误,致使决定执行的刑期不当。根据《刑法》第 77 条的规定,原审被告人代海业在缓刑考验期内犯盗窃罪,应当撤销缓刑,对盗窃罪作出判决,把犯滥伐林木罪和盗窃罪所判处的刑罚,依照《刑法》第 69 条的规定决定执行的刑罚。对原审被告人代海业应在有期徒刑 1 年至 1 年零 7 个月之间决定执行刑期,原审决定执行有期徒刑 11 个月确属适用法律错误。检察机关的抗诉理由成立,予以采纳。故维持原审判决中对原审被告人代海业犯盗窃罪的定罪量刑部分;撤销对其所犯盗窃罪与滥伐林木罪数罪并罚,决定执行的刑期部分。判决被告人代海业犯盗窃罪,判处有期徒刑 7 个月,并处罚金人民币 2 000 元;犯滥伐林木罪,判处有期徒刑 1 年,缓刑 1 年,并处罚金人民币 5 000 元,现予以撤销;数罪并罚,决定执行有期徒刑 1 年零 4 个月,并处罚金人民币 7 000 元。

三、关联法条

《中华人民共和国刑法》

第七十七条第一款 被宣告缓刑的犯罪分子,在缓刑考验期限内犯新罪或者发现判决宣告以前还有其他罪没有判决的,应当撤销缓刑,对新犯的罪或者新发现的罪作出判决,把前罪和后罪所判处的刑罚,依照本法第六十九条的规定,决定执行的刑罚。

第六十九条① 判决宣告以前一人犯数罪的,除判处死刑和无期徒刑的以外,应当在总和刑期以下、数刑中最高刑期以上,酌情决定执行的刑期,但是管制最高不能超过三年,拘役最高不能超过一年,有期徒刑总和刑期不满三十五年的,最高不能超过二十年,总和刑期在三十五年以上的,最高不能超过二十五年。

数罪中有判处附加刑的,附加刑仍须执行,其中附加刑种类相同的,合并执行,种类不同的,分别执行。

四、争议问题

本案主要的争议问题是,被告人代海业缓刑考验期内犯新罪,如何实行数罪并罚?

---

① 2015 年 8 月 29 日通过的《中华人民共和国刑法修正案(九)》在《刑法》第 69 条中增加一款作为第 2 款:"数罪中有判处有期徒刑和拘役的,执行有期徒刑。数罪中有判处有期徒刑和管制,或者拘役和管制的,有期徒刑、拘役执行完毕后,管制仍须执行。"原第 2 款作为第 3 款。

五、简要评论

为了贯彻罪责刑相适应原则,我国《刑法》规定了数罪并罚制度。本案中的一个争议问题是,被告人代海业在缓刑考验期内实施了新的犯罪,应当如何对其进行数罪并罚?

我国《刑法》第77条第1款规定:"被宣告缓刑的犯罪分子,在缓刑考验期限内犯新罪或者发现判决宣告以前还有其他罪没有判决的,应当撤销缓刑,对新犯的罪或者新发现的罪作出判决,把前罪和后罪所判处的刑罚,依照本法第六十九条的规定,决定执行的刑罚。"本案中,2008年8月26日,被告人代海业因犯滥伐林木罪被判处有期徒刑1年,缓刑1年,2009年5月13日,代海业在一电话亭旁盗走一辆价值2688元的红色三菱125摩托车,属于在缓刑考验期内实施新的犯罪。根据上述条文的规定,应当首先撤销对其的缓刑,并根据《刑法》第69条的规定进行数罪并罚。我国《刑法》第69条第1款规定:"判决宣告以前一人犯数罪的,除判处死刑和无期徒刑的以外,应当在总和刑期以下、数刑中最高刑期以上,酌情决定执行的刑期,但是管制最高不能超过三年,拘役最高不能超过一年,有期徒刑总和刑期不满三十五年的,最高不能超过二十年,总和刑期在三十五年以上的,最高不能超过二十五年。"本案中,被告人代海业犯盗窃罪,被判处有期徒刑7个月,并处罚金人民币2000元;犯滥伐林木罪,判处有期徒刑1年,缓刑1年,并处罚金人民币5000元。因此,应当在1年有期徒刑以上1年零7个月有期徒刑以下确定刑期,二审法院判决执行有期徒刑1年零4个月,并处罚金人民币7000元,符合上述法律规定。

案例12-8 丁立军强奸、抢劫、盗窃案[①]

一、基本案情

1992年8月4日,被告人丁立军因犯强奸罪被判处有期徒刑9年,1997年9月5日被假释,假释考验期至1999年5月2日止。1998年6月至2001年7月期间,被告人丁立军携带匕首、手电筒等作案工具,先后在10余处村庄,骑摩托车或自行车于夜间翻墙入院,持匕首拨开门栓,或破门窗入室,采取暴力、威胁等手段,入户强奸作案近40起,其中,强奸既遂21人,未遂11人。入户强奸作案的同时,被告人丁立军还抢劫作案5起,劫得金耳环等物品,价值人民币970余元;盗窃作案1起,窃得电视机1台,价值人民币200余元。被告人丁立军采取翻墙入院、破门入室等手段盗窃作案14起,窃得物品价值合计人民币16600元。案发

[①] 参见陈兴良、张军、胡云腾主编:《人民法院刑事指导案例裁判要旨通纂》(上卷),北京大学出版社2013年版,第482页。

后共追回赃物价值8 800余元,其余被其挥霍。

二、诉讼过程及裁判理由

一审法院经审理认为,被告人丁立军数十次以暴力或胁迫的方法入户强奸妇女多人,构成强奸罪,情节恶劣,后果特别严重,社会危害极大,依法必须严惩。在入户犯强奸罪的同时,另抢劫作案5起,构成抢劫罪。盗窃作案15起,且盗窃数额巨大,构成盗窃罪。其中,有部分行为是在假释考验期内重新犯罪,应撤销假释,将前罪未执行完毕的刑罚与后罪所判处的刑罚实行数罪并罚;部分行为是假释考验期满后重新犯罪,构成累犯。综合全案情节,判决撤销原对被告人丁立军准予假释的刑事裁定;判决被告人丁立军犯强奸罪,判处死刑,剥夺政治权利终身;犯抢劫罪,判处有期徒刑12年,剥夺政治权利两年,罚金人民币2 000元;犯盗窃罪,判处有期徒刑4年。连同前犯强奸罪没有执行的刑罚1年零8个月并罚,决定执行死刑,剥夺政治权利终身,罚金人民币2 000元。

一审宣判后,被告人丁立军未上诉,该案依法报请高级人民法院复核。

高级人民法院经复核认为,被告人丁立军在假释考验期间、期满后大肆进行强奸作案,且犯有抢劫罪、盗窃罪,社会危害极大,虽有自首情节,亦不予从轻处罚。原审判决定罪准确,量刑适当,审判程序合法,唯认定累犯不当,应予纠正。核准被告人丁立军死刑。

三、关联法条

《中华人民共和国刑法》

第八十一条 被判处有期徒刑的犯罪分子,执行原判刑期二分之一以上,被判处无期徒刑的犯罪分子,实际执行十三年以上,如果认真遵守监规,接受教育改造,确有悔改表现,没有再犯罪的危险的,可以假释。如果有特殊情况,经最高人民法院核准,可以不受上述执行刑期的限制。

对累犯以及因故意杀人、强奸、抢劫、绑架、放火、爆炸、投放危险物质或者有组织的暴力性犯罪被判处十年以上有期徒刑、无期徒刑的犯罪分子,不得假释。

对犯罪分子决定假释时,应当考虑其假释后对所居住社区的影响。

第八十五条 对假释的犯罪分子,在假释考验期限内,依法实行社区矫正,如果没有本法第八十六条规定的情形,假释考验期满,就认为原判刑罚已经执行完毕,并公开予以宣告。

第八十六条 被假释的犯罪分子,在假释考验期限内犯新罪,应当撤销假释,依照本法第七十一条的规定实行数罪并罚。

在假释考验期限内,发现被假释的犯罪分子在判决宣告以前还有其他罪没有判决的,应当撤销假释,依照本法第七十条的规定实行数罪并罚。

被假释的犯罪分子,在假释考验期限内,有违反法律、行政法规或者国务院有关部门关于假释的监督管理规定的行为,尚未构成新的犯罪的,应当依照法定程序撤销假释,收监执行未执行完毕的刑罚。

四、争议问题

本案中存在的主要争议问题是,被告人丁立军在假释考验期间直至期满后连续犯罪的,是否应当撤销假释并数罪并罚?

五、简要评论

为了使罪犯更好地服刑和接受改造,我国《刑法》规定了假释制度,即对被判处有期徒刑、无期徒刑的犯罪分子,在执行一定刑期以后,对于服刑期间表现较好的罪犯依法确定考验期,附条件地将其提前释放。本案中,被告人丁立军1997年9月5日被假释,假释考验期至1999年5月2日止,假释考验期内又实施了强奸、抢劫、盗窃等犯罪行为,但直到2001年才被发现,应否撤销对丁立军的假释?

我国《刑法》第86条第2款规定:"在假释考验期限内,发现被假释的犯罪分子在判决宣告以前还有其他罪没有判决的,应当撤销假释,依照本法第七十条的规定实行数罪并罚。"1985年8月21日最高人民法院发布的《关于人民法院审判严重刑事犯罪案件中具体应用法律的若干问题的答复(三)》①第36条规定:"对于被假释的犯罪分子,如果在假释考验期满后,才发现该罪犯在假释考验期限内又犯新罪,对尚未超过追诉时效期限的,也应当依照刑法第七十五条的有关规定,撤销假释,把前罪没有执行的刑罚和后罪所判处的刑罚,按照刑法第六十四条的规定,决定执行的刑罚。"按照上述法律规定和立法精神,被假释的罪犯在假释考验期内只要实施了新的犯罪,无论是在假释考验期内发现,还是在假释考验期结束后被发现,都应当依法撤销假释并数罪并罚。本案中,被告人丁立军1997年9月5日被假释,假释考验期至1999年5月2日止,期间又实施了强奸、抢劫、盗窃等犯罪行为,虽然到假释期满两年后才被抓获,仍然应当撤销假释,并实行数罪并罚。

综上,被告人丁立军在假释考验期间直至期满后连续犯罪,应当撤销假释并实行数罪并罚。

---

① 该答复已被2013年1月18日起施行的最高人民法院《关于废止1980年1月1日至1997年6月30日期间发布的部分司法解释和司法解释性质文件(第九批)的决定》废止。

案例12-9 沈某挪用资金案[①]

一、基本案情

被告人沈某,原系某供销合作社副主任,因涉嫌犯职务侵占罪和挪用资金罪,于2000年12月2日被逮捕,2001年3月28日被取保候审。某市人民检察院以被告人沈某犯挪用资金罪,向某市人民法院提起公诉。起诉书指控:1994年10月6日,被告人沈某利用担任某供销合作社副主任的职务之便,未依法办理借款手续,擅自将本社资金20万元借给个体户高某经商。1994年11月29日,高某将20万元人民币归还给某供销合作社。1995年1月10日,某供销合作社曾向公安机关报案,但公安机关未予立案。

二、诉讼过程及裁判理由

一审法院经审查认为,被告人沈某的犯罪已过追诉期限,根据最高人民法院《关于执行〈中华人民共和国刑事诉讼法〉若干问题的解释》第117条第(五)项的规定,决定不予受理。

三、关联法条

《中华人民共和国刑法》

第十二条第一款 中华人民共和国成立以后本法施行以前的行为,如果当时的法律不认为是犯罪的,适用当时的法律;如果当时的法律认为是犯罪的,依照本法总则第四章第八节的规定应当追诉的,按照当时的法律追究刑事责任,但是如果本法不认为是犯罪或者处刑较轻的,适用本法。

第八十七条 犯罪经过下列期限不再追诉:
(一)法定最高刑为不满五年有期徒刑的,经过五年;
(二)法定最高刑为五年以上不满十年有期徒刑的,经过十年;
(三)法定最高刑为十年以上有期徒刑的,经过十五年;
(四)法定最高刑为无期徒刑、死刑的,经过二十年。如果二十年以后认为必须追诉的,须报请最高人民检察院核准。

第二百七十二条 公司、企业或者其他单位的工作人员,利用职务上的便利,挪用本单位资金归个人使用或者借贷给他人,数额较大、超过三个月未还的,或者虽未超过三个月,但

[①] 参见陈兴良、张军、胡云腾主编:《人民法院刑事指导案例裁判要旨通纂》(下卷),北京大学出版社2013年版,第833页。

数额较大、进行营利活动的,或者进行非法活动的,处三年以下有期徒刑或者拘役;挪用本单位资金数额巨大的,或者数额较大不退还的,处三年以上十年以下有期徒刑。

国有公司、企业或者其他国有单位中从事公务的人员和国有公司、企业或者其他国有单位委派到非国有公司、企业以及其他单位从事公务的人员有前款行为的,依照本法第三百八十四条的规定定罪处罚。

四、争议问题

本案主要的争议问题是,对于沈某挪用资金的行为应否追究刑事责任?

五、简要评论

为了有效地实现刑法的目的,我国《刑法》规定了追诉时效制度,即刑法上规定了追诉犯罪人刑事责任的有效期限。本案中,对于沈某挪用资金的行为应否追究刑事责任,涉及1997年《刑法》的溯及力问题。

被告人沈某挪用资金的行为发生在1994年10月,在2000年12月才被采取强制措施,追究刑事责任。因此,本案中涉及1997年《刑法》的溯及力问题。1997年《刑法》第12条第1款规定:"中华人民共和国成立以后本法施行以前的行为,如果当时的法律不认为是犯罪的,适用当时的法律;如果当时的法律认为是犯罪的,依照本法总则第四章第八节的规定应当追诉的,按照当时的法律追究刑事责任,但是如果本法不认为是犯罪或者处刑较轻的,适用本法。"这一条文确立了"从旧兼从轻"原则,其实质在于在追究被告人刑事责任时应当适用有利于被告人的原则。本案中,沈某系供销合作社副主任,属于集体经济组织工作人员。1988年1月21日发布的全国人民代表大会常务委员会《关于惩治贪污罪贿赂罪的补充规定》①第3条第1款规定:"国家工作人员、集体经济组织工作人员或者其他经手、管理公共财物的人员,利用职务上的便利,挪用公款归个人使用,进行非法活动的,或者挪用公款数额较大、进行营利活动的,或者挪用公款数额较大、超过三个月未还的,是挪用公款罪,处五年以下有期徒刑或者拘役;情节严重的,处五年以上有期徒刑。挪用公款数额较大不退还的,以贪污论处。"最高人民法院、最高人民检察院《关于执行〈关于惩治贪污罪贿赂罪的补充规定〉若干问题的解答》②第2条第(二)项规定,挪用公款归个人使用,"数额较大,进行营利活动的",或者"数额较大,超过三个月未还的",以挪用5 000元至1万元为"数额较大"的起点,以挪用5万元为"情节严重"的数额起点。因此,按照行为时法沈某触犯了挪用公款罪,

---

① 该规定已被1997年《刑法》废止。
② 该决定已被2013年1月18日起施行的最高人民法院、最高人民检察院《关于废止1980年1月1日至1997年6月30日期间制发的部分司法解释和司法解释性质文件的决定》废止。

且其挪用公款进行营利活动,金额达20万元,属于"情节严重",应"处五年以上有期徒刑"。根据1997年《刑法》第272条的规定,沈某的行为触犯了挪用资金罪,其挪用资金20万元借贷给他人进行营利活动,应当认定为挪用资金"数额较大、进行营利活动",依法应在"三年以下有期徒刑或者拘役"的刑罚范围内进行量刑。根据"从旧兼从轻"原则,对于沈某挪用资金的行为应当适用1997年《刑法》的规定。

1997年《刑法》第87条规定了追诉时效制度,对于法定最高刑为不满5年有期徒刑的,经过5年,不再追诉。本案中,根据1997年《刑法》第272条的规定,沈某挪用资金的行为应当判处3年以下有期徒刑或者拘役,对其犯罪行为的追诉时效为5年,到2000年12月,已经过了5年。因此,法院认定被告人沈某的犯罪已过追诉期限,决定不予受理是正确的。

案例12-10　买买提盗窃案[①]

一、基本案情

1998年3月,被告人鄂尔古丽·买买提因犯盗窃罪被判处有期徒刑1年零6个月,并处罚金人民币1000元(未规定执行期限,亦未执行)。1999年4月15日,刑满释放。2000年5月20日,被告人鄂尔古丽·买买提在北京动物园售票处前,乘被害人不备,从被害人的左裤兜内窃得人民币1100元,后被抓获。

二、诉讼过程及裁判理由

一审法院经审理认为,被告人鄂尔古丽·买买提以非法占有为目的,秘密窃取他人数额较大钱财的行为,侵犯了他人所有的合法财产权利,已构成盗窃罪。被告人鄂尔古丽·买买提系累犯,应从重处罚,并属具有严重情节。鉴于被告人鄂尔古丽·买买提认罪态度较好,可酌情从轻处罚。于2000年10月19日判决被告人鄂尔古丽·买买提犯盗窃罪,判处有期徒刑4年,并处罚金人民币2000元,与前罪没有执行的罚金人民币1000元并罚。决定执行有期徒刑4年,并处罚金人民币3000元。

宣判后,鄂尔古丽·买买提没有上诉,检察机关未抗诉,判决发生法律效力。

三、关联法条

《中华人民共和国刑法》

第六十五条　被判处有期徒刑以上刑罚的犯罪分子,刑罚执行完毕或者赦免以后,在五

[①] 参见陈兴良、张军、胡云腾主编:《人民法院刑事指导案例裁判要旨通纂》(下卷),北京大学出版社2013年版,第714页。

年以内再犯应当判处有期徒刑以上刑罚之罪的,是累犯,应当从重处罚,但是过失犯罪和不满十八周岁的人犯罪的除外。

前款规定的期限,对于被假释的犯罪分子,从假释期满之日起计算。

第六十六条　危害国家安全犯罪、恐怖活动犯罪、黑社会性质的组织犯罪的犯罪分子,在刑罚执行完毕或者赦免以后,在任何时候再犯上述任一类罪的,都以累犯论处。

四、争议问题

本案中存在的一个争议问题是,鄂尔古丽·买买提在主刑执行完毕、附加刑执行之前又犯应判处有期徒刑以上刑罚,是否应当认定为累犯?

五、简要评论

被判处刑罚的犯罪人,在刑罚执行完毕或赦免的一定时期内再犯新罪,反映了犯罪人更大的人身危险性,我国《刑法》规定对累犯应当从重处罚。本案中,鄂尔古丽·买买提在主刑执行完毕、附加刑执行之前又犯应判处有期徒刑以上刑罚之罪,应否认定为累犯?

对于上述争议问题,应当根据一般累犯的成立条件进行分析。根据《刑法》第65、66条的规定,累犯分为一般累犯和特别累犯两种,前者的成立条件是:一是前罪和后罪都必须是故意犯罪,并且犯罪人在犯罪时满18周岁;二是前罪已经被判处有期徒刑以上刑罚,后罪根据法律规定,也应当判处有期徒刑以上刑罚;三是后罪发生在前罪刑罚执行完毕或者赦免以后的5年以内。本案中,被告人鄂尔古丽·买买提在1998年3月犯盗窃罪,2000年5月再次犯有盗窃罪,前罪和后罪都属于故意犯罪,且其在行为时都已年满18周岁,满足了累犯成立的第一个条件。2000年5月20日,被告人鄂尔古丽·买买提在北京动物园售票处盗窃人民币1100元,根据《刑法》分则的相关规定,应当判处有期徒刑以上刑罚,因此满足了累犯成立的第二个条件。被告人鄂尔古丽·买买提1998年3月因犯盗窃罪被判处有期徒刑1年零6个月,并处罚金人民币1000元(未规定执行期限,亦未执行),于1999年4月15日刑满释放,但附加刑罚金人民币1000元并未执行。《刑法》第65条第1款中的"刑罚执行完毕"仅指主刑执行完毕,不要求附加刑执行完毕,如果将其理解为也包括附加刑执行完毕,则在附加刑执行期间再犯新罪的,不能被认定为累犯,也不能在主刑上进行数罪并罚,这样的理解不符合对累犯从重处罚的立法精神。因此,本案中,鄂尔古丽·买买提所犯后罪发生在前罪刑罚执行完毕5年以内,满足了累犯成立的第三个条件。

综上,在本案中,被告人鄂尔古丽·买买提在主刑执行完毕、附加刑执行完毕之前又犯应判处有期徒刑以上刑罚之罪,应当认定为累犯,并从重处罚。

图书在版编目(CIP)数据

判例刑法教程.总则篇/陈兴良主编.—北京:北京大学出版社,2015.10
ISBN 978-7-301-26035-7

Ⅰ.①判… Ⅱ.①陈… Ⅲ.①刑法—审判—案例—中国—教材 Ⅳ.①D924.05

中国版本图书馆 CIP 数据核字(2015)第 156124 号

书　　名	判例刑法教程(总则篇)
	Panli Xingfa Jiaocheng (Zongze Pian)
著作责任者	陈兴良　主编
责 任 编 辑	王建君
标 准 书 号	ISBN 978-7-301-26035-7
出 版 发 行	北京大学出版社
地　　　址	北京市海淀区成府路 205 号　100871
网　　　址	http://www.pup.cn　http://www.yandayuanzhao.com
电 子 信 箱	yandayuanzhao@163.com
新 浪 微 博	@北京大学出版社　@北大出版社燕大元照法律图书
电　　　话	邮购部 62752015　发行部 62750672　编辑部 62117788
印 刷 者	北京大学印刷厂
经 销 者	新华书店
	787 毫米×1092 毫米　16 开本　19.5 印张　384 千字
	2015 年 10 月第 1 版　2017 年 9 月第 2 次印刷
定　　　价	42.00 元

未经许可,不得以任何方式复制或抄袭本书之部分或全部内容。
版权所有,侵权必究
举报电话:010-62752024　电子信箱:fd@pup.pku.edu.cn
图书如有印装质量问题,请与出版部联系,电话:010-62756370